蘇東坡别传

刘敬堂◎著

中国文史出版社

图书在版编目（CIP）数据

苏东坡别传 / 刘敬堂著 . — 北京：中国文史出版社，2018.4

ISBN 978-7-5205-0312-9

Ⅰ .①苏… Ⅱ .①刘… Ⅲ .①传记文学—中国—当代 Ⅳ .① I25

中国版本图书馆 CIP 数据核字（2018）第 118272 号

责任编辑：　徐玉霞

出版发行：中国文史出版社

网　　址：www.chinawenshi.net

社　　址：北京市西城区太平桥大街 23 号　　邮编：100811

电　　话：010-66173572　　66168268　　66192736（发行部）

传　　真：010-66192703

印　　装：北京温林源印刷有限公司　　邮编：102400

经　　销：全国新华书店

开　　本：16 开

印　　张：21.5

字　　数：375 千字

版　　次：2018 年 8 月北京第 1 版

印　　次：2018 年 8 月第 1 次印刷

定　　价：59.00 元

目　录

第一章 写了三个字，就赢得少女芳心

洞仙歌

冰肌玉骨，自清凉无汗。水殿风来暗香满。绣帘开、一点明月窥人，人未寝，
欹枕钗横鬓乱。

起来携素手，庭户无声，时见疏星渡河汉。试问夜如何？夜已三更，金波淡、
玉绳低转。但屈指、西风几时来，又不道，流年暗中偷换。

1

北宋时期的苏轼绝对是位名人，不过在未成名人之前，他只是四川眉山的一
个聪慧而淘气的少年而已，待他成了名人之后，有关他的一些传说和故事，便在
他的家乡传开了。

眉山城外有座彭老山，山不算太高，山坡上翠竹欲滴，山谷里泉水淙淙。春天，
杜鹃红若丹霞；秋天，金桂香飘十里。黄鹂的啼声委婉悦耳，麋鹿们在草丛中悠
悠觅食，山中景色绝佳。

有一天，一位银须垂胸的老者，左手拄着一根竹杖，右手提着一只竹篮，从
彭老山上走下来，径直去了眉山的苏宅。

这时的苏家门前十分热闹，一些亲友邻居们提着油面、鸡蛋、麻饼等礼物，
说笑着来到了门口。原来，今天是苏家次子苏轼"满月"，也称"百岁"，大家
是来贺喜的。

苏家的主人叫苏洵，正在前院迎接贺喜的客人。那位银须老者向苏洵深施一礼，
笑着说道："恭喜，恭喜！"

苏洵并不认识他，连忙问道："老人家是——"

"得闻苏公喜得贵子，老朽特意前来贺喜。"说着，老者将手中的竹篮递给苏洵，

说道："礼品虽薄，却是老朽的一份心意，乞请苏公笑纳。"

苏洵双手接过竹篮，连忙吩咐家人招待老者，就忙着去迎接后来的客人了。

负责登记来宾和礼品的苏田，一手执笔，一手揭开竹篮上的青布巾，见下面是一个红绸包，解开红绸包，里边又是一个黄绸包，黄绸包里包着什么贵重礼品？周围的人都十分好奇，纷纷围到桌前，想看个究竟。有的人猜测是只金锁，有的说是一只银项圈。

黄绸包打开了，里边包着的，竟是一些刚刚采摘的山野菜！

人们一下子都惊呆了！

苏田连忙报告了苏洵，苏洵也觉得奇怪，问道："这位老人到底是谁？"

苏田摇了摇头。

苏洵连忙让人去请老者一道入席饮酒，去的人回来说，老者已经走了。

苏洵觉得十分愧疚，老者送的虽是一些山菜，但礼轻情重，若不请回老者，则是自己的失礼！他连忙冲出大门，沿着大街追去，一直追到了城外的彭老山下，却不见了老者身影！他只好回去了。又过了些日子，这件事也就被人们渐渐忘了。

20 年后，苏轼进京应试，凭着一篇《刑赏忠厚之至论》，考中进士第二名！当时的主考官、文坛宗主欧阳修读了苏轼的文章之后，竟大声说道："奇才啊，真是一位奇才！今后一定会独步天下！30 年后，人们只知道苏轼而不知道我欧阳修了！"

紧接着在参加殿试时，苏轼又被仁宗皇帝擢为第一，并破例授为翰林学士！

自此，苏轼的才华不但惊动了京城，而且名扬天下，妇孺皆知。

于是，他过"百岁"时老者送礼的传说，也就有了合理的解释：那位前来送礼的老者，是守护彭老山的山神，他是奉了天帝之命而来的。他竹篮中盛着的是彭老山的精气神化成的山菜（才），天帝将山菜（才）赐给了苏轼，苏轼才有了超人的才华。

2

7 岁的苏轼，被父亲苏洵送到了眉山的庆道观书院，拜道士张简易为师。当时北宋十分重视文化教育，他读的第一课，就是宋仁宗御笔写的《劝学诗》：

当家不用买良田，书中自有千钟粟。

安居不用架高屋，书中自有黄金屋。

娶妻莫恨无良媒，书中自有颜如玉。

出门莫恨无人随，书中车马多如簇。

男儿欲遂平生志，五经勤向窗前读。

皇上号召读书，天下的莘莘学子们都把读书看作自己的头等大事，因为今后的功名利禄都藏在书本里。只有十年寒窗熬出了头，才能光宗耀祖，前程似锦。

苏轼不但有超人的才华，还有超人的记忆力。老师讲授的课程，他学过之后都能一字不漏地背诵出来。他渐渐不满足只学习老师讲授的课程，还常常读父亲的藏书。

在庆道观书院学了三年之后，父亲又将他送到城西的寿昌书院读书，书院的老师刘微之是眉山一带颇有名气的一位老先生。

喜动、好奇甚至顽皮是孩子们的天性，被人视为天才的苏轼也不例外，他常常做出一些出格的事来，让老师头痛、怄气、发火！

书院的院子里有一棵大樟树，树荫遮了半个院子，学童们常常在树荫下猜谜、下棋、乘凉。有一天，一群鹭鸶在树上筑了巢，它们在树顶上哇哇地怪叫着，打扰了学童们的读书；它们的粪便和掉下的羽毛，弄脏了院子的石板。学童们气不过，便用竹竿去捅它们的窝，结果被刘老师训斥了一顿，大家只好忍受着鹭鸶们的干扰。

有一天，刘微之应友人之约，到城外赴宴去了。老师不在家，顽童称大王。老师一走，他们便涌到院子里打闹起来。苏轼手里拿着一册《庄子》，正坐在树下的石凳上潜心阅读。忽听"啪"的一声，一坨灰白色的鹭鸶粪掉在了书页上！他抬头一看，见一只鹭鸶正在树林上扇动着翅膀！

他气不打一处来，连忙找来了一根长长的竹竿，朝鹭鸶捅去，鹭鸶飞走了。其他同学见了，有的在树下用竹竿捅它们的巢，有的爬到树上捉羽毛不全的小鹭鸶。不一会儿，树上就安静了，只是院子里散落了一些折断的树枝和飘落的羽毛。

就在这时，满面春风的刘老师回来了。也许他有些半醉，竟没有发现院子里有什么异常。他从怀里摸出一张诗笺，笑着对学生们说："本师今日赴宴，与友人论诗时，得了两句佳句，是写鹭鸶的，你们可传抄一下。"说完，他将诗笺递给前排的学生，前排的学生抄完后，又依次传给后排。因为只有两句，所以很快就抄完了。诗笺上的诗句是：

渔人忽惊起，雪花逐风斜。

大家看了，都一言不发。

刘老师问道："你们品一品，这两句诗如何？"

课堂里鸦雀无声。

此际，刘老师似乎意识到了什么，他走到窗口听了一听，没听见哇哇的怪叫声，再朝院子里看了看，心里马上就明白了他赴宴时这里发生了什么！他从书案上抓起那根油光光的檀木戒尺，气急败坏地说道："真是岂有此理！为师写的是院子里的鹭鸶，你们却把我的鹭鸶赶跑了！都伸出手来，每人挨打三十板！"

听说老师要打手心，几个年龄小的学生吓得哭了起来，还有的往桌子底下躲。苏轼连忙站起来，说道："树上的鹭鸶是我用竹竿赶走的，不关同学们的事。老师要打，就打我一人吧！"说完，伸出手去，准备挨打。

这位刘老师平时喜爱作诗赋对，也常在诗友们面前展示自己的作品。他十分喜爱这些鹭鸶，还常常作诗吟哦它们，今天的这两句诗，就是在酒桌上忽有灵感得到的，心中十分得意，本想回来后一边观赏树上的鹭鸶，一边讲给学生们听，不想回来后连鹭鸶的影子都不见了，他能不发火吗？他走到苏轼跟前，高高举起了檀木戒尺，见苏轼紧闭着双眼，咬着牙关，准备挨打，他忽然又改变了主意，说道："不想挨打也可以，你要是能改动本师的诗，这顿打就免了，若改不动再加十尺！怎么样？"

"我愿意改老师的诗！"听说改诗就不打手心，苏轼连忙答应改诗。

但改这两句诗，又谈何容易！诗中的"雪花"比拟白色的鹭鸶，既新颖又形象。"逐风斜"三字，又把鹭鸶在风中飞翔的姿态写活了。诗中的意境和文字都写得十分独特，很难改动。可是，不改他的诗，自己的手心就会肿得像个紫红色的馍馍！他苦思冥想了一会儿，觉得连一个字都改不动！

他朝窗外瞥了一眼，忽见远处的湖面上飞来一只鹭鸶，它在樟树上空盘旋了一会儿，大约害怕再遭竹竿驱赶，便落进湖边的蒲草丛中不见了。看到这里，他笑了笑，说道："老师的诗固然写的极佳，不过，还可以改动三个字。"

刘微之连忙问道："哪三个字？"

苏轼答道："逐风斜。"

"逐风斜"是刘微之最为得意的三个字，也是这两句诗的诗眼，他甚至闭上眼睛都能想象出鹭鸶的身影在风中飘忽的样子！虽然他心中有些不以为意，但还是谦逊地问道："你想怎样改'逐风斜'三字，说出来听听。"

苏轼："若将'逐风斜'改成'落蒹葭'，鹭鸶就有了去向，诗也更有韵味了。"说到这里，他悄悄望了望刘微之一眼，说道："若学生改得不妥，请老师再打。"说完，他将手心朝上，伸到了老师眼前，还连忙闭上了眼睛，等着挨打。

只听"啪"的一声，同学们都吓了一跳，转头一看，原来老师将戒尺猛地打在了课桌上！他激动地说："好，好，改得好！'落蒹葭'果然胜过'逐风斜'，鹭鸶终于有归宿了！"他望了望苏轼，说道："这才是长江后浪推前浪啊！"

苏轼听了，脸一下子红了。

刘微之拉着苏轼的手，动情地说道："你是眉山的才子，日后定是非凡之材，老夫若再当你的老师必会耽搁你的学业！"

当天晚上，刘微之去拜访苏洵，他说，为了苏轼的前程，他建议让苏轼外出游学、寻师。

虽然刘微之不再教苏轼了，但他以苏轼曾是自己的学生而自豪。他逢人便说，眉山出了个神童！有时还将自己所写的诗拿给苏轼看。这一老一少，成了忘年之交。

3

苏轼的父亲苏洵，字明允，因苏家的祖坟山上有一眼老翁泉，其子孙以祖坟地名为号，故苏洵俗号叫"老泉"。他广读博学，笔头子也挺硬，虽数次科考都是落榜生！也许是受了他的同乡李白的影响，他身上有一种游侠情结，喜爱结交各方人士，常以求学为名，离家出游。他曾游遍四川境内的岷山、峨眉、青城等名山，还乘船游过夔州、巫州，再沿江而下经襄阳到了汴京，再游嵩山、华山和终南山，又远行江西，登庐山拜禅，下虔州访友。若不是收到父亲去世的消息，还不知道他会游到哪里去呢！

就在苏洵满世界的漫游时，苏轼和他弟弟苏辙的学习，便落在其妻程夫人身上了。

程夫人是眉山首富、大理寺程文应之女，她出身名门、知书达礼，自嫁给苏洵后，因丈夫常常外出游学，家族人口众多，支出多于收入，又要处理烦琐杂事，日子过得并不顺心。

苏轼因少年时就显示了少有的才华，又常被师长视为神童，便觉得天下的书自己都读的差不多了，肚子里的墨水也已经够多的了，竟有些飘飘然起来。

有一天，他望着书架上的书籍，觉得自己大都读过了，忽然心血来潮，拿起笔来，写了一副对联：

上联是：

识遍天下字

下联是：

读尽人间书

横额是：

周游天下

写完后，他看了看，便贴在书房门上了。贴完后，他又抬头端详了一会儿，心中颇为满意。

有一天，有位赶车的中年汉子路过门口，因为口渴，想讨碗水喝，苏轼连忙为他倒了一杯热茶。他喝完之后，无意间看到了那副对联，问道："这副对联是公子写的吗？"

苏轼笑着点了点头。

汉子说："我家里有一本书，有些字我不认识，想拿来向公子请教。"

苏轼大咧咧地说道："行啊，你拿吧！"

又住了几天，赶车的汉子路过苏家门口时，从包袱里取出一本书来，递给了苏轼。苏轼翻开一看，傻眼了！原来书上是先秦时的古字，他只认出了几个字，顿时觉得无地自容！他请汉子坐下喝茶，顺便向他请教。谁知汉子喝过茶之后说道："公子若喜欢，这本书就留给公子吧！"说完，便赶着车上路了。

望着赶车汉子的背影，苏轼感到羞愧难当。原来人间自有高人，山外还有高山啊！

当天夜里，苏轼在灯下读书读到子夜。第二天一早，门上的对联变了。

上联是：

发愤识遍天下字

下联是：

立志读尽人间书

横额是：

学无止境

还有一件事，让苏轼终生难忘。

他听说城东的玻璃江畔有座古寺，大殿的墙壁上有不少历代文人留下的石刻，便立马勾起了心中的好奇。有一天，一大早他就出了城门，沿着江岸的小路向东寻去。

此时正值春耕春播季节，村头上桃红柳绿，田野里麦浪翻滚，丽阳明媚，春光醉人。他一面走着，一面欣赏路旁的景色。当他路过一条窄窄的田埂时，忽有一位村妇挑着一担塘泥迎面走过来，二人在田埂上谁也不肯让路。这时，一个在田中插秧的人认出了苏轼，便大声喊道："这位小公子，就是眉山城里有名的才子苏轼！"

经他这么一吆喝，在附近插秧的、犁田的和过路的人，都围拢过来凑热闹。那位农妇听说他就是苏轼，便笑吟吟地说道："既然你就是苏公子，我就出个对子，公子若对上了，我让公子先走；若是对不上，当然是我先走了。苏公子，怎么样？"

苏轼听了，心里嘀咕，和农妇对对子，还不是小菜一碟！便笑着说道："请大婶出上联吧！"

那农妇望了望稚气未脱的苏轼，不紧不慢地念道：

一担重泥拦子路

苏轼听了，心中一惊。这上联中暗含了两个古人，"重泥"是仲尼，也就是孔子；子路是指孔子的得意门生。这副上联不但十分巧妙，而且非常高雅。周围的人看到上联难住了苏轼，都善意地笑了起来。

这时，苏轼忽然大声诵道：

两位夫子笑颜回

这副下联对的也极为巧妙，因为里边也暗含了两个人名，"夫子"是指孔夫子，颜回也是孔子的得意门生。

众人听了，纷纷议论起来：

"才子就是才子，对得多巧妙啊！"

"苏才子名不虚传，佩服，佩服！"

……

苏轼连忙向农妇施礼，说道："大婶是苏轼的老师，请大婶先走！"

农妇笑着说："苏公子言重了，陌路相逢，客为先，还是请苏公子先走吧！"说完，将塘泥挑回了田头。

苏轼听了，既感动，又羞愧。原来两脚都是泥巴的农妇，不但会插秧、割谷、锄草，而且比自己更有见识！

他从古寺回来之后，将遇到农妇的经过向程夫人说了一遍。程夫人听了，起身走到书架旁，取下《后汉书》，她翻到《范滂传》，让苏轼在灯下阅读。

范滂，字孟博，河南新野人。他为人正直，为官清廉。东汉末年，朝中宦官当权，地方官吏贪赃枉法，弄得百业凋零，民不聊生。范滂奉命去冀州视察灾情时，极力弹劾贪官污吏，一些劣迹斑斑的地方官员提他的名字就心惊肉跳，有的甚至解印弃官而逃。他曾一口气检举了州郡太守刺史以上的权贵豪门20余人！因朝廷不肯采纳他的意见，他便毅然辞官回家，侍奉母亲。

当时的司隶校尉李膺、太仆杜密等一批正直之士上书弹劾宦官弄权，宦官们便以"结党对抗朝廷"为由，对他们进行残酷镇压。受到牵连的有700余人，迫害致死的有一百余人！这就是当时的"党锢之祸"。

范滂被人诬陷，也被关进了黄门北寺狱。后来，朝廷大赦，才得以释放。

范滂被释的第二年，太傅陈蕃和大将军窦武准备联手诛杀宦官，但由于泄密而失败。于是宦官们大肆逮捕他们的政敌，范滂的名字也被列进了党人黑名单之中。

吴导奉命前去缉捕范滂时，不忍心杀害这样的正直之士，抱着诏书痛哭不已。范滂知道后，便主动跑到县衙去投案。县令郭揖表示愿意弃官，与范滂一同亡命！

但范滂不愿意连累朋友。他对母亲说，弟弟孝顺，足以供养母亲，自己侍候父亲于九泉之下，这是存亡各得其所，恳求母亲不要为他悲伤。

范母听了，说道："你既能同李膺、杜密两位大人一样为民而死，为娘也就没有遗憾了。"

范滂告别了母亲，昂首前往投案。

县衙的官吏们心中十分不忍，劝他说："天下这么大，你为什么不逃跑呢？"

范滂说："我若逃亡，不但连累亲朋，还会连累慈母、小弟甚至族人，我一死，祸则消了。"

邻里、衙役们听了，都掩面而哭。

范滂被斩时，刚刚三十一岁！

读完《范滂传》，苏轼已经满脸是泪。他抽搐着说道："母亲，我长大了，也想当范滂。"

程夫人听了，一面为他擦去脸上的泪水，一面说道："你有志当范滂，难道我就不能当范滂的母亲吗？"说完，一把将他揽进了怀里。

自此以后，苏轼像换了个人似的，不但读书更加刻苦了，还专心致志地撰写文章。他常常将自己关在书房里，彻夜不眠，一直写到天亮，去前院的井台上洗过脸之后，又回去伏案撰写。他写的经论、史论、经义、经解、策论等文稿，都一份一份誊写清楚，装满了整整两大樟木箱。

苏洵游学回来后，见苏轼和苏辙在家中奋发读书，长进很快，常以一碗白米饭、一撮白盐、一碟白萝卜打发一餐（家人戏称为"三白饭"），心中顿生悔意。自己都27岁了，若再这样混混沌沌地过下去，既对不住祖坟山上的父母，也愧对自己的两个儿子！于是，他把心一横，将自己过去撰写的数百篇文稿，一把火烧了个干干净净，一头扎进书房里，闭门谢客。他一面辅导两个儿子，一面苦读六经和百家之说，持之以恒长达六年之久，终于学业有成。《三字经》上的"苏老泉，二十七，始读书"，说的就是这位苏洵。

苏轼就是在这种氛围中，渐渐长成了一个个头修长的风流倜傥的公子模样！

4

好奇加好动，是少年人的专利。

苏轼听说李白曾在远郊的江边留下了一座读书楼，但一直没有机会去过，心里总是惦记着这件事。

有一天，老师要去邻县拜访一位故友，便宣布温习五天。学子们听了，当时都装得挺平静，待老师走了之后，一个个都兴奋地跳了起来。就是说，在这五天之内，再也不用摇头晃脑地背诵古文，也用不着握着毛笔在灯下一笔一画地写字了！于是有的回家打牙祭去了，有的探亲访友去了。苏轼便和苏辙商量去游李白的读书楼。苏轼的同窗家氏三兄弟要求结伴同行，苏轼答应了。临出发时，苏轼的表兄程正辅也跟着来了，于是，六个风华正茂的少年便结伴上路了。

令苏轼想不到的是，就是这次出游，让他获得了一位少女的芳心。

路上，苏轼望着路旁的景色，心中忽有所动，他提议以李白读书楼为题，以楼为韵，每人吟诗两句，联成一首律诗。他的提议得到了大家的同意后，他先大声吟哦起来：

斯人曾登读书楼，诗性如水向东流。

苏辙连忙吟哦道：

美酒一斗难为醉，白发千丈不识愁。

家定国接上：

春色茵茵迎归燕，白水悠悠送轻舟。

下面轮到程正辅时，却卡壳了。他抓耳挠腮地吭哧了半天，硬是没能接上，急得满脸通红。这时，他忽然看见远处有一座寺庙，说道："我的肚子饿的咕噜咕噜直叫唤。我们不妨先去庙里讨些斋饭，吃饱了再接着吟诗如何？"

程正辅是程夫人的外甥，不但是苏轼的表兄，还是他的准姐夫。当时盛行姑表联姻，在两家大人们的安排下，苏轼的姐姐苏八娘自小便同他订了婚，不久便会嫁到程家。程正辅比苏轼大四岁，他虽然衣着华丽，人也长得一表人才，但厌倦读书，是个游手好闲的公子哥，同学们背后称他是绣花枕头。苏轼为了给他找个台阶下，说道："好吧，咱们去庙里讨些斋饭，吃了再赶路吧！"

于是，一行人直奔庙宇而去。

这是一座古寺，山门上写着"栖云寺"三个鎏金大字，寺中主持觉悟大师热情地将他们迎进了佛堂，又命人奉献上了茶水和以酥油炸成的面饼。当六人依次报上了自己的姓名后，觉悟大师笑眯眯地对苏轼说："原来公子就是眉山才子苏轼啊，幸会，幸会！"

　　苏轼连忙说道："不敢，不敢，大师抬举了，令学生汗颜。"

　　吃饭的时候，苏轼觉得盘中的酥饼又香又脆，十分可口，便问面饼是怎么做的。觉悟大师告诉他说，以芝麻油揉搓麦面，再放进滚油锅中炸透后捞出来即可。

　　苏轼觉得好奇，便向觉悟大师请教，麦面和芝麻油的比例是多少？麦面要揉搓多少遍？灶里的火候要多大？觉悟大师便详细告诉了他。又过了若干年后，苏轼被贬到黄州时，常从东坡赤壁乘舟渡过长江，到孙权当年的都城武昌（今称鄂州市）西山，去访古探幽。在古灵泉寺拜访僧人时，向他们传授了这种酥饼的制作方法，受到了人们的喜爱。当地人将这种掉在地上即碎的酥饼当作礼品赠送亲朋好友，并告知这是大学士苏东坡亲自传授制作的，被人称为"东坡饼"，于是这种"东坡饼"在武昌和黄州等地名声大噪起来。20世纪50年代，古灵泉寺主持还给毛泽东送去一小筐"东坡饼"，中共中央办公室厅曾复过一封用打字机打印的信函，向僧人表示谢意。僧人将此信镶在相框里，挂在寺庙里，任游人观看——这是后话。

　　吃过了酥饼，又品尝了觉悟大师亲自采摘的新茶之后，觉悟大师笑着说道："老衲有一事相求，想请诸位帮忙。"

　　大家听了，有些茫然，连忙问道："不知大师说的是何事？"

　　觉悟大师站起来，说道："请诸位随我来。"说完，率先走出佛堂，来到寺后的一方山崖下，见山崖的岩石已被堑平，上面空无一字。他指着石崖说："此山名叫连鳌山，但一直无人题写山名，老衲特求公子们留下墨宝。"说完，命小和尚端来了一只漆金托盘，上面放着一支拳头大的斗笔和一钵研好了的墨汁。

　　大家见了，你望望我，我看看你，不知该怎么办才好。

　　盛情难却，苏轼望着托盘中的笔墨，顿时觉得浑身的血液都在往上涌！他走上前去，抓起毛笔，在墨钵中蘸饱了墨汁，屏住呼吸，挥笔写下了"连鳌山"三个四尺见方的大字，山崖下顿时弥漫着浓郁的墨香。

　　虽然只是写了三个字，但苏轼觉得自己背上的褂子已经汗湿了。他放下笔后，向觉悟大师说道："学生献丑了，请大师赐教。"

觉悟大师连声称赞："好字、好字，笔力遒劲，笔锋明快，如龙跃蛇舞！明天老衲就去请刻石的行家里手刻在石壁上！这可是连鳌山的镇山之宝啊！"

随后，他又领着大家去登小昆岭、游仙人台、看罗汉竹。大家纷纷赞叹栖云寺的清静和连鳌山的景致，觉悟大师笑着说道："说到禅寺，栖云寺远不及青神县的中岩寺，连鳌山的景致更不及中岩山的景致。"

"真的吗？"大家有些不太相信。

"你们去了，就知道了。"说到这里，觉悟大师朝苏轼看了看，说道："中岩寺的主持迟悟大师，是老衲的师弟。中岩山上还有一所中岩书院，乡贡王方在书院执教，蜀中名士贤达们常去那里切磋学问。现在天色已晚，诸位可在贫寺歇息，老衲可给迟悟大师写一封信，他自会安排的。"

大家听了，都十分高兴。第二天一大早，大家便出发了。不足一个时辰，程正辅便以家中有事为由，匆匆下山了，苏轼知道他害怕山路难行，又对吃斋饭、宿古刹没有什么兴趣，却喜爱涉足市井酒肆！他提前离开也好，免得败坏了大家的兴头！

青神县在岷江之滨，境内风景奇佳，而中岩山又是佳景中的佳景。那里古刹众多，奇岩无数，石岩上又刻有众多造像，令人目不暇接。山路上游客络绎不绝，当他们走到中岩寺的山门时，一位身穿青布长衫的中年男子走到他们跟前，问道："请问，哪位是眉山的苏轼公子？"

苏轼觉得奇怪，连忙说道："在下就是，请问你是——"

中年男子连忙施礼，说道："敝人王继，是奉命在这里迎候苏公子一行去中岩书院的。"

苏轼并不认识他，再说，他怎么知道他们要去中岩书院的？苏轼问道："能见到中岩寺的迟悟大师吗？"

王继抿嘴一笑，说道："公子到了那里，就知道了。"说完，领着他们沿着一条左拐右绕的山路向前走去。

约莫走了一个时辰，来到了一口水潭旁边，鱼儿在清澈的潭水中缓缓地游动着，水潭旁边聚集着不少游人，不时地在议论着什么。他们是什么人？在这里干什么？

王继指着人群中的一位清瘦男子，悄声对苏轼说道："那位就是中岩书院的王方先生。"又指着旁边的一位身披袈裟、银须垂胸的僧人说道，"他就是迟悟大师。"说完，走到王方跟前，低声向他说了一会儿。王方听了，朝远处的苏轼看了看，微微点了点头。

这时，迟悟大师站了起来，朝众人挥了挥手，指着水潭说道："诸位，中岩山的这个水潭，潭水经年不枯，潭中鱼儿似懂人性，人若击水，鱼儿便会游过来与人周施，是中岩山的一种奇趣。遗憾的是，此潭虽好，却一直没有命名。为此，中岩书院的王方先生广征潭名，如今已有月余，但仍未征得中意之名。今日再次征名，有题名者，请来领取纸笔，将潭名写在纸上即可！"

他刚刚说完，人们便纷纷向前涌去，在案桌上书写起来。

有人看到潭中的鱼儿跳出了水面，便写下了"鱼跃池"三字。

有人看见鱼儿在潭水中悠然地游来游去，便写了"鱼游池"三字。

家定国按捺不住了，他见一片树叶被风吹进了水潭，惹得一群鱼儿纷纷追逐，搅得水花飞溅，十分有趣，便提出笔来，写下"鱼乐池"。

苏轼站在潭边，似乎对征名不感兴趣，他的兴趣都集中在那些可爱的鱼儿身上了。他轻轻拍了拍手，潭中的鱼儿便纷纷游了过来，水面上搅起了细碎的水花，好像在争着向他打招呼，他情不自禁地笑了起来。

这时，王方和迟悟大师耳语了一会儿，又向王继使了个眼神。王继会意，便悄悄走到苏轼跟前，说道："苏公子，你也为鱼潭取个名吧！"

苏轼抬起头来看了看，见王方和迟悟大师正在望着自己，苏辙和家氏兄弟也在身边催促他。于是，他朝那些可爱的鱼儿挥了挥手，自言自语地说道："去吧，都去吧！"那些鱼儿好像明白了他的意思，便纷纷游走了。他心中一动，便大步走到案桌跟前，提起笔来，工工整整地写下了"唤鱼池"三个大字。

迟悟大师当即宣布："此次征名，先后得名八十六个，待最终选定之后，即可揭晓。"说完，便收起全部征名，和王方去了中岩书院。

其实，这是一个精心设计的阴谋，也是一个温馨而又浪漫的阴谋，幕后的策划者，就是王方和迟悟大师！

原来，王家有女初长成，芳名王弗，比苏轼小三岁，不但人长得亭亭玉立，而且秀外慧中、知书达礼，一直随父亲在书院中读书。王弗早就听说了才子苏轼的一些故事，只是不曾见过。有一天，来访的迟悟大师向她展示了苏轼写的一篇《黠鼠赋》，问她："此赋写得如何？"

王弗连声称赞。

迟悟又问："想不想见见这位蜀中才子？"

王弗听了，羞得满面通红，连忙转身出去了。

王方也早就听说了苏轼的一些传说，心中对苏轼早有好感，只是不曾见过。再说，女儿已经到了谈婚论嫁的年龄了，他有意托人去苏家打听苏轼订婚没有。当得知苏轼尚未订婚时，便和迟悟大师约定，由迟悟大师牵线，将苏轼请到书院，让王方当面见识见识。

无巧不成书，苏轼等人到了栖云寺以后，觉悟大师悄悄写了一封信，派僧人连夜送到了中岩书院，让迟悟和王方早做准备，他又千方百计地宣传中岩寺的风光如何胜过仙境，极力推荐他们去游中岩书院，才有了苏轼为水潭题名之事。王方不但当面见到了苏轼，也当面见识了他的才华。

王方回到书房以后，将众人题写的所有潭名依次摆在书案上，和迟悟大师逐一琢磨、评论，最终确定苏轼题写的"唤鱼池"最佳。

正在这时，王弗和她的小堂妹王润之来到了书房。王方对她说道："弗儿，今天又征集了许多潭名，你过来看看，最喜欢哪个名字？"

王弗看了所有潭名之后，指着"唤鱼池"说："这个名字最好！"

"说说看，此名好在哪里？"迟悟大师笑着问道。

王弗说："跃、藏、游等名，指的是鱼的姿态；仙、神、奇等名，指的是人对鱼的联想。唯有唤字，最为传神：人在岸上，鱼在潭中，人唤即来，挥手即去。人与鱼如友如邻，有情有谊，取名'唤鱼池'，再妥切不过了！"

王方和迟悟听了，相视一笑。王方说："好吧，此潭就命名'唤鱼池'吧！"

王润之尚未到读书的年龄，常在堂姐身边玩耍，她听姐姐说"唤鱼池"这个名字好，也就跟着大声嚷道："'唤鱼池'好听，'唤鱼池'好听！"

迟悟问王弗："你可知道是谁取的'唤鱼池'吗？"

王弗摇了摇头。

迟悟笑着说道："过一会儿你就知道了。"说完，他命人将苏轼的"唤鱼池"三个行书大字用红丹描在了池边的石崖上，以便请石匠刻石。

王弗望着石崖上的"唤鱼池"三个大字，问道："'唤鱼池'这个名字到底是谁写的？"

王方："是眉山才子苏轼！"

王弗有些半信半疑，又转头问迟悟："大师，这真是苏轼写的吗？"

迟悟点了点头，说道："真的，是真的！耳听是虚，眼见为实，你想不想见见这位眉山才子啊？"

王弗听了，连忙低下了头。

王方忽然想起了什么，说道："时已午时，快请客人们入席吧！"

原来，书院已备下了饭菜，招待前来为鱼潭命名的文士雅客们。待人们入席之后，却发现苏轼等五人不见了踪影。原来，他们沿着一条山路，寻访山谷中的敬月寺去了。

王弗虽然没能见到苏轼，但自此之后，就有了一种说不清道不明的心事。情窦初开的少女特别敏感，过去王弗也曾听说过苏轼的一些传闻，只是认为有趣、好奇，因为彼此离得太远，觉得与自己无关。今天，苏轼不但来到了中岩书院，还亲笔写下了"唤鱼池"三个字。其实，她也悄悄为水潭取了个名字，也叫"唤鱼池"，只是没有说出来而已，却没想到自己心里想的和苏轼写出来的竟然不谋而合！想到这里，脸上一阵阵发烫，心里扑通扑通地乱跳起来。

没能留住苏轼等人，王方和迟悟都觉得有些遗憾。王弗听说苏轼已经离开了中岩书院，心中惆怅若失，便拉着王润之回到了自己的闺房。

当天晚上，王方和迟悟商量王弗的婚事时，迟悟笑着说道："这事好办，包在老衲身上就是了。"

王方有些为难，说道："按照乡俗，应是男方向女方提亲，若女方先去男方——"

迟悟说："此事好办，老衲可以送题写'唤鱼池'润笔的名义，前往苏府试探，若苏家有意，便可聘媒前来提亲，此事不就成了吗？"

王方听了，心中自然高兴，二人在灯下商量到了午夜，才各自歇息。

北宋年间，时兴早婚，男子到了十八岁，女子十六岁，便到了婚姻年龄。虽然苏轼才只有十七岁，王弗尚不足十五岁，成婚显然早了一些，但并不妨碍订婚。当时还有娃娃亲和指腹为婚呢！

迟悟大师在苏、王两家往返数次之后，两家终于达成了共识，紧接着就要履行"六礼"这一程序了：女方同意了男方的提亲请求之后，要行"纳采"之礼，即男方派人送去一只大雁，作为执礼，算是正式求婚；接下来是"问名"之礼，即询问女方姓名、排行、出生年月日等；"问名"之后行"纳吉"之礼，即女方正式认亲，意味着双方订立了婚约；第四礼为"纳征"，也叫纳财，即男方向女方送去聘礼；第五礼是"请期"，也就是男方把迎娶的吉日告知女方；最后是六礼"迎亲"，即新郎于黄昏时刻亲自到女方家中迎娶新娘。

有些人家因家境等原因，虽也进行"六礼"，但只是个形式而已，但官宦或大户人家却十分讲究，不但把"六礼"办的十分繁杂，而且每礼之间也拖得较长。

两年之后，也就是宋仁宗至和元年（1054 年），十九岁的苏轼终于将十七岁的王弗娶了回来，在眉山的家中举行了婚礼。

才子佳人，终成眷属。苏轼"题写'唤鱼池'，赢得美人归"的故事，便在蜀中流传开来。

第二章　一篇杜撰的文章，令天下人倾倒

一斛珠

洛城春晚，垂杨乱掩红楼半，小池轻浪纹如篆。烛下花前，曾醉离歌宴。

自惜风流云雨散，关山有限情无恨，待君重见寻芳伴。为说相思，目断西楼燕。

1

四川称蜀，因境内有岷、泸、洛、巴四条大河，所以又叫四川。

四川就像个巨大无比的盆子，盆底是水沛土沃、物产丰盛的成都平原，四周却是飞鸟难越、猿猴愁攀的崇山峻岭，可谓"一人当关，万夫莫开"，简直比登天还难，要想从陆路进出四川，除非在这个大盆的盆边上凿开一个洞，也就是在层层高山中开出一条路来！

曾经有人试过，但失败了，留下了一个"五丁开山"的传说——

战国时，蜀王好色。秦惠王为了笼络他，答应将秦国的五位美姬嫁给他。蜀王十分高兴，便派了五位力大无穷的勇士，率领着众多士卒开山筑路，前往迎接。当他们到达梓潼时，忽见一条大蛇横在前面，大蛇听见了士卒的吆喝声之后，便往山洞里钻。一位勇士跑过去抱住了蛇尾，想把它拉出来，但硬是拉不住。眼看大蛇快钻进山洞了，其余四位勇士奔过去，拼命拉住蛇尾不放，人和蛇僵持了半个时辰，忽听"呼隆"一声，顿时山崩地裂！秦国来的五位美姬和蜀国的勇士、士卒们，全被山石压死了！

这个传说的素材被四川人李白捡了去，写进了他的《蜀道难》："地崩山摧壮士死，然后天梯石栈相钩连。"

李白出川之后，成了名人，其名气远远大于当今的歌星、影星和国际巨星们，

因为他已成了仙界的名人——诗仙。

在他之后，又过了 294 年，四川又出了一位名人，他就是家喻户晓、妇孺皆知的苏轼。和李白不同的是，他在出川之前就已经声名鹊起，被乡人称为眉山才子了。

苏轼就是沿着"五丁开山"的那条山路，走出四川，走进平原，也走进世界的。

宋仁宗嘉祐元年（1056 年）六月，苏洵领着苏轼、苏辙和仆人苏友，经过三个多月的长途跋涉，终于看到了一座巍峨的城阙。

这座城阙不同于在四川看到的锦城，也不同于在中原沿途看到的城阙，这座城阙太大了，雄伟的城墙延伸到目不可及，高大的城楼直插云霄，仰头望去，令人目眩。从小就没出过四川的苏氏兄弟，看得有些眼花缭乱。原来，这就是大宋王朝的都城——汴京。

苏洵曾经到过都城，对汴京较为熟悉。他对两个儿子说，早在春秋时期，郑庄公就在这里修筑了一座城池，命名为开封；战国时期的魏惠王从山西安邑迁都开封，称为大梁；北周时将大梁改为汴州。五代的后梁、后晋、后汉、后周都曾以汴州为都城。经过了数朝历代的开发，汴京的水陆交通已十分发达，金水河、惠民河、汴河、蔡河等河流穿城而过。河多桥便多，城中有观桥、横桥、州桥、云骑桥、广备桥、白虎桥等二十余座桥梁。汴京外城城墙长五十多里，有四座城门；里城城墙二十余里，有十座城门。里城的中心才是紫禁城，城中尽是金碧辉煌的宫殿。汴京是当今天下最大的一座城市，光人口就有一百多万！

苏轼听了，吐了吐舌头。

在他眼里，两万多人的眉山城，已是很大的城池了，而和这座汴京一比，就显得太小了。

父子三人从西门进城，直奔坐落在汴河南岸的兴国寺而去。原来，三个月前，迟悟大师听说苏氏父子要进京应试，便托人给兴国寺的迟知大师带去了一封信，请他为苏氏父子安排住处，以备读书、应试。

迟知大师十分热情，他不但为苏氏父子备下了两间厢房，还特意雇了一名厨师专为他们做饭。安顿下来之后的当天夜里，苏轼和苏辙便在灯下读书，苏洵则在隔壁撰写文稿，直到天色微明才上床歇息。连续半个月，天天如此。

苏洵虽然多次科考未中，但他天赋很高，后人论及文学时，常常提到唐宋"八大家"，他和苏轼、苏辙一家就占了三个；"八大家"中六位是宋朝人，他们父子就占了一半！三苏之名，令天下刮目！

有一天，迟知大师看到他们父子读书十分用功，也过于辛苦，心中有些不忍，便建议他们去逛逛都城的大街，散散心，还专门为他们画了一张出游图，以免迷路。苏洵欣然同意了，领着两个儿子离开了兴国寺。

他们沿着汴河，过了观桥，只见大街上店铺林立，行人如同潮水。父子三人正在惊叹都城的繁华时，忽然听见传来吆喝之声，街上行人纷纷避让。紧接着，见一身穿紫袍的中年男子骑马而过，后边还跟随着一队随从人员，一个个也都衣裳鲜亮，神态傲慢。待他们走过之后，大街上才又恢复了交通。当他们走到中城的朱雀桥时，见前面的行人被堵住了，便只好在桥头上等候着。听人议论说，原来有两乘轿子在桥上相遇，谁也不肯让谁，便在桥上顶起牛来。还听人说，坐在四人轿里的是中丞丁大人的千金，她急着要去城外的观音堂还愿；坐在二人轿里的是平康坊的小云，人称都城"一枝花"的当红歌妓，因为她要赶着去赴宴，当然也就不肯示弱了！她们一个是豪门贵戚的娇娃，一个是王孙公子们的共同情人，都睁着杏眼，恨不得一口将对方生吞活吃了！

人越来越多，双方随从们的吼叫声也越来越高。看看实在过不去了，三人只好随着人流绕过朱雀桥，按照出游图的指引，去了城中的瓦子。瓦子又叫瓦舍、瓦市、瓦肆，里边既有酒楼、茶馆、妓院，还有专供文娱表演的勾栏。勾栏也叫勾肆，里边有戏台、戏房、戏棚，其中莲花棚、牡丹棚等戏棚可容纳数百看客。勾栏里锣鼓声声，歌声阵阵；看客中既有达官贵人，也有商贾百姓，热闹非凡。苏氏父子在瓦子、勾栏中浏览了一圈之后，便去了相国寺后边的古董市场。那里既有古代的金石，也有今人的作品，丹青墨迹琳琅满目，新旧书籍目不暇接。父子三人一直游到华灯初上，觉得又累又饿时，才进了一家叫"仙客来"的饭馆。

正当他们点菜时，忽然看见窗外的大街上行人纷纷避让。原来有几顶绿呢小轿一字排开，停在了街对面的楼下。一群妖冶的女子拥上前去，将下轿的几个男子迎进了大门。稍后便见廊榭中的灯笼依次亮了，灯影中丝弦声声，舞袖轻舒，酒香混杂着粉脂香在空气中弥漫着。

这时，苏轼忽然想起两个月前的一件事。

汴京连续下了一个月的大雨，田野成了一片海洋，淹死的人和牲畜遍地都是，惨不忍睹。城外河水决口，大水不断涌进城里，冲垮了许多贫苦百姓的房舍和低洼处的店铺。幸好兴国寺的地势较高，大水只淹到了院子，他们居住的厢房没有进水，只是苏辙淋了雨浑身发烫，咳嗽不止。天晴后，苏轼去药铺为弟弟抓药时，见大街上尽是衣衫褴褛的灾民。一位妇人牵着两个年幼的孩子跪在路边，向行人乞讨。苏轼见了，连忙从买药的钱中分出三十钱，递给了妇人，妇人和两个孩子连忙给他叩头，苏轼觉得心头一酸，慌忙离开了。当他走到牛津桥时，天色已晚，见桥旁的楼台上站着一群红男绿女，他们一边嬉闹着，一边将手中的糕点抛向水里，以逗引鱼儿抢食取乐。苏轼见了，转身就离开了牛津桥！

今天，当他又看到这些富家子弟们寻欢作乐时，忽然想起了杜甫的"朱门酒肉臭，路有冻死骨"的诗句，心中激动不已。他见窗前的桌子上备有纸笔，便走过去，挥笔在粉墙上写了一首《牛口见月》：

掩窗寂已睡，月脚垂孤光。

披衣起周览，飞露洒我裳。

山川同一色，浩若涉大荒。

幽怀耿不寐，四顾独彷徨。

忽忆丙申年，京邑大雨滂。

蔡河中夜决，横浸国南方。

车马无复见，纷纷操栈郎。

新秋忽已晴，九陌尚汪洋。

龙津观夜市，灯火亦煌煌。

新月皎如昼，疏星弄寒芒。

不知京国喧，谓是江湖乡。

今来牛口渚，见月重凄凉。

却思旧游处，满陌沙尘黄。

写完后，又在落款处写下了"蜀乡苏轼"四个字。

他刚写完，人们便纷纷过去围观，有的人还大声吟哦起来。苏轼趁着人多，便和父亲、弟弟悄悄离开了。

2

八月初八，苏轼和苏辙终于走进了景德寺的大门，和来自全国各地的学子们一道，参加人生的第一次科考。

宋代的科举设进士、明经两科,明经科考帖书、墨义;进士科考诗、赋、论各一篇,策五道。其实,朝廷重进士而轻明经,这两科的举子待遇也不同:明经科的举子进了围场,也就是考场,帐幕毡席都要撤除,以防举子们作弊,监考也十分严格,而且不供应茶汤。有的举子实在太渴了,只好以砚上的墨水解渴,弄的满嘴乌墨。进士科考试时,考场设案焚香,有帐幔,座位上还设有垫子、备有茶汤。主司还可垂帘讲释题意,总之人性化大于明经科的考场。

苏轼和苏辙都在进士科考场,他们应试的课目都是诗、赋、论各一篇,时务策五道。二人考完之后就匆匆回到了兴国寺,向苏洵报告考试经过。

放榜那一天,景德寺外的红墙上贴着考生们的初试名榜,前来看榜的人里一层外一层地围在榜前,伸长脖子寻找榜上的名字。凡榜上有名的,不但自己兴高采烈,随同前来看榜的亲友们也欣喜若狂,大声道贺。而名落孙山的学子们,有的悄悄挤出人群,默默而去;有的竟然当场跺脚哭号,其声其状,令人心碎。

兴国寺离景德寺较远,苏氏父子来得晚了一些,没有挤进去看榜,只好站在人群外,待看榜的人渐渐散去以后,再到墙下看榜。这时,猛听见身后有人喊道:"恭喜苏老伯,你的两位公子都高中了!"

苏洵回头一看,原来是四川同乡家定国。他天刚亮就赶来了。

苏洵听了,虽然心中一阵狂喜,但还是极力抑制住自己的激动,问道:"你也高中了吧?"

家定国点了点头。

宋代进士分为三等:一等进士及第;二等称进士出身;三等赐同进士出身。其中一等前三名称进士三鼎甲,分别为状元、榜眼、探花。

这次科考的第一名,也就是状元,是延安的章子军,眉州苏轼得第二名,为榜眼,苏辙为同榜进士。

苏洵拍了拍家定国的肩膀,笑着说道:"你们三更灯火五更鸡的熬到今天,也太辛苦了,我要犒劳犒劳你们,走,咱们这就去'京华楼'。"

一行人边说边笑地离开了景德寺。

苏轼高中榜眼,当时还传出了一个幕后的趣闻。

这次科考,翰林院锁院50天,考官们看的是糊名弥封的试卷,主考官是文坛泰斗欧阳修,副主考官是著名诗人梅尧臣。负责阅卷的官员们将试卷基本阅完后,呈到了欧阳修那里。欧阳修担心有真才实学的士子们在初选时漏掉了,便请梅尧臣将落选的试卷再重新阅读一遍。也就是他的这一建议，才成就了苏轼。

梅尧臣在众多被初选考官枪毙了的试卷中，看到了一篇题为《刑赏忠厚之至论》的文章，他从头至尾读了一遍之后，当即拍案叫绝。他甚至怀疑那些负责初选的考官们对这篇文章怎么会看走了眼呢？他立即将试卷交给了欧阳修。欧阳修不看则罢，看过之后，认为作者有孟轲之风，怀仁政治国之心，是天下少有的好文章，立即大声呼喊起来："快哉、快哉，老夫当避让此人，放他出一头地！"于是，中国的成语词典里便有了"出人头地"这个典故。

欧阳修提起案上的朱砂笔，正准备将试卷圈为第一时，心里忽然一惊：能写出这么好的立论，又有如此流畅而又犀利的文笔，定是饱学且有独到见解的人，作者是谁呢？会不会是自己的得意门生曾巩？若把曾巩圈为头名，必会引起朝野的猜疑！犹豫了一会儿之后，为了避嫌，他用朱笔在试卷写了一个大大的"贰"字，也就是第二名——榜眼。

放榜之前，打开试卷才知道，被欧阳修圈为第二名的，并非是曾巩，而是眉山的苏轼！

放榜以后，果然有人指责主考官评卷不公，一些落榜的举子们更是怨气冲天，有些人竟然挡着欧阳修的马头进行抗议，甚至有人写了生祭欧阳修的祭文，以发泄心中的不满。但欧阳依然不为所动，在翰林院里，他与韩绛、王硅、范镇、梅尧臣、梅挚六人喝酒时，又谈到了此事，认为自己亏了苏轼，心中一直不能释怀。他还说："你们记住，有了苏轼，再过30年，就没有人知道我欧阳修了！"

放榜的当天晚上，按照当时惯例，苏洵领着两个儿子前往欧阳修的府第拜师，并借机将益州知州张方平写的推荐信和自己撰写的20篇论文，当面交给欧阳修，希望能得到他的推荐。

听说苏氏父子来了，欧阳修十分高兴，他让苏轼和苏辙坐在自己旁边，笑着问苏轼："饭店墙壁上的那首《牛口见月》，果真是你写的？"

苏轼羞怯地说道："是学生写的。"

"写得好，写得好！"欧阳修接着说道："二苏的名声，已传遍朝野；二苏的文章，太学生们争相抄录、传阅。可喜可贺。"说到这里，他的话锋一转，对苏轼说道："不过，你的文章里有个典故，老夫想当面请教。"

苏轼连忙说道："请恩师赐教。"

欧阳修："你文章中提到，'当尧之时，皋陶为士，将杀人，连说三次，表示坚持要杀，但尧连说三次不杀。我翻了不少古籍，却始终不知此典出自哪里？"

苏轼说："这是学生为了阐明慎刑而杜撰的。"

欧阳听了，并没有生气。他是个学识渊博而且心胸宽仁的好老头儿，也是个不拘一格提拔新人的怪老头儿，他已隐隐感到，自己眼前的这个眉山后生，将来一定是个不同寻常的人！

这时，门房来报：常州知州王大人求见。

欧阳修点了点头。

见有客来访，苏洵连忙起身告辞。当他们走到门口时，正遇上客人进门。他们相互施礼之后，便擦身而过了。

这位常州的王大人，就是未来变法的领军人物，也是苏轼的朋友兼政敌的拗相王安石！

3

威严而又堂皇的皇宫里，有时也会有些温馨的亲情。

朝会上，宋仁宗听了欧阳修关于科考的汇报之后，又特意审阅了苏轼的《进策》25 篇。他看得很仔细，读完后问道："爱卿，你认为苏轼的文章如何？"

欧阳修连忙答道："陛下，臣以为苏轼的文章强调的核心是仁政治国、宽厚于民、惩罚应慎、免杀无辜。再者，文章内容充实、准确、简练、畅达。臣以为，苏轼是辅君执政之材。其弟苏辙亦见解独特，文采飞扬，是后起之秀中的佼佼者，少有的可造之材。"

宋仁宗边听边点头，待欧阳修说完了，他大声说道："本朝缺的就是可造之材！爱卿是当今伯乐，为寡人发现了两匹良驹。"

欧阳修："陛下过誉了，为社稷选拔栋梁之材是臣的职责。"

散朝之后，宋仁宗喜气洋洋地回到后宫。曹皇后和宫女们正在院子里下棋，见他来了，连忙起来迎驾，曹皇后问道："陛下今天这么高兴，有什么喜事吗？"

宋仁宗笑着说道："今天殿试，有两位进士的《策论》不但文采飞扬，而且敢于披肝沥胆，直言论政，抨击时弊，实是护国爱民的赤诚之心，这正是寡人求之不得的。"

曹皇后听了，也跟着笑了起来，说道："恭喜陛下为本朝谋得了栋梁之材。"

宋仁宗说："他们不光是本朝的栋梁之材，也是寡人为子孙谋得的两位宰相之材啊！"

"这两位进士是哪里人氏？叫什么？"曹皇后问道。

宋仁宗："是四川眉山人氏，一位叫苏轼，一位叫苏辙，是同胞兄弟。"

曹皇后："这太好了，不知他们长的什么模样？"

宋仁宗："我还没见过呢！这样吧，待杏林宴之后，寡人将他们诏进宫来，当面让他们讲解《策论》。"

曹皇后："好、好、好，妾也想当面听一听，以饱耳福。"

第二天，欧阳修派人到兴国寺去请他们时，迟知大师说，昨晚子夜，眉山派人送来急信，苏洵夫人程氏仙逝于故里，苏氏父子连夜离开了兴国寺，回眉山奔丧去了。

消息传到后宫，曹皇后叹了口气，说道："两个儿子刚刚考中，他们的亲娘却撒手走了！唉，程氏没有福分啊！"说完，眼圈红了。

4

安葬了母亲以后，苏轼便和苏辙在家依礼守制。嘉祐四年（1059年），守制期满，苏辙与邻县的史氏结婚后，苏洵便率苏氏兄弟和两个儿媳妇，从水路出川，乘船经嘉陵江入长江，顺流而下。一路上山峰如劈，江涛如雷，两岸景色扑面而来，但瞬间即逝。坐在船头上的苏轼被大江和山峰的气势所感染，写了一首《江上看山诗》，写好之后又大声朗诵起来：

> 船上看山如走马，倏忽过去数百群。
>
> 前山槎牙忽变态，后岭杂沓如惊奔。
>
> 仰看微径斜缭绕，上有行人高缥渺。
>
> 舟中举子欲与言，孤帆南去如飞鸟。

苏轼受了哥哥的感染，回到舱里，也写了一首《舟中吟》。

更令他们难忘的，是过瞿塘峡、经扇子峡到夷陵峡这一段航程。他们还登岸游览了屈原庙、白帝城、诸葛亮的八卦阵等历史遗迹，每到一处，父子三人便赋诗著文，倒也不觉寂寞。当他们到达荆州时，苏轼得诗四十二首，苏辙得诗二十三首，苏洵得文 7 篇。王弗便将它们钉为一册，苏轼还在封面工工整整地写了"南行前集"四个楷字。

他们从荆州弃船，乘车北上，直到春节过后，才到达汴京，租住在西冈的一处宅子里，等待朝廷授职。

北宋年间，读书人入仕的途径虽然很多，但空缺太少，也就是职数有限。有的人虽然中了进士，点了翰林，也只是有了入仕的资格，但不一定能得到任职，你要在家里耐着性子等着，这叫候补。能落实官职的，一是要有门路，也就是朝中有人，帮你说话，为你推荐；二是要舍得花银子，去撞开权臣们的朱漆大门；三是碰上了好运气。要是既无门路又无银子再加上运气不佳的，恐怕就要候补到猴年马月了。有的甚至等白了头，仍然与官无缘。

苏轼、苏辙这次进京，是为了参加吏部的"流内铨"考试。考试分为身、言、书、判四科。身，是以礼貌丰伟为合格；言，是以言辞辩正为合格；书，是以楷法遒美为合格；判，是以文理优良为合格。

经过"流内铨"考试合格后，吏部授苏轼为河南昌福县主簿，苏辙授为河南渑池县主簿，二人例授从九品，但他们都请辞不任。

在这之前，经欧阳修等人向仁宗皇帝力荐，苏洵以布衣之身不试而仕，被授试校书郎，虽然官阶八品，但这是士大夫们所看重的清职，今后升迁的希望很大。这对苏洵来说，是一次极为难得的恩遇，但他以待遇太薄为由，不肯入仕。欧阳修、韩琦认为苏洵是位难得的人才，再次向仁宗皇帝推荐，嘉祐六年（1061 年），苏洵被任命为霸州文安县主簿，命同编纂礼书。这一职务适合苏洵的政治理想，他便欣然接受了，这是苏洵一生中当的最大的官了，当时他已五十六岁。

也就在这一年，王安石被诏为了朝廷的三度司支判官。

曹皇后自从听说了苏氏兄弟的殿试经过之后，便牢牢记住了苏轼和苏辙的名字。京城的大街小巷、茶馆酒肆也都在传颂三苏的才华，士子们纷纷以苏文为师法，尤其是太学里的太学生们，都成了苏轼的粉丝，纷纷转抄他的《牛口见月》和《策论》，致使纸店缺货。苏轼去赴琼林宴时，街道两旁万人争看，有人指着骑在高头大马上的苏轼说道："看，那就是眉山的苏轼！"

不久，有一首"苏友生，喝菜羹，苏友塾，吃羊肉"的民谣，也在坊间流传开来了。

宋仁宗特别关注他为子弟们选定的这两位"宰相之材"。为了磨砺二苏的意志，增长他们的阅历，他决定让这两位未来的宰相到偏远的第一线去锻炼锻炼，特意下诏：苏轼为大理寺评事，出任陕西凤翔签书判官。宋朝的官员和今天一样，也有"职务"和"职称"双重身份，大理寺相当于今天的最高法院，评事相当于庭长；签判，相当于凤翔市的副市长兼中级法院的院长。宋仁宗又授苏辙为秘书省校书郎，任商州军事推官，官阶八品。军事推官是州府的团练助理官。

苏轼上任那天，与他同榜的曾巩、家定国、张璪等人为他送行，将他一直送到了城外。临别时，张璪紧紧拉住苏轼的手，动情地说道："苏兄才华横溢，又得圣上宠爱，今后定然步上青云。能与苏兄同年，是在下的大幸，乞求能时常得到苏兄的教诲，这是在下的肺腑之言。"

苏轼过去并不认识张璪，只是在琼林苑的琼林宴上彼此见过一面，便笑着说道："张兄言过其实了。你我同科出身，可谓是手足之谊，彼此应相互共勉，以不辜负社稷之望。"

张璪听了，颇受感动，连声说道："苏兄之言，在下牢牢记住了。"

与众人辞别之后，苏轼一家的两辆马车便沿着一条驿道，向凤翔方向徐徐而行。前面的马车上载着夫人王弗、幼子苏迈和奶娘、侍女等人，后车上载着苏轼和幕僚马梦得及两个仆人。

当马车过了五十里铺时，忽然听见从后边传来喊叫之声："苏大人！等一等！"

苏轼听了，连忙命车夫勒住马头，回头看时，见一匹灰青色快马飞奔而来，到了跟前时，骑者滚鞍下马，走到苏轼跟前。苏轼见了，连忙跳下车来，双手抱拳，说道："原来章大人啊，你怎么来了？"

来人是商州令章惇。

章惇笑着说道："愚兄是特来为苏大人送行的。"

苏轼说道："不敢当、不敢当，章大人亲自出城送行，实在令下官心中不安。"

章惇道："愚兄自读了苏大人的文章之后，心中便有了知音之感，只觉相见恨晚。今天能与苏大人结交，是愚兄今生的大幸，盼苏大人不要嫌弃愚兄啊！"

苏轼："章大人言重了，下官还想向大人请教呢！"

章惇："愚兄虽比苏大人早生了几年，又早入仕几年，可谓过来之人，"说到这里，他朝苏轼看了看，低声说道："听说圣上要将陈希亮调任凤翔。他可是一介武夫，又自恃有功，便目中无人，不大懂得人情世故，苏大人上任之后，可得处处小心啊！"

苏轼："谢谢章大人的提醒，下官若有机会，一定前往商州求教，请章大人留步！"

章惇："请苏大人上路吧！"说着，牵马走到路边。

马车走出很远，苏轼又回头望了望，见章惇还站在那里，正远远地朝自己招手，心中便有一种感动，也为自己结交了一位直率热情的新朋友而感到高兴。

就在苏轼和章惇说话的时候，坐在车厢里的王弗一直默默地听着。女仆惠妹有些好奇，她悄悄将车帘子掀开一道缝，看清了这位商州令的模样：他约莫30岁出头，身材虽然不高，但很壮实；双目闪烁不定；他的脸长的挺有意思，上窄下宽，两腮又厚又大。惠妹不由笑了起来。王弗问他笑什么，她努了努嘴，说道："夫人，你看那位官员像什么？"

王弗："像什么？"

惠妹："像不像个熟透了的葫芦？"

王弗朝外看了看，果真是张葫芦脸！也不由地笑了。

苏轼做梦都不曾想到，就是这位新交的朋友，后来竟成了苏轼政治生涯中的克星！他不但制造了著名的"乌台诗案"，苏辙的被弹劾、被贬谪，甚至差点魂断海南，都与这位新交的朋友有关！

第三章　山魈不可怕，可怕的是自己的旅伴

夜泊牛口

日落红雾生，系舟宿牛口。

居民偶相聚，三四依古柳。

负薪出深谷，见客喜且售。

煮蔬为夜飧，安识肉与酒。

朔风吹茅屋，破壁见星斗。

儿女自咿嚘，亦足乐且久。

人生本无事，苦为世味诱。

富贵耀吾前，贫贱独难守。

谁知深山子，甘与麋鹿友。

置身落蛮荒，生意不自陋。

今予独何者，汲汲强奔走。

1

　　刚刚踏上仕途的苏轼，一到凤翔，便感到官场上的一切都十分新鲜。

　　凤翔即将卸任的太守宋选也是进士出身，曾是司马光任三司时的同僚，资格老、声望高，而且温文尔雅。当他得知苏轼将到凤翔时，便在后衙旁边为他准备了一座带院子的宅子。苏轼上任的当天，还设宴为他接风、洗尘，对随行的眷属们问寒嘘暖，呵护备至，令苏轼觉得到了凤翔就像回到眉山老家，宋选就像自己的叔伯长辈。

　　府衙中的官员们早就听说了三苏的名气，都十分仰慕苏轼的才学。是啊，天下那么大，朝廷唯独将他派到了凤翔，这是凤翔的骄傲，也是凤翔官员们与苏轼

的缘分，所以也都众星拱月般地关注着他。这时的苏轼似乎有点晕乎乎的感觉。

苏轼喜欢花和树木，尤喜爱竹子，他便在院子里栽了三十余株桃、杏、桧、枫等小树，还在向阳的墙下栽了一蓬苍翠的冷竹；又挖了一个不大的水池，池中养了几尾鲤鱼和数棵荷花，显得既幽静又有情趣。他常常在院子里品荷读书，日子过得悠闲优哉。

由于新太守尚未到任，府衙中的公事不多，即使有了什么公事，宋选也尽量不去打扰苏轼。苏轼是个闲不住的人，他便利用这段难得的空闲时间，去游览凤翔各地的历代古迹。有一天，他听同僚们说开元寺有一方石刻，是唐代吴道子画的长着胡子的观世音，还有王维留下的几幅山水画。他高兴极了，便骑马直奔开元寺而去。

开元寺是唐初的一座禅寺，寺中的大雄宝殿金碧辉煌、气势不凡。其他殿堂中供奉的菩萨也都鎏金绘彩、栩栩如生。院子里的两株老松已有合抱之粗，树冠如伞。寺中有百余僧人，主持是达仁方丈。

苏轼进寺之后，向值班和尚说他想拜见达仁。

值班和尚将他引进了大殿左首的一间禅房，达仁微闭双眼，正在蒲团上打坐。知道苏轼进来了，他既未睁眼，也没离座，只是像念经一般地说了一个字："坐。"

苏轼正欲说话，达仁又开口了，仍然是一个字："茶。"说完，双眼仍然闭着。

苏轼知道，他是轻视自己。是啊，凡来求见的，不是达官贵人，便是富绅人家，他们来时或前呼后拥，或带着一群穿绸着缎的内眷；他们也出手大方，除了香资，还有不菲的施舍。而达仁眼前的这个年轻施主，大约不会是豪门子弟，也不会是衙门官员，只不过是个不知天高地厚的俗人罢了。

苏轼见了，既不就座，也不喝茶，更不生气。他说道："听说方丈通晓佛释经书，知晓佛界故事，在下有一事不明，想向方丈请教，不知方丈肯不肯赐教？"

达仁仍然闭着双眼，说道："施主请说。"

苏轼："释祖立教，为的是普度众生，救人苦难，劝人善行，天下太平，对吧？"

达仁微微点了点头。

苏轼又说："当年齐国的管仲辅佐齐桓公时，曾制定了优待老者、救助寡幼的'九惠之策'，这是否与佛家宗旨相通？"

达仁听了，心中一惊。佛教是从外域传来，只不过千余年，而管仲相齐，已有二千五百余年。若同意他的观点，就是承认"九惠之策"早于佛祖；若不同意他的观点，又会伤及佛教尊严。他很聪明，立即话锋一转，问道："施主读过《易经》吗？"

苏轼答道："在下已读过《易经》，还读过《连山》《归藏》《周易》等篇。"接下来，他还背诵了其中的几段精辟的文字。

达仁听了，知道这位年轻施主有些来历，连忙睁开双眼，问道："请问施主尊姓大名？从何处来？"

苏轼："在下赵郡苏轼，是从凤翔来贵寺求教的。"因为苏轼先祖是赵郡人，所以他自称赵郡。

达仁一听，大吃了一惊，站在自己面前的，原来就是大名鼎鼎的眉山才子苏轼啊！他连忙双手合十，连声道歉："苏大人请坐，贫僧年迈眼花，不知苏大人光临寒寺，请苏大人恕罪。"

苏轼也不难为他，抱拳施礼。

达仁从蒲团上站起来，说道："请大人上座。"

看到值班和尚站在一旁发呆，他吼了一声："还愣着干什么，快给苏大人上茶！"

值班和尚连忙端来了一杯热茶，达仁连摆手："上香茶。"

值班和尚连忙换了茶水，恭恭敬敬地将茶杯放在苏轼跟前。

苏轼见达仁为人势利，又善阿谀奉承，心中有些不快，看画的兴趣也早已打了折扣，便对达仁说道："佛家清净地，在下就不打扰了！"说完，站起来告辞。

他刚要走，达仁连忙将他拉住，恳请他为开元寺留下墨迹，以珍藏寺中。

这时，几名和尚早已把文房四宝准备好了，看样子，苏轼若不题写，达仁是不会放他走的。

原来，达仁听说苏轼不但文章誉满京华，他的书法丹青也是朝野争相收藏的宝贝。他自己早就想得到苏轼的一件手迹，无奈自己从未见到过苏轼，便一直未能如愿。踏破铁鞋无觅处，得来全不费工夫，没想到这位眉山才子竟然自己送上门来了！这是千载难逢的大好机缘，绝不可放过！他亲手将毛笔递给苏轼，说道："请苏大人赐贫寺一件墨宝。"

苏轼有些无奈，他问道："写什么呢？"

达仁："只要是苏大人手书的，写什么都行！"

苏轼实在被他纠缠不过，便在砚池中蘸饱了浓墨，走到案前，挥笔在雪白的宣纸上写下了一副对联，放下毛笔后，向达仁说道："见笑了！"说完，便转身走出禅房，骑马离开了开元寺。

送走苏轼之后，达仁回到禅房，见案上是一副六字对联。

上联是：

坐，请坐，请上座

下联是：

茶，上茶，上香茶

他看了，心中又羞又愧，也又气又恼。他怨值班和尚进去报告时，没问及施主是谁，害得自己丢人现眼，被苏轼用对联嘲讽了一顿！他见几个小和尚对着对联悄悄议论着，便没好气问道："你们在说什么？大声点！"

一个小和尚说道："这副对联不雅，不如扔进灶房里烧掉！"

他板着脸吼道："你们糊涂！虽然对联不雅，但这可是苏轼亲笔写下的呀！收起来，妥善保存！"

小和尚们应声而去。

2

苏轼回到家中，看到水池里的鲤鱼都躲在了荷叶下面不肯出来，他用双手拍打了几下，池中的鲤鱼竟然无动于衷。王弗闻声来到院子里，笑着说道："夫君，你是不是错把这里当成中岩书院了？"

经王弗一提，苏轼一下子想起了中岩书院的"唤鱼池"，心头一热。他问王弗："夫人，不知岳父的病好了没有？"

王弗："父亲来信说，服了夫君带去的药，病情好多了，又去中岩书院授课去了。"

苏轼望着远处的天际，自言自语地说道："我常常在梦中回到中岩书院呢！"

王弗听了，微微笑了。

母亲病故后，苏氏父子回眉山依礼守制。有一天，苏轼和王弗去中岩书院看望王方时，王方正在"唤鱼池"旁看书，见女儿、女婿回来了，异常高兴。书院的学生们听说苏轼来了，纷纷前来相见。王家的族人们闻讯后也赶来书院，书院里谈笑声声，喜气洋洋。

就在王方询问京师的科考内容时，一个小女孩忽然从人群里走到苏轼身边，贴着他的耳朵说道："轼哥坏，轼哥坏！"

苏轼转头一看，原来是王弗的小堂妹王润之。王润之活泼，天真，虽然比王弗小八岁，但却是王弗的闺中密友，二人总是形影不离，自王弗嫁给苏轼又去了都城之后，王润之十分想念自己的堂姐，有时还会偷偷抹泪。

苏轼笑着问她："我坏在哪里？"

王润之噘着小嘴说："你把姐姐勾走了！"

大家听了，都忍不住大笑起来。

王弗的脸"唰"的羞红了，她连忙将王润之拉到自己身边，同她悄悄说着什么，她才渐渐不对苏轼有敌意了。

记得苏氏一家再次离开四川进京，王润之随大人们去江边送行时，王润之忽然哭闹着要随王弗上船一起走，还好几个大人连劝加拉地将她挡住了。载着王弗的船离开码头时，她竟然成了一个泪人了。

正在苏轼回忆时，苏友进来通报：商州令章大人来访，现在客厅等候。

苏轼一听，连忙说道："我这就去。"

王弗听说章惇来了，低声问苏轼："夫君和章大人是老朋友？"

苏轼："是在京城结识的友人，你还记得我们来凤翔时，赶到五十里铺为我们送行的人吗？就是这位章大人。"

王弗听了，点了点头。

苏轼将章惇迎进前厅，二人边叙边饮茶。苏轼问他："章大人是公差路过凤翔？"

章惇摇了摇头，说道："愚兄是特意来接苏大人去商州一游的。你我把酒举盏，好好痛饮几日，以尽愚兄的地主之谊。"

苏轼连连摇头："不敢当、不敢当！"

章惇："再说，愚兄也一直惦念着苏大人，想给大人提个醒。"

苏轼："有什么事吗？"

章惇："今年三月，圣上诏富弼为相，这个富弼却不知好歹，竟然辞职归隐了。六月，圣上诏司马光知谏院、王安石知制诰；八月，圣上拜曾公亮为相、恩师欧阳修参政。"他一股脑说了一大串新任职官员的名字，让苏轼一时摸不着头脑。朝廷官员们的任命和升迁是再平常不过的事了，这有什么可提醒的？不过，苏轼也知道人家是一片好心才来告诉他，是把他当成了知心朋友。

"还有，新任太守陈希亮快要到任了。"章惇放低了声音说道："这位行武出身的陈希亮啊，仗着自己立过战功就目中无人，尤其不爱你我这些饱读诗书的人，他肚子里的墨水不多，脾气倒是不小。贤弟在他手下任职，可要多留个心眼儿啊！"他不再称呼苏轼为苏大人，而改称"贤弟"了。

苏轼也改称呼："谢谢子厚兄的提醒。"

子厚，是章惇的名号。

章惇接着说道："你我都是朝廷未来的栋梁，对那些妨碍我们的人，就要敢于同他们相斗。我这个人天不怕地不怕，敢跟与我作对的同僚斗，也敢跟顶头上司斗，还敢跟鬼神斗！我最敬佩的就是秦国的白起，他敢一次坑杀四十万投降的赵兵，才成为了战无不胜的战神——"

苏轼："可是这位战神的结局却十分——"

这时，惠妹慌慌张张地进来说："老爷，夫人饭后腹疼不止！"

苏轼听了，连忙对章惇说道："子厚兄，请稍候，我去内室看看。"说完，随惠妹回到卧室后，却不见王弗有半点病容，便问道："夫人不是病了吗？"

王弗摇了摇头，将苏轼拉到一边，悄声说道："夫君，交友要慎，听话要真。妾从这位章大人的话里听出了一些端倪，他虽然敬重你，但也有巴结之意；他虽赞扬你，也有忌妒之嫌。这种人有求于你时，可嘴上涂蜜；你若得罪了他，他敢置你于死地而后快！对这样的人，夫君可要心中有数！夫君还想随他去商州吗？"

苏轼听了，却不以为然。他觉得王弗也太敏感了，心里直为章惇叫屈。又一想，王弗的话也还有些道理，一个不但敢与人斗还敢与鬼神斗的人，一定是个不同寻常的人，这样的人，不是大忠大勇的贤人，就是大奸大恶的小人！难道章惇会是这样的小人？不过，他还是听从了王弗的提醒，决定不去商州了。他命惠妹去客厅传说："苏夫人突患急病，需要延医诊治。老爷不能前来送章大人了，请章大人见谅。"

章惇听了，连忙说道："请苏贤弟照料好弟妹的病情，在下这就回商州。"说完，讪讪离开了苏宅。

待章惇走了之后，王弗才告诉苏轼，听说那个"葫芦脸"来了，她有些不放心。苏轼与章惇的谈话，她在帘子后边都听到了，她害怕自己的丈夫同这种心术不正的人交往，更害怕丈夫随他去商州，才迫不得已称自己有病，将丈夫骗出来告以实情。

苏轼没能去成商州，总觉得欠了章惇的一个不小的人情，心里有一种愧疚之感。

3

半个月后，苏轼公差归来，途经五眼桥时，远远看见有人牵着一匹马站在桥头上。走近一看，原来是章惇！他连忙下马，问道："子厚兄怎么在这里呀？"

章惇笑着说道："愚兄是专门在这里等候贤弟啊！"

"等候我？"苏轼有些纳闷儿。

章惇："前次我去凤翔府请贤弟时，因弟妹有疾而未能如愿。听说贤弟公干完毕要回凤翔，愚兄才在这里特意等候，想与贤弟去商州一游。"

苏轼有些犹豫。

"陈太守尚未到任，迟几天回去述职不碍事的，咱们这就上路吧！"

苏轼一时找不到借口，再说，自己也一直想去商州看看，以兑现自己对他的承诺，便答应了章惇的请求。于是，这对政坛未来的死对头便相伴而行，去了商州。

当天晚上，章惇在商州设宴招待苏轼，他说，终南山的深山里有数十座古刹，据说有一山魈，藏在一座叫仙人宫的古刹中，常常出来作祟，香客们都不敢前去烧香，更没有人敢在古刹中过夜。但那里有奇石怪峰、古木深涧，风景绝佳，是一处世外桃源，他问苏轼想不想去看看。

苏轼是个童心未泯的人，也是一个爱好探奇寻异的人，听了章惇的一番鼓动之后，立即就来了兴头，第二天天刚亮，他们便朝终南山出发了。

他们沿着山路走了大半日，暮色已经渐渐四合，又向前走了一会儿，夜色渐浓，已看不清前面的路了。章惇建议，在山路旁边的一座荒废了的古刹中过夜。于是，二人在寺前的古树上系好马匹，便进了古刹。

古刹的大门尚存，但进了大门之后，见佛殿已经半塌，院中荒草没人，有几只野狐见有人来了，连忙窜进了一堆废墟之中。章惇毫不介意，他将殿中残破的供像推到一旁，又捡了些干枯的茅草铺在供台上，笑着对苏轼说道："苏贤弟，我们就在这里将就一宿吧！"

苏轼问道："山魈来了怎么办？"

章惇听了，哈哈大笑起来，说道："贤弟放心好了，有我章惇睡在这里，山魈们就得退避三舍！"

二人躺下之后，苏轼透过缺了瓦的屋顶，望着天上闪烁不定的星星，听着从远处传来的一阵阵狼嚎声，无论如何都难以入睡。而睡在一旁的章惇，却鼾声不断，睡得极香！

天亮后，二人吃了些随身带来的干粮便去了仙人宫。

仙人宫建在两座山峰之间，宫前有一深潭，叫仙人潭，深不见底；向潭中丢一瓦片，半天听不见响声！四周的山崖如削，若想进宫，须从搭在潭上的独木桥上通过。由于年月已久，那独木桥已经半朽，上面还长着一层又湿又滑的绿苔，若不慎滑下去，非粉身碎骨不可！

章惇从行李中取出笔墨，指着仙人潭对面的山崖说道："贤弟的书法胜于愚兄，请贤弟到对面题几个字，以纪念你我的今日之游，怎么样？"

苏轼朝潭底看了看，见潭深千丈，阵阵水雾从潭底涌上，寒气透骨！他连忙摇了摇头，说道："苏轼不敢。"

章惇看到苏轼害怕了，笑着说道："待愚兄替贤弟过去题写！"说完，一手握笔，一手抓住一根垂下来的老藤条，纵身一跃，双脚又在独木桥上轻轻一点，便跃到了对面的山崖下。他选了一块平滑的石壁，在上面书写了"章惇苏轼来游"六个大字！写完以后，又抓着藤条荡回到了原地，笑着说道："苏贤弟，你看我写得如何？"

苏轼一直为他悬着心，见他平安回来了，才放下心来。他拍了拍章惇的肩膀，意味深长地说道："艺高人胆大啊，子厚兄将来必敢杀人！"

章惇有些不解，问道："这是为什么？"

苏轼说道："敢不要自己命的人，就敢要别人的命！"

章惇听了，哈哈大笑起来，说道："谢谢苏贤弟的夸赞。"

后来的岁月证实，就是这位敢于冒死过潭题字的章惇，不但敢杀人，还善于杀人。他曾以自己的方式杀了许多政敌，他甚至还想杀苏轼和苏辙，只是没来得及罢了！

从这件事上可以看出，苏轼看人不如王弗。

第四章 老禅师圆寂之前，将化金方送给了他

南乡子·集句

怅望送春怀，渐老逢春能几回。花满楚城愁远别，伤怀，何况清丝急管催。

吟断望乡台，万里归心独上来。景物登临闲始见，徘徊，一寸相思一寸灰。

1

就在苏轼和曾惇畅游仙人宫时，新任凤翔太守陈希亮终于到了凤翔。

陈希亮上任伊始，便给了苏轼一个下马威。上任的当天晚上，宋选设宴为陈希亮接风，署衙的官员们都参加了。宋选向陈希亮一一介绍了他们的名字和职务。介绍完了，陈希亮问道："签书判官呢？"

大家听了，你望望我，我望望你，一时不知如何回答才好，也都为苏轼捏着一把汗。

宋选早就听说过陈希亮办事果断，脾气刚烈，对属下要求极为严格，他也知道苏轼大概是出游去了，便连忙说道："签书判官苏轼，下乡查案尚未回来，是本官派他去的。"

陈希亮听了，还想问什么，宋选连忙端起酒杯，笑着说道："陈大人，在下先敬大人一杯，为大人接风。"

陈希亮刚饮了他敬的酒，署衙的其他官员们又纷纷站起来敬酒，应酬了一会之后，他便不再询问苏轼缺席的事了。

宋选说苏轼下乡查案去了，是他为苏轼打的马虎眼，因为和苏轼同行的幕僚马梦得已回来数天了！

三天后，苏轼终于回到了凤翔，他本以为陈希亮会问他迟归的原因，但上班后陈希亮并未提及此事，似乎他已经忘记这件事了。

陈希亮给苏轼的这个下马威，是由一位叫孙友的同僚引起的。

陈希亮初来乍到，想了解凤翔的民情，便让衙役孙友去叫苏轼。

孙友见苏轼正在撰写一件公文，回来向他报告说："苏贤良即刻就到。"

陈希亮一听就火了，大声喝道："府判官就是府判官，有什么贤良不贤良的！"

其实，称苏轼为苏贤良，是因为他是制科出身，考的是"贤良方正"科，大家对这种官员也称贤良，这是一种尊称。孙友刚要解释，陈希亮的火气更大了。大声说道："乱用称谓，成何体统！责打二十大板，以示警示！"

值班衙役们不敢不听，将孙友打了二十大板！

苏轼觉得，这是新太守杀鸡给猴看，他打孙友，其实是打的我苏轼！心中便感到愤愤不平，却又无可奈何，因为官大一级压死人嘛！

第二天，陈太守向苏轼交代任务：因渭河泛滥，凤翔所属十县中七县患水灾，庄稼被淹，有的地方颗粒无收，房舍倒塌，灾民无以栖身。让他起草一份赈灾告示，以安抚民心。

苏轼的官衔是"京城官员差充签书节度判官厅公事"，也称签书判官，简称签判，起草政府的文书是他的职责之一。再说，一个天下闻名的才子，起草一份赈灾告示还不是小菜一碟！苏轼回到书房后便伏案撰写起来，不足一个时辰，一篇还留着墨香的告示便被送到了陈希亮的桌子上，他想让这位行武出身的太守见识见识自己的文笔才华。

陈希亮看完告示之后，对苏轼说道："你写的赈灾告示，我已经拜读过了。"

苏轼心中一喜，自己的文章肯定已经征服了这位顶头上司，下一步就是命人抄写若干份，派人送往各县张贴了。他站在一边，等候陈希亮发话。

陈希亮铁青着脸，说道："当前灾民们无室栖身，无粮充腹，惨不忍睹，而你写的告示，虽文笔流畅、词语华美，但既不能充饥，也不能御寒，更不知灾民们的疾苦。拿回去，重写！"说完，把告示扔给了苏轼。

苏轼听了，又气又恨，这不是故意找碴子、出自己洋相吗？看来，章惇的提醒是颇有道理的。他想当面顶一顶这位顶头上司，以出心中的气恼，但又觉得他说的也点到了告示的要害：自己没去过灾区，真的不知道灾民的疾苦！于是，拿着告示，憋着一肚子气回到了家里。

王弗看到丈夫兴冲冲地去了府衙，却气呼呼地回来了，便问他："夫君，有什么不顺心的事吗？"

苏轼将文告扔在桌子上，说道："这个倔老头儿，专门找我的碴儿，气死人了！"接着，他将自己受陈太守训斥的经过说了一遍。

王弗将告示从头至尾看了一遍，没说什么。

苏轼问她："此文写得如何？"

王弗："太守大人说得也并非没有道理，写赈灾告示不是写锦绣文章。再说，告示是给灾民看的，灾民看了这种不痛不痒的文告之后，心里是种什么滋味？"

苏轼听了，忽有所思，说道："我这就和马梦得去灾区看看，听听灾民们的诉求，夫人以为如何？"

王弗："我去为夫君准备几件换洗衣裳。"说完，转身去了内室。

第二天一大早，趁着陈希亮还没去府衙上班之前，苏轼便去了他的官舍。

陈希亮正在院子里练剑，见苏轼来了，笑眯眯地说道："晨练三十六，暮练三十六，健体又长寿。苏签判也练剑吗？"

苏轼说："在下喜欢早起读书，不会练剑。"

陈希亮："你若想学，老夫可以教你，给，接着！"说着，将手中的宝剑扔给了他。

苏轼接过宝剑，心里一直嘀咕：这个老头儿真怪，是不是脑子进水、记性不好？难道他把昨天向自己大发淫威的事忘干净了？他刚想说要去灾区的事，不想陈希亮发话了："苏签判，老夫上任之前，圣上召见我时曾提到过，有人上书说，终南县的'衙前之役'过重，民怨极深，应尽快处置，以防民变。因役而囚的山民应立即开释，从中敛财的无良官吏应追究其罪！老夫因年事已高，前往处置有些力不从心，此事就由你代劳吧！"

苏轼："下官的赈灾告示……"

陈希亮："昨晚老夫已起草了一份，即刻就派人发往各县。"

苏轼："下官何时出发？"

陈希亮："越快越好！"他定定地望着自己这个血气方刚的下属，嘱咐他说："此事属朝廷交办，事关重大。你去终南县，遇人遇事可行凤翔太守之职、执凤翔太守之仗，万万不可辜负了老夫之托，记住了吗？"

苏轼："下官记住了。"

"你回去安顿好家事，明晨就出发吧！"

苏轼点了点头，转身而去。

“等一等。”

苏轼转头望着他。

“这柄宝剑就送给你吧，盼你每天也能练剑七十二招。”说完，他将那柄宝剑递给了苏轼。

2

终南县县城的东郊，一行人沿着驿道逶迤而行。前面是一乘凤翔府官轿，苏轼坐在里边；后边是马梦得和随行官员；最前边的，则是一队手执“肃静”、“回避”告牌的衙役。

坐在轿中的苏轼发现，这告牌十分灵验。那些本来正在走路的行人，见到告牌，都纷纷向路旁避让。有一位挑着一担甜瓜的老汉慌忙避让时，脚下一滑摔倒了，甜瓜滚得满地都是。看来，百姓们对官府十分惧怕。

苏轼让人停下轿子，对随行官员说道：“你们先进城吧，进城后直奔驿馆歇息即可。”说完，和马梦得徒步而行。

他们刚刚走到城门口，见墙边围着一群人。苏轼挤进去一看，原来里边坐着一个四五岁的小闺女，小闺女面黄肌瘦、浑身发抖，衣服上打着补丁，头上还插着一根茅草，一个腿残的老人蹲在旁边抹泪，看来是小闺女的家人。苏轼心中一惊，这不是在卖孩子吗？过去只听说有人为了还债或救人，在孩子头上插上一根茅草，表明愿将自己的孩子卖给别人，今天却亲眼见到了！他连忙蹲下身子，问道：“老伯，这个孩子是你的什么人？”

老人低声说道：“是我的孙女，叫荞花。”

苏轼：“你怎么舍得卖自己的亲骨肉呢？”

老人：“只有卖了眼前的亲骨肉，才能赎出大牢里的亲骨肉啊！”说着，老人竟号啕大哭起来。

旁边有人愤愤地说道：“朝廷的‘衙前之役’，逼得终南县的百姓们没法过日子了！”

也有人说：“有人从‘衙前之役’中大捞油水，大牢里关着几百号人，想出来，每人罚银十两！老百姓到哪里去凑十两银子啊！”

还有人说：“‘衙前之役’穷了百姓，却肥了罗县令，他不光盖了豪宅、置了田地，光小妾就买了八个！"

……

苏轼向马梦得示意，马梦得从怀中取出一只银锭递给苏轼，苏轼将银锭塞给老人，说道："老伯，你快回家吧！"

老人以为苏轼要买他的孙女，连忙从小闺女头上取下茅草，哭着说道："好孩子，你今天遇上了好心的恩人，你的父亲总算有救了。"他用双手揩去小闺女脸上的泪水，说道："你就跟着恩人去吧！"说完，跪地而拜。

苏轼连忙扶起他来："不，不，你快领着孙女回家吧！"说完，向老人施了一礼，和马梦得挤出了人群。

他们进城之后，便打听着去了县衙的大牢。

县城不大，牢狱却不小。牢门紧闭，几个狱卒无精打采地守在门口。马梦得对一个狱卒说，他们来探望牢中的表哥，请狱卒高抬贵手，让他们进去。狱卒不耐烦地吼道："去去去，上司有令，一律不得探监！"

马梦得连忙说道："不是说交了罚银就放人吗？"

狱卒："对啊，你带罚银来了？"

马梦得："要缴多少罚银？"

狱卒："每人罚十两，再按关押天数计算，每日罚银一钱！"

马梦得："罚银交给谁？"

"县衙的彭师爷！"狱卒怕他们不明白，又补充了一句："彭师爷收到罚银后，罗县令就立马放人！走吧，别在这里啰唆了。"

就在这里，几名狱卒抬着一副担子从大门里走了出来，上面还盖了一张芦席。一些探监的人连忙涌过去，有人掀开芦席一看，原来是具骨瘦如柴的死尸！一名衣衫褴褛的中年女子见了，没命地扑过去，抱着死尸放声大哭起来。

这时，有人议论说："她的丈夫为官府进山伐木，谁知木排被山洪冲散了，损失了衙门的十二根木料，因赔不起才被关进了大牢。可怜啊，一个壮实如牛的汉子，不到一个月，就被折磨得没有人形了！"

"这里每天都从大牢里向外抬死人，有时一天抬出四个！"

"用不了多久，关在大牢里的囚犯就死光了！"

"哪能呢！天天都有新的囚犯送进去，大牢里总是满满的。"

"死的抬出来，活的关进去，这是罗县令的生财之道。"

有人长叹了一句："唉，山高皇帝远啊，谁管百姓们的死活！"

苏轼觉得这句话就像一把铁锤，狠狠地敲击着他的心。

3

终南县城关的十字街旁，新盖了一座十分显眼的豪宅，两名家丁站在大门两侧值班，这就是终南县县令罗梓的官邸。

罗县令虽说只有四十多岁，但肥胖过人、头上秃顶。他有两大爱好，一是特别爱吃肥肉，尤其爱吃肥肠。由于肚子里的油性太大，冲光了他的头发，百姓们背后叫他"一毛不拔"。二是特别好色，他到终南县不到三年，已娶了三位夫人，还买了六个青楼女子和两个民女。这天，他正在内室和几个小妾嬉闹时，彭师爷送来账册，请他过目。

罗梓问道："大牢里还关着多少人哪？"

彭师爷:"回老爷，还有二百二十三人,看样子,大都没有什么油水了,怎么办？"

罗梓："关，继续关！不缴上罚银，就关他一辈子！"

彭师爷点了点头，走了。

罗梓今天的心情特别好，因为前天刚买了一个十七岁的小妾叫芹花，是从山里买来的，他只花了三十两银子，太便宜了！他刚想去后房看看芹花，彭师爷又匆匆来了："老爷，不好了，凤翔府来人了！"

"人在哪里？"罗梓听了，心中一惊。

"已经进城了。"

"我这就去县衙迎接！"说完，罗梓连忙换上官服，匆匆去了县衙。但他等了大半天，却不见人影，于是又派人出去打探，打探的人回来报告说，凤翔府的官员和随从都进了驿馆。他连忙吩咐师爷准备接风洗尘的酒宴，自己大口喘着粗气赶到了驿馆。但他在驿馆里又碰了个不硬不软的钉子，驿吏说，凤翔府来的官员们确实住在馆中，但没见到太守大人。他连忙问道："太守大人去了何处？"

驿吏摇了摇头。

这时的罗梓真的慌了。过去每逢上司来终南县，都是派人先来通报，然后自己率属下前往迎接。这次为何突然来了？来干什么？是刁民的诉状惊动了上司？还是有人弹劾了自己？想到这里，心里一阵发虚，虚汗便从脑门上滚落下来。

这时的苏轼正坐在河边的码头上，他的身边是十几个伐木放排的山民，他详尽询问了伐木放排的过程。到了晚上，他和马梦得留宿在山民的家中，和山民们一直谈到深夜，终于弄清了荒唐的"衙前之役"。

原来，京城为了修缮皇城的众多宫殿和建造皇室的寝陵，需要大量的上乘木材，而终南山的松柏桧栎等古木森森、材大质良，这种伐木之役就由终南山的山民承担下来了。

上山伐木本来就很辛苦，而将木材运到山下，不但辛苦，而且十分危险。伐下的木材堆存在山上，待大雨过后，再将木材扎成木排，推入河水中，木排顺流而下，到了县城时，由官员在县衙前的码头上登记验收。但河水涨落不定，水枯时不能放排，山民就要按缺少之数罚银；水涨时，木排被山洪冲下，往往会排散人亡！就算放排的山民不死，但冲散的木材也要按数罚银！山民们把木排停在县衙门前登记验收，称为"衙前之役"。

"衙前之役"苦了百姓，却肥了官吏。过去，今年损失一根木材，明年补上即可，山民并无怨言。自罗梓来到终南县之后，改为缺数当年罚银，即缺材一根，罚银一两。若缴不上罚银，就以抗拒官役为由关进大牢，须缴十两白银才能放人，在牢中关的越久，罚银就越多。这种"衙前之役"，使多少人家倾家荡产、多少人家妻离子散？苏轼一夜未睡，坐在灯下，将在终南县的所见所闻和"衙前之役"之害，写成了一篇《上韩琦论场务书》——类似今天的调查报告，请求朝廷实行宽大长久之政。写完之后，天已大亮，苏轼便和马梦得去了驿馆。

二人刚到驿馆，罗梓就匆匆赶来了，他满脸堆笑地说道："苏大人初到敝县，下官未曾远迎，望请大人恕罪。下官已在县衙备下薄酒，为大人洗尘接风，这是下官的一片心意，请大人——"

没等他说完，苏轼就开口了："好啊，只是本官赴宴，不需酒肴，只需一样食物即可。"

罗梓忙问："请问苏大人指的是什么？"

苏轼："麦馍。"

"麦馍？"

"对，麦馍，不过，请罗大人多准备一些才好。"

罗梓有些迷惑不解，但又不敢多问，便连连点头："下官这就命人去准备，请苏大人先去县衙品茗、议事。"

苏轼笑着点了点头，大步走在前面，随行的官员们紧随其后，一行人到了终南县的县衙，一场好戏就要开演了！

4

到了县衙之后，苏轼对罗梓说道："罗大人，本官是受凤翔太守陈大人所托，代行太守之职，请罗大人升堂吧！"

罗梓有些不知所措，不是来赴宴吗？升堂干什么？他见苏轼神情严肃，又听说他要代行太守之职，弄得一头雾水，但又不敢多问，只好将苏轼迎到大堂，和自己并排而坐，拖着官腔喊了一声："升堂！"

县衙的两排衙役们连忙应声："升——堂！"

升堂后，苏轼问道："罗大人，朝廷早已钦敕，凡属'衙前之役'的欠债，一律免除，终南县免除了吗？"

罗梓原本并不把苏轼放在眼里，他认为，乳臭未干的苏轼，只不过是一个官海新手，因为会写文章，又中了个进士，放了个八品签判而已，能有多大能耐？他无非是借着凤翔太守在这里摆谱罢了，官场的潜规则他懂得多少？不过，当苏轼问到"衙前之役"时，他心中大惊，但还是强作镇静，连忙答道："'衙前之役'的欠债，终南县已全部免了。"

苏轼接着问道："因'衙前之役'关押的囚犯，应一律释放，终南县都释放了吗？"

罗梓的脸色一下子变得苍白了，舌头也不怎么听话了，支吾着说道："敝县好像……好像'衙前之役'的囚犯，都释放了呀。"

苏轼："这是真的吗？"

罗梓："是真的，下官所言，都是真的。"

苏轼："请呈上释放囚犯的名单。"

罗梓的额头沁出了豆粒大的汗珠，他朝旁边看了一眼，问道："彭师爷，名单呢？"

彭师爷知道难过此关，连忙跪下，诚恐诚惶地说道："小人有罪，小人有罪！"

苏轼："你有何罪？可如实招来。"

彭师爷："回大人，小人失职，将释放囚犯的名单，不慎丢失了。请大人治罪。"

罗梓听了，放下心来，嘴角上露出一丝冷笑，他大声呵斥道："名单丢失了？

还不回去找来！尤其是存放文书的西厢房里，要仔细寻找！"

他是想支走彭师爷，让他藏好西厢房里的账册，因为账册里夹着一份因缴了罚银释放了的囚犯名单。他也在暗示彭师爷：立即销毁名单，以免被苏轼抓住把柄。

"不用去找啦！"马梦得大声喊着跨进了大堂，"'衙前之役'的囚犯，现在还关在大牢中的地牢里！"

苏轼："速率府县两班衙役前去大牢，全数释放在押囚犯！"

"是！"马梦得受命之后，立即率领两班衙役去了大牢。

罗梓又气又急又怕，但仍装作镇静，想找个台阶下去，便笑着说道："苏大人，已近午时了，请大人去前厅赴宴。"

苏轼笑着说道："谢谢罗大人的盛情，不过，本官要的麦馍也请送到前厅。"

罗梓："好，好，传话伙房，将麦馍全数送到前厅！"

就在伙夫们忙着向前厅送麦馍的时候，马梦得回来了，他的身后还跟着一大群蓬头垢面的囚犯。他向苏轼报告："大牢地窖里的二百二十三名囚犯已全部释放了，但他们请求，在回家之前前来感谢大人！"

苏轼连忙迎上去，向他们深施一礼，说道："释放'衙前之役'囚犯，是圣上之意，下官只是遵旨行事而已，要谢，你们就谢当今圣上吧！"

中国的老百姓，尤其是这些本分质朴的山民们，是世界上最单纯最厚道的人，当听说是当今皇帝下旨释放他们时，不知是谁领的头，都齐刷刷地跪下了，连声高呼"圣上万岁！"

苏轼大声说道："乡亲们，这里有馍，请吃吧！"说完，从竹筐里拿起两个热气腾腾的麦馍，塞在了一个汉子的手中。

被释放的山民们听了，呼啦啦围了过去，抓起麦馍就狼吞虎咽地大吃起来。

罗梓呆呆地望着这些曾经的囚犯，心里在说："他们吃饱了，回家了，自己的财路也就断了！"想到这里，他恨不能朝苏轼咬上两口！

听说苏轼将关在大牢里的囚犯都放出来了，囚犯们的家人、卖菜的小贩、挑担的路人、店铺的伙计、流浪的乞丐，里三层外三层地围在了县衙门口。有的囚犯和家人抱头大哭，还有的大声揭露、控诉县令罗梓盗卖木材、贩卖私盐、强占民女的恶行，说到激动时，声泪俱下、泣不成声。苏轼担心愤怒的百姓会失去理智而引起骚乱，高声说道："请诸位肃静，明天本官要在大堂处理公事，有冤情者可递送诉状，现在都请回家吧！"说完，便和这位倒霉的罗县令去了后堂。

苏轼处理完了终南县的公事之后，正准备回凤翔交差时，凤翔府法曹张璪突然到了终南县，前往驿馆拜访苏轼。原来，后来他也调到凤翔任推官之职，最近，他已调往京师任职，是特来向苏轼辞别的。

闲谈时，张璪认为终南县地偏民穷，在这里为官不易，县令罗梓虽不检点，但也情有可原。还暗示罗梓是他的一位远亲，这次栽倒了，恐怕再也爬不起来了。

苏轼听了，心想，天下很大，但天下也很小，没想到自己的这位同年是罗梓的说客！他装作糊涂，连声说道："张大人若早来些日子就好了，因为弹劾罗县令的疏章，已于三天前送达太守大人了。"

张璪听了，有些尴尬。

苏轼连忙转换了话题，说道："下官来终南数日，无一所获，只得了一首诗。"说完，到书案上取来诗稿，大声吟哦其中几句：

千夫换一木，十步八九休。
渭水挽无泥，河堰旋插修。
对之食不饱，余事更追求。
……

张璪听了，说道："苏大人不愧是文坛高手、诗界领袖啊！在下听了如饮琼浆！"

当天晚上，苏轼特意写了一首《稼说》赠给张璪，又让马梦得备了些小菜，为他送行，二人一直喝到微醉，才各自歇息去了。

5

苏轼回到凤翔后，王弗告诉他，开元寺的达仁方丈曾多次带信来说他有要事相求，请苏轼务必去一趟。

苏轼对达仁和尚的印象不算太好，心里不太想去。他问王弗："他说了是什么事吗？"

王弗说："来人只说他患病在床不能亲自来请。"

苏轼听了，连忙说道："我这就去。"

王弗说:"夫君应向太守大人报告一声再去才好。"

苏轼一边备马,一边说道:"我速去速来,不误事的。"说完,便直奔开元寺而去。

到了开元寺之后才知道,达仁患病多日,已病入膏肓。他安慰达仁说,静养些日子就会康复的。忽然,他看到上次写的那副对联贴在禅房的墙上,便对达仁说:"方丈,本官再为你写一副中堂吧!"说完,当着达仁的面,写下了四个大字:"佛在我心"。

达仁十分激动,他说:"敝寺有幅吴道子的画,因年久月深,已有破损。不知苏大人有无收藏兴趣?苏大人若有雅兴,不妨前去看看。"

听说是吴道子的画,苏轼欣喜若狂,他随一名小和尚进了一间侧室,小和尚指着一排屏风说道:"这就是。"

苏轼借着窗外透进的光亮,看见木板屏风上刻着一尊菩萨,菩萨慈眉善眼,似笑未笑,十分传神。屏风的反面画的是四尊天王,他们个个神情刚烈勇猛,衣服的褶襟流畅,似被风吹拂,飘飘欲飞。他站在屏风前久久不肯离开,他决定用积攒的十万钱将屏风买下来,以保护这件难得一见的珍品。

这时,一个小和尚进来说:"达仁方丈在禅房里等候苏大人。"

苏轼进了禅房后,达仁示意让身边的和尚离开,又从床头摸出一个道家炼丹用的琉璃瓶。他双手颤抖着,将琉璃瓶递给苏轼,低声说道:"贫僧研究炼丹之术时,有高人送给贫僧一个提炼黄金的秘方,存于此瓶之中,一直未敢示人。如今有感天命将尽,想将此方传给苏大人。"

"本官不会炼丹,也不爱黄金,方丈为何要传给本官呢?"苏轼问他。

达仁听了,笑了笑,说道:"正因为如此,贫僧才想传给大人,大人不妨看看里边的炼金秘方。"

苏轼心中十分好奇,便拔下蜡封的塞子,从里面取出一个小纸卷,展开一看,见上面写着:

淡金一斤,丹砂一两,板炭十斤,赤石一担,水银、海盐、铜粉等物适量,置于钳锅熔炼,以双箱鼓风十日,锅中可得金块八两,其色无异纯金。

苏轼看了,认为这是江湖术士的一种游戏,荒诞不经,但又不便当面说破,便将秘方还给了达仁。

达仁说：“若此方被贪财之徒得到，将会贻害天下，若苏大人得到此方，贫僧便没有后顾之忧了。”

苏轼心里说，把秘方扔进火里，不就干净了吗？但又不忍让弥留之际的达仁过于伤心，便说道：“谢谢方丈的一片善意，在下收下就是了。”说着，将秘方重又装进瓶中，又将琉璃瓶揣进怀里，便辞别了达仁，回到了凤翔。

回到家中以后，他将炼金秘方之事说给王弗听，王弗也觉得十分荒唐，苏轼便将秘方顺手放在书架上了。

殊不知，就是这张化金方，竟得罪了一个名利之徒。

6

第二天，苏轼刚到府衙，陈希亮便大声问道：“苏签判，昨天你去了何处？”

苏轼说道：“下官去开元寺观赏先贤的遗迹去了。”

陈希亮：“官吏外出，皆应请假，你为何不辞而行啊？”

苏轼：“下官在终南县公差三个多月，未休假一天，难道不该休息一两天吗？”

陈希亮：“你去终南县，是功；你不经允许外出，是过。有功应奖，有过则罚，这是朝廷的规定！”

苏轼还想争辩，却听陈希亮大声宣布：本府签判苏轼，在本官到任时，所有官吏俱在府衙，唯苏轼不在，三天未归；中元节时，本府同僚俱在府中聚餐，唯他缺席；他从终南县归来后，未报工作，却先去游览开元寺！本官已上疏朝廷，拟罚签书判官苏轼黄铜八斤，以示惩罚！

苏轼听了，心中愤愤不平。好啊，你陈希亮把陈年往事抖搂出来，原来是对我苏轼秋后算账啊！他本想当面进行反驳，可又觉得陈希亮说的也都是事实，所以只好尽力忍着，等有了机会，再对他以牙还牙、实施报复！

机会终于来了。

陈希亮平时架子挺大，属僚们去向他汇报时，常常要坐等半天，有的等久了竟在椅子上打起瞌睡来。于是，苏轼便写了一首《客位假寐》讽刺他：

谒入不得去，兀坐如枯株。

岂惟主忘客，今我亦忘吾。

同僚不解事，愠色见髯须。

虽无性命忧，且复忍须史。

同僚们见了，都纷纷抄录传阅，有人还在府衙中吟哦。陈希亮听了，似乎也不生气。苏轼寻思，大约他没听懂这首诗吧！

陈希亮命人在府衙的后边修建了一座凌虚台，站在台上可鸟瞰全城，还能遥望终南山。他让苏轼为凌虚台撰文作记，苏轼欣然同意了，因为他想在这篇《凌虚台记》中将自己的这位顶头上司狠狠讽刺一番。他从秦穆王、汉武帝修筑楼台写起，一直写到隋、唐数代帝王修建的楼台宫殿。这些建筑都比凤翔的凌虚台宏大、雄伟百倍，但如今只剩下了断墙残瓦，凤翔这座小小的凌虚台又能存世多久呢？

写完后，他以为陈希亮看过一定会吹胡子瞪眼的暴跳如雷！谁知陈希亮不但没生气，还连声说道："好，好，写得好，本官就喜爱这样的文章！"

这是苏轼不曾想到的！他试探着说道："此文若有不妥文字，请大人指正，以便下官修改。"

陈希亮笑着说道："本官以为，不须改动一字即可刻石立碑！"

苏轼听了，心想，他肯定不会放过自己的！

石碑刻好之后，立在了凌虚台前。

人们登台之前，都会在碑前驻足，阅读刻在碑上的《凌虚台记》。

苏轼登临凌虚台时，并没有看石碑上的文字，不知为什么，他隐隐觉得有一种不安，也有一种愧疚。

转眼到了冬季，苏轼正在试穿王弗为他缝制的棉衣，忽有府吏来报："陈大人请你速去他的官舍。"

苏轼以为又有什么紧要的公事要办，便匆匆去了官舍，一进门，见桌子上摆着菜肴、酒具，室内并无他人，只有陈希亮和他的夫人坐在座位上，他的儿子陈慥站在一边。苏轼有些奇怪，连忙问道："陈大人有客要来？"

陈希亮笑着说道："今天的客人就是你啊！快坐吧！"

苏轼听了，大惑不解。

陈夫人一边执壶斟酒，一边说道："苏轼啊，你还不知道吧，希亮也是四川人，苏陈两家原是数代世交，论辈分，希亮是兄，老泉是弟。"

苏轼听了，连忙双膝跪下，说道："晚辈苏轼向伯父、伯母叩头。"

陈夫人一把将他拉起来，继续说道："希亮和我早就听说了你的才名，也打心眼儿里喜欢你。你可知道他为什么不但没认你这个侄儿，还有意难为你吗？"

苏轼摇了摇头。

陈夫人："这可是圣上特意向希亮交代的呀！"

苏轼听了，十分震惊。

接着，陈夫人讲述了事情的经过——

原来，陈希亮来凤翔上任之前，仁宗皇帝特意将他召进宫去，告诉他说，苏轼是皇上亲自选到的社稷之柱。为了让苏轼经受磨炼，特意命其出任凤翔签判，以便熟悉民情，增长阅历。皇上还向陈希亮交代，让他到了凤翔之后，对苏轼万万不可迁就，以使苏轼能尽快成材，这也正是孟子说的"天将降大任于斯人也，必先苦其心志"。他到了凤翔之后，看到苏轼锋芒毕露，又受才名之累，容易心生傲气；又因初踏仕途，待人太直，心眼太实，所以才常常刁难并借故教训苏轼。苏轼在终南县写的《上韩琦论场务书》和对终南县令的弹劾奏章，都是陈希亮派专人送达京师的。

苏轼听了，连连点头。

一直未说话的陈希亮，对陈夫人说："这些事，都过去了，无须再提了。"又对苏轼说道："老夫今天请你来，是要为你送行的。"

苏轼有些惊讶，说道："为我送行？"

"对，是为你送行。"陈希亮从书架上取下诏书，"按照本朝的'磨勘'之法，圣上已经下诏，授你为殿中丞之职。你交割了公务之后，就可进京赴任了。"说到这里，他端起酒杯，说道："贤侄，老夫敬你一杯！"

苏轼连忙端起杯子："不，不，晚辈先敬伯父、伯母一杯！"

陈希亮和夫人笑着举起了杯子。

陈慥也向苏轼敬酒……

苏轼回到家中后，大声说道："夫人，马上收拾行李！"

王弗连忙问道："收拾行李干什么？"

"回汴京！别忘了带上我写的《凤翔八题》。"

王弗听了，由衷地笑了。

第五章　王弗驾鹤西去了

翻香令

金炉犹暖麝煤残，惜春更把宝钗翻。重闻处，余熏在，这一番、气味胜从前。
背人偷盖小逢山，更将沈水暗同然。且图得，氤氲久，为情深、嫌怕断头烟。

1

回到京城的当天，苏轼便领着王弗、苏迈去了苏辙家，看望正在病中的父亲。
一家三代团聚，自有说不完的话。

苏轼见父亲病榻旁边放着一叠文稿，便问他在写什么。苏洵说，这是撰写的《辩
奸篇》，刚刚完稿。

《辩奸篇》？苏轼感到有些好奇，拿起文稿看了一遍，心中大为惊疑，原来
文稿中的"奸"，竟是暗指权倾朝野的王安石！

提起王安石，苏轼想起了一件往事——

当年苏轼考中进士不久，去欧阳修家求教《史记》的成书年代时，看见一位
客人坐在客厅中：他比自己年长，虽然面庞清瘦、胡须稀薄，但双目炯炯有神，
眉宇间有一种威严之气，只是上衣穿的不大合身，脚上的靴子还沾着少许泥渍。
当仆人奉上茶时，他端起茶杯一饮而尽，动作倒是干净利索，但显得有些不拘小节。
他好像没看见苏轼进来，继续说他的话，大意是，大宋自开国以来已有九十余年，
大家都以为天下太平、江山稳定，但他以为大宋就像一棵根深蒂固的大树，但仔
细看去，树虽然繁茂，但身上已有了不少鼠洞蚁穴，若不及时以石灰封塞，必会
伤及树干和树根。本朝有三大弊病：一是冗官太多，真宗时文武官员九千七百余人，
英宗时已达两万四千余人，本朝各级官员又比前朝多了数倍，领薪俸却无所作为；

二是冗兵太多，太祖时全国养兵二十七万余人，而今已有一百四十万余人，全国七成以上的收入用于养兵，不过多年来没有战事，兵员虽扩一百余万，却疏于训练、难以御敌；三是尼僧过多，国库渐空，如此下去，必会生乱。再说，北有契丹，西有西夏，他们对我大宋一直怀有野心，而朝廷为安抚他们，不惜每年将大量库银、纱绢等送给他们，这无疑是养虎为患，到头来，必受其害！天禧年间，全国收入一亿五千万金，支出一亿两千六百万金，尚有盈余，皇祐年间，全国收入只有一亿两千万金，已支大于出；到了本朝，国库已连年亏空！继续下去，后果不堪设想！眼下最要紧的就是立即改变这种积贫积弱的局面！

他说得慷慨激昂，而又有理有据，使人听了不得不服。说到这里时，他转头看见了苏轼，说道："既然有客来访，下官就不打扰了，以后再来向大人求教。"说完，站起来欲走。

欧阳修笑着说道："王大人先别急着走，我来介绍一下。"他指着王安石对苏轼说："这位是临川的王安石。"又指着苏轼说："这位是眉山的苏轼。"

欧阳修之所以不称呼他们的官职或别号而直呼其名，是因为他们二人都属自己的学生，且苏轼尚无官职，所以就以师长的口吻对他们说话。

听了欧阳修的介绍，苏轼连忙施礼，说道："久闻大人之名，今日相见，是在下的荣幸。"这是一种典型的套话。

王安石还礼之后，朝苏轼打量了一眼，说道："噢，你就是眉山才子、三苏中的苏轼啊！"他的话中既没有客套，也没有奉承，硬邦邦的，让人捉摸不定，也让人不太舒服。他说完了，朝欧阳修施过礼，又朝苏轼点了点头，便告辞了。

王安石走后，欧阳修笑着对苏轼说道："王安石这个人啊，是个怪人，他是庆历二年的进士，不但德行文章受人推荐，且能安贫守道，刚直不屈。我曾向仁宗皇帝推荐他入朝任职，他不肯；文彦博等重臣都推荐过他，他也不肯；当年的范仲淹、富弼等前辈也推荐过他，都被他拒绝了。他甘愿远离名利之场，任地方小官。其实，王安石是个难得的人才。我曾建议令尊多与他交往，但令尊认为他处事不近人情，博才傲慢，不愿与他结交。"接着，他讲了一个王安石拒酒的故事：

当年的王安石，与司马光同在包拯手下任职。有一天，署衙的牡丹盛开，包拯便邀请部属们前去赏花饮酒。司马光和王安石平素都不饮酒，但司马光碍于包拯的面子，还是饮了一小杯。坐在旁边的王安石却不肯端杯，谁劝都没用，硬是不喝一滴！很让包拯和同僚们下不了台！

其实，苏轼早就听说过人们对王安石贬褒不一的传说，但他并未放在心上。他知道并敬仰王安石，是因为他的那首《泊船瓜洲》，他认为此诗精巧含蓄，耐人寻味：

> 京口瓜洲一水间，钟山只隔数重山。
> 春风又绿江南岸，明月何时照我还？

没想到的是，数年之后，在文学泰斗欧阳修的客厅里，竟然和这位诗人不期而遇了。

他不知道父亲为什么不肯与王安石交往。不肯交往也罢，又为什么要在文章中影射他是奸人呢？难道父亲与王安石有什么过节？于是他问道："这位王安石是当今的一位名士，父亲怎么说他是奸人呢？"

苏洵指着文稿说道："大凡不近人情的人，位卑者，可害一方；位重者，会成天下之患！人生在世，都想吃得好，穿得好，过得好，这是人之常情；而故意去吃猪狗之食，穿仆佣之衣的人，就是违背常礼！"接着，苏洵讲了两件小事，以证明自己的观点：

王安石平素里不大讲究衣食。有一次，朋友见他的衣服已经很脏了，便约他去沐浴，并事先为他准备了一套新衣。洗完后，他穿上新衣，却浑然不觉！

他平时在家中吃饭，饭桌上的菜肴再多，他也只吃一菜一汤。朋友对他夫人说，原来王大人最爱吃驴肉，因为他竟吃了一盘子，其他菜肴未动一筷子！他夫人解释说，丈夫从不挑食，他只吃靠自己最近的菜！友人不信，宴请他时，特意在他跟前摆了一盘野菜，他真的只是吃野菜，不吃其他盘子中的佳肴！

他讲完了，又特意嘱咐苏轼和苏辙："大智若愚，大伪若忠！误天下苍生的，必是此人！你们都要记住我的话，万万不可与此人交往！"

苏轼和苏辙连连点头。

其实，苏洵与王安石也没有太多的交往，他对王安石的印象和判断，也只是从人们的种种传闻中得出来的。那篇《辩奸论》，似乎有些偏颇，对王安石有些不公。

苏洵的嘱咐似乎是多余的，因为上苍早已将他和王安石的命运安排好了。在后来的日子里，他不但和王安石打了交道，而且还成了仕途上的政敌，害得他吃尽了苦头。不过，他也发现，王安石不但不是大奸之人，而且勤奋好学，性情耿直，耿直得甚至不会拐弯！到了暮年时，两位政敌都抛却了各自的恩恩怨怨，成了至交，给后人留下了一段佳话。

2

苏轼回京后，在宜秋门旁边买了一处住宅，取名"南园"。南园里除了住房之外，还有一个宽敞的院子，院子里有一棵合抱粗的槐树和三株古柳，水井旁还栽了几丛竹子和数棵石榴，显得十分幽静。

按大宋吏部的规定，殿中丞掌管天子御食、医药、服御、舆辇、舍次之政，也就是皇帝的衣食住行等事。但衣食住行等又都有专职官员分管，他的这个殿中丞只不过是个有官无职的虚名罢了，他便常常在院子里读书、整理文稿，也接待慕名而来造访的人们。其中更多的时间是和张耒、晁补之、黄庭坚等一些文友们或谈古论史、或赋诗填词，院子里常常洋溢着说笑声和读书声，这种清闲的日子过了不久，朝廷又下了一道诏令：差判登闻鼓院。

登闻鼓院掌管收受官民投递的章奏表疏，凡批评朝政得失、检举官吏、申诉冤屈等事，都可到鼓院申诉，这种机构类似今天的信访局。

有一天，他正在院子里和黄庭坚谈论李商隐的《锦瑟》，苏友匆匆走到他身边，低声说道："夫人突然——"

没等他说完，苏轼连忙站起来说道："快，快去请郎中！"

原来，从凤翔回京后，王弗一直感到身子不适且伴有气闷、胸痛症状。虽然郎中诊过，也服了不少汤药，但病情仍未舒缓。当苏轼赶到卧室时，见王弗脸色苍白、嘴唇发乌，额头上沁着汗珠。他大声问道："夫人，你怎么啦？"

王弗双眉紧锁，并不应声。儿子苏迈偎在她的身边，一边喊着"阿娘"，一边抹着眼泪。

不一会儿郎中来了，试了脉、开了方，给王弗服了汤药之后，她的脸上渐渐有了血色。她睁开眼，望了望苏轼，说道："院子里有客人，别慢待了人家。"

当听说客人已经走了时，她紧紧抓住苏轼的手，说道："是朋友，就要真心相交。

不过，越涧题字和求化金方的朋友，你可要——"

苏轼知道她说的是章惇和李定。

当年苏轼离开凤翔前夕有一天，苏轼正在整理文稿，一个叫李定的人忽然造访。闲谈中苏轼得知，李定得到王安石的推荐，已经入京，因尚未任职，才特意来凤翔拜访苏轼，还说，他听张璪说过，苏轼藏有一个化金秘方，很想见识见识，并说若肯转让，他愿出资买下。苏轼认为他利欲太重、人品低下，便以化金方不知夹到哪本书籍里、一时找不到为由，拒绝了他。李定听了，知道苏轼不信任他，便悻悻离开了凤翔。

苏轼连忙安慰王弗，说道："夫人的意思，我都记住了！"

王弗点了点头："记住就好，记住就好。"

这时，苏洵和苏辙也匆匆赶来了，见王弗已经醒了，一家人才放了心。

谁知就在当天夜里，年仅二十七岁的王弗，竟然撒手而去了！

苏轼跪在她的灵前，大哭了一天一夜，米水未进，哭得双眼红肿、嗓子嘶哑。

王弗病故后，苏轼一下子觉得失去守护神，心里空荡荡的。苏洵安慰他说："王弗生前贤淑，随你从眉山到凤翔再到汴京，漂泊不定、艰难辛劳，精心照料一家的生计。她知你生性旷达，又坦荡不羁，宽厚随和，但不谙世故，所以才时时提醒你，如今，她却舍你而去了……你一定要把她送回眉山，葬在你母亲的墓旁。"

苏轼将王弗殡于西郊的寺院中，连夜一边抹泪一边挥笔，写了一篇《亡妻王氏墓志铭》，谁知还没等苏轼从亡妻的悲病中走出来，刚过了清明节，正在奉诏撰写《礼书》的苏洵也突然病故了。

仁宗皇帝得知之后，下诏赐银一百两、绢一百匹，又诰赠光禄寺丞。对一位官阶不高的官员来说，受到如此待遇，是大宋王朝破天荒的一次。

欧阳修不但前去吊唁，还亲自为他撰写了墓志铭。

六月初，苏轼、苏辙扶苏洵和王弗的灵柩，乘船离京，由淮河转长江逆水而上，到达眉山，将他们的父亲苏洵和母亲程氏合葬于彭山的老翁泉边，苏轼又遵照父亲遗愿，将王弗葬在双亲的墓旁，还期望将来与王弗"死能同穴"。

守制期满后，由岳父王方出面，将王弗的堂妹、十九岁的王润之嫁给了苏轼，也就是她当年说的"坏轼哥"！

年底，苏氏兄弟携带眷属，回到了汴京。

3

一回到汴京，苏轼就分明觉得京城里有一种异样的气氛，各种传闻也不胫而走。先是听说神宗皇帝立志革新，已将一直不肯入朝的王安石从地方调到了朝廷，安排在自己的身边，并授他为翰林学士兼侍读，引起了朝野关注；不久，又任命他为参政知事，也就是副宰相，依靠他推行变法，以求富国强兵、改变积贫积弱的局面。王安石掌管的三司条例司，将全国户部、盐铁和财政纳于其下，负责变法工作。那位被王弗女仆惠妹称为葫芦脸的章惇和苏轼的同年张璪及李定等人，已被王安石纳于推行新法的团队。于是，王安石便成了朝野议论的中心话题。

有的人认为，王安石不但文才过人，胆识也过人，是社稷的栋梁之材；有的人不以为然，说他志大才疏，好出风头；还有的人干脆怀疑他的人品低劣，不堪重用，大约苏洵的那篇《辩奸篇》起到了推波助澜的作用。

听说神宗皇帝极力支持王安石变法，苏轼心中十分激动，以为自己可以大显身手，干一番轰轰烈烈的事业了，于是天天盼着朝廷的任命。不久，任命终于下达了：管告院判官。

管告院隶属吏部，掌管官员和将士的勋封、官告等事，是朝廷储备人才的一个机构，也是一个闲散差事，苏轼顿时有一种英雄无用武之地的感觉。

有一天，文友王诜新婚，他应邀前去贺喜。到了王府才发现，左相韩琦、右相曾公亮以及欧阳修、富弼、梅尧臣等朝廷中的重量级人物都早早到了，只等变法的领军人物王安石一到，喜宴即可开始。

原来，王诜娶了一位身价非凡的新娘子——英宗皇帝的女儿魏国长公主，所以宴席办的格外隆重。王诜是汴京人，他不但诗词不俗，更擅长丹青书法。苏轼入京后，二人交往密切，是无话不说的挚友。得知王诜娶的是一位公主，苏轼心里在说："王诜这小子既有艳福，又有官运，成婚之后，就成了驸马爷了！当了驸马，不愁无官。"接着又偷着乐起来了，因为在一些正式场合，丈夫晋见皇族公主是要行跪拜大礼的，不知他今后会不会向夫人下跪？

开宴时间将到，主人和客人都显得十分焦急，因为王安石还未来！大家都在等他。

菜已端上桌子，酒已斟满了杯子，歌舞班子已等候在大厅中，喜庆的鞭炮正待点火，可就是不见参政知事王安石出现！就在这时，章惇、舒亶、李定、张璪匆匆赶来，向新郎说："王大人正为圣上起草一份税赋之法，约半个时辰便可赶来，请再等候——"

没等他说完，王诜已按捺不住了，他把手一挥，大声说道："开宴！"

只听鞭炮声震耳、丝弦齐鸣，婚宴便在人们的贺喜声中开始了。

原来，王诜早就对王安石心有不满，又因他一人迟到而耽误婚宴时间，令他十分生气，所以才不理章惇的解释，准时开宴了。其实，王诜为人豪放，是个不怕鬼不信邪的主儿，他不但血气方刚，而且是当今的驸马爷，按辈分他还是当今皇帝的姑爷呢！他会怕你王安石！他举杯敬酒，与客人们谈笑应酬，早就把前来报信的章惇等人晾在一边去了！

不过，这位才华横溢、正在冉冉上升的政坛彰星，也因此给自己埋下了祸根。若干年后，不但被罢了官，还差点丢了命！

章惇等人离开王府之后，感到既羞又恨，却又无处发作，便去找王安石诉苦。

王安石正在书房里伏案写作，知道他们来了，他没有抬头，说道："你们先去吧，告诉王诜，我一会儿就去。"

舒亶哭丧着脸说道："大人，婚宴已经散席了！"

王安石仍未停笔，说道："散席了？散席也好，免得我去应酬，耽误工夫。"

李定连忙补充说："朝中的重臣们都去了，我等已向王诜说过再等半个时辰，但他不给我等的面子，时间刚到就开宴了，真是岂有此理！"

张璪："这哪里是不给我们四人的面子，分明是不给王大人的面子！"

王安石听了，不但不气，反而笑了，说道："不就是喝杯喜酒吗？有什么面子不面子的？以后有了机会，再让王诜给你们补上一杯不就行了吗！"说完，又低头写起来。

李定见王安石并未生气，心中一直不快，嘟哝着说道："我看见三苏的两苏都在座，他们和那些老臣们有说有笑的，好像在谈论《辩奸篇》。"他是想以此来激怒王安石。

谁知王安石不为所动，说道："苏洵的《辩奸篇》我早已拜读过了，除言辞有失偏激外，文字洗练、论点明快，属上乘之作。苏氏兄弟更是不同凡响的人才，尤其是苏轼，文章天下第一，难得，难得！我若空闲下来，还想和他谈谈变法之事呢。"

几个人碰了一鼻子灰，有些尴尬，便垂头丧气地退出了书房。

在宋神宗的支持下，王安石的变法雷厉风行地实施起来了，并以朝廷名义颁布了免役法、均输法、方田均税法、农田水利法、保甲法、市易法、将兵法等一系列法令，在朝野引起了巨大震动。

变法就是革旧立新，王安石的这种变法必然会触到一些人的痛处，因此引发了一些老臣和皇亲国戚们的不满和反对。

苏轼最初是赞成并支持变法的，因为王安石的这些变法措施不但可为朝廷增加财政收入，也会减轻百姓们的一些负担，使其从中得到一些利益。不过，他不同意王安石的那种骤变、遽变做法。他认为变法应当渐变、缓变、循序渐进，太激烈、太急躁了不符合大宋的国情和民情，甚至还会适得其反。他明知神宗皇帝是这次变法的幕后推手，但还是写了措辞激烈的《上皇帝书》、《再上皇帝书》和《三上皇帝书》，他在奏章中，责问神宗：你为什么不让农民休养生息，而去与商人争夺利益呢？他劝神宗不要站在普通百姓的对立面上。王安石要废除科举，他十分愤怒，表示"宁为玉碎，不瓦全"，上万言书表示反对。他还把神宗比作一驾马车的车夫，而拉车的缰绳已经快断了，车夫就成了独夫，独夫就会失去民心！还说，人都有心，就像树要有根，灯要有油，农民要有田地，商人要有钱财一样；而树无根就会枯，灯无油就会灭，鱼无水就会死，农夫无田就会饥饿，商人无钱财就会穷，人失去心就会死！

他的这种言辞和比喻可谓是胆大包天了，许多朋友都为他捏着一把冷汗，若神宗皇帝怪罪下来，就会吃不了兜着走！但苏轼却十分坦然，他觉得自己是出自真心，说的是真话，作为一个臣子，就应当敢说敢为敢当！他等待着神宗的问罪。

谁知神宗读了之后，不但未曾问罪，还将他召进宫去，君臣二人进行了一次长谈。苏轼在谈话时举了一个例子，说京城每年都要举办万灯节，节前朝廷便会派人到民间购灯，并将灯价压得很低，引起了商人们的不满。这种行为，属欺压百姓，也正如孔子说的"苛政猛如虎"。

神宗皇帝听了，立即下令，停止低价购灯！

可是，王安石推行变法，已到了奋不顾身、背水一战的境地，凡是反对变法的旧臣，都一律免职：三朝元老富弼看到神宗如此重用王安石，知道自己斗不过他，便以病为由请辞告退；范镇和韩琦请求辞职；欧阳修的得意门生曾巩被调离京师，去了越州；御史中丞吕公著等七位御史，因公开反对青苗法而被免职；监察御史程颢、左正言李常等一批官员，或因批评新法、或因反对王安石重用章惇、李定等人被免职查办，有的还下了大狱！司马光因不同意王安石的变法主张，被连降了三级，只好辞职回家，编他的《资治通鉴》去了。而那些投其所好、积极参与变法的人，则成了王安石变法团队中的大红人！

苏轼反对王安石变法的言论早已传到了王安石的耳朵里，他心里又气又恨，总想找个碴儿修理修理苏轼，让他知道反对变法的后果是什么，但一直未找到合适的机会，所以才没下手。

李定早就看出了王安石的心思，他和张璪商量了一个办法：让淮南转运使谢景温向朝廷举报苏轼，说苏氏兄弟送苏洵和王弗的棺材回四川时，利用官船贩卖私盐和贵重货物，从中牟取暴利，应予重处！谢景温人品低下，为了巴结王安石，连忙答应了。

王安石接到举报后，心中大喜，认为修理苏轼的机会终于到了。他立即命人进行调查！负责调查的官员见是王安石交办的案子，调查得非常认真，不但找到了当时的船主、水手，还去淮河、江夏等地询问了沿途的地方官员，折腾了三个多月，查了个清清楚楚！苏氏兄弟护棺回川途中，并无任何违法之事，船上除了两具棺材之外，尚有四块旧木屏风，屏风上刻有吴道子画的四尊菩萨，是苏轼在凤翔任上买下的。

办案官员在王安石的书房里汇报了办案结果之后，王安石大失所望，他摆了摆手，办案官员连忙退出去了。

王安石仍不死心：你苏轼在我手心里攥着，修理你是早晚的事！

苏轼虽然逃过了一劫，但心里已有了警觉，他琢磨：王安石是当今的变法领袖，神宗皇帝又大力支持他，他又任人唯"变"，任命了一批别有用心的名利之徒。京城的一些反"变"重臣和自己的一些朋友大都被赶出了朝廷，自己身单力薄，若同王安石硬抗明斗，是难有胜算的，应想个法子同他周旋，来灭灭他的锐气，也出出闷在自己心里的火气。

有一天，他坐在院子的水井旁边，正在读王安石撰写的新书《字说》，看着看着，禁不住笑了起来。王润之问他笑什么，他说："我想逗一逗这位拗相公。"

王润之又问："谁是'拗相公'？"

苏轼："就是当朝宰相王安石啊！"

王润之听了，心中一惊，当朝宰相能逗着玩吗？于是连忙说道："不可、不可！那可是伸手去揪虎须呀！"

苏轼微微一笑："揪虎须怕什么？我还敢揭龙鳞呢！我写的三上皇帝书，不就是揭了'真龙天子'的龙鳞吗？"

王润之听了，叹了口气："你呀，就是不听人劝，由着自己的性子行事，也是个不撞南墙不回头的拗脾气！"说完，回房做家务去了。

第六章　几副楹联，就让外国使臣甘拜下风

浣溪沙

元丰七年十二月二十四日，从泗州刘倩叔游南山。

细雨斜风作晓寒。淡烟疏柳媚晴滩。入淮清洛渐漫漫。雪沫乳花浮午盏，蓼茸蒿笋试春盘。人间有味是清欢。

1

刚刚散了早朝，大臣们坐在朝房里一边饮茶，一边闲聊，气氛十分活跃。王安石似乎听而不闻，视而不见，独自坐在窗边看书。

这时，李定从袖子里摸出本《字说》，对舒亶说道："舒大人，在下昨晚读王大人的这部《字说》，越读越激动，整整读了一个通宵，受益匪浅。"

旁边的吕惠卿连忙说道："《字说》是一部字字珠玑、句句绝妙、功在当代、惠及后世的奇书，难能可贵、难能可贵。"

谢景温如今已成了王安石的亲戚，他已将自己的妹妹嫁给了王安石的弟弟王安礼，自己也调进了京城，被授为工部郎中兼侍御史，他说得更离谱："这是一部奇书，一书在手，行遍天下。虽不敢说是后无来者，但起码是前无古人！"他转头问章惇："章大人，你说呢？"

章惇："此书我早已拜读过了，我辈难能写出如此的锦绣文章！"

还有些人见王安石就在旁边，也都随着说了一些言不由衷的溢美之词。王安石虽然仍在低头看书，但大家的议论他都听清楚了，心中美滋滋的。

苏轼觉得，《字说》中讲解的汉字来历，王安石还是花了不少功夫的，有的不但见解独到，而且行文简练生动；但也有的是望文生义，甚至是驴唇不对马嘴，十分牵强。他总想找个机会和王安石来一次论战，今天，这个机会终于有了，而

且场合也十分理想。于是，他缓缓走到窗前，和颜悦色地对王安石说道："王大人，在下学识浅疏，想向大人请教一个字，不知大人肯否赐教？"

王安石没有抬头，目光仍盯在书页上，说道："不知是个什么字？"

苏轼："请问大人，'笃'字有何来历？"

王安石："'笃'嘛，上有竹头，下有马匹，就是以竹鞭马也，谓之'笃'。不过，被鞭之马并非良骏好马，而是病马、瘦马、懒马，所以要以竹鞭打。"

苏轼："在下明白了，以竹鞭马是个'笃'字。在下另有一字，请教大人。"

王安石："什么字？"

苏轼："是'笑'字。'笑'字是不是以竹鞭犬呢？被鞭打的犬是病犬、瘦犬和懒犬吗？"

大家听了，都停止了说笑，纷纷围拢过去凑热闹。

王安石听了，竟一时未能回答出来，显得有些尴尬。

苏轼初战告捷，又乘胜而进，接着问道："在下还有一字，想向大人请教。"

王安石坐不住了，他转头望着苏轼："是个什么字呀？"

苏轼："'波'字。"

王安石："'波'，是水之皮也。"

苏轼点了点头，调侃地说道："听了王大人对'波'字之解，下官顿时茅塞顿开、如醍醐灌顶呀！"

李定、张璪等人连忙随声附和："王大人的解释，有声有色、准确生动，佩服、佩服。"

苏轼："不过，下官也有些糊涂。照大人所说，'滑'字就是水之骨了，对吧？"

王安石听了，一时语塞。

苏轼不依不饶，接着问道："若以此类推，'活'就是水之舌，'沁'就是水之心，'涛'就是水之寿。对吗，王大人？"

王安石知道苏轼是在故意发难，心想与他继续纠缠下去，自己肯定占不到什么便宜。他鼻孔里"哼"了一声，摆出了一副不屑争论的神态，又低头看起书来。

朝房里一下子安静下来，大家都知道王安石正在生闷气，怕惹恼这位脾气倔强的宰相给自己小鞋穿，也都在为苏轼捏着一把汗。所以，都默不作声。

张璪是个心细如针的人，为了打破这种尴尬的局面，便指着窗外的一棵梧桐树说道："看，那上面是只什么鸟？"

大家转头望去，看见一只斑鸠站在树枝上，正咕咕地叫着，似乎在呼唤它的同伴。

王安石看了看，说道："那是一只斑鸠。"

李定说："对，是只斑鸠，而且还是只公斑鸠呢！"

王安石："你怎么断定是只公斑鸠？"

李定："大人快听，它咕咕的叫声，是在呼唤它的母斑鸠呢！"

王安石被他的话逗乐了。

张璪："在下家中养了一群斑鸠，明天给王大人送几只去，这斑鸠汤可鲜哩！而且还能滋补身子。"接着他讲了一个笑话：

有位盲人买了一只斑鸠，他请几位盲人朋友前去品尝斑鸠汤。锅中盛满水后，盲人将拔了毛的斑鸠扔进了锅里煮汤。煮好之后，他掀起锅盖，将斑鸠汤盛在碗里，请客人们品尝，大家都说斑鸠汤鲜美可口，称赞不绝。

盲人的孩子眼睛明亮，他看见那只拔光毛的斑鸠被盲人丢在锅台上了，根本就没下锅！

他说完了，引得大家都捧腹大笑起来。

本来"波是水之皮"的话题已经转移了，但苏轼不肯罢休，他又借着斑鸠发起了第二轮的进攻，他笑着问道："王大人，斑鸠的鸠字，是由九和鸟组成的，是不是九鸟为鸠呢？"

王安石有些警惕，他怕掉进了苏轼设的圈套中，便以守为攻："苏大人说的，大约错不了吧！"

苏轼："不过，《诗经》上不是说，'鸤鸠在桑，有子七兮'吗？这又是怎么解释？"

王安石："这两句诗，是说鸠在桑树上筑巢，生了七只小鸠鸟，还有两只呢？在哪里？"

苏轼故意眯起眼来想了想，忽然说道："噢，想起来了，树上的七只小鸠，加上它们的爹娘，不刚好是九只吗？"

苏轼的话引起了一阵哄堂大笑。

王安石再也坐不住了，他向苏轼横了一眼便拂袖而去了。

这时，章惇轻轻扯了扯苏轼的衣襟，低声说道："苏大人，在众人面前故意戏谑宰相大人，欠妥。"

苏轼："宰相肚里能撑船嘛，与宰相大人开个玩笑，有什么欠妥不欠妥？王大人也不会为这区区小事记恨于我吧？"

章惇听了，心中有些不快，便和舒亶、李定等人离开了朝房。

2

散朝后，苏轼觉得当众戏谑了王安石为自己出了一口气，心中十分痛快。在回家的途中，他又顺路去了大相国寺，在贩卖古画的店铺里转了一圈，刚刚到家，苏友就对他说："李定大人求见。"

苏轼忙问："他在哪里？"

苏友："在客厅里等候老爷。"

苏轼觉得奇怪，不是刚在朝房里见过吗？他又来干什么？

对于李定，他打心眼里感到厌恶，一是他见利忘义，曲意奉承；二是他见人说人话，见鬼说鬼话。他来拜访的目的是什么？他想起了王弗当年的提醒，心里先有了提防，随后去了书房。

李定见苏轼来了，连忙站起来，将一张大红请柬双手递给了苏轼。

苏轼看了看，原来李定的旧居进行了修缮，请他前去赴宴。因担心派人来请会遭拒绝，所以才亲自上门的。

苏轼应付说："在下若有功夫，一定前往贵府祝贺。"说完，顺手将请柬放在了书案上。

苏轼发现，客人似乎没有告退的意思。

仆人送上茶来，李定一边品茶一边说道："大人在朝房里的一番高论，精彩极了！大人的胆量也令在下敬佩。至于王大人的《字说》，在下以为不过是沽名钓誉罢了，怎能与大人的文章相提并论呢？"

苏轼已从他的话中听出了他的别有用心，说道："平心而论，王大人的人品、文章都属上乘，世人难以与之匹敌！至于他的《字说》，虽然也有瑕疵，但仍不失为传世之作，比那些欺世盗名之辈高明多了。"

"对、对，苏大人说的也正是在下心里想的。"说到这里，李定的话锋一转，说道："苏大人，在下还有一事相求，不知该说不该说……"

苏轼："说吧，在下聆听。"

李定："在下已蒙圣上之恩，调任御史台，目前尚未授职。"

苏轼早就听说他已去了御史台行使代理御史中丞之职，是王安石向神宗皇帝推荐的。他向自己提及此事是何用意？

李定接着说出了来访的真正目的："在下要请大人在圣上面前……"

他还没说完，苏轼便猜出他下面要说的话了，无非是让他在神宗皇帝那里美言几句。他故意问他："大人要在下怎么说呢？"

李定："大人心里怎么想的，就怎么说即可。"

苏轼点了点头："大人放心好了，在下不但要直说，还要直接向圣上上书呢！行吗？"

李定："好、好，大人之恩，在下铭记在心。"说完，喜滋滋地告退了。

苏轼虽然交友多、重感情，又乐于解人之危，但决不会姑息这种阳奉阴违之徒！当天晚上，他便撰写了一份奏章弹劾李定。按朝廷规矩，在职官员应向朝廷报告，称之为丁忧。丁忧期间，子女应在家中守孝三年，不任官，不婚娶，还要拒绝赴宴，不许歌舞。而李定的父亲在原籍病故后，李定贪恋官职，不报丁忧，不奔父丧，更未守孝，属于不孝！官员不孝，则应惩处。苏轼在奏章中建议削去李定的官职，以警戒其他官员。同时也指责了王安石，认为他用人不当，亦属失职，也应惩罚。

奏章呈上去之后，却如石沉大海，没听说朝廷对李定有什么动作。他想，也许神宗皇帝忙于变法，还未来得及御批呢！

其实神宗根本就没见到过他的奏章，因为奏章被当值的章惇压下来了。章惇曾向王安石报告过此事，王安石也认为李定不忠不孝，应当处置。但他毕竟是自己推荐的人，且在变法中十分卖力；再说，他对自己又百依百顺，使用起来得心应手。于是王安石又把球踢给了章惇，让章惇"酌情处置"去了，章惇的"酌情处置"就是不处理。

当李定得知苏轼不但不在神宗面前为他"美言"，还上书弹劾他；若不是王安石和章惇从中帮忙，恐怕乌纱帽早就丢了时，他在感激王安石和章惇的同时，对苏轼恨得咬牙切齿。他暗暗发誓：你苏轼想弹掉我的乌纱，我李定就会要了你的性命！等着瞧吧。

3

苏轼平时虽然公事不多，但却整天不得空闲。原来，公事之余，他忙于接待来访的朋友和前来求教的晚辈，往往一拨未走，又有一拨已在等候了。有时兴趣来了，还会和他们磋商学问或咏诗吟联，有时也泼墨作画，而更忙的就是王润之了，因为每当有客人来访，女主人都要亲自奉茶待客，她不让侍女帮忙，说这是苏家的规矩，马虎不得。

黄庭坚、张耒、晁补之、秦观四人是苏轼最早结识的文友，因他们都比苏轼年轻，属文坛上的后起之秀，便拜苏轼为师，被人称为苏门四学士，而苏轼则视他们为自己的诤友。这种亦师亦友的情谊，随着岁月越久，也就越牢固、真挚。因四学士的学识、文才都不同凡响，他们也结识了一些志同道合的文友，如廖正一、李禧、董荣、李格非等，这四人都投到了苏轼的门下，被人称为苏门后四学士。其中的李格非，就是一代词宗、绝代女诗人李清照的父亲。

苏轼在朝房里批《字说》、戏宰相的消息，很快便传遍了朝野。也许是人们偏爱苏轼而厌恶王安石的缘故，在传说过程中，人们又根据自己的好恶进行了二次加工，将其编成了故事，在京城的大街小巷流传起来。

有一天，画家李公麟带着刚刚画好的一幅《五马图》来到了西园，请苏轼指点。二人坐在葡萄架下，一面谈论画作，一面品茶。这时，前后四学共八人也结伴来访，都围拢过去欣赏《五马图》，大家都为画家笔下五匹骏马的形态以及五位牵马人的衣饰、体形、面貌的不同所折服。这时，李公麟忽然问道："苏大人，你在朝房戏谑王安石大人的传说，是真的吗？"

苏轼点了点头，述说了当时争论的过程之后，说道："王安石的这部《字说》共有二十四卷，他自己说过，'以平生之力，尽于此书'，可见他是花费了大量心血的。不过，因为他对字的形态是按自己的想法解释的，就不免会有穿凿附会之嫌，闹出笑话。不过，这毕竟是一部可读之书，在下一时心血来潮，同他开了个玩笑而已，事后想来，也觉过分了。"

大家听了，都对他的公允和宽容自己政敌的修养所折服。

就在这时，苏友匆匆进了院子，说道："老爷，宣庆使宋公公来请老爷立即进宫，圣上紧急召见！"

苏轼和在座的客人听了，都十分吃惊。宣庆使是宫中宦官的最高职位，官阶五品，没有重要事宜一般是不会出宫的；再说，"圣上紧急召见"又是什么意思？这种紧急召见并不合朝廷的常情。黄庭坚有些担心，说道："该不会是因《字说》得罪了王安石，他要兴师问罪吧？"

苏轼摇了摇头，说道："王安石不是个小肚鸡肠斤斤计较的人。"

晁补之和张耒认为，王安石变法以来，已处分了不少老臣和权贵，因苏轼对变法提出过严厉批评，他一直耿耿于怀，会不会借此将他削职罢官、以泄私愤？

苏轼笑着说："若削官罢职、离开这个是非之地，倒是我求之不得的事呢！"

正当大家议论纷纷之时，宋公公已进了院子，苏轼连忙说道："不知公公驾到，未曾远迎，请公公恕罪。"

宋公公笑着说："苏大人家里高朋满座，大约是在谈论文章之事，对不起了，打扰了各位的雅兴。在下是奉圣上之命前来请大人的，请大人趁早随我进宫吧！"

苏轼听说他是奉神宗之命来的，心中有些紧张，便问道："不知圣上召下官入宫是为了何事？"

宋公公："当然是朝廷大事啦。"

苏轼以为，当前最大的事就是变法，召他进宫，一定与王安石的变法有关，便问道："是变法之事？"

宋公公："比变法之事还要大！"

比变法还要大的大事，会是什么大事？苏轼有些丈二和尚摸不着头脑，又问了一句："到底是什么事呢？"

宋公公跺着脚说："我的苏大人啊，圣上和王安石大人以及满朝的文武大臣们，都在焦急地等你去呢！轿子已等在门外了，请你速速更衣，随我上路吧！路上，我再详细向你说吧！"

苏轼听了，只好随他出了大门。

李公麟和八位苏门学士仍然留在西园未走，他们不知道宋神宗为何紧急召见苏轼。是吉，还是凶？他们每人心里像揣着一只小兔子！

苏轼能平安归来吗？他们都在等待着。

在去皇宫的途中，宋公公告诉了宋神宗紧急召见苏轼的原因。

原来，北方的辽国曾向大宋当面提出，要求大宋的军队从宋辽边界向后退回百里，并要求每年增加岁银十万两，岁绢十万匹，宋神宗并未答应。这次辽国又派出使节到汴京，使节呈上国书之后，并未再提要增加岁银和岁绢之事，而是提出了一个十分古怪的请求：他们带来了辽国的几副楹联的上联，要求大宋的君臣们对出下联。若大宋的君臣们对上了上联，则尊大宋是上邦；若对不上上联，辽国便是上邦，大宋则是下邦。此事关系到国格大事，神宗皇帝和群臣能不焦急吗？

苏轼连忙问道："宋公公，辽国的上联有几个字？"

宋公公："共五个字。"

苏轼："大臣们对上了没有？"

宋公公摇了摇头。

苏轼："王大人呢？难道他也对不上吗？"

宋公公又摇了摇头，苦笑着说道："要是对上了，还能来紧急召见苏大人？"过了一会儿，又说："是有人向圣上推荐大人的。"

苏轼："谁推荐的？"

宋公公："先是文同大人，后是王安石大人。"

苏轼听了，不再问了，他坐在轿子中，默默地思索着。

宋真宗景德元年（1004 年），辽国军队在萧太后和辽圣宗的率领下向南大举进攻。宰相寇准受命抗击辽军，在对辽作战中，宋真宗亲临前线督军，随寇准的军队渡过黄河，抵达了澶州的北城。宋军将士见了，振臂高呼"万岁"，声闻数十里。就在抗辽节节胜利、本该乘胜前一鼓作气收回被辽军占领的土地时，宋真宗却派出使节与辽国议和。辽国使节韩杞带着辽国国书来到澶州，向宋真宗开出了议和条件：割让关南地区给辽国，并给予白银和丝织物。寇准坚决不同意，他不但要求收回大宋的幽州、蓟州，还要辽国向大宋称臣。但是，求和心切的宋真宗不听寇准的意见，而且指示大宋使臣曹利用：可以应允每年给辽国白银一百万两。

寇准得知后，将曹利用叫到自己的帐中，向他交代说："虽然皇上答应可给辽国一百万两，但如果你和谈时超过了三十万两，我就会取下你的头颅！"

曹利用到了辽国后，在议和条件上据理力争、毫不妥协。最后，双方终于达成了协定：大宋每年向辽国输银十万两，丝织物二十万匹；并双方结成兄弟之邦。这就是当年的"澶渊之盟"。

近些年来，辽国虽然觉得大宋的国力渐弱，但自己的游牧文化仍远不及大宋，尤其是在诗词文赋上更难与大宋相比。辽国国主心中不服，已从四面八方招募了一些文学之士，还从被占领的大宋地区找来了一些人士，花费了数月工夫，拟出了数千副楹联；再从中挑选出了以为是天下绝对的楹联，派络耶律为使节，来到汴京，准备以这些楹联为超级武器，向大宋显示辽国的文化实力，以提高辽国的国威！

络耶律率领四名随员，向宋神宗递交了国书之后，奏道："辽宋两国互相友好，已有多年，辽国为增进两国在诗词歌赋方面的交流，国主命微臣带来数副楹联的上联，请贵国君臣对出楹联的下联。若贵国能对出，辽国愿永为大宋下邦；若对不出，大宋则永为辽国下邦！"

宋神宗对络耶律傲慢无理的神态和口吻十分反感，但又不便表露出来，便笑着说道："我大宋乃是礼仪之邦、诗歌之国，书籍成山、人才济济，朝野撰写、吟哦楹联已成风气，大凡宫殿、庙宇、城楼、店铺，皆有楹联，百姓家里的楹联更是数不胜数。不知贵国的帐篷和马背上是否也有楹联？贵国想以楹联难倒泱泱大宋，简直是——"

他本想说"蚍蜉震大树，太不自量"，但又改了口："请把贵国的楹联呈上来吧！"

络耶律呈上了半副对联："陛下请看！"

侍从将楹联在龙案上缓缓展开，只见上面写着：

三光日月星

宋神宗看了，起初并不以为意，心想：辽国国主想用这五个字难倒大宋的君臣？这么浅显的楹联，恐怕山野的学童们都能对得出来！但仔细一琢磨，又不由得吃了一惊，他发现此联不但刁钻，而且暗藏杀机：三光的"三"是数量词，下面的"日月星"又都是与"光"有关的名词；对下联时，不但要字字相对、不留痕迹，还要合乎平仄、音律和意境。他琢磨过之后，觉得此联十分难对，一旦对错了，后果就严重了。于是，他将楹联传给了王安石，说道："请王爱卿也看一看。"

王安石看了，心里马上就有了几副下联，但似乎都不及上联，觉得没有把握，便传给左边的文臣。文臣们看过之后，又传给右边的武臣们。大家看过之后，谁都不说话，因为大家都心照不宣：此联难对！

络耶律见大家都看过了，却没有人站出应对，心中窃喜，他冷笑着说："请陛下暂将此联放在这里，明天还可以继续来对，限三天为期，微臣告退了。"

络耶律离开大殿之后，神宗皇帝满脸通红，他望了望满朝的文武百官，愤愤说道："我大宋承袭春秋百家、汉唐遗风，天下多少锦绣文章！朝野多少文学俊士！你们都是士林的佼佼者，竟没有一人能对得上辽国的上联！既丢了你们的脸面，也丢了寡人的脸面，更丢了大宋的脸面！"

大殿中鸦雀无声，静得能听到各自的喘气声。

生气也好，发火也好，都于事无补，龙案上的那半副对联，三天之内非对出来不可！这是君臣们无法回避的难题。

宋神宗见群臣都一言不发，心中的火气更大了，他指着文臣们大声问道："俗话说，'养兵千日，用兵一时'，大宋养士众多，却没有一个人能对出区区半联！难道大宋真的要败给辽国吗？"

这时，忽然听见有人喊道："陛下，微臣推荐一人，必能对出辽邦的下联！"

宋神宗一看，原来是校书郎文同。

文同不但文采出众，且擅长画竹，他家的院子里全都种上了竹子，有楠竹、潇湘竹、紫竹、方竹、罗汉竹等十余种，并把自己的书房命名为"喜竹堂"。不论春夏秋冬还是风雨霜雪，他每天都仔细观察竹的形态变化。他笔下的竹子，灵动鲜活、如同真竹。晁补之曾称赞"文同画竹时，成竹已在胸"，"胸有成竹"这个成语，就是说的这位画家。

文同入朝以来，为人稳重，从未出班言事，他会推荐谁呢？宋神宗连忙问道："文爱卿推荐何人？"

文同出班奏道："微臣推荐苏轼！以苏轼之才，定能对出下联！"

这时，王安石也出列奏道："陛下，臣十分赞成文大人的推荐。苏轼不但是大宋的诗坛高手，也是文坛的领袖，请他来对，必令辽使服输！"

宋神宗听了，紧锁的眉头松开了，脸上也有了笑容。他大声对身边的宋公公说道："速召苏轼进殿！"

宋公公应声而去。

苏轼进了大殿之后，宋神宗向他讲述了辽使要求对出下联的经过，又让他看了辽国的上联，问道："苏爱卿，你觉得如何？"

苏轼微微一笑，说道："微臣已对出来了！"

宋神宗一听，长长地松了口气，大声说道："宣召辽国使节进殿！"

声音刚落，络耶律就率领四名随员大摇大摆地进了大殿。他施礼之后向宋神宗问道："是不是大宋的君臣们没能对出上联，要求服输？"

宋神宗听了，哈哈大笑起来，说道："在我大宋，对这种楹联，是学童稚子们的游乐，辽国的这种上联，岂能难住我大宋君臣！"他环视了左右群臣之后，问道："哪位爱卿愿意对辽使的上联？"

苏轼出班奏道："陛下，微臣愿意。"说着，走到摆放着纸笔墨砚的龙案旁边，在君臣们的注视之下，他挽了挽袖子，挥笔写下了五个行书大字：

四诗风雅颂

络耶律看了，竟一时说不出话来。

因为"风雅颂"都是《诗经》里的诗歌体例，可称为三诗，而"雅"中又分"大雅"和"小雅"，合起来刚好就是"四诗"。四对三，诗对光，"风雅颂"对"日月星"，对得贴切、巧妙！

大家看了，都连声称赞起来。

宋神宗笑着对络耶律说道："使节大人，怎么样，认输了吧？"

络耶律虽然尴尬，但依然嘴硬，说道："这第一副楹联，是最简单的一副，输赢尚不能算数。微臣还有一副楹联，也请苏大人对出下联来！"

苏轼："请拿出来吧！"

络耶律又呈上了第二副楹联：

炭黑火红灰似雪

苏轼刚看完，就潇洒地写出了下联：

谷香米白稻如霜

络耶律见第二副楹联仍未难住苏轼，心里已开始发虚了。他对宋神宗说道："微臣来贵国途中，路过一个湖泊时，看到一件事，十分有趣。"

宋神宗问道："如何有趣？请说出来听听。"

络耶律说："湖边上长着一棵李子树，树上的李子掉进湖里，刚好打中了湖中的一条鲤鱼。微臣见了，便口占了一个上联，不知苏大人能不能对出下联？"

苏轼："请出上联。"

络耶律的上联是：

李打鲤，鲤沉底，李沉鲤浮

他出完了上联，走到苏轼身边，说道："苏大人，在下可要提醒你，你的责任重大啊！你若对得出上联，更好；若对不出来，嘿嘿，恐怕后果不堪设想，你可要三思而后行哪！"

苏轼听了，大步走到龙案前，将一支狼毫在墨池里醮饱了墨汁，但并不急着下笔，转脸对络耶律说道："昨日我与友人在园中赏花，看见有一群蜜蜂在花丛中采蜜，一阵清风吹来，将蜜蜂纷纷吹到了地上。待风停了，蜜蜂又都飞舞起来，这就是在下对的下联！"说着，龙飞凤舞地写下了十个大字：

风吹蜂，蜂扑地，风息蜂飞

络耶律见了，显得有些慌乱，连忙同他的随从低声商量。苏轼心想，他们挖空心思拟出的几副楹联，是小儿科的水准！现在都已用完了，便调侃说道："有来无往非礼也，在下也有几副楹联，想请辽国使臣大人对出下联，若对上了，大宋便尊辽国为上邦；若对不出下联，辽国便永远是大宋的下邦。不知大人意下如何？"

络耶律也算是辽国文坛上的高手，见自己被苏轼逼到了墙脚，已无退路可走了，只好硬着头皮应战。他说："请苏大人出上联。"

苏轼说："在下先出个最简单的。"

天上月圆，地下月半，月月月圆逢月半

络耶律听了，一时蒙了，想了大半天，愣是没想出个头绪来，神态十分窘迫。

苏轼笑着说道："请使臣大人不必急着对下楹，不妨先回驿馆歇息，也以三天为限，想好了再来对此联，如何？"

宋神宗和大臣们看到苏轼不但解了朝廷之难，也为大臣们争了脸面，都十分兴奋。络耶律在人们的说笑声中悻悻离开了大殿。

第二天，络耶律要求归国。

他去向宋神宗辞行时，说道："微臣归国之前，恳求陛下将苏轼大人写的'四诗风雅颂'的下联赐给微臣，以作传家之宝。"

宋神宗爽快地答应了。

络耶律得到苏轼的那半副下联，如获至珍。他用丝绸将对联包好，在归国途中一直抱在怀里，他成了苏轼在辽国的第一个粉丝。

自此之后，苏轼之名便在辽国传开了，不过他们称苏轼为"大苏"，原因是其父苏洵是老苏，其弟苏辙是小苏，他当然就是大苏了。

第七章　宴会上，有位十二岁的歌妓

殢人娇·或云赠朝云

白发苍颜，正是维摩境界。空方丈、散花何碍。朱唇箸点，更髻鬟生彩。这些个，千生万生只在。

好事心肠，著人情态。闲窗下、敛云凝黛。明朝端午，待学纫兰为佩。寻一首好诗，要书裙带。

1

苏轼巧对辽使的消息传出后，朝野振奋，人心大快。

宋神宗觉得苏轼为大宋扬了国威，也为自己争了面子，还打击了辽国的嚣张气焰，立下了殊功，龙心大悦。为了奖赏苏轼，决定对他晋官三级，并授龙图阁大学士。但考虑到苏轼曾批评王安石变法急于求成，还指责变法的一些失误措施引起了民怨民愤，曾令王安石十分窝火，所以对苏轼一直未予重用，现在要破格提拔苏轼，王安石会同意吗？他可是个出了名的拗相公啊，为了求得变法成功，他自己有时也不得不迁就于他呢！于是，宋神宗将王安石召进宫去，征求他的意见。谁知王安石听了，不但表示赞同，还说："苏轼文采天下少有，臣亦十分敬佩。陛下慧眼识珠、伯乐相马，是苏轼之幸，亦是大宋江山之幸。"

神宗皇帝听了，立即派宋公公去召苏轼进宫。

宋公公去了不久，便独自回来了。他禀报说，苏轼与文同去城外的竹林作画去了！

宋神宗听了，打算次日再下诏召见。

谁知在第二天的朝会上，苏轼却突然出班，呈上了一份奏章：乞求出京任职！

宋神宗沉思良久，最终还是点头应允了，并当场诏命苏轼为杭州通判。

通判，是辅佐知府处理政务的官员，凡兵民、钱谷、户口、赋役、狱讼等州府公事，须通判连署方能生效。通判还兼有监察官吏的权力，是有职有权的差使。

获得宋神宗的恩准之后，苏轼感到如获重释。一家人连夜就收拾好了行李，天刚亮，便出了南门离开了汴京。为他送行的苏门学士们，一直将他送到了二十里铺的运河码头，才依依不舍地站住了。

苏轼和王润之等人上船之后，便沿着大运河向南而去。

望着远处山岭的黛色，闻着两岸庄稼的清香，苏轼觉得身上轻松，心里舒坦。他想，自己离开庙堂之高处，去了江湖之远处，可与麋鹿为邻、以山野为室，就像一只刚刚出笼的鸟儿，从今往后，就能在天地之间任意飞翔了。

他之所以乞请外任，是苏辙的一封信引起的。

在变法之初，王安石十分器重苏辙，将他调进了三司条例司，负责变法政策的起草工作。但因为与王安石的一些观点不合，他上奏了一份《制置三司条例司论事状》，指出了变法过激是欲速不达，得罪了王安石，被贬为陈州教授。他给苏轼写了一封信，认为苏轼已成为变法派的眼中之钉，若不及早退出是非的旋涡，必会受到伤害。苏轼读了信，心里虽有所动，但还未下决心。逼他下决心的，是李定。

李定因被苏轼弹劾过，与苏轼结下了梁子，但一直找不到报复的机会。他为了巴结王安石，同时又达到打击苏轼的目的，又打起了"化金方"的主意。他以为逼着苏轼交出"化金方"，再献给王安石，自己就能立功；若苏轼不交出"化金方"，便可对他治罪！于是，便去向王安石密报：苏轼私藏一个"化金方"！

谁知王安石听了，一下子沉下脸来，责斥道："天下哪有此方？一派胡言！"

李定连忙说道："此方千真万确，达仁和尚临终前亲自送给了苏轼，当年苏轼在凤翔任上也确实说过家中有个'化金方'。大人若能下令，下官定能从苏轼家中搜出来！"

王安石大声喝道："李定啊李定，你是不是被金子迷住了心窍？再不许说这种荒唐之话、做这种荒唐之事！"

李定还想说什么，王安石已下了逐客令，说道："本官有太多公务要办，送客！"

李定并不死心，他离开王府之后，直奔西园而去。

苏轼正在家中画一幅《雪竹图》。见李定来了，他客气了几句之后，又专心致志地画起来了。

李定看了尚未画完的画面，连声称赞："好、好，画的太好了！苏大人简直把雪天的竹子画活了，真的画活了！"

苏轼知道他不是为欣赏雪竹而来的，便问道："李大人来到寒舍，不知有何指教？"

李定见院子无人，便小声说道："苏大人，当前国库亏空、军队缺饷，而辽国又多次催要岁银，圣上和王大人都心焦如焚。国难当头，匹夫有责，何况你我还是朝廷命官呢！"

苏轼见他在绕弯子，心里有些不耐烦，说道："李大人有什么话，就直接说吧！"

李定："好，下官最敬佩苏大人的这种直率脾气。在下今天来的目的，是想向大人求一件宝贝。"

苏轼："宝贝？什么宝贝？"

李定："化金方，就是达仁和尚送给苏大人的那个化金方。"

苏轼一听，心里全明白了，原来他是为"化金方"而来的！当年在凤翔时，苏轼就发现李定心术不正，他曾经要求看一看"化金方"，苏轼以不知夹在哪本书里、一时找不到为由，拒绝过他，不想今天他又来纠缠。这次，非将他的发财梦戳破不可！苏轼笑着问道："李大人还记得'化金方'？"

李定："记得、记得！苏大人当年说不知夹在哪本书里了。若能找出来，不但能救圣上之急，还可造福天下，请苏大人再仔细找一找。"

苏轼听了，说道："对、对，我这就回房去找。"他又吩咐苏友："快生炉烧水，冲泡今年的春茶招待李大人。"说完，便回了书房。

苏友在院子的一角点燃了火炉中的劈柴，不一会儿就将水烧开了。这时，苏轼手里拿着一张已经变黄的纸页走了出来，他将手中的纸页晃了晃，说道："李大人，'化金方'找到了！"

李定见了，连忙伸手去接。苏轼连连摇手说道："当年达仁和尚叮咛本官说，此方万万不可转交他人，要交，就交给一位神仙！"

李定："神仙？是哪位神仙？"

苏轼："祝融！"

李定："祝融？他在哪里？"

"就在这里！"苏轼说着，便将手中的纸页扔进火炉里了。

李定见了，慌忙伸手去抢，可是已经迟了，一眨眼的工夫，"化金方"已化成了纸灰，像几只蝴蝶，随风而飞了。

李定一面跺脚，一边声嘶力竭地喊着："你、你、你……"

苏轼指了指桌上的茶杯，笑着说道："请品茶，这可是蕲州的春茶啊！产量极少，一两银子一两茶哩！"

李定狠狠地瞪了他一眼，拂袖而去。

李定走了之后，苏轼知道他不会善罢甘休。为防受到陷害，才下决心上书神宗皇帝，乞求出京任职的。

桨声阵阵，浪涛不绝，前头的水路漫长而迷蒙。

2

到了陈州时，苏轼让船泊在码头上，自己便率领全家人去看望在陈州任学官的苏辙。苏辙因为反对过激的新法政策，得罪了王安石，才奉诏离京到陈州的。哥俩本来就情深谊厚，且又是在异地他乡重逢，自然有说不完的话。他们从眉山的亲人、少时的趣事、官场的见闻谈到诗词文章，苏轼让苏辙看了自己在船上作的八首小诗，苏辙对其中的一首《杂感》说道："这首最妙：'鸟乐忘置罘，鱼乐忘钩饵。何必择所安，滔滔天下是。'"二人一直谈到子夜，才在一乘床上和衣而眠。

苏轼一家在苏辙家里住了七十多天，相聚虽好，但终有一别。苏辙听苏轼说他打算顺路去看望在颍州赋闲的恩师欧阳修，便执意与他同行，一起到了颍州。

欧阳修收藏了一件石屏风，屏风上的纹路颇像一株古松的影子，若动若静、呼之欲出，十分逼真。欧阳修曾读过苏轼在凤翔作的《石鼓歌》，十分赞赏，于是，便请苏轼为石屏赋诗。苏轼面对石屏风，一夜未眠，终于写出了一首《欧阳少师令赋所蓄石屏》。他在诗中利用丰富的想象力，联想昔时两位善画古松的画家：一位是毕宏，一位是韦偃，遗憾的是他们生前并未见面，二人死后，都葬在了虢山。也许他们的精气不散，才在地下化成了石屏上的古松。

欧阳修读了，十分高兴，立即命人装裱起来，挂在了自己的书房中。

在欧阳修家逗留了二十余天后，苏轼告别了恩师，又与苏辙分手，一家人转入淮河，再沿着大运河径直向杭州而去。

大运河所经之处，皆是江南水乡。苏轼立于船头，望着远处的青山、岸边的垂柳、河中的粼粼清波以及如诗似画的两岸风光，心中十分激动，正在酝酿一首诗的腹稿。他指着舟船如梭的大运河，笑着对王润之说道："夫人你看，这就是隋炀帝当年修的大运河。"

王润之问道："你说的可是杀了太子，逼死父亲，又霸占父亲的宠妃，篡位当了皇帝的杨广？"

苏轼："对，就是他！"

王润之没好气地说道："他修这条大运河，累死了多少民夫？"又指了指河岸的一些荒坟："这两岸有没有民夫们的白骨？河底下有没有拉纤女的泪水？"

苏轼不知道她为何对大运河如此气愤！原来，苏轼在船头欣赏风景时，老艄公正在向她讲述一口古井的故事。

当船路过一个古渡口时，老艄公停下船，提着水桶上岸去了，不一会儿，又提着满满一桶井水回到了船上。王润之有些好奇，便问他："这河里的水又多又清，为什么不汲河水而要去汲井水呢？"

老艄公指着古渡口的井架说道："当年修这段运河时，已是三九寒天，土冻地硬，民夫们需先用柴草烤化了泥土才能开挖。由于耽搁了朝廷的工期，民夫们被杨广派来的监工就地斩于河道中，凝固的鲜血有三寸多厚！自此，只要船只经过此处，船家宁肯上岸去汲水，也不汲这段运河的水！"

王润之听了，觉得有一股寒意从水波中袭来，不由地打了一个寒战！她觉得那些屈死的民夫们正在水底下望着她！所以，当苏轼说起大运河时，一股对杨广的怨恨便一下子喷发出来了。

苏轼笑着说道："这位隋炀帝呀，的确是个厚颜无耻、残忍无道的暴君！不过，他修的这条大运河还是有功于后人的。"

"你是不是又想写诗了？"王润之笑着问道："可别忘了表兄对你的嘱咐啊！"

原来，苏轼离京前，表兄文与可特意备下酒席为他饯行。当二人喝到有些微醉时，文与可放下酒杯，语重心长地说道："表弟呀，这汴京的十里长街虽然满眼繁华，宫阙之内虽然歌舞升平，但时时藏着不测，处处都有风险！你我皆属书生，难以适应宦海的争斗。尤其是表弟你，口直心亦直，不会奉迎，更不会见风使舵，很难立足。再说，还有一个更大的祸害始终与你形影不离，随时会让你惹上杀身之祸！"

苏轼听了，大为吃惊，连忙问道："更大的祸害？那是什么？"

文与可："你的才华！"

苏轼："才华？"

文与可："对，才华，也就是你的诗词文赋。黑字一旦写在了白纸上，有人想在字里行间找个碴儿，简直是囊中取物！愚兄说的，表弟信吗？"

苏轼听了，知道这是肺腑之言，连连点头。

这时，文与可端起酒杯，语重心长地说道："表弟此次出京，愚兄无好礼相送，就送七个字吧！"

苏轼："哪七个字？"

文与可拖着长腔说道："西—湖—虽—好—莫—吟—诗！"

苏轼听了，心有所悟，连忙说道："谢谢表哥，愚弟记住了！"

文与可："真的记住了？"

苏轼："真的记住了！"

文与可笑起来了，他端起酒杯，朗声说道："好，我俩今晚就喝个一醉方休吧！"说完，一饮而尽。

文与可回家之后，又连夜画了一幅四尺墨竹，一大早便派人送到了苏家。

当苏轼听了王润之又提到表兄的嘱咐时，他一下子怔住了。

王润之笑着问道："你还想写大运河的诗吗？"

苏轼连忙说道："不写了，不写了，到了杭州就更不写了！"

江山易改，本性难移。因为诗是苏轼的灵魂，他是为诗而生、为诗而活的，若让他不再写诗，除非上苍收回他的灵魂！

所以，当他到了杭州不久，便又诗性大发起来。他的诗词流传天下的同时，也为他的政敌送去了置他于死地的撒手锏！

这是苏轼不曾料到的。

这也是画家文与可最为担心的。

3

杭州，在汴京人的眼中，是东南最大也最繁华的城市，那里农桑发达、物产丰饶，朝廷所需的稻米、海盐以及丝绸、茶叶等物资，通过大运河源源不断地运往京城，是朝廷国库收入的重要支柱；再加上江南一带山河壮美、景色秀丽，被人称为"上有天堂，下有苏杭"。也许是风水作怪，这个人间天堂里出的美姬佳媛似乎格外比别的地方多，这也为这个人间天堂平添了更多的色彩。

杭州府衙设在凤凰山右麓。苏轼一到杭州，太守沈立就为他在府衙北厢安排好了住处。"新官上任，接风洗尘"，这是官场上铁打的潜规则。为了给苏轼接风，杭州府书办江沸奉沈立之命，忙里忙外地安排了一桌丰盛的酒宴，还吩咐府衙的歌舞妓出席助兴。谁知江沸去请苏轼时，他却不在家中。江沸又去问王润之，王润之说："他去了孤山！"

江沸有些好奇，又问："苏大人去孤山做什么？"

王润之："他说要去拜访思惠子和尚。"

江沸听了，连忙派人去找。回来的人说，苏大人和思惠子和尚已去了钱塘江！

钱塘江？苏大人去钱塘江干什么？前不久大雨不停，上游的洪水冲塌了钱塘江堤、冲毁了两岸的房舍，因淹死的人畜暴晒在烈日之下，其味难闻，爆发了瘟疫，已有患者不治而亡，所以很少有人敢去钱塘江。江沸连忙报告了沈立，沈立只好临时取消了洗尘酒宴。

苏轼确实去了钱塘江。他离开颍州时，恩师托他到了杭州后一定代自己去看望孤山的思惠子大师，思惠子大师不但精于禅理、善于医术，还是位人品学问俱佳的高僧。欧阳修还写了三首诗，托苏轼交给思惠子大师。当苏轼赶到孤山时，一个打扫院子的小沙弥告诉苏轼，思惠子大师外出化缘去了。

苏轼听了，有些失望，刚想离开，小沙弥忽然想起了什么，说道："大师临走时交代过，若有苏姓施主来访，就去钱塘江找他。"

苏轼谢过小沙弥之后，便直奔钱塘江而去。

一到钱塘江，他看到的是一幅目不忍睹的悲惨景象：那里到处都是倒塌的房舍；无处栖身的灾民，有的躺在残存的墙角下呻吟着，有的拖儿带女外出逃荒。一位白发苍苍的老人看见苏轼走过来，指着身边一位骨瘦如柴的汉子说道："我一家八口，只剩下我和他了⋯⋯"说着，扑通一声跪在了地上。

苏轼连忙伸手去扶他，谁知老人浑身颤抖起来。苏轼连忙脱下袍子，披在他身上。

这时，忽听有人在身后说道："他不是身上冷，而是肚子饿呀！"

苏轼转身望去，原来是位身材清瘦的僧人。他的双眉已经斑白，看来年纪已经不小了。僧人从怀里摸出一个馒头，递给了老人。老人双手接过，连忙递给了中年汉子，中年汉子将馒头掰成两半，递给老人一半，便狼吞虎咽地吃起来了。

苏轼朝僧人施了一礼，说道："谢谢大师慈悲。"

僧人叹了口气，说道："馒头能解一时之饥，却难除身上之病啊！"

苏轼："身上之病？"

僧人："是啊，洪水过后，饿殍遍野，若不施药相救，灾民们就是躲过了水灾，也难躲瘟疫啊！要想救治灾民，就要有治瘟之药。"

苏轼问道："药在哪里？"

僧人向远处指了指。原来，在大街的尽头，有一座坐北朝南的高大店铺，门前有两根合抱的丹柱，门楣的大匾上刻着"济世堂"三个描金大字，一些得了瘟疫的病人挤在"济世堂"门前。"济世堂"的伙计只卖成药，不开药方，每副成药一两二钱银子，病人需服十副成药才能治愈。灾民们早已家破田毁，身无分文了，到哪里去弄这十二两银子？没有银子就不发药！任凭病人们在门口声泪俱下地苦苦哀求，"济世堂"就是无动于衷。有的病人是活着来的，因为无钱买药而倒毙在"济世堂"门前，是家人们抬着走的！

苏轼说道："能不能和'济世堂'商量商量，先治病，秋后再来还账？"

僧人摇了摇头，说道："你知道这'济世堂'是谁开的吗？"

苏轼摇了摇头。

僧人："'济世堂'的老板姓尤，叫尤洛，他是汴京参知政事吕惠卿的外甥！此人见钱眼开、爱钱如命，是只一毛不拔的铁公鸡，想让他赊药救人？没门！"

苏轼叹了口气，说道："在下虽有一个可治瘟病的'圣散子'药方，可以献出来，可是，一时难筹购买药材的资银，远水救不了近火啊！"

僧人听了，哈哈大笑起来："苏大人既然肯献出'圣散子'药方，购买药材的资银就不愁了，贫僧在这里替钱塘江的灾民感谢苏大人。"

苏轼一惊，他怎么知道我是苏轼？稍顷忽然想起了小沙弥的话，心中顿时明白了，原来这位白眉僧人就是自己要找的思惠子大师！

其实，在这之前，思惠子已收到了欧阳修送来的一信，信中提到苏轼将去杭州任职一事，所以才交代小沙弥，若有苏姓施主来访，就去钱塘江找他。

苏轼向思惠子深深一拜，说道："在下苏轼，受欧阳恩师所托，带来了恩师的三首大作，请大师收下。"说完，将三首诗稿交给了思惠子。不过，他心中仍有疑问：钱塘江受灾严重，思惠子为何要来这里化缘呢？他试着问道："大师来钱塘江……"

没等他说完，思惠子就笑了，他说："贫僧是在这里专门等候苏大人的！"

苏轼："大师为何在这里等候我？"

思惠子："向大人要银子，施药救治病人啊！"

苏轼苦笑着说："在下虽是杭州通判，但俸禄……"

思惠子："指望大人那点俸禄，要想施药救人，恐怕只能是杯水车薪！银子嘛，贫僧倒有一个法子！"

苏轼问："什么法子？"思惠子说："请大人随贫僧去个地方说话。"

苏轼听了，半信半疑地随他离开了钱塘江，来到了孤山的一座茅草小亭中。二人坐在石凳上，思惠子向他说了自己的法子，苏轼听了，脸上露出了笑容，二人说了一会儿，才高高兴兴地分手……

4

苏轼刚刚到家，推官何正臣和江沸已在大门口等候他了。原来，因洗尘酒宴的事，沈立训斥江沸办事不力，为了万无一失，他又特意指派何正臣，重新筹办酒宴。

沈立曾在朝廷任过谏议大夫、江淮转运使、越州太守，后来才调任杭州太守。他不但敬重苏轼的人品，也十分喜爱苏轼的作品。苏轼初来杭州上任，他要求这次洗尘宴办的不但规格要比平素高，还要办的十分排场。何正臣将菜单呈给苏轼过目，苏轼问道："酒宴请了哪些来宾？"

何正臣说："除了本衙同僚作陪之外，另请了杭州仕绅十人、名流十人、商界十人，连同贵宾内眷，一共九十六位；另有官妓一队，共十二人，由杭州城的头牌歌妓白玉兰引领，在席间歌舞侑酒。酒宴定在四月十六日，席设栖凤楼。这是杭州府来宾最多的一次宴会，太守特别交代下官，请苏大人定夺即可！"

苏轼想了想，说道："本官想多邀请一些商界人士，不知他们肯不肯赏脸？"

何正臣连忙说道："杭州城的豪绅巨贾们为了能与苏大人同席，谁不想在宴席上争个座位！请苏大人放心好了，下官这就去分发请束！"

苏轼点了点头，说道："就依你的安排吧！"

何正臣听了，连忙准备去了。

四月十六日一早，沈立便和苏轼一道，乘轿直奔栖凤楼而去。轿子刚一落地，苏轼发现，楼前不但停满了各种华丽轿子，还有一溜撑着彩幔、垂着流苏的马车，弥漫着淡淡的天竺香的味道，这是名媛贵妇们的专用香车。这种场合就是在汴京，也不多见。

原来，应邀赴宴的贵宾们都听说过苏轼的大名，也听说过他的一些传说，读过他的一些诗词，但却没有亲眼见到苏轼本人，更别说参加为他洗尘的酒宴了。他们接到请柬后，都感到莫大荣幸，所以都早早带着妻妾们在这里等着了。

栖凤楼共有两层，首席设在一楼大厅的中央。沈立和苏轼一进大厅，就引起了一阵欢呼之声。何正臣见主人和来宾都已入座，便悄悄走到沈立旁边，问他是否可以开席？沈立朝站在一旁的歌舞姬们看了看，问道：“白玉兰来了吗？”

何正臣：“尚未来。”

沈立：“那就再等一会吧！”

何正臣知道，今日的酒宴若缺了白玉兰，是很没有面子的事，不但太守心中不悦，来宾们也都会感到遗憾。他心里比谁都焦急，不断地望着窗外，希望能尽快看到白玉兰的身影。

半个时辰过去了，白玉兰仍然不到。沈立有些不悦，问道：“白玉兰为何未到？”

何正臣有些尴尬，说道：“下官不知道……”

“昨天通知她了吗？”

何正臣支支吾吾地说道：“下官已吩咐过书办江沸了……下官这就派人去找她！”

沈立不满地横了他一眼，训斥道：“待派人将她找来，黄花菜早已凉了！”他转头对苏轼说道：“苏大人，现在开席吧？”

苏轼连连点头。

沈立站起来，笑着说道：“诸位，今日之宴，是为新任通判苏轼大人洗尘所设。”他端起酒杯对苏轼说道，“本官先敬苏大人一杯，权为苏大人洗尘！”

苏轼听了，连忙端起了杯子。

东道主敬过酒之后，先是同僚们相继敬酒，紧接着名流、巨贾、豪绅们纷纷拥到苏轼桌前敬酒。苏轼举起杯子，大声说道：“苏轼初到杭州，承蒙沈大人垂爱，苏轼在这里先敬沈大人一杯！”说完饮下了一杯。

大厅里顿时响起一阵欢笑声。

苏轼端起第二杯酒，继续说道："承蒙同僚们抬举，苏轼与大家共干一杯！"

又是一阵欢笑声。

苏轼朝商界人士的席上看了看，又高举起酒杯，大声说道："下官听说钱塘江泛滥成灾，谁知又雪上加霜，发生了瘟疫，当地百姓有的家破人亡，有的妻离子散，其情其景，令人生悲。孤山的思惠子大师正在按药方配制成药'圣散子'。但配制'圣散子'需购进大批药材，而购进药材却缺少银两。诸位都是杭州的有识之士，又有慈悲之心，都愿意救灾民于水深火热之中，苏轼特向诸位敬酒一杯，以表感激之情！"说完，仰头喝下了杯中之酒。

也许这一幕发生的太突然了，大厅里鸦雀无声，继而是一片悄悄议论之声。

这时，沈立走到师爷桌前，笑着说道："本官认捐二百两！"

师爷连忙写在了事先准备好的认捐书上。

苏轼也认捐了二百两。

随后，客人们纷纷围着师爷的桌子，少的认捐数十两，多的认捐数百两，一位丝绸商人竟认捐了一千二百两！

这时，王润之忽然从女眷席上站起来，她伸手拔下头上的一枝玉簪，又脱下了腕上的手镯，说道："贱妾无多私藏，捐出两件饰物，以表心意。"

众女眷们见了，也都争先恐后地站起来认捐。有的当场捐出首饰，也有的报名认捐私房钱。师爷发现所有女眷人人都认了捐，所捐首饰和私房钱加在一起，已超过了千两！

酒宴达到高潮时，随着阵阵丝竹之声，歌舞表演开始了。一位歌妓怀抱琵琶，唱了一曲张九龄的《望月怀远》，在琵琶声中抒发了诗人在明月之夜的相思情景和对亲人深深的怀念，博得一片掌声；接下来是四个女子翩翩起舞，她们身姿轻盈、长袖轻舒、边舞边唱，如彩云、如流水，也博得一片掌声。

宋代的歌舞妓们大都有一定的文学或艺术方面的修养：有的擅长琴棋书画，有的专攻诗词歌赋。在她们当中，不乏出类拔萃之辈，有些人的作品不但名重一时，还流传到后世，不像现在的一些文艺从业者，讲究的是炒作和化妆。

这时，何正臣走到苏轼跟前，毕恭毕敬地说道："白玉兰今天竟然不来助酒，令大人扫兴，在下一定对她从严处置！"

还没等苏轼开口，一个身着紫裙的女子走到席前，向苏轼深深施了一礼，说道：

"小女子久慕苏大人之名，心中敬仰不已，今天见到，是小女子之幸。小女子想为苏大人献歌一首，请苏大人赐教。"说罢，走到大厅中央，在古筝的伴奏下娓娓唱了起来：

寸恨谁云短，绵绵岂易裁。半年眉绿未曾开。明月好风闲处、是人猜。

春雨消残冻，温风到冷灰。尊前一曲为谁哉？留取曲终一拍、待君来。

她的歌声虽然委婉动听，但也透着一种淡淡的伤感。

苏轼听了，大吃一惊，这位歌妓唱的，竟是自己当年在宰相王安石家赴宴时，当场填写的一首《南歌子》，她怎么会唱呢？他悄悄问沈立："沈大人，这位歌妓叫什么名字？"

沈立也不知道，便向她招手示意。她以为自己没有唱好，太守大人不满意，显得有些紧张，低着头走到了席前。

沈立："姑娘，你叫什么名字？"

歌妓："回大人的话，小女子叫王朝云。"

沈立："你是哪里人氏？何时入的乐籍？"

王朝云："回大人的话，小女子是汉阳人氏，因双亲早亡，流落杭州，今年二月入的乐籍。"

"今年芳龄多少？"

"回大人的话，小女子今年已满十二岁。"

十二岁就入了乐籍？苏轼听了，又仔细看了看眼前的王朝云：她虽然不像别的歌舞妓那样艳丽、妩媚，却也眉清目秀、大方端庄，且眸子中似有一种灵秀之气，只是显得有些瘦弱罢了。当她说已满十二岁时，苏轼心中便油然生出了一种爱怜和同情。他问道："朝云姑娘，你从哪里听到这首《南歌子》的？"

王朝云："回大人的话，从白玉兰姐姐那里。"

苏轼："白玉兰？就是今天缺席的白玉兰姑娘？"

王朝云点了点头，说道："玉兰姐姐也十分喜爱苏大人的诗词，一旦得到一首，立刻就会传唱起来。小女子刚才唱的，就是玉兰姐姐谱的曲，又一句一句教小女子唱的。"

苏轼听了，半天无语。

王朝云有些紧张，连忙说道："小女子唱得不好，扰了苏大人的雅兴，容小女子向苏大人请罪。"说完，深深施了一礼。

苏轼连忙将她拉起来。

她抬头看了苏轼一眼，怯怯说道："苏大人，小女子有一事相求。"

苏轼："有什么事，就请讲吧！"

王朝云："玉兰姐姐的养母病重，她回家侍候养母回来时，淋了一场大雨，连夜发着高烧，所以未能前来助兴，求苏大人不要惩罚她。"

苏轼听了，对王朝云说道："朝云姑娘，有沈大人和本官做主，可不对玉兰姑娘惩罚，让她在家安心养病吧！"

王朝云听了，连忙说道："小女子替玉兰姐姐谢谢两位大人。"

坐在女眷席上的王润之，见丈夫正和一个歌妓说话，不知是不是心生醋意，便走了过来，想听个究竟。当听说她是为白玉兰求情时，笑着说道："朝云姑娘虽然年轻，却知情重义，十分难得。"

王朝云听了，连忙说道："谢谢夫人夸奖。"

王润之拉着她的手，说道："我叫王润之，姑娘也姓王，五百年前我们还是一家人呢！你就叫我姐姐吧！"

王朝云连忙施礼："润之姐姐。"

王润之听了，十分高兴，她说："朝云妹妹唱得好听，说起话来也甜！走，到姐姐那里去坐。"说完，拉着王朝云的手走了。

就是这位王朝云，三年后不但成了苏轼的红颜知己，也成了他贬谪生涯中不弃不离的伴侣。不过，她现在还是杭州府的在籍歌舞妓。

酒宴还在继续，栖凤楼里的歌声笑语伴着丝竹之音，在西湖岸畔飘荡着。

5

一向冷冷清清的惠民巷，今天忽然热闹起来。在锣鼓和鞭炮声中，人们从四面八方涌过来，因为今天有一家新药店开张，药店名为"惠民药坊"，店名是苏轼所题。

药坊门前贴出一张告示：本药坊由思惠子大师坐堂义诊，并备有成药"圣散子"，凡瘟病患者皆可免资领取十副。

消息传出后，一下子轰动了杭州城，有携家带口前来求诊的，有扶着患者前来求药的，还有不少人因不相信会有义诊发药的好事，是前来打探真假的。越来越多的人群将"惠民药坊"围了个水泄不通，门前排起了长龙。领到了"圣散子"的，都高高兴兴地离开了药坊；还有的病人在凉棚里坐着，等着大砂锅中煎出的药汤。只是苦了那些由沙弥们充当的药坊伙计，他们有的在药坊里切药、抓药、包药、发药，忙得不亦乐乎；有的在后院的炉灶旁添柴煎药，又将煎好的药汤分发给病人服用，一个个满头大汗，满身柴灰。

苏轼身着便服站在看热闹的人群中，听着身边人们的议论，看着身披袈裟、正坐在大堂里为病人把脉的思惠子，心中顿生感激之情。

思惠子大师虽然已过花甲之年，但他言必行、行必果，雷厉风行。那天他们在孤山凉亭商量如何开药坊救病人时，他说他一生与银子无缘，建议由苏轼出面募捐；筹办"惠民药坊"的事，由他包揽。苏轼募捐倒是没费多大的劲儿，现场捐出银子首饰的，当场收下；记下名字认捐的，都言而有信，散席之后，派人送到师爷那里了。不像今天娱乐界的某些人，上台时在闪光灯下高调认捐救灾，下台后却不买账，令人失望，至于有人搞"诈捐门"什么的，就更让人心凉了。

苏轼打发人将募得的银子送到孤山后，没出三天，"惠民药坊"就风风火火地办起来了。

就在"惠民药坊"外边人群如潮，里边忙着诊病、发药、煎药时，"济世堂"里的尤洛却像热锅上的蚂蚁，在大堂里急得团团转！平时门庭若市的"济世堂"，今天却门前罗雀。平常每日可进斗金，今天却没来一个患者！当他听说有人要在惠民巷开一家药坊时，他冷笑了一声，根本不屑一顾。没想到"惠民药坊"刚开张，"济世堂"就招架不住了，往后怎么办？正在此时，他派去打探消息的二掌柜涂有回来了，他告诉尤洛："惠民药坊"是个和尚义诊，施药分文不收。

尤洛问道："'惠民药坊'舍施的是什么药？"

二掌柜："'圣散子'。"

尤洛："'圣散子？'由哪些药材配制的？"

涂有摇了摇头。

尤洛曾在汴京开过当铺，后来又去塞北当过盗马贼、贩过私盐、卖过跌打损伤膏药。由于他依仗吕惠卿之势，积累起了不菲的家产，在杭州城里是个呼风唤雨的主儿，连地方官员也怵他三分！今天有人在他的地盘上开药坊，抢了他的生意，断了他的财路，简直是在虎嘴里拔牙！他向涂有使了个眼色，二人便进了"济世堂"后院的密室。

苏轼在大街上看了一会儿，正欲走进"惠民药坊"时，忽听身后有人喊道："苏大人！"

苏轼转身一看，原来是那位唱《南歌子》的王朝云。她手里捧着一个小红包，低声说道："玉兰姐姐听说苏大人募捐治病救人，托我送来三十两银子，还有，"她从怀里掏出一个小锦匣，说道："这是小女子攒下的三两二钱碎银，也请大人买药救人吧！"

苏轼收下后，打发苏友送往"惠民药坊"，便回了府衙。

正当他和沈立谈论舍药救灾时，忽然有人前来报案：新开张的"惠民药坊"被人砸了！

苏轼和沈立听了，都大为吃惊。

原来，苏轼走后不久，忽然来了一群彪形大汉，他们手执木棒，气势汹汹地向"惠民药坊"冲去！冲进药坊后，他们见人就打、见物就砸！待切的药材到处散落，煎药的砂锅成了碎片，煎好的药汤泼了一地！两个以身子护着药柜的沙弥，被他们打得头破血流！他们抢夺一位老妪领到的"圣散子"时，竟将她的右臂打折，又一脚踹去，老妪倒在地上，再也没能爬起来……

苏轼越听越气，愤愤说道："是何处的歹徒，竟敢在光天化日下如此猖狂！"

沈立叹了口气，说道："一定是尤洛教唆的！不过……"

苏轼："沈大人，下官这就去惠民巷看看。"

沈立点了点头，嘱咐他说道："多带些捕快、衙役！"

通判是地方政府的二把手，除协助太守主持全面工作外，还要负责民政和司法事务，处理此类案件是通判责无旁贷的工作。

在一群人的前呼后拥下，苏轼匆匆赶到惠民巷，只见"惠民药坊"门前一片狼藉，到处都是破碎的药柜，"圣散子"散落了一地，思惠子大师正在为受伤的沙弥和被打的病人包扎伤口。而那些行凶滋事的歹徒们，他们来得快、走得也快，只听见一声呼啸，便不见了踪影。

苏轼命随行人员帮忙收拾药坊，继续接诊施药，还留下了一些士兵，以维持药坊的秩序。

三天后，捕快在山中逮捕了一名"绿林"，苏轼审问他时，他供认曾受人指使砸过惠民药坊。苏轼让他画押之后，并未对他急于判刑，仍然将他关在大牢之中。

　　由于"惠民药坊"的资金充实，"圣散子"所需的药材源源不断地运到了杭州，"惠民药坊"又重新接诊施药了，最多时每天可达二百多人！不到百天，前来求诊领药的病人渐渐少了；又过了些日子，瘟疫便遏制住了，外出逃荒的百姓们又陆陆续续回到了钱塘江畔。

　　瘟疫过后，"圣散子"可治瘟救命的消息便传开了，山东、河北、湖南、山西一带的医家纷纷来到杭州，打听配制"圣散子"的药方和煎制药汤的方法。苏轼便将"圣散子"的秘方抄于纸上，还写了一篇《圣散子序》附在后边，交给各地医家。自此，天下又多了一剂可治瘟疫的良药。

第八章　填了一首《贺新凉》，解救了一位风尘女子

江城子

湖上与张先同赋，时闻弹筝。

凤凰山下雨初晴，水风清，晚霞明，一朵芙蕖，开过尚盈盈。何处飞来双白鹭，如有意，慕娉婷。

忽闻江上弄哀筝，苦含情，遣谁听？烟敛云收，依约是湘灵。欲待曲终寻问取，人不见，数峰青。

1

苏轼是个酷爱山水的人。当他第一眼看到杭州的西湖时，就感到西湖简直美到了极致，不但它的水美、船美、岛美、堤美、桥美，连周边的青山、飞舞的鹭鸶和林中的古寺都美得恰到好处。虽说汴京的几处皇家御苑名闻天下，但都无法与西湖相比。所以，每到公事之余，他便会雇一只瓜皮小艇，在湖中徐徐划行。遇到湖上的小贩向他兜售新鲜瓜果时，他轻轻吟道："乌菱白茨不论钱，乱系青菰裹丝盘。"遇到渔家女儿的轻舟追上他的小艇，用盘子端着刚刚摘下的兰花和用丝钱串成一串的茉莉花球，问他要不要时，他便有了"献花船女木兰桡，细雨斜风湿翠翘"的佳句。有一天，他和从东海来访的迟悟大师同游雷峰塔归来，当走到望湖楼时，忽然遇到了一阵大雨，他竟一动不动地站在雨丝中欣赏西湖的雨景。俄尔雨过天晴，湖中景色变幻不定，他当即口吟了一首绝句：

　　　黑云翻墨未遮山，白雨跳珠乱入船。

　　　卷地风来忽吹散，望湖楼下水如天。

迟悟大师听了，说道："贫僧以为，大隐住朝市，小隐入丘樊。若一时看不透、做不到时，不妨就留在这里，聊为中隐，亦是一种自得，大人以为如何？"

苏轼听了，忽有所悟。他连忙登上望湖楼，向主人借来笔墨，提笔写道：

> 未成小隐聊中隐，可得长闲胜暂闲。
>
> 我本无家更安住，故乡无此好湖山。

迟悟大师看了，点头赞许。

和迟悟大师分手后，苏轼沿着白堤，一边缓缓走着，一边吟着白居易的《江南忆》：

> 江南忆，最忆是杭州。山寺月中寻桂子，郡亭枕上看潮头。何日更重游？

西湖开凿于唐穆宗长庆二年，湖水来自钱塘江。为拦住海水，时任杭州太守的白居易在钱塘门和武林门之间筑起了一条大堤，将江水和海水隔断，才有了后来的西湖。人们为感念白居易，将他筑起的大堤称为"白堤"。

西湖里不但鱼多，而且鲜美。当年吴越王建国时，朝廷下令不许百姓在湖中下网捕鱼，但可用来招待朝廷派来的官员，所以，又称西湖之鱼为"使君鱼"，还设置湖兵千人，以打捞湖中葑草。到了宋代天禧年间，又指定西湖为皇家的"放生池"，严禁下湖猎鱼，为的是为皇室宗族祈福求寿。所以西湖当年游鱼成堆，敢和游人戏闹。

他坐在湖畔的酒家里，望着雨后的西湖，还未举杯，就像饱饮了一壶窖藏了多年的陈酿，觉得有些微醉起来。他总觉得西湖是位似曾相识的人，但到底在哪里见过？却又一时记不起来。这时，一只小艇轻轻从湖面上掠过，倒映在湖中的一朵白云立即荡漾开来，变成了如梦似幻的图像，美轮美奂。他又觉得西湖是一幅常看常新的画幅，也是一首百吟不厌的诗歌。朦胧中他看到一位女子，正在水光波影中洗衣，忽然心血来潮，连忙在一座酒家的柱子上写下了一首七绝：

> 水光潋滟晴方好，山色空蒙雨亦奇。

欲把西湖比西子，淡妆浓抹总相宜。

写完了，又从头吟哦了一遍，喃喃说道："这才是我心中的西湖呢！"说完，转身而去。

今天，人们可在报刊上发表自己的文章，可利用网络、博客发表自己的作品，甚至还可用手机短信表达自己的观点。而在苏轼的时代，人们的作品大都题在墙壁上，刻在石头上或写在纸页上，不是特别优秀的，很难流传。而苏轼的这首《饮湖上初晴后雨》，不但有幸流传下来，而且还成为了千古绝唱。

第二天，他刚走进府衙大厅，沈立就笑吟吟地对他说道："苏大人，你为杭州的放生池命名了一个既新又美的名字，本官要替全城百姓感谢你啊！"

苏轼听了，有些丈二和尚摸不着头脑，迟迟疑疑地问道："下官起的名字？叫什么呀？"

沈立："西湖！"

西湖？苏轼一下子想起了那首写西湖的诗。是啊，放生池在杭州城之西，取名西湖，倒也妥切，不过自己并未特意为此湖取名啊，他连忙解释说道："西湖之名只是下官在一首诗中偶尔提到，并无取名之意。"

沈立笑着说道："此事已木已成舟了，苏大人的那首七绝也早已传遍大街小巷了，西湖之名不也就家喻户晓了吗？"

苏轼听了，并不以为意。他信步来到街上，看见茶叶店里的一位老者正在咏诵这首七绝，身边的人听了，都交口称赞；他又到了湖边，只见几只游艇交错而行，左边一名划船的船娘刚刚唱了一句"水光潋滟晴方好"，右边的船娘便接上了"山色空蒙雨亦奇"。歌声刚落，远处游船上又唱起来："欲把西湖比西子，淡妆浓抹总相宜。"歌声伴着桨声，在湖面上越飞越远了。

其实，在苏轼未写这首绝句之前，西湖并没有正式的名称。最早的时候，因民间传说湖中有一头金牛，唐代之前称为金牛湖；在《注水经》中，西湖又称明圣湖。白居易任杭州太守时，因用石涵排泄湖水，当时也叫石涵湖。大宋建国初期，又称为放生池。自苏轼的这首七绝问世之后，西湖这个名字才被约定俗成地固定下来，并一直沿用到了今天。

看来，苏轼不但钟情于西湖，也是西湖当之无愧的形象大使和代言人。若杭州市政府愿向苏轼赠送一把荣誉市民的金钥匙，不知道他肯接受否？

国色天香的牡丹深受中国人的喜爱，被尊为"国花"。《群芳谱》上记载，早在唐代，朝野就十分推崇牡丹，尤其推崇洛阳的牡丹。每到花季，洛阳都要举办"牡丹花会"。花会期间，不但皇亲国戚、文武百官、各国使节纷纷前往赏花，就是平民百姓也都呼朋唤友，成群结队地倾城出动去一饱眼福。此风传开后，各地也都纷纷种养牡丹。到了宋代，杭州吉祥寺的牡丹已名重一时，守璘方丈在寺中养植了数千株牡丹，还培育出二百多种不同的牡丹，到了暮春时节牡丹盛开时，杭州府便会在这里举办赏花会。今年的赏花会定在三月十六日。

赏花就要有酒，每逢赏花会，都要举办盛大的酒宴，这是杭州府的惯例。

今年的赏花会仍由何正臣和江沸负责筹办，因为他们操办栖凤楼洗尘酒宴时受了沈立的训斥，所以这次办得格外用心。为了弥补栖凤楼的不足，何正臣还特意提前通知了白玉兰。

赏花会那天一大早，吉祥寺门前已是人山人海了，而后边的人流仍如潮水般从四面八方涌来。沈立因公事未归，就托苏轼主持这次赏花会。当苏轼到达时，吉祥寺已人满为患了。何正臣命令衙役们敲锣开道，人群中让出了一条路时，苏轼才进了大门、去了吉祥寺的花圃。

花圃中的牡丹在三月的丽阳下开得如火如荼。一阵南风拂过，花丛中的蜜蜂纷纷飞起，满园都是"嗡嗡"之声，阵阵香气袭人。

大家在花圃中欣赏了不同品种的牡丹之后，何正臣便将大家引进了一间廊亭，亭中已备好了酒席。待一行人入座之后，何正臣轻轻击掌三声，只见一队歌舞妓从幔帐后边款款走出，依次向苏轼施礼。

这时，何正臣忽然问道："怎么少了一人？"

付领队盼盼轻声答道："是玉兰姐未到。"

何正臣："怎么又是她？"

盼盼："玉兰姐正在更衣，更完衣即刻前来。"

何正臣想起上次因她而受到的呵斥，心中蹿起了一股无名怒火，他对江沸说道："去把她拖来！"

不一会儿，苏轼见一年轻女子跟着江沸匆匆走来。她身着一袭素衣，脸上也未施粉脂，眼露红丝，眼角上还留有泪渍。她用手指轻轻拢了拢凌乱的头发，深深施了一礼，说道："玉兰来迟了，请求众位大人宽恕。"

何正臣厉声问道："你这个贱货，快说，今天又是为何迟到？"

白玉兰指了指身上的素服，低声说道："养母病故，白玉兰前去奔丧，故而来迟了。"

何正臣："我不信！贱货定然是勾引公子哥儿去了，却以母丧搪塞本官！"

白玉兰听了，刚要申辩，何正臣大声吼道："作为官妓，你可知罪？"

在宋代，官员之间宴游之风越演越烈，有宴必有歌舞妓席前助兴，这是官场的潜规则。当时对歌舞妓有严格规定：凡入籍的歌舞妓称为官妓或营妓，一律由政府派员监督管理。她们只应政府的征召，工作性质也只限于表演侑酒，决不允许官员与官妓私染，若有违规，则属犯法，官员也会受到弹劾。

在杭州城里，艺色文采俱佳的歌舞妓共有四人，人称是杭州的"四绝"，她们是善唱的白玉兰，善琴的周韶，善舞的楚奴儿和善琴的桂月。而白玉兰又是这"四绝"中的首艳，她不但歌喉圆润，且文思敏捷，能现场填词演唱，听者无不大加赞叹。何正臣是个好色之徒，他早就对白玉兰有非分之心，曾有几次试探，都被白玉兰严词拒绝了。有一次，他借着酒劲儿闯进她的房中，厚着脸皮死缠蛮搅，被白玉兰猛力推出房去，大声骂他是不知羞耻之徒，还说要报告太守大人。事后虽然白玉兰想息事宁人、求得平安，并未报告沈立，但何正臣却对她恨之入骨，总想找碴儿报复她。今天，他借着白玉兰迟到为由，当着苏轼和客人的面，对她进行人身侮辱。

白玉兰明明知道何正臣的恶毒用心，却无法申辩，竟委屈地掩面而泣。

这时，忽听有人喊道："何大人，玉兰姐姐确实是由于为养母送葬才来迟的，小女子可以作证！"

苏轼一看，站出来说话的又是王朝云。

王朝云刚刚说完，周韶、楚奴儿、桂月等人也都齐声为白玉兰作证。廊亭里的空气一下子紧张起来了，何正臣显得十分尴尬。

席上的官员们虽然都同情白玉兰的遭遇、不满何正臣仗势欺人的霸道行径，但又不便明说，便替他搬梯子下台。有人建议，让白玉兰唱一首新歌，以示惩罚，在座的也都附和着表示赞同。

白玉兰听了，以手帕拭去眼角的泪花，走到曲廊尽头，望着远处隐约的青山，唱了一首晏几道的《生查子》：

> 关山魂梦长，鱼雁音尘少。两鬓可怜青，只为相思老。
>
> 归梦碧纱窗，说与人人道。真个别离难，不似相逢好。

白玉兰刚刚唱完，何正臣便大声说道："听这种掉了牙的老歌，烦心扰耳！今天苏大人莅临吉祥寺赏花，罚你再唱一首与牡丹相关的新歌！"

白玉兰听了，有些为难起来。一是养母刚丧，余悲未消；二是知道何正臣在故意刁难自己；三是在大诗人苏轼面前，自己临场填词，有班门弄斧之嫌，所以迟迟不敢开口。

何正臣对她说道："你若填不出新词，不妨向苏大人乞赐一首，怎么样？"

白玉兰朝廊外的满园牡丹望了望，伸手摘下一朵绛色牡丹，缓缓走到主桌旁边，向苏轼深深施了一礼，说道："请苏大人赐玉兰一词，玉兰不胜感激。"说完，将手中的那朵牡丹放在桌上，低头站在一边。

苏轼望着她眼神里透出的无奈和哀怨，便点头答应了。

这时，师爷和掌书记早已将备好的笔墨端在条案上了。

苏轼拿起桌上的牡丹看了看，想起自己曾经写过四首牡丹诗，便提起笔来，一气呵成写下了其中的一首绝句，交给了白玉兰。

白玉兰略微看了看，清了清嗓子，便唱了起来：

> 一朵妖红翠欲流，春光回照雪霜羞。
>
> 化工只欲呈新巧，不放闲花得少休。

她刚刚唱完，人们便一齐欢呼起来。

苏轼的这首诗本来是写给受了委屈的白玉兰的，谁知何正臣早已留了心，趁白玉兰向苏轼施礼之际，他疾步上前，将诗稿从白玉兰手中抢过，又连忙揣进了怀里。

原来，何正臣早就听他的老师章惇说过：在京城，大凡朝野的头面人物，都以能得到苏轼的一件墨宝为荣。高丽、辽等外国使节都不惜重金，托人四处购买他的笔迹；就连仁宗和英宗两位皇帝，也十分喜爱他的作品，尤其是英宗，一旦得到了苏轼的作品，总是视为珍品，还置于御案之侧，时时欣赏。

何正臣早就想弄到一件苏轼的笔迹，但苏轼高高在上，又远在汴京，自己难以攀得上，现在终于有机会了。他知道，大凡文人都怜香惜玉，所以才借着向白玉兰发难的机会达到获取苏轼笔迹的目的。

苏轼见白玉兰的诗稿被人抢走了，而她站在那里、手里握着一柄团扇，一时不知所措，样子楚楚动人。他心中有些不忍，便安慰她说："玉兰姑娘，我再为你填一首新词吧！"

白玉兰听了，脸上泛起了笑容。

苏轼看见远处有一面粉墙，粉墙上有一扇轩窗，窗两边栽有修竹、石榴，几只燕子在梁间呢喃着；因为时令尚早，石榴枝头缀着将绽未绽的花蕾。稍稍沉思了一会儿，便即兴写了一首新词。白玉兰看了一遍，唱道：

乳燕飞华屋。悄无人，桐阴转午，晚凉新浴。手弄生绡白团扇，扇手一时似玉。渐困倚、孤眠清熟。窗外谁来推绣户？枉教人，梦断瑶台曲。却又是，风敲竹。

石榴半吐红巾蹙，待浮花浪蕊都尽，伴君幽独。秾艳一枝细看取，芳心千重似束。又恐被，秋风惊绿。若待得君来向此，花前对酒不忍触。共粉泪，两簌簌。

白玉兰唱完时，廊亭里静悄悄的，似乎歌者和听者依然沉浸在凄婉的余韵之中。这时，不知谁喊了一声："好，好，唱得好，词更好！"一石击起千层浪，接着是一阵又一阵的喝彩之声，其声经久不息，似乎要掀翻廊亭的亭顶！

白玉兰害怕有人再抢新词，连忙将这首还飘着墨香的《贺新凉》揣进贴身的衣衫中了。

自从在吉祥寺唱过之后，这首《贺新凉》很快便传遍了杭州城，又由杭州传到了苏、扬诸郡。文士们争相传抄，坊间争相传唱，一时成为天下美谈。

不过，苏轼写的那首《牡丹》却为他留下了祸根——一颗定时炸弹！后来，被人上纲上线分析之后，该诗被定为"三反"黑诗：反对英宗皇帝的新政；反对王安石的变法；反对变法派的官员。不知道千年后的"文革"，先给人戴上"反党、反人民、反社会主义"的三反帽子、再进行残酷批斗的方法，是不是从苏轼那个时代学来的？

"粉丝",是当今流行的文化现象。娱乐圈里的一线明星甚至二三流的明星们,都有自己的粉丝,实在没有时就变着法子"造"几个出来。所以每逢他们出场时,"粉丝"们便会赶来捧场,扎成一堆呐喊助威。

有人说,"粉丝"们近乎疯狂的追星行为是对艺术的热爱和崇拜;也有人不以为然,认为他们的出现是某些企业为炒作艺人而策划的;还有人说,"粉丝"是娱乐圈里的"短工":过去,北方有些人家农忙时缺乏人手,便临时到街头的"短工市"上去雇一些劳力,用以耕种或收获,雇主按劳动强度和天数付给工钱,这些劳力称为"短工"。

今天的"粉丝"和当年的"短工"们似乎风马牛不相及,但细细想来,也并非没有道理。有一家电视台举办超级大赛时,入围的选手不论唱功和表现如何,每位都有一批"粉丝"。每逢选手出场,他们便聚拢在舞台旁边,举着选手的头像,拉起横幅,挥舞着荧光棒,激动地喊着选手的名字,气氛极其热烈。但仔细一琢磨,又觉得大有玄机:这些"粉丝"们不惜从这座城市追到另一座城市、从本省追到外省、从大赛开始追到大赛闭幕,前后数十天,他们的路费由谁支付?住宿费、伙食费由谁报销?让人觉得不可理解!

后来,见报端偶有披露,职业"粉丝"们的报酬是按市场法则运作的,明码实价:大声呐喊者,每人每天五十元;大声尖叫者,每人每天一百元;尖叫到晕倒在地的,每人每天一千元!

其实"粉丝"现象早已在苏轼时代就已经有了,不过,那时的"粉丝"们"不差钱",更没有专业的。

由于苏轼在汴京时已名噪天下,到了杭州后,除要应酬同僚们和社会各界的宴请之外,朝廷派驻杭州或路过的官员也都想方设法套近乎宴请他。苏轼对朝饮夕宴、疲于应酬的日子十分头痛,他曾对友人诉苦说:"到杭州来做通判,真是入了酒肉地狱!"

唯一能让他拒绝宴请的办法,就是逃席;而最好的逃席地方,就是西湖。

今天,他为了逃避为扬州官员举办的宴席,独自一人来到了西泠桥旁。

一只画舫停泊在桥边,十几个官妓正在船上排练歌舞,站在船头的一个女子忽然大声喊了起来："看，苏大人来了！"

众人转头望去，果见苏轼从远处缓缓走来。他边走边欣赏湖上风景，一副悠然自乐的样子。

正在指导排练的周韶悄悄向绿妮耳语了几句，绿妮便下了船，来到桥上。烈日下，她的脸颊被晒得通红。当苏轼问她为何站在桥上时，她委屈地说道："小女子在画舫煮茶时，因分不清'三沸'之水，周韶姐姐便罚小女子在桥上站上一个时辰才许上船。"

苏轼是品茶的高手，他常常不辞辛苦地亲自填柴煎茶，然后守着一壶煎出的好茶、闻着飘出来的缕缕茶香。苏轼觉得品茶似乎能摆脱心中的烦恼，如神游太虚，是一种莫大的享受。他不但精于品茶，还有一手煮茶的绝活：将汲来的新鲜泉水在瓦瓯中以文火慢烧，再取出精巧的石碾将翠绿的茶饼细细磨研；当听到了水沸时，才可将茶叶投入瓯中。他独创的这种煎茶方法，极受友人们的赞扬，但他从来都未听过"三沸"之水的说法。他对绿妮说道："走，本官去为你求情，上船吧！"

绿妮听了，如获大赦，连忙随着苏轼下了桥。

苏轼刚刚登船，周韶就连忙向前施礼，说道："不知苏大人驾到，小女子周韶未曾上岸迎接，请大人恕罪！"

苏轼指了指绿妮，笑着说道："请姑娘先免了她的罪，本官再恕姑娘的罪。"

周韶对绿妮说道："有苏大人求情，罚站就免了，快去将宝云茶和白云茶取来！"

绿妮领命去了船舱。

苏轼问道："请问周韶姑娘，何谓'三沸'之水？"

周韶告诉他说，煎茶之水，可分"三沸"：瓯中之水初开时，水泡小如螃蟹之眼，继而大开，水泡大若鱼眼，沸声低吟，谓之"一沸"之水，"一沸"之水煎茶，茶汤太淡；若再扇旺炉火，瓯中之水四面涌动，散若滚珠，沸声激起，谓之"二沸"之水，以"二沸"之水煎茶最佳；若炭火更旺，瓯水滚涛，为"三沸"之水，"三沸"之水煎出的茶汤，已嫌老了。

苏轼听了，大为惊奇，他没想到风尘中的女子竟有这样的煎茶学问！于是说道："听了周韶姑娘的一席话，如醍醐灌顶！"

周韶只是微微一笑，并不言语，接着，她将绿妮备好的两种茶叶放在茶托上，指着茶叶说道："这是今年从宝云山采摘的白云茶，另一包是去年从白云山采摘的旧茶，称为双云茶，皆是湖畔产的雨前之茶。新茶掺上旧茶烹煎，香味才透得出来。"说着，她将两种茶叶煎出的一盏热茶双手捧给了苏轼，说道："请苏大人品尝。"

苏轼啜了一小口，果然感到与一般茶叶的味道不同：茶汤芳冽异常，满嘴生香。他又连喝了两盏才放下盏子，说道："好水、好火、好茶、好汤！不虚今日登船。"

说话间，苏轼发现画舫已轻轻划到了西湖中央。他朝四周望了望，对周韶说道："请周韶姑娘将本官渡到北岸吧！"

周韶一听，心中忽然想起了"苦海无边，回头是岸"的禅语，双眼一下子红了，晶莹的泪花在睫毛间闪烁。她"扑通"一声跪在了苏轼跟前，哽咽着说道："小女子恳求苏大人，将小女子渡到南岸去吧！"

苏轼见了，感到十分突然，也让他十分为难。

原来，周韶不但色艺出众，而且善于茶艺。她和名重一时的书法家蔡襄斗茶时，竟然斗赢了蔡襄！蔡襄心甘情愿地将自己的一件墨迹以锦绢裱了，送给了她，以表示臣服。自此，周韶善茶之名就传遍了全城。沈立奉诏去京后，陈襄接任杭州太守，对周韶十分看重，凡府衙中的重大酒宴，他都会召周韶出席。周韶看到陈襄为人宽厚，尤其对自己十分关注，便写了一份要求脱籍的申请，请求允许她退出乐籍，还她自由。

陈襄看了她的申请之后，便转给了苏轼处理。苏轼十分同情她的处境，但也知道她是太守大人的意中之人，而太守又是自己的上司和诗友，只好在申请书上边批了一行字："慕周南之化，此意诚可嘉；空冀北之群，所请宜不允。"

他虽然退回了周韶的申请，但心中总感到有一种内疚在折磨着自己。

有一天，陈襄的挚友苏颂出差路过杭州，陈襄设宴招待他时，又命周韶出席侑酒。宴前，苏轼曾暗示过周韶，让她通过苏颂再次向陈襄陈情，周韶会意。酒过三巡之后，歌舞妓们开始表演。周韶唱完了一曲《清平乐》后，陈襄笑着对苏颂说道："此妓文采颇好，杭州女子无人能及。"

苏颂听了，便想试一试她的才华。他见酒楼的屋檐下养着一只雪白的鹦鹉，正在以喙梳理身上的羽毛，便指着鹦鹉说道："周韶姑娘，你能不能以鹦鹉为题，即兴作诗一首，以助雅兴？"

周韶听了，略微想了想，便提起笔来，写了一首七绝：

陇上巢空岁月惊，

忍看白首自梳翎。

开笼若放雪衣女，

长念观音般若经。

楚楚动人的身影和出自肺腑的企盼，令在座的主人和客人都为之动情。苏轼发现，陈襄早已读懂了诗中的陈情，只是不便开口罢了……

苏轼扶起周韶，意味深长地说道："好吧，本官这就将周韶姑娘渡到南岸！"

周韶听了，满是泪花的脸上立刻绽开了笑容。

其余官妓们听了，也都为周韶终于脱离了乐籍而激动，纷纷向苏轼叩拜，以表示感激。

苏轼回到府衙，见陈襄坐在书房里，正在欣赏挂在墙上的那首《七绝》，便笑着说道："陈大人，你的这只白鹦鹉……"

陈襄心照不宣，苦笑着点了点头，低声说道："还是放生吧！"

苏轼分管司法，办理周韶"脱籍"之事，属于得心应手。

不久，杭州府批准了周韶的申请。苏轼在她的申请书上写道："援例允许出籍，判断自由，从良任便。"

周韶"脱籍"之后，胡楚等人纷纷向她祝贺。姐妹们还凑了份子钱，在湖心岛上举行了一次告别聚会，她们一面说着、笑着、唱着、舞着，一面擦着不断涌出的泪水，直至子夜，才依依不舍地分手了。

第二天，周韶便毅然离开了灯红酒绿的杭州，至于去了何处，没有人知道。

苏轼听到以后，曾代陈襄写了一首诗：

草长江南莺乱飞，年来事事与心违。

花开后院还空落，燕入华堂怪未归。

世上功名何日是，樽前点检几人非。

去年柳絮飞时节，记得金笼放雪衣。

在诗的末尾，他还特意写了一行字："杭人以放鸽为太守寿。"

明眼人一看就知道，这是苏轼有意保护陈襄的隐私，才以放生白鸽祝寿为名，这行字其实是放的一颗烟幕弹。

第九章　苏小妹征诗招婿是假的，琴操剃度为尼却是真的

蝶恋花·春景

花褪残红青杏小，燕子飞时，绿水人家绕。枝上柳绵吹又少，天涯何处无芳草。
墙里秋千墙外道，墙外行人，墙里佳人笑。笑渐不闻声渐悄，多情却被无情恼。

1

　　在杭州东关，有一座白墙黛瓦的院庭，大门半开半掩，临街的窗户上垂着藕色的帘子，幽静中透着一种神秘。虽然门前铺着一尘不染的青砖，但还是有个年长的妇人在不停地打扫着；一个小厮坐在门口，像是这家人家的仆人。门额上有一方匾额，上面有四个红漆大字："天街书院"，大约是取自唐人杜牧《秋夕》中的"天街夜色凉如水"。

　　其实，这是杭州城里一家颇负盛名的妓院。当时的妓院为了招徕客人，一般都有一个儒雅的名字，以彰显自己的不俗，亦有别于其他妓院。不过，"天街书院"里有位名叫琴操的歌妓，因善于写诗、改诗、咏诗而被人誉为"诗妓"，因而书院的身价倍增。

　　有一天，苏轼路过"天街书院"时，忽然听见有个女子在吟哦一首《满庭芳》，一个男子在旁边大声争论着。他觉得好奇，便迈步走进了大门。

　　一个中年老鸨连忙迎上去，她见来人身材修长、头戴唐巾、身着青衫，神态不俗，不似市井的那些偷香寻粉之辈，便连忙吩咐备座、上茶。

　　坐定之后，苏轼指着一间厢房问道："他们在争论什么？"

　　老鸨笑着说，一位从淮南来的公子因盘缠花光了，又饿又冷，昏倒在城门口。琴操姑娘路过那里时把他领了回来，管了他一顿饭，又给他一件袍子御寒。那公子十分感激，临走前说道："在下秦少游身无分文，无法报答姑娘的救命之恩，

只有拙词一首，现送给姑娘，以表心意。"说完，取出了一首《满庭芳》，便悄悄离开了。

苏轼听了，感到好奇，问道："我能看看那首《满庭芳》吗？"

老鸨听了，连忙大声吩咐："琴操姑娘，把那首《满庭芳》送来，让这位客人看看。"

不一会儿，一位身着蓝裙的女子姗姗走来，旁边还跟着一位身着华丽衣衫的青年。她向苏轼道了万福之后，将写在一方白绸上的《满庭芳》递给了苏轼。苏轼展开一看，上面写着：

山抹微云，天连衰草，画角声断谯门。暂停征棹，聊共引离尊。多少蓬莱旧事，空回首，烟霭纷纷。斜阳外，寒鸦万点，流水绕孤村。

销魂，当此际，香囊暗解，罗带轻分。谩赢得青楼薄幸名存。此去何时见也？襟袖上，空惹啼痕。伤情处，高城望断，灯火已黄昏。

词中着意描写了诗人在深秋的黄昏与自己的恋人分别时的凄婉情愫，也流露了诗人对仕途的感慨。全词情景交融，耐人寻味。苏轼感到眼前一亮，这首词果然出自自己的门生之手。他连忙问道："琴操姑娘，你们为何争论啊？"

琴操说道："小女子以为这首《满庭芳》虽是词林的上乘之作，但过于艳丽，有柳永之风。而这位客人认为，秦少游的这首词已到了炉火纯青的境地，无人能改一字。小女子不服气，小女子不但能改字，还能改了全词的韵脚，而且不伤原词之意！客人信不信？"

苏轼听了，虽然不信，但也不敢轻易表态。山外青山人外人，杭州城里藏龙卧虎，什么奇人高士都有，便说道："在下很想听姑娘改后的《满庭芳》。"

琴操听了，将白绸铺在案上，从头至尾看了一遍，便轻轻吟唱起来：

山抹微云，天连衰草，画角声断斜阳。暂停征棹，聊共引离觞。多少蓬莱旧事，空回首，烟霭茫茫。孤村外，寒鸦数点，流水绕空墙。

魂伤，当此际，轻分罗带，暗解香囊。谩赢得青楼薄幸名狂。此去何时见也？襟袖上，空有余香。伤心处，高城望断，灯火已昏黄。

唱完了，她向苏轼深深施了一礼，说道："小女子不才，让先生见笑了。"

苏轼听了，不禁拍手叫绝。他从来都未见过才智如此出众的人！心里不由得说道：诗妓之名，果然名副其实！

离开"天街书院"后，他不由得为琴操的命运暗暗担起心来，难道能看着她在风尘中销蚀自己的才华和青春而无动于衷吗？

忽然，他想起了佛印和尚。

2

灵隐寺是杭州香火最盛的寺院，每天接待成百上千的善男信女。清晨时，山门还没打开，下了课的僧人们都纷纷去了大雄宝殿，因为佛印大师正在大雄宝殿里作画。

佛印作画不着色彩，用的是水墨；也不善用笔，而是以手指和手掌作画，人称"指画"。他画在一张丈二画纸上的四大金刚，线条粗细有度、形神兼备、栩栩如生，似要从纸上走下来一样！当佛印大师听值日沙弥说苏轼来访时，连忙迎出山门，双手合十，笑着说道："阿弥陀佛，苏大人来得正好，贫僧正想去找你呢！"

苏轼问道："大师找下官有什么事吗？"

佛印："向大人讨杯喜酒喝啊！"

苏轼忙说："下官并没有什么喜事啊！"

佛印："你的小妹出嫁，还不是喜事？"

苏轼听了，一头雾水。

佛印见了，有些半信半疑，说道："我听说苏小妹嫁给秦少游了！难道是讹传？"

苏轼："你是在何处听到的？"

佛印："在洛阳听到的，还说苏小妹新婚之夜三考新郎官，还是你苏大人为妹夫解的围呢！"

苏轼："纯属谣言！"

这次轮到佛印一头雾水了。

这位佛印和尚虽已出家，但并不拘于佛家规矩，有时一笠一钵去云游天下，有时面壁百日而不语。他曾先后在长安、汴京、太原、济南、镇江、荆州一带参禅修行，天马行空、达观开朗，以为已得佛家真谛；他还善于诗词丹青，是一位佛界特立独行的另类。他与苏轼一僧一俗，亦师亦友，交情十分笃厚，于是，他将在洛阳市井听到的传闻向苏轼详尽说了一遍……

苏轼有个妹子，人称苏小妹，不但出落得亭亭玉立，而且才华出众，是"蜀中一枝花"。但因她心高气傲，一直未能择婿，那些官宦子弟、豪门阔少，她根本不屑一顾，一心想选个人品学问兼备的如意郎君与自己相伴终生。她把自己的心事告诉了嫂嫂王润之，立刻便得到了兄嫂的支持。

于是，她决定以诗择婿。消息传出后，应选者纷纷托人送来作品，先后不下百首。她看了，皆不中意。

有一天，她收到了一首署名秦少游的《踏莎行》：

雾失楼台，月迷津渡，桃源望断无寻处。可堪孤馆闭春寒，杜鹃声里斜阳暮。
驿寄梅花，鱼传尺素，砌成此恨无重数。郴江幸自绕郴山，为谁流下潇湘去？

这首词上阕写的是远方游子在孤馆中寂寞冷落的情景，下阕写的是游子的不尽乡愁。文字流畅、情感真切，令人不忍再读。

苏小妹读过之后，竟舍不得放下，便去问苏轼："哥哥，这位秦少游是谁？"

苏轼告诉她说，秦少游是他的得意门生，他和黄庭坚、张耒、晁补之一起，被称为"苏门四学士"，接着又将他的文采、人品夸奖了一番。

苏小妹听了以后，心中自然高兴，但又羞于表示，连忙低下了头。

苏轼问道："小妹认为这位秦公子如何？"

苏小妹的脸颊"刷"地红了，说道："妹妹的婚事，一切都由哥嫂做主。"说完，转身回到了自己房间。

婚期定下后，苏轼有些不放心，便去告诉秦少游："你先别高兴得太早了，我那个小妹啊，性子刁蛮又争胜好强，想进洞房，可不是件容易的事！"

秦少游听了，并不放在心上，自己连殿试都通过了，难道还过不了苏小妹这一关？再说，凭自己的才华，她苏小妹还能拦得住我？

新婚之夜，秦少游在前厅里应酬宾客，苏小妹悄悄回到后院，将几个侍女召到一起，低声向她们说了一会儿，侍女们听了，都点头笑了。

秦少游送走最后一批宾客之后，便兴冲冲地去了洞房，当到了洞房门口时，只见房门紧闭，门前摆着一乘小桌，上面摆着三只酒杯，一只是玉的、一只是铜的、一只是陶的，旁边还有三个未封的信札和笔墨纸砚。他刚要推门，侍女杜鹃连忙拦住了他，说："新娘子吩咐过了，她有三个题目，封在三个信札中，若姑爷都答出来了，用玉杯饮酒一杯，可进洞房；若只答出两题，需在院中度过一夜，明晚再来答；若三题都答不出来，回书房读书三月，再来答！"

秦少游听了，才知道苏小妹果真是个四川"辣妹子"！不过，她出的区区三题，休想难倒我！他对杜鹃说道："请出示第一题吧！"

杜鹃从第一个信札中抽出一张粉色薛涛笺，上面写着"早春、阁楼、画屏、落花、雨丝、珠帘"十二个字，下面有一行提示：请在一炷香工夫内，按字意填写一首词。

秦少游看了，微微一笑。他依十二个字的提示，填写了一首《浣溪沙》：

漠漠轻寒上小楼，晓阴天赖似穷秋。淡烟流水画屏幽。

自在飞花轻似梦，无边丝雨细如愁。宝帘闲挂小银钩。

杜鹃收起薛涛笺，从窗棂中递了进去。不一会儿，从窗里传出话来："请姑爷再答第二题。"

杜鹃又从第二个信札中取出一张浅蓝色的薛涛笺，上面有两句话：

下凡七仙女

闹海一哪吒

秦少游接过一看，轻轻笑了，提起笔来，写下了四个字：

小妹

少游

七仙女在姐妹中排行老幺，老幺不就是小妹吗？哪吒少时就能在海中闹腾游玩，不就是少游吗？

杜鹃又将薛涛笺递了进去。不一会儿，窗里传出了会心的笑声，第二题也通过了。

杜鹃打开了最后的信札，取出一张胭脂色的薛涛笺，上面是半副对联：

闭门推出窗前月

下面还有一行小字：请在一个时辰内对出下联。

秦少游看了，长长地舒了一口气。他以为这最后一题一定很难，却没想到竟然如此简单！他提起笔来刚要写，手和笔却僵在那里了！因为这七个字中有人有物、有动有静、有情有趣，想对齐文字、写出下联倒也容易，但却平淡浅白，全没了韵味。他几次想写，终不敢落笔，急得浑身已经冒汗了。

杜鹃见了，只是低头窃笑。

这时，有人去报告了苏轼。苏轼一听，糟了，得理不饶人的小妹还不知道会用什么招数来折磨秦少游呢！自己若再不出面相救，恐怕秦少游的"洞房花烛夜"就砸锅了！于是，他悄悄走到院子外边，隔着花墙望去，见秦少游手里握着笔，一边低哦着，一边在院子里转圈儿。他想进去帮他拟出下联，又怕被人看见，传出去不好听。就在这时，他看见院子旁边有一口大水缸，那是用来救火的太平缸，缸中盛满了清水，一弯新月静静躺在水面上。他自言自语地说道："好了，少游有救了！"说完，弯腰拾起一块拇指大的石头，待秦少游走到水缸旁边时，他悄悄将石头投向了水缸，只听"咚"的一声，水缸里溅起了涟漪，水面上原本静静的新月被涟漪搅得支离破碎了！

秦少游吓了一跳，是谁在扔石头？他低头向水缸看了看，一下子兴奋起来，大声说道："有了，有了，下联有了！"说完，提笔写下了七个大字：

投石击破水中天

写好后，他连忙交给了杜鹃，杜鹃悄悄地递进了窗子。过了一会儿，只听"吱呦"一声，房门开了，苏小妹羞答答地走出来，端起桌上的玉杯，双手捧给了秦少游。

秦少游饮过之后，回敬了苏小妹一杯。二人十分默契，谁也不说话，便携手走进了洞房……

那弯新月有些害羞，连忙用一片云彩遮住了半张脸……

佛印说完了，苏轼大笑不止，一直笑到流出了眼泪。

佛印问道："大人，你笑什么？"

苏轼："我笑你喝不成这杯喜酒了！"

佛印："这是为什么？"

苏轼说道："下官根本就没有妹妹，哪来的择婿出嫁之说？还有，秦少游远在定海任上，更未到过杭州，怎么会在洞房外边受折磨呢？你还想喝喜酒吗？哈哈哈……"

佛印听了，也爽朗地大笑起来。

这个传说虽然是查无此事的"绯闻"，但人们还是津津乐道地相互传播。大家并无恶意，只是调侃娱乐而已。今天的"明星"们可比苏小妹聪明多了，她们爱绯闻、恨绯闻、骂绯闻、炒绯闻，还时不时地制造点绯闻！不过，她们的绯闻，终不如苏小妹的绯闻雅致。

佛印忽然想起了什么，问道："苏大人来找贫僧，有什么事吗？"

苏轼叹了口气，向他说了在"天街书院"的所见所闻。

佛印说道："既然大人同情诗妓琴操，何不收她为门生呢？"

苏轼摇了摇头，"在下收的门生只是诗词磋商，若从长远着想……"

佛印连忙摇手："苏大人，你可别打贫僧的主意！贫僧一心向佛，不问俗事，阿弥陀佛！"

苏轼问道："陈年老酒是不是俗事？"

佛印半眯起双眼，说道："陈年老酒，多多益善。"

苏轼听了，会心地笑了。

3

刚过了梅雨季节，杭州已酷热难当了。苏轼因踏勘钱塘江和西湖的水情，率领一行官员来到了西湖的白堤。他们测量了水深、检查了堤岸之后，都已大汗淋漓了，苏轼便和大家来到了一个凉亭中休息。

由于无风，湖面上的千顷碧波若一面硕大的铜镜，倒映着天际的白云。靠堤岸一带则是一眼望不到头的荷叶，叶大如伞、碧绿如洗，间或有刚刚长出的花苞，由于时令尚早，花苞未绽，只露出一点浅红，再过半个月，就会"满湖荷花映天红"了。他忽然想起了欧阳修的词句："聚散苦匆匆，此恨无穷。今年花胜去年红。

可惜明年花更好，知与谁同？"他想，当年白居易任杭州太守时，这里的荷花一定开得很红。如今，诗人已去，湖里的荷花依然盛开，来赏花的人又会是谁呢？他心中有一丝惆怅。

听说苏轼在西湖视察水情，湖中的游船纷纷朝凉亭划去，游人都想亲眼看看这位赫赫有名的大诗人到底是个什么模样。不一会儿，堤边便泊满了小船，堤上和亭中站满了来看热闹的人。

就在这时，湖面上忽然传来了一阵焦尾琴声。琴声如泣如诉，在湖面上飘荡着。苏轼循声望去，原来是一只颇为华贵的兰舟，两个船工一前一后地划着桨，一看就知道，这是一只大户人家的专船。这种专船犹似今天的私人游艇。

琴声是从船舱中传出来的，但舱门挂着帘子，一时看不清弹琴人的面貌。

当兰舟抵达湖堤时，船工熟悉地系好了船缆，又用船篙固定住船身。不一会儿，帘子揭开了，一位端庄的少妇走出了船舱。她头上并未佩戴钗、簪等饰物，身上也只是一袭浅白色的衣裙，却显得合体、飘逸；她的黛发随意盘在头上，眸子如漆、秀眉如月；微闭的双唇，不颦不笑，只是略显冷漠。她是谁？下船干什么？

在人群质疑的目光中，她上岸后，目不斜视，径直走到苏轼跟前，施礼之后说道："贱妾自小酷爱大人的大作、敬慕大人的人品，曾想立志追随大人左右，但天公不公，一直无缘见到大人。后来奉长辈之命，嫁到了城外，虽有华屋豪宅、锦衣玉食，但却了无生意。贱妾曾对天许过心愿，今生今世，只要能见大人一面，便终生无憾事了。请大人鉴谅贱妾的无知和莽撞。"说完，向苏轼深深一拜，待她抬起头时，已泪流满面了。

这一切都发生得太突然了，苏轼一时没回过神来，更不知道该说什么才好，凉亭里静悄悄的。

看来，这位少妇是苏轼的超级"追星族"、铁杆"粉丝"！

少顷，少妇白皙的脸上绽出了一丝笑容，她说道："贱妾曾有个多年夙愿，若有缘见到苏大人，便将贱妾谱写的一支曲子，当面弹给苏大人听，不知苏大人是否想听？"

苏轼连忙说道："在下想听，请夫人弹奏吧！"

少妇从侍女手中接过焦尾琴，轻轻弹拨着琴弦，唱起了李商隐的《昨夜星辰昨夜风》。唱完了，她莞尔一笑，转身向船头走去。

苏轼见了，忽有所感，大声说道："夫人，请留步！"

少妇转身望着他。

苏轼："下官想作一词，请夫人雅正。"

少妇听了，复又下船，恭恭敬敬地立在苏轼旁边。

苏轼向湖面凝视了一会儿：风平浪静的湖面，有两只白鹭飞过，转眼便看不见踪影了。于是，他提起笔来，即兴写了一首《江城子》：

凤凰山下雨初晴，水风清，晚霞明。一朵芙蕖，开过尚盈盈。何处飞来双白鹭，如有意，慕娉婷。

忽闻江上弄哀筝，苦含情，遣谁听！烟敛云收，依约是湘灵。欲待曲终寻问取，人不见，数峰青。

少妇双手接过《江城子》，向苏轼施了一礼，离开凉亭，登船而去。那只豪华的兰舟渐渐驶远了，但还能听见焦尾琴如泣如诉的琴音。

离开白堤后，苏轼对那位不知名少妇的凄美笑容和焦尾琴的琴声，一直难以忘怀。他觉得她和白居易《琵琶行》中的商人妇相比，她幸运得多。她嫁入了豪门，却没有因人老珠黄而被抛弃，也没有被"重利轻别离"的商人所冷落。不过，她内心的伤痛和哀怨也许更为深切：商人妇尚可将内心的情绪通过琵琶宣泄出来，而这位少妇却只能将情绪深深地埋在心里，这是一种既无声又无形的折磨！

三个月后，王朝云去看望王润之时，苏轼曾问起了这位少妇。王朝云说，少妇叫田珊，出身书香门第，她不喜女红而专爱收藏苏轼的诗词歌赋。她轻易不肯出门，每日里与收藏的作品为伴、与焦尾琴为友。不过，好久没人见过她了……说到这里时，她的双眼有些湿润了。

苏轼连忙问道："她去了何处？"

王朝云："听人说，她投湖了……唉，可怜的人！"

苏轼大为吃惊，问道："这是真的吗？"

王朝云摇了摇头，表示自己也不确定。

这件事对苏轼的触动很大，他不由得又想起了诗妓琴操，不知她今后的路应该怎么走？

宋代自开国以来已有四百余年，时值天下承平、风调雨顺，社会比较安定；再加上朝廷重文轻武，士大夫们更是扬眉吐气、受人尊重。不过他们一旦得到朝廷重用，便讲究靡丽享受，尤其在女色方面，更是尽情恣纵。当时除了官妓、营妓之外，不少豪门巨富还在家中蓄妓，并拿家妓的容貌和才华，在同僚间炫耀。其实，家妓之风在唐代已经十分风行，白居易家中到底有多少家妓？没见史料记载，只说他到了垂垂老年、遣散了家中之妓后，还将善唱的樊素和善舞的小蛮两位家妓留在自己身边。宋朝的诗人张先已有八十五岁了，还到处去买小妾。苏轼觉得他的行为有些变态，曾写诗批评他说："诗人老去莺莺在，公子归来燕燕忙。"张先听了，竟然一点都不脸红！

苏轼虽然经常进出女人堆里，而且不乏有女"粉丝"们向他示好，按理说，像他这种副厅级的官员，既有权力也有机会去享受女色，但他却是个"性不倡妇人"的怪人。他欣赏少女的纯真风情和衣襟间散发的香气，但他能极好地克制自己，绝不在女人身上滥情，也就是不让自己出轨！

他还爱欣赏有才华有气质的女子，而"不喜妖艳妇人"。杭州有一个十分风骚的官妓，因善于媚人，人称"九尾野狐"，苏轼对她心生反感。她想以"出籍"为由，来抬高自己的身价，苏轼不想立即批复："五日京兆，判断自由，九尾野狐，从良任便！"将她打发走了。

但对那位诗妓琴操，他却一直难以决断。

有一天，他又去了"天街书院"，见琴操正在虔诚地焚香，他不便过去打搅，便向老鸨问起了琴操的身世。老鸨告诉他说，琴操是个孤儿，当年她随父母去普陀山进香，因突遇大风翻了船，父母被大浪卷走，她被渔家救上岸来，一位被贬在家赋闲的官员收养了她，教她读书、作诗、弹琴。她不但天资聪慧，又记忆力超人，凡诗词文章，只要读了三遍，便不再忘记。十三岁那年，养父病逝，养父的一位朋友说，养父欠了他一笔银子，便以她抵债，将她卖到了"天街书院"。

琴操虽然进了"天街书院"，但她陪客不陪宿。就是陪客，也只是陪客人谈诗论词，或为客人弹筝、唱曲，有时也陪客人饮酒品茶。不过，若想请她作陪，须向老鸨支付现银才行。陪客下棋，一个时辰一两银子；弹一首曲子二两；陪酒四两；谈论诗词六两！

苏轼又问："琴操姑娘在为谁焚香？"

老鸨掰着指头说道："每月的初七，是她父母的忌日，要焚香；十九日，是她养父的忌日，要焚香。不光这些，每月的初一、十五，要为观音焚香；每年的四月初八，要为佛祖焚香。这些年，风雨无阻、从不间断。"说到这里，她叹了气："心诚则灵，愿菩萨保佑她平平安安。"

苏轼心里说，琴操是"天街书院"的一棵摇钱树，摇钱树平安了，"天街书院"才能平安地赚银子！

这时，琴操焚香已毕，苏轼问道："既然琴操姑娘一心向佛，为何不去求教佛印大师呢？"

琴操听人说过，佛印大师已经从洛阳到了杭州，在灵隐寺挂锡，他连续三天为灵隐寺的僧众和居士讲经，轰动一时，信男善女们都想见他一面。自己身在青楼，大师肯见吗？她有些为难，说道："琴操出身卑贱，再说，又无人引见……"

苏轼笑着说道："在下认识佛印大师，可陪姑娘前去。"

老鸨听了，脸一下子拉长了。琴操若去了灵隐寺，少说要大半天时间，"天街书院"向谁去讨银子？但她又不便当面明说，心里老大的不痛快。

就在这时，门口的那个小厮匆匆进了院子，在老鸨耳边说了一会儿。老鸨听了，连忙跪在苏轼跟前，说道："小人不知苏大人光临本院，请苏大人恕罪。"又转头对琴操说道："还不快去更衣，随苏大人前去灵隐寺？"

原来，那个小厮见门前来了一乘府衙的官轿，便向轿夫打听，才知道是杭州通判苏大人来了！他吓了一大跳，连忙跑来报告了老鸨。

不一会儿，府衙的官轿走了，一乘"天街书院"的小轿也出城了。

佛印早就接到了苏轼派人送来的信，他坐在佛堂里，一面诵经，一面等候苏轼前来。

苏轼领着琴操进了佛堂，见佛印正在闭目打坐。他说："佛印大师，下官为你送来了一位女弟子。"

佛印闭目不语

苏轼笑着对琴操说道："也许大师已经进了禅境，不知人间的烦恼之事了，我们暂不便打搅他。"

琴操点了点头。

苏轼又说："闲着也是闲着，这样吧，假若下官就是大师，你是民女，你前来参禅，怎么样？"

琴操听了，望了望坐在蒲团上一动不动的佛印，点头答应了。

苏轼悄悄走过去，坐在佛印身边，学着佛印的样子，双手合十，双目微闭，盘腿坐在蒲团上，问道："施主准备好了吗？"

琴操："民女琴操准备好了。"

苏轼指指远处的西湖，问道："何谓湖中景？"

琴操："落霞与孤鹜齐飞，秋水共长天一色。"

苏轼又问："何为景中人？"

琴操："裙拖六幅潇湘水，髻挽巫山一段云。"

苏轼："何谓人中意？"

琴操："随他杨学士，鳖杀鲍参军。"

苏轼："若如此意，究竟如何？"

琴操听了，一时未能答出，正苦苦思索时，猛听见苏轼拍了一声香案，大声说道："门前冷落车马稀，老大嫁作商人妇。"

琴操听了，觉得头顶上炸了一个惊雷，震得她浑身一抖！她顿时大悟，心中也豁然开朗。她知道这是苏轼在有意点化她，连忙说道："谢谢苏大人的点化。"

苏轼睁开了双眼，悄悄向身边的佛印指了指，说道："琴操姑娘，佛印大师已收你为佛门弟子了，还不上前拜谢？"

琴操连忙走到佛印跟前，跪地而拜。

佛印睁开了双眼，点了点头。

苏轼也笑了……

拜师之后，琴操当天就削发为尼了，从此再也没有离开灵隐寺。她让苏轼带出一信，信上说，将她的衣物全数分给书院的姐妹们；她积攒的细软银两，除留下赎身的银子之外，全部捐给寺院！

自此以后，她便听着晨钟暮鼓，与青灯黄卷为伴，过起了一心修行的日子。

若干年后，在玲珑山麓，有人发现了她的一方残存的墓碑。

第十章 一份天下独一无二的死刑判决书

青玉案·送伯固归吴中

三年枕上吴中路。遣黄耳、随君去。若到松江呼小渡。莫惊鸥鹭，四桥尽是，老子经行处。

辋川图上看春暮。常记高人右丞句。作个归期天已许。春衫犹是，小蛮针线，曾湿西湖雨。

1

时至子夜，月已西沉，府衙的院子里一片寂静。苏轼正在挑灯夜读，烛光从窗口泻出，将碧绿的桂花树映成了一片橘黄色。

因通判分管刑狱审判，所以，他每天晚上多半审阅白天接下的状纸。

今天上午，他接到了钱塘村三十四位村民的联名诉状，状纸上说：在歹徒打砸惠民药坊的施暴过程中，六十二岁的村妇丁氏在药坊门前遭歹徒毒打身亡，另有三名村民受伤，其中一人被打瞎左眼，一名腹部受伤、至今卧床不起，还有一名双腿已被打断、无法行走。他们联名要求将捕获的那名"绿林"正法，以平民愤！

其实，这件案子也正是苏轼的一块心病。这个"绿林"归案后，曾交代过，他们是受尤洛指使去砸惠民药坊的！

原来，尤洛是个既凶残又狡猾的地痞，有过前科。他过去欺行霸市、为非作歹，出过几次人命，但他有的是银子，府衙里又有他的关系，所以都被他摆平了，并没伤到他的一根毫毛！为了赶走思惠子的惠民药坊，他与山中"绿林"头子勾结，砸了惠民药坊。他以为衙门抓不住他的把柄，就是抓到了他也不怕，只要打出姨丈吕惠卿的招牌，看谁还敢碰他一指头！可是，当听说新任的杭州通判是苏轼时，他心里便有些发虚了，因为他早已听人说，苏轼是个敢作敢为的主儿，不但敢和宰相王安石对着干，还敢三上皇帝书，批评朝廷推行的变法新政！姨丈吕惠卿就更不在他的话下了！他也知道，一旦落到了苏轼的手中，自己定然没有好果子吃！三十六计，走为上计，于是，他悄悄变卖了家产，连夜潜逃到金华，更名姜福，投靠他的表兄、金华县令顾大贵，又在乡下买了田产，在城里开起了酒楼和赌场，江中也有他贩卖私盐的船只。他还将拐骗来的农家女子卖给苏州的妓院，是当地一条无恶不作的地头蛇！

苏轼得知这一消息后，决定亲自前去，将他捉拿归案，为民除害！

就在这时，门房匆匆送来京城发来的文书。原来，言官罗拯向神宗皇帝上书说，两浙和淮南旱情十分严重，请求朝廷拨粮救济。神宗命沈括前往两浙巡察之后，赐给两浙及淮南救济粮各五万担，又命杭州府派员配合漕司，前往灾区赈灾放粮。

救灾济民，也是通判分管的政事。苏轼刚好想去金华处理尤洛的案子，于是，第二天就同曹司柳谨出发了。

他们经秀州到无锡转惠州，一路上巡视灾情、发放灾粮，十分忙碌。除夕那天，他们是在常州城外的船上度过的。在如豆的灯光下，苏轼辗侧难眠，写了两首《除夜宿常州城外》。正月初一一大早，他便和柳谨分手，率领马梦得等杭州府的随员直奔金华而去。

一进金华城，就见十字大街上有一座鸿运酒楼，门前张灯结彩、锣鼓喧天，十分热闹。一打听才知道，今天是姜福的花甲大寿，寿宴设在鸿运酒楼。前来祝寿的不但有本城的巨贾豪绅，还有金华县令顾大贵和开当铺发家的金华首富王必，也请了戏班子前来助兴。

在锣鼓和鞭炮声中，前来祝寿的宾客们纷纷拥进了宴席大厅，大家互相客套着推让座位。这时，只听见在门前登记收礼的管账先生涂有大声喊道："又有一位贵宾莅临！"

人们转身望去，只见一位身着青衫、头戴唐巾的高个子中年男子将一份礼单朝条桌上一放，便抬步迈进了大厅。

大家都不认识这位来宾，又不便当面询问。客人们以为是主人邀请来的，主人以为是新来的客人。正当顾大贵、王必和姜福相互推让着谁坐首席时，只见那位陌生客人大摇大摆走过去，一屁股便坐在首席的椅子上了！

三人见了，虽然心中不快，但又不便说什么。不过，他们都想摸清他的身份之后再出他的洋相，让他知道在这种场合还轮不到他出风头！

开席前，顾大贵以地方父母官的口气说道："诸位，今天是姜公的花甲大寿，下官提议，大家赋诗祝寿，每位一首，哪位的寿诗最佳，就由哪位落座首席，不知诸位意下如何？"

王必和姜福已明白了他的用意，连忙随声附和。

顾大贵又转头问陌生客人："这位先生同意吗？"

陌生客人微微一笑，算是同意了。

顾大贵朝来宾们扫了一眼，心中有些得意，说道："下官不才，先献丑了。"说完，吟了四句：

> 一个朋字两个月，一样颜色霜和雪。
>
> 不知哪个月下霜？不知哪个月下雪？

他刚吟完，姜福就大声说道："顾大人的诗，朗朗上口，又意境高雅，妙、妙！"

王必连忙站起来，他摇头晃脑地也吟了四句：

> 一个出字两重山，一样颜色煤和炭。
>
> 不知哪座山出煤？不知哪座山出炭？

王必刚吟完，顾大贵笑着对姜福说道："请寿星也吟一首吧！"

姜福扭捏了一会儿才站起来，说道："在下虽文采不及顾大人和王老板，可酒量却不输他们。在下也有四句，吟出来请诸位指教。"说完，他也吟了四句：

> 一个吕字两个口，一样颜色茶和酒。
>
> 不知哪张口喝茶？不知哪张口喝酒？

见大家都吟完了祝寿诗，顾大贵笑着对首席上的陌生客人说道："这位客人必有佳作，请吟出来，以饱我等的耳福。"

王必、姜福等人也随着起哄，想逼他吟诗，若吟不出来或吟的不如他们，便让他乖乖地离开首席的椅子！

陌生客人听了，并不答话，他心平气和地说道："笔墨侍候！"

仆人们连忙送来了文房四宝，他提起笔来，一挥而就。写完了，将笔一掷，又坐在椅子上。

他写的是：

> 一个二字两个一，一样颜色龟和鳖，
>
> 不知哪一个是龟？不知哪一个是鳖？

大家纷纷围过去，只见纸上的文字笔力刚劲、龙飞凤舞，都不由得赞叹起来。赞叹了一会儿之后，又觉得奇怪，这龟和鳖怎么能入诗呢？这不是在骂县令顾大人和首富王老板吗？

原来，按金华当地的口音读这首诗，贵和龟同音，必和鳖也是同音。

客人们议论纷纷，大家心里也都明白，可就是不敢说出口来。顾大贵、王必和姜福心里更明白，这分明是在骂我们嘛，简直是岂有此理！不过，他们也不肯挑明，若挑明了，不是自取其辱吗？

这时，陌生客人说话了："诸位，在下写的不过是按照前三位的格式作的顺口溜罢了，算不上是诗，现在另写一首诗，请诸位赐教。"说完，又挥笔写下：

> 日出东方月落西，大船来到小莲池。
>
> 青铜镜里迎仙客，小小金鸡不用啼。

写完了，他看了看众人，指着顾大贵、王必和姜福说道："诸位，他们三人写的祝寿诗，其实是短寿诗！折寿诗！大家想想，霜和雪一见到太阳，就会化成水；煤和炭扔进火里，就会烧成灰；茶和酒进了肚子，就会变成屎尿。这能算长寿吗？"他又指着自己写的诗说道："而在下写的龟和鳖，自古以来，都是长寿之物，况乎还是大龟和巨鳖呢！有的人想当龟鳖，恐怕还没有资格呢！"说到这里时，他转头问顾大贵："顾大人，你说呢！"

顾大贵听了，只是尴尬地"嘿嘿"了两声。

这时，王必沉不住气了，因为他急于想知道这位不请自到的客人到底是谁。他指着客人刚刚写完的诗说道："诸客人钤上宝章，以便瞻仰。"

陌生客人说道："印章不不必钤了吧！"他向院子里招了招手，这时，涂有双手捧着礼单急急走进了大厅，身后还跟着一名身材魁梧的青年男子。青年向涂有努了努嘴："拆开吧！"

涂有哆嗦着拆开了礼单，众人一看，都一下子惊呆了！原来里边是一支杭州府拘捕人犯的令签！

这时，宴席上饮酒的，放下了杯子；举箸的，放下了竹箸；说笑的，都成了哑巴。祝寿宴席好像一下子凝固了，没有一点儿声音，大家的目光都投向了这位陌生客人！

那名青年男子朝陌生客人施礼之后说道："杭州府捕快已奉命赶到，请苏大人吩咐！"

听了"苏大人"三个字，大家顿时明白了，原来这位陌生客人就是杭州通判苏轼！

顾大贵早就听说过苏轼之名，但今天是第一次见到。他连忙走过去，恭恭敬敬地说道："卑职不知，苏大人光临，本县未曾，远迎，恳请，苏大人，恕罪……"平时口若悬河的县令，忽然感到自己的舌头不怎么听使唤了。

王必身材矮小，他躲在顾大贵身后，嗫嚅着说道："小人王必，拜见苏大人。"

苏轼没有理会王必，他向顾大贵说道："顾大人不必客套，本官还要去金华县衙门向大人请教呢！"

顾大贵连忙说道："下官愿听苏大人的教诲。"

姜福听说陌生客人就是苏轼时，头"嗡"的一声变大了，背上也冒出了冷汗，双腿不由自主地颤抖起来。他想趁着酒宴未散之际，悄悄溜出大厅，然后再远走他乡。当他刚刚溜到大厅门口时，苏轼把桌子一拍，大声喝道："尤洛！"

姜福浑身一震，不敢动弹了。

苏轼："将罪犯尤洛拿下！"

话音刚落，数名捕快冲进了大厅，麻麻利利地给他带上了枷锁，押着他离开了大厅。

苏轼对惊魂未定的顾大贵说道："本官要去县衙审案，请顾大人前面引路。"

顾大贵战战兢兢地走在前头，一行人直奔金华县衙而去。

2

在金华县衙的大堂上，苏轼审完了尤洛在钱塘指使土匪犯下的伤人、杀人之罪和在金华犯的贩卖私盐、拐卖妇女等罪行，让尤洛画押之后，将其打入了死牢，待秋后问斩处决。

尤洛做梦都没想到，自己在钱塘作了案，改名换姓潜逃到金华，还是未能逃过苏轼的法眼！更没想到的是，自己的花甲寿宴还未结束，就成了一名阶下的死囚！

真是天网恢恢，疏而不漏。金华的百姓们听说苏轼判了尤洛死刑之后，都奔走相告。还有不少人纷纷前来告发县令顾大贵以推行新法为名，勾结王必、尤洛等人贪赃枉法、霸占百姓田亩房产的罪行。苏轼连夜撰写了弹劾顾大贵的奏疏，第二天就发往了汴京。待刑部批准后，即可将其流放云南！

王必因参与拐卖妇女、放债勒索，造成民愤极大，被关进大牢，其不义之财充公！

案件审理完了之后，苏轼长长地舒了一口气。他知道金华是东南的名城，南齐诗人沈约曾任过金华太守。这里有一座玄畅楼，沈约登上此楼，感慨万千，曾写了八首诗，总题为《八咏》，后人便称此楼为八咏楼。他想去登临八咏楼，以体会诗人当年的感受。晚饭后，他便约上马梦得，出了县衙，朝八咏楼走去。

当走到一座大门紧闭的店铺时，见一群年轻后生们围在门口，争吵着、议论着，走近一看，见大门上贴着一张封条，封条是以金华县衙的名义封的，已被撕破。一打听才知道，这里原来是王必开的一家赌场，因赌场刚刚被查封，这些前来赌钱的后生们撕下了门上的封条，想进去参赌。

离赌场不远，街边坐着几个头发花白的老人，正在劝一个头发同样花白的农妇，农妇一边抹泪一边诉说什么。苏轼问旁边的一位老人，老人叹了口气，说道："造孽啊，李嫂家里春上贷的青苗钱，被她的幺儿拿到城里赌钱，先是赢了八百钱，后又输了二千六百钱。为了扳回本，他又借了邻家的钱来赌，结果输了个精光！他成天躲在城里游手好闲，不肯回家。这不，他老娘进城来找他，他却躲着不见！"

苏轼又问："那些人呢？也是出来寻找儿子的？"

老人："对啊，现在正是农忙季节，家里又没有人手，实在没有办法了，才约在一起进城寻找儿子。"

苏轼："找到了吗？"

"有的找到了，有的还没找到！"说到这里时，老人摇了摇头，说道，"进赌场赌钱，去勾栏听曲，不少人家的孩子都学坏了啊！"

苏轼安慰他说："赌场查封了，没有地方可赌了，他们自然就会回去的。"

离开老人之后，他对马梦得说道："明天再以杭州府的名义加封一次，并派兵在街上巡逻。凡有赌场开赌，赌场查封、老板拘捕！"

马梦得点了点头。

苏轼边走边想：青苗款本是朝廷救济贫困农家购买青苗的借款，可是顾大贵却将这些青苗款按时价折合成谷子发给缺少口粮的农民，到了秋季，又以市价将谷子收回去。由于春季缺粮粮价高，秋季粮多粮价则低，春季借了一担谷的青苗钱，秋后就得缴出两担谷！有的农家宁肯吃糠咽菜，也不愿借青苗钱！顾大贵便强行摊派，凡不肯借青苗钱的，便以抵制朝廷新法为由关进大牢！

他们还有更狠毒的敛财之道：买青苗的钱发放之后，王必开的三家赌场和两家妓院早就设下了套子。他们引诱农家子弟前去掷色子、摸牌九、听小曲、喝花酒，有的人输光了身上的钱，有的人背上了一身的债，还有的人为了还债不得不变卖了田地、房舍！

想到这里，苏轼想去登临八咏楼的兴趣已荡然无存了。他心事重重地对马梦得说道："朝廷推行的新法，是一部好法，可惜啊，却被顾大贵这些歪嘴和尚们念歪了！"

回到驿馆之后，他又想起了那些进城寻找儿子的老人，总觉得如鲠在喉，不吐不快，便匆匆写下一首诗：

> 杖藜裹饭去匆匆，过眼青钱转眼空。
>
> 赢得儿童音语好，一年强半在城中。

写完了，他感到如释重负，倒头便睡下了。

第二天一早，苏轼便离开了金华城。在回杭州途中、路经钱塘县时，临时住在驿馆里。他见城里游人颇多，经打听才知道，他们是从南京、苏州等地来号旅舍、租房子的，为的是观看一年一度的钱塘江大潮。

每年八月，钱塘江的入海口都会发生大潮，潮头从海面上渐渐涌起，咆哮着向岸上扑来，越近海岸，涛声越大，潮头就越高。高过丈余的潮头犹如万马奔腾，其势不可阻挡、其声惊天动地！潮头撞向海岸时，撞的浪花四溅、粉身碎骨！紧接着又有一道大潮涌来，又是浪花四溅、粉身碎骨，看得人心惊胆战！自古以来，钱塘江大潮已成为天下奇观，人们都争先恐后地前来观潮。

当年吴越国建都杭州时，每当八月，海潮年年直逼杭州城下，浪涛冲毁道路，卷走行人，面对铺天盖地而来的大潮，人们以为是东海的海怪在兴风作浪，都望潮而惧，纷纷逃离。国君钱越王十分生气，一怒之下，他从全国挑选了五百名身强力壮且又武艺高强的弓箭手，他们手执强弩劲弓，一字排开，站在岸上。当潮头卷来时，弓箭手们一齐拉弓射箭，五百支利箭呼啸着射向潮头，竟然将潮头射了回去！

由于季节未到，钱塘江大潮尚未生成，为了观看这一天下奇观，外地来的游客们只好耐心地等待着。

苏轼沿着钱塘江入海处的山坡走了一会儿，来到一片竹林旁边，见一位老农从竹林中走出，腰上别着一柄镰刀，手中挽着一只竹筐，筐子里有半筐刚刚挖出的竹笋。他知道，一支竹笋就是一棵挺直的青竹，挖了竹笋不就长不出又粗又壮的青竹。他有些好奇，便向老人施了一礼，问道："老人家，你挖的新笋，是自家当菜吃呢？还是到市上去卖？"

老人听了，停下脚步，说道："是自家当菜吃的。"

苏轼："挖笋当菜吃，可惜了啊！"

老人听了，叹了口气说道："是可惜了，可是，不把它当菜吃不行啊，都是因为缺盐，才逼着吃新笋的！"

他见苏轼有些不解，便索性放下镰刀和竹筐，坐在路边的一块石头上，说起了村民们缺盐的凄惨处境。

由于盐属朝廷专卖，还颁布了新盐法禁止私自卖盐，而官府又难以及时向百姓供应食盐，所以百姓们家家缺盐。因为缺盐，炒的菜就寡淡难咽。由于竹笋略有甜味，才迫不得已以笋为菜。由于长期缺盐，村民们都面黄肌瘦、浑身无力。老人临走时又说了一句："这种缺盐的日子什么时候才能熬到头啊！"说完，拿起镰刀，挽着竹筐，蹒跚着朝村子走去了。

苏轼望着老人的背影，心里很不是滋味。没想到朝廷颁布的新法，竟使百姓们的菜里缺了盐！当年孔子到齐国临淄去寻访韶乐而不遇时，曾感叹说：若能听到韶乐之音，可三个月不知肉味！孔老夫子只是打了一个比方罢了，而如今，百姓们数月不知盐味，日子怎么过啊？他朝北方的天际望了望，心里在说：什么时候朝廷才能知道百姓们缺盐的苦楚？

他回到驿馆后，那位老人的话一直在耳边萦绕。于是，他写了一首七绝：

老翁七十自腰镰，惭愧春山笋蕨甜。

岂是闻韶解忘味？尔来三月食无盐。

就是这首诗，后来也成了他反对新法的证据之一。

3

刚刚回到杭州，苏轼就接到了一件震惊全城的命案：一个在湖边浣衣的村妇，被一个和尚奸杀，尸体却不翼而飞了！

要查这个案子，须从和尚查起。

杭州的寺多，共有四百八十多座；寺多和尚就多，仅灵隐寺就有和尚三千六百多人！各寺加起来，和尚的人数达五万之多！这还不包括前来云游的和尚。

北宋时，朝廷对寺庙、僧人管理十分严格，凡出家为僧的和尚，都需持有度牒。度牒是僧人身份的证明，由朝廷统一专卖。一个人要出家当和尚时，须先买好度牒，才能去寺院剃度。每道度牒可卖一百三十钱，但夔州地方政府卖到了三百钱，广西则卖到了六百五十钱，按照每斗米九十文计算，一道官价度牒合成白米，可买百担以上！当时朝廷卖度牒的收入占岁入的一成左右。

度牒虽贵，但仍十分抢手，因为和尚可免兵役、劳役，也不负担丁钱和苛捐杂税，属于寺院的田产，还免缴租赋。所以，很多人争着出家当和尚。

林子大了，什么鸟都有；和尚多了，就会良莠混杂。他们中既有像思惠子、佛印这样的高僧大德，也有少数害群之马。这件命案，就与一个叫了然的和尚有关。

了然是个半路出家的和尚。当年，他是山东菏泽的一名屠夫，因调戏妇女被捕，在押解中逃脱，成了一个打家劫舍的土匪，后又因谋财害命犯了案。为了逃脱官府追捕，他逃到了邙山一带。因邙山有许多王公贵族们的大墓，他又干起了盗掘古墓的勾当，发了横财。手里有了钱，他便买了一道度牒，取名了然，成了一名和尚。后来，他带着积攒的钱财来到了杭州城外的大恩寺。大恩寺规模很小，只有五名和尚，因他财大气粗又能说会道，便成了大恩寺住持。他虽然已经出家，但狗改不了吃屎，他总是惦记着如何去偷鸡摸狗、寻花问柳，干了不少佛家不齿的丑事。

有一天，他路过一条小河时，看到丁家庄的徐芝正在河边洗衣。他见四周无人，顿生淫念，他对徐芝说道："小娘子，贫僧看你印堂发暗，不是小娘子有灾，就是夫婿有难啊！"

原来，徐芝原本是个青楼女子，后来从良嫁给了丁家庄的丁东来。上个月，丁东来到荆州卖茶叶去了，徐芝一人在家。了然知道后，便以化缘的名义前去纠缠，无奈徐芝不为所动。有一天，他为了讨好徐芝，给她送去了一匹缎子。谁知徐芝却将缎子扔了出去，还拼命将他搡到了门外，又"砰"的一声关上了大门！

但他并未死心。

今天他路过河边时，正碰上徐芝在河边洗衣，他心中暗喜。为了达到占有徐芝的目的，才编造了这套鬼话。

徐芝听了之后，心中十分害怕。她倒不是怕自己有什么灾病，而是担心丈夫在外边发生什么劫难！

了然已察觉到徐芝有些半信半疑了，便进一步欺骗她说："要想免灾避祸，须去寺中舍施，求菩萨保佑。"

徐芝说道："我家贫穷，丈夫又出门在外，没有银子舍施。"

了然说道："出家人以慈悲为怀，贫僧愿替小娘子向菩萨舍施。"

徐芝听了，连忙道谢。

了然："这样吧，小娘子可随贫僧前去大恩寺，贫僧为小娘子诵经焚符，小娘子在菩萨跟前烧了三炷香，再许个愿，灾难就可免了。"

徐芝听说要她去大恩寺，心中有些犹豫。

了然见了，连忙催促她："快随贫僧去吧，若过了午时，菩萨就离位回宫了。"

徐芝连忙放下手中的棒槌，随他去了大恩寺。

进了大恩寺，了然见其余和尚都外出化缘去了，只剩下清远和尚在寺中烧饭，便将徐芝领到了佛堂，又插上了门闩。他焚香叩拜了菩萨之后，便让徐芝躺在木榻上，又让她闭目脱衣，以便让他作法。这时徐芝已怀疑了然心术不正，为防不测，她执意要走。此时的了然早已淫火中烧，他猛地扑过去，双手去解徐芝的衣扣，徐芝便用双手紧紧捂着前胸。了然又去撕她的衣裙，她趁机咬住了了然的手指不放。了然疼痛难忍，一拳打在了徐芝的头上，徐芝顿时昏死过去。了然趁着这个机会，对徐芝实施了兽行。

当徐芝醒来时，猛见身边有个赤身露体的和尚，便拼命地大喊起来："救人呀——"

了然怕被人听见，又对徐芝连击了数拳，再用被子紧紧捂住她的头，待她不再动弹了，他掀看被子一看，徐芝嘴唇发乌，竟断气了！

说来也巧，一个在山坡上放牛的孩子因为口渴，想进寺讨碗水喝。他走到佛堂的窗前时，悄悄向里边一看，看到了一个满脸是血的女子躺在木榻上！他惊叫了一声，便逃出了大恩寺，跑回丁家庄，告诉了大人们。

当村民们赶到大恩寺时，只见了然和尚一边敲着木鱼，一边闭目诵经，根本就没有什么满脸是血的女子！

原来，了然听到窗外的惊叫之后，知道已被人发现，他立即扯下床下的蚊帐，将徐芝包了，又让清远和尚帮他装进一只大竹筐中，二人将徐芝抬到一个叫黑鱼潭的荒湖旁边，又在徐芝身上系了一块大石头，将她扔到湖里！

这个清远和尚平时胆小怕事，对了然更是百依百顺，了然认为，他是绝不敢透露半个字的。谁知正是因为清远胆小怕事，才坏了了然的大事。清远知道杀人是要偿命的，自己如果不去报官，还帮着抛尸灭口，就成了杀人犯的帮凶，罪不可赦！再说，他也怕了然杀他灭口，于是，悄悄写了一份状纸，交给了丁家庄的族长，族长连夜将状纸送到了杭州府衙门。

案情查清以后，苏轼冠带整齐，升堂审案。他高高地坐在大堂上，发下火签，命捕快速去大恩寺，捉拿杀人凶僧了然归案！

捕头率领捕快们奉命而去。

听说苏轼要升堂审问杀害徐芝的凶犯，人们纷纷围在大堂外边，等着看热闹。过了不到一个时辰，忽然有人指着远处说道："看，押来了！"

人们循声望去，只见一队捕快押着一个长着络腮胡的矮胖和尚朝大堂走来，走到跟前才看清是大恩寺的了然和尚！只见他高昂着秃头，圆睁着双眼，一副满不在乎的样子。

进了大堂之后，他朝苏轼横了一眼，便大模大样地站在堂前。

苏轼也不生气，他问道："你就是了然和尚？"

了然："贫僧就是。"

苏轼："你可知为何拘你前来吗？"

了然："贫僧不知犯了何法。"

苏轼："你犯下了奸淫、杀人之罪！"

了然以为，徐芝已死、尸体已沉进了湖底，只要清远不敢说出来，就是死无对证，苏轼便奈何不了他！他冷笑了两声，反问苏轼："请问苏大人，贫僧所犯奸淫、杀人之罪，可有证人、证据？"

苏轼听了，强压着的火气一下子蹿了起来，他将惊堂木一拍，厉声说道："大胆凶僧，本官问你，见了本官，为何不跪？"

了然白了他一眼，说道："贫僧一心向佛，只跪佛，不跪人！"

苏轼朝大堂两边的衙役们说道："让凶僧知道跪堂的规矩！"

衙役们"喏"了一声，走到他的身后，朝他双腿一踢，只听"扑通"一声，他便跪在地上了！

苏轼："本官问你，你是如何诱骗徐芝去大恩寺的？"

了然："贫僧不曾诱骗任何人！"

苏轼："本官再问你，你是否在佛堂对徐芝强行施暴过？"

了然："贫僧不曾对任何人施暴！"

苏轼："你为什么要杀害徐芝？"

了然："贫僧并未杀害任何人！"

苏轼："你将徐芝的尸体藏到了何处？"

了然："贫僧没杀过任何人，哪来的尸体？"

苏轼："本官警告你，你若如实招供，可免皮肉之苦，因为你的嘴再硬，也硬不过大堂的板子！"

了然将头歪向一旁，说道："贫僧并未犯罪，如何招供？"

苏轼实在忍无可忍了，大声对衙役喝道："重打四十大板！"

衙役们早就等得不耐烦了，苏轼刚发了话，几名衙役便将了然按倒在地，脱下了他的裤子，两名掌刑衙役的板子便雨点一般落在他的屁股上了。不一会儿，又红又肿的屁股便血肉模糊了。

打完之后，苏轼又问："本官再问你，你杀害了徐芝之后，将她的尸体藏到了何处？"

了然紧咬着牙关，不说一字。

苏轼："是你自己还是有人帮你藏匿尸体的？"

了然仍然一言不发。

苏轼说道："你是不见棺材不落泪呀，若再不招供，本官就要动用大刑了！"

这时，衙役们抬来一副沉重的老虎凳，这是专门对付那些死不开口的重刑犯的。了然见了，脸上并无惧色，他知道，若找不到徐芝的尸体，就定不了他的罪！即使定了罪，他的案子也能翻过来！

这时，苏轼忽然说道："了然，你看是谁来了？"

了然转头望去，只见衙役押着清远和尚走来，他感到眼前一黑，差点晕倒。

这时，一个衙役和丁家庄的族长前来报告："徐芝的尸体，已从黑鱼潭里打捞上来了！"

了然听了，一下子瘫软在地上了！他一边叩头，一面说道："贫僧愿意从实招供！"

待他招供之后、苏轼命他画押时，忽然发现他的手臂上刺着一行花绣，类似如今时尚人士的文身，他感到十分好奇，命师爷抄在纸上。他接过一看，原来是两行小字：

但愿同生极乐园，免教今生相思苦

看完了，苏轼指着了然厉声宣判："出家人犯戒近女色，本已违犯佛门戒律，何况还敢杀人匿尸！了然这种恶僧，实在是佛家的耻辱、和尚的败类！既然你是个风流和尚，本官就成全你，到阴曹地府风流去吧！"说完，当堂写了一首《踏莎行》，作为对了然的判词：

这个秃奴，修行忒煞，灵山顶上空持戒。一从迷恋玉楼人，鹑衣百结浑无奈。
毒手伤人，花容粉碎，空空色色今何在？臂间刺道苦相思，这回还了相思债。

宣判完了，苏轼命人将他关进了死囚大牢。

在大堂外边围观的人群听了，顿时响起了一阵欢呼之声。

第十一章　窗前站着西子倩影

于潜僧绿筠轩

宁可食无肉，不可使居无竹。无肉令人瘦，无竹令人俗。

人瘦尚可肥，士俗不可医。旁人笑此言，似高还似痴。若对此君仍大嚼，世间那有扬州鹤？

1

就在苏轼忙于赈灾、筑堤、审案、巡视各县以及公私应酬、听歌填词的日子里，汴京城里突然风云变幻、暗流涌动起来。

朝廷颁布的市易、保马、方田、均税等新法，推行得并不顺利，在一些地方甚至引起了强烈抵制。已执政五年的王安石，在各方强大压力之下上书请求辞职，但一心变法的宋神宗并没有同意这位宰相的请求。

但是，后宫却有自己的看法。

自推行新法以来，各地发生的矛盾和新法本身的弊端，便传进了后宫。有一天，宋神宗散朝后去含华殿向太皇太后请安时，太后问他："陛下，咱们大宋的祖宗法度，可不能轻易改动啊！老身听说，民间百姓们的日子过得非常艰难，尤其是朝廷发放的青苗钱，更让百姓们的日子雪上加霜，还是免了吧！"

宋神宗说道："朕制定的青苗法是为百姓解困、有利春耕春种的，并没有增加百姓的负担。"

太后语重心长地说道："王安石这个人，确实才学兼备、忠心耿耿。但他性子太拗、急于求成，又任用了一些围着他转的人去推行新法，朝野结怨太多了。老身也知道陛下舍不得他，为了保全他，陛下不妨将他外放任职，待情势有了转机，再诏他进京为官。"

宋神宗听了，并不认同她的主张。他解释说："朕觉得，满朝的文武百官中，真正能为社稷挑起大梁的，唯有王安石一人！"

这时，前来向祖母请安的岐王赵颢听了，见皇兄不听祖母的劝告，便在一旁说道："陛下，忠言逆耳利于行，太后的话，请陛下三思。"

宋神宗本来就对朝臣们议论新政的是是非非心中有气，听了太后建议罢免王安石的劝告，心中十分不服，但又不能当面反驳，心中的气就更大了，谁知半路上杀出一个程咬金！岐王不看眼色，也跟着太后反对他，他心中的气终于憋不住了，便借着机会朝岐王发泄出来，他大声说道："既然朕败坏了大宋的社稷江山，不体恤天下的百姓，那好啊，朕就将皇位让给你好了，你高兴了吧！"

岐王年轻，又长期住在宫中，很少见到神宗，不想在祖母面前说了几句公道话，竟冒犯了已当了皇帝的哥哥！他见宋神宗龙颜大怒，说出了如此重的话来，心里十分害怕。因为以下犯上、以臣犯君属大逆不道，后果不堪设想！他连忙双膝跪下，战战兢兢地说道："愚弟失言，恳请陛下饶恕愚弟。"

宋神宗听了，并未理他，显然他的怒气未消。

还是太后给兄弟俩搬来了梯子，好让二人下台。她说："岐王失言，是不知君臣之礼。陛下肚量大度，就饶恕他这一遭吧！"又转头对岐王说道："今后，应好好读书，以不辜负陛下的期望，回宫去吧！"

岐王听了，如获大赦。他向太后和神宗谢恩后，便惶惶地离开了含华殿。

又过了些日子，变法新政引发的反应又陆陆续续传进了太皇太后的耳朵里。有一天，封地在洛阳的宗室赵久领着两个儿子来到后宫，拜见太皇太后时，太后问他："日子过得还好吗？"

赵久听了，哭着说道："自朝廷改革朝政以来，现任的台、省、守、监等官员，都由朝廷发给俸禄，有职有权；而按祖制享受虚名之官的，不但一律取消了俸禄，也免了虚职！"说到这里时，赵久已泣不成声。他拉着两个儿子跪在地上，说道："赵久一家是赵氏的一支，和当今陛下是同一个祖宗啊！如今，只能守着祖上的那点田产，勉强糊口罢了。我已老了，可两个孩子的前程就难以保住了！太后要为臣做主啊！"

太后将他扶起来，问道："像你这样的宗室，还有几家？"

赵久说，洛阳有三家，南阳有两家，商邱也有两家。

说来也巧，一个去山东采办蚕丝的太监，回来后说了他在路上的见闻：利津的官吏将还不起青苗钱本息的农民都关进了大牢里，因关的人太多了，牢饭又供应的太少，囚犯们实在忍受不下去了，一下子冲出大牢、杀了狱卒，逃回了家里。当衙门派兵去捉拿时，他们抄起铁锹、锄头和三齿叉，将官兵打得落荒而逃！他们怕官府问罪，夜里都逃到山上，占山为王去了！

太后再也忍耐不住了，便将神宗请到后宫，流着眼泪说了新法的种种弊端以后，忧心忡忡告诫他说："陛下，如今天下已有反象，若让王安石继续推行新法，恐怕天下会乱，陛下心里可要拿定主意啊！"说完，眼泪忍不住流了下来。

宋神宗默默地听着，也流下了眼泪，不过，他的眼泪与太后的眼泪不一样。太后想的是：由于变法，连宗室成员的日子都不好过了，天下百姓还能安居乐业？眼下要紧的是罢免宰相、停行新法。而神宗想的是：若要像宋太祖那样做一个大有所为的国君，就要大刀阔斧、力排众议、锐意变法，彻底革除冗官、冗费、冗兵三大灾难，通过新法使国强民富，以征服西夏和辽国，收回大宋失去的土地！而要达到这一目的，就要敢用王安石这样的人。太后逼他罢免王安石，他难以接受，但又不能当面拒绝，便说道："此事事关重大，容孙儿再好好想想。"说完，告辞了太后，去了他的书房。

就在宋神宗对是否罢免王安石犹豫不决的时候，一个叫郑侠的下层官吏却将变法主帅王安石扳倒了！

因为山东、河北、山西、河南诸省久旱无雨，灾情十分严重，河干井枯、地里的庄稼颗粒无收，灾民们便扶老携幼，四处逃荒去了。

郑侠是汴京城看守城门的一名官吏，他常常看到成群结队的灾民从城外的大道上经过，他们有的缺衣无食、又冷又饿，一旦倒在路边，就再也起不来了；有的剥树皮、挖草根用来充腹；有的卖儿卖女以交欠下的税赋；还有的被铁链锁着、被士兵押着去服劳役，其状目不忍睹。他认为，这都是王安石的变法造成的！于是，他便将自己的所见所闻画成了一幅《流民图》，还在图上题写了十二个字：旱由安石所致，去安石必大雨！

《流民图》画好后，他为了能让宋神宗亲自看到，便托友人送进宫中，又由内侍呈给了宋神宗。宋神宗看了这幅《流民图》之后，彻夜未眠。第二天的早朝时，还没等朝臣们奏事，他突然下诏：立即中止青苗、免役、方田等八法，又命司农开仓，救济灾民，并宣布：免去王安石的宰相之职！

也许是种巧合，就在当天散朝时，天上忽然乌云密布、雷声滚滚，不一会儿，就下起了一场倾盆大雨！这正应了《流民图》上的题字。一时朝野议论纷纷，认为这是天意！

不过，郑侠虽然扳倒了王安石，但也惹来了杀身之祸。

虽然王安石离开了宰相之位，但宋神宗又诏命他为观文阁大学士，出任江宁府知府。还接受了他的建议，由韩绛为同平章事、也就是首辅宰相，任吕惠卿为参知政事；追随王安石变法的舒亶、曾布、李定、谢景温等骨干，由于王安石的推荐而受到了宋神宗的重用，以便继续推行他的新法。

因为扳倒王安石的导火索是那幅《流民图》，这些新贵们便对郑侠恨之入骨，非将他打进十八层地狱不可！郑侠只是个九品小吏，想找他的碴儿还不是易如反掌？吕惠卿曾对宋神宗说："守门官吏郑侠所画的《流民图》是为了大宋社稷的大局，而并非为了他一己私利，其勇气可嘉，令人钦佩、值得嘉奖。但朝野对他多有非议，恐会在民间引起骚乱，不宜留他在京师任职，可外放为官。"

因吕惠卿知道太皇太后以及反对变法的阵营都十分欣赏这个有胆有识的守门小官，自己虽然权势显赫，但也不敢明目张胆地对郑侠进行打击，便找了个借口，先将他调出京城。后来，吕惠卿又派人抓了他的一根小辫子，给他定了个"疏于职守，民怨不浅"的罪名，将他流放到遥远的滇西去了。

郑侠虽因一幅《流民图》葬送了自己的仕途，却在中国历史上留下了自己的名字。

2

苏轼听说了郑侠的《流民图》和王安石罢相的消息之后，大为吃惊，也感到汴京政坛的水太深了，说不定什么时候就会翻船。同时，他也庆幸自己当年请求外放的选择。杭州虽不是京都，通判之职也不及太守，且天天忙于政事，有断不完的民事案子、修不尽的水利工程、躲不过的官场应酬、干不完的下乡巡视，但他觉得得心应手，日子过得有滋有味，还写了不少颇为满意的诗词、交了不少新的友人。更让他难以忘怀的，是美轮美奂的西湖和那如西湖一般可人的倩影。他最害怕的就是召他回京任职，去那个深不可测的宦海里去受活罪！

朝廷上层的人事变更必然会波及地方官员，就在苏轼赈灾归来不久，汴京的诏令发到了杭州：杭州太守陈襄调任应天府太守，应天府太守杨绘调任杭州太守。

陈襄不但是苏轼的同道中人，也因反对王安石推行的新法而未被重用。他敬慕苏轼的才华，二人私交笃厚。有一天，他约苏轼前往吉祥寺赏花，但因事未去，苏轼便写了一首《吉祥寺花将落而述古不至》：

> 今岁东风巧剪裁，含情只待使君来。
>
> 对花无信花应恨，直恐明年便不开。

陈襄看了这首诗以后，知道苏轼批评他失约，便在第二天赶到了吉祥寺。苏轼心中十分高兴，又以前韵重写了一首：

> 仙衣不用剪刀裁，国色初酣卯酒来。
>
> 太守问花花有语，为君零落为君开。

唐人咏牡丹，有"国色朝酣酒，天香夜染衣"之句，是说杨玉环如果每天卯时喝一盅酒，脸上就会红艳如盛开的牡丹。

陈襄要离开杭州了，苏轼少了一个与他赏花赋诗、讨论时事的挚友，有些依依不舍，心里觉得十分郁闷。为了安慰苏轼，中秋这一天，陈襄特意备下了游船、载上了酒菜，约请苏轼同游西湖，苏轼爽快地答应了。

临出发之前，陈襄特意召来了官妓们的画舫，对苏轼说道："她们的唱功都出类拔萃，请苏大人在她们之中任点上几位，以随船献歌。"

画舫上的歌妓们听说要陪苏轼游湖，都纷纷争着去。

陈襄笑着说道："游船太小，容不下多人，还是苏大人点几位吧！"说完，将歌妓们的名单递给苏轼，说道："请苏大人过目。"

苏轼接过名单看了看，一时无语。

陈襄催促他说："请苏大人点名。"

苏轼仍然不说话。

陈襄急了，笑着问道："要不请她们都登船游湖？"

苏轼连忙摇手："不可、不可，人多了，船小盛不下；再说，也不安全。"

陈襄："那就请苏大人点名，点到谁，谁登船。"

苏轼犹豫了一会儿，小声说道："下官只点一人就够了。"

陈襄："苏大人点的是哪一位？"

苏轼指了指名单："就让她去吧！"

陈襄看了，悄悄笑了。他大声对歌妓们说道："请朝云姑娘登船！"

画舫上的歌妓们听了，都感到十分意外，因为不论名气还是才气，都轮不到刚刚出道的王朝云啊！难道苏大人看花了眼？

王朝云知道自己不但年龄最小，而且毫无名气，压根儿没想到苏轼会点到自己！她坐在船梢上，手里拿着一根柳条，正在逗弄水中的鱼儿，见鱼儿们抢着追逐柳枝上的柳叶，乐得"咯咯"地笑了。正在这时，旁边的秋云拉了拉她的衣袖，说道："陈大人点了你的名，快登船吧！"

王朝云有些不信，见陈襄正在向她招手，连忙扔了柳枝，下了画舫。

其他官妓还在等着陈襄点自己的名字，谁知陈襄大声宣布："今日游湖，由朝云姑娘一人作陪即可！"说完，命船工撑船离开了码头。

画舫上的歌妓们都十分羡慕王朝云。

游船渐渐向湖心岛划去。陈襄发现，一向快人快语的苏轼只是低头望着湖面，一直默默不语，既不同自己说话、也不理睬王朝云，难道他有什么心事？便对王朝云说："朝云姑娘，你为苏大人唱首歌吧！"

王朝云望着苏轼，笑着问道："不知苏大人想听哪首？"

苏轼笑了笑，说道："姑娘喜欢唱哪首，下官就喜欢哪首。"

王朝云听了，拢了拢被湖风吹乱的头发，弹拨着古筝的丝弦，轻轻唱了起来：

> 水光潋滟晴方好，山色空蒙雨亦奇。
>
> 欲把西湖比西子，淡妆浓抹总相宜。

她的歌声婉转悦耳，在平如铜镜的湖面上飘荡着，余韵悠远，这也正是苏轼最最想听的一首歌。

陈襄也十分喜欢这首歌，认为此诗是众多描写西湖诗词中最佳的一首，古往今来那么多人都曾歌咏过西湖，但没有谁能写出如此绝妙的诗来！他曾对友人说过，将西湖与西子相提并论，乃古今独语，是苏轼之功！意思是说，将西湖比作绝代佳人的版权，应属于苏轼。

小船轻轻划破水面。陈襄发现，苏轼一直低头望着湖水，似乎有点魂不守舍，难道湖水下面有什么特别的景致？他顺着苏轼的目光望去，一下子明白了，原来湖水中倒映着王朝云的影子！他微微一笑，故意说道："本官见苏大人有些闷闷不乐，难道有什么心事？"

被突然一问，苏轼有些不知如何作答，他顺手朝远处指了指，说道："下官前不久去钱塘江观潮，但去得太早了，海上尚未生成大潮，心中一直惦记着呢！"

陈襄听了，说他即将离杭去应天府赴任，也想再去看看钱塘江大潮的奇观，今日适逢八月十五，离"潮神生日"还有三天，正是观潮的大好时机，便建议弃船登岸，前去观潮。

王朝云听说要去观看钱塘江大潮，十分高兴，她拍着手说道："小女子也未见过钱塘江大潮，更未见过弄潮儿是什么模样，今日托两位大人的福，总算能开眼界了！"接着，她唱起了唐人李益的一首《江南曲》：

> 嫁得瞿塘贾，朝朝误妾期。
> 早知潮有信，嫁与弄潮儿。

唱完了，她朝苏轼嫣然一笑，说道："今天观潮，苏大人定会诗兴大发，小女子有幸先睹为快了。"

苏轼听了，没说什么，只是笑了笑，算是默认了。

一行人到了钱塘江边才发现，前来观潮的游客人山人海。听说太守和通判大人到了，钱塘县令连忙将他们护送到观潮台。站在台上，蜿蜒如带的钱塘江尽收眼底。在江水入海的海面上，先有一条浅浅的白线渐渐朝岸上涌来，白线越涌越快，近海岸时变成了丈余的浪涛，浪涛咆哮着扑向海岸，其声如雷，堆起了千堆雪花！浪涛过后，潮水刚刚退去，继而又有浪涛奔来，周而复始，十分壮观。一些在浪涛中戏水的后生们，手中高擎着一根竹竿，竿头上系着一面小红旗，在波涛中跳跃着。因为距离太远，看不清这些弄潮儿是如何搏击浪涛的，只知道他们在比赛谁游的最远、跳的最高、谁的小红旗不被浪涛打湿。凡弄潮的优胜者，均可获得价值不菲的财物奖励。

忽然，人群中传来一阵妇女的哭泣之声。陈襄问旁边的官员，官员说，这位女子的儿子昨天参加弄潮比赛，至今未见回来。她怀疑儿子是被大潮卷进海里了，一边沿着海岸寻找，一边呼喊着儿子的乳名，令人听了心碎。

苏轼问道："朝廷不是颁了圣旨，禁止冒险弄潮吗？怎么还有人下海？"

县令听了，说道："虽然有旨不许弄潮，但他们为了获奖仍敢下海！"他的口气里充满了无奈："钱塘江口年年都生大潮，年年都有失足的弄潮者，唉，禁不住啊！"

苏轼听了，感到心中隐隐作痛。这么年轻力壮的后生，为了那点奖励，更为了显示自己的勇气和能耐，却不幸葬身海涛之中，撇下双亲妻小，让他们如何生活？

离开观潮台之后，一行人乘车回杭州途中，陈襄笑着说道："苏大人，朝云姑娘说你看了钱塘大潮定会诗兴大发，请苏大人吟哦一首，让朝云姑娘唱出来听听！"

苏轼听了，摇了摇头，苦笑着说道："下官虽已有了腹稿，却不适合咏唱。"

王朝云听了，问道："为什么不适合咏唱呢？"

陈襄摇了摇头，示意她不要再问了。

回到家中之后，苏轼一口气写了五首《八月十五看潮》，其中的第三首是：

> 吴奴生长狎涛渊，重利轻生不自怜。
>
> 东海若知明主意，应教斥卤变桑田。

写完了，他又在诗后写了一行小注：是时新有旨禁弄潮。

就是这首诗，被杭州推官何正臣抄去，传到了李定手里，李定将此诗交给了章惇。在后来的"乌台诗案"中，此诗成了苏轼有口难辩的一条罪证。

4

陈襄离任之前，打算遣散家中蓄养的一些歌妓，但又难以割舍，一时拿不定主意。他想送几个给苏轼，但又不知道他喜欢哪个，于是，便以约苏轼到家中小酌为由，让他当面挑选。

谁知苏轼去了之后，却婉言拒绝了，说道："谢谢陈大人的美意，下官家里亦有几个搽粉的，能支应就行了。"

他说的搽粉的，就是家中的歌妓，有的也叫身边人、供过人、针线人、堂前大杂剧等名称。他的本意是说，家中已蓄养了几个歌妓，有客人来访时，由她们出场跳跳舞、唱唱歌也能应付过去，不必再添新歌妓了。

陈襄以为他没看中自家的那些歌妓，便转换了话题，说道："本官发现，苏大人近时脸上常显倦意，不知何故？"

苏轼说道："自内人生了苏过之后，身体总感不适，每日汤药不断；而幼子又啼哭不止，下官难以入睡，时常午夜起来看书，直到天亮，是睡眠不足所致。"

陈襄："难道苏大人缺少内眷？"

苏轼："下官家中已有侍妾婢女数人，不过，都不善于照料他们母子罢了。"

陈襄："既然如此，大人不如再买个小马驹，以照料夫人和公子。"

苏轼叹了口气，说道："一时也没有中意的，此事以后再说吧！"

陈襄说的"小马驹"，其实是指歌舞班子中的小艺人。她们有的来自贫困人家；有的是因家人犯法而"籍没"到"乐户人家"，再转为官妓的；也有私人经营的歌舞班子将她们调教、训练以后，便让她们出场献艺。当时这些小歌妓称为"小马驹"或"小瘦马"。大约因为她们像小马驹那样，主人可以将其随意买卖。其实，称小歌妓们为"小马驹"，并非是宋代的发明，早在唐朝已经有了。白居易在一首《有感》中写过："莫养小马驹，莫教小妓女"。

当二人饮到微醉时，陈襄又回到了要为他买妾的话题上了，他笑着说道："苏大人，本官倒是看中了一个合适的。"

苏轼："合适的？是谁呀？"

陈襄："就是那个总爱唱'水光潋滟晴方好'的小官妓呀！"

苏轼听了，眼前仿佛看见一只小船轻轻划来，一个朦胧的倩影在涟漪中忽显忽隐；不一会儿，那倩影动情地唱着："欲把西湖比西子，淡妆浓抹总相宜"。一会儿，她又轻轻拨开柔软的柳条，向白堤走去，走时又回首一笑，她的眸子如西湖之水，清澈、明亮……当陈襄再问他时，他才从如梦似幻的状态中回过神来，问道："陈大人说的是——"

陈襄："本官说的，就是朝云姑娘！"

苏轼听了，先是一怔，继而便觉得心里"咚咚"狂跳起来。原来他心中想的，竟和陈襄说的不谋而合！但他不便立即表明心迹，红着脸说："她还未及开笄年龄，再说，我的年纪已大，头上亦有白发了，恐不合适吧？"

苏轼说的也是实话，自己已三十八岁了，而王朝云却是个垂髫少女，再说，自己的长子苏迈还比她大三岁呢！虽然当时老夫娶少妻并不少见，但苏轼总觉犯嘀咕，也磨不开面子。

陈襄已猜出了苏轼的心事，他追着问道："苏大人，朝云姑娘若进了你家，可让她先作婢女，照料夫人和公子；后为侍妾，在你身边侍候。你到底愿意不愿意？请你说句话呀！"

"此事，以后再说吧！"他端起杯子，笑着说道，"与大人一别，不知道何时才能再次聚首，来来来，下官敬陈大人一杯。"

陈襄听了，果然不再提及此事，二人一直饮到天色将暮，苏轼才告辞走了。

在回家的路上，苏轼觉得王朝云的影子总在自己眼前晃动，挥之不去；她的歌声、笑声和她的吴侬软语，也总在耳际萦绕。他忽然想起了杜牧写的那首《赠别》：

娉娉袅袅十三余，豆蔻梢头二月初。
春风十里扬州路，卷起珠帘总不如。

他想，诗人在扬州爱怜着的那个青楼女子也只有十三岁，不但未被时人指责，还一直传诵至今，是诗好还是人好？也许二者都有？

陈襄说的颇有道理，不妨先将她买回家去，照料王润之和苏过，再住几年她不就成人了？可是，王润之会同意吗？她那一关怎么过？

他刚刚到家，见王润之怀里抱着苏过，紧锁着眉头。他连忙双手接过婴儿，说道："夫人，你歇一歇吧！"

话音刚落，苏过便"哇"的一声啼哭起来了！

王润之说道："看你毛手毛脚的，把过儿弄醒了！"说完，连忙接过婴儿，拍打着哄他睡觉。

苏轼说道："夫人可让碧桃她们抱一抱，自己也可歇一会儿。"

王润之说道："她们都没带过孩子，再说，过儿认生，她们一抱，过儿就哭个没完没了，真是烦死人了！"

苏轼试探着说道："要不，再给夫人物色个合适的侍女？"

王润之没好气地说道："靠老爷的那点俸禄，养活这一大家子已经不易了，哪里还有银子再买侍女？唉！"

"夫人说的也是。"说完，苏轼回书房了。

这件事，也就放下了。

5

次日辰时，忽见闹市有浓烟冒出，原来柴禾巷失火了！苏轼得报后，立即率人前去灭火，不到一个时辰火便灭了，因他身上沾有灰泥，便回家更换衣服。

一回到家中，他就感到有些异样，怎么没听见苏过的哭声？

他连忙进了内室，看见一个似曾见过的身影站在窗前，一面轻轻哼着曲儿，一面拍打着怀中的婴儿，她是谁？

就在这时，王润之笑吟吟地走过来，说道："老爷回来了？"

苏轼点了点头，指着窗前的背影问道："她是——"

王润之说："是朝云姑娘呀！你说怪不怪，过儿哭时，谁抱他、哄他，他都不理，而一见朝云姑娘就立马不哭了！"

这时，王朝云转过身来，朝苏轼施了一礼。苏轼发现，苏过偎在她的怀里，睁着大眼，笑得正欢呢，脸上还露出了两个小酒窝。

王润之又说："看来，我们的过儿和朝云姑娘有缘呢！"

苏轼听了，笑而未答。

王朝云说道："小女子是奉陈大人之命，送来高丽参和藏红花，是让夫人补养身子的。陈大人还吩咐小女子，夫人身子虚弱，命小女子照料些日子。"说完，朝苏轼莞尔一笑。

王润之将苏轼悄悄拉到室外，说道："妾与老爷商量一件事。"

苏轼："说吧，什么事？"

王润之："朝云姑娘人长得秀气、善良单纯，妾十分喜欢她，我们不妨——"她在苏轼耳旁悄悄说了一会儿。

苏轼听了，脸上"刷"地红了，连忙说道："使不得，使不得！再说，让她赎身脱籍，须花一大笔银子，我们也支付不起呀！"

王润之听了，觉得他说的在理，再没说什么。

不久，新任太守杨绘到了杭州，陈襄和他交接了手续之后便匆匆上任去了。

在他离开杭州时，苏轼一直将他送出五十多里，二人在驿道上的一座凉亭里分手时，苏轼还特意为他填了一首《菩萨蛮》：

秋风湖上萧萧雨，使君欲去还留住。今日漫留君，明朝愁杀人。佳人千点泪，洒向长河水。不用敛双蛾，路人啼更多。

二人分手后，苏轼仍然站在凉亭里望着越走越远的马车，直到马车的影子消失在天边的尘埃里，才回到杭州。

刚刚到家，见苏田和苏友正在厢房里搭床支帐。还没等他开口问，王润之已领着王朝云走了过来。王朝云双手捧着一杯热茶说道："请老爷用茶。"

老爷？过去她总是称呼自己是苏大人，怎么今天改称老爷了？

他看见床边放了个小行李卷儿，问道："这是谁的？"

王润之说："是朝云姑娘的，朝云姑娘是按陈襄大人的吩咐才来我们家的。"

苏轼听了，只是"嗯"了一声。

王朝云低着头说道："陈大人已为贱妾赎身脱了乐籍，贱妾才来侍候老爷和夫人的。"说完，白皙的脸上泛起了一片绯红。

苏轼听了，连声说道："这个陈襄，这个陈襄！怎么能……唉！"

从他的语气中能听出他很生气，也很无奈。其实，他心里十分感谢陈襄，因为陈襄想得十分周到，办得也十分利落，帮了自己的大忙，只是自己不能流露出来罢了！他叹了口气，对王润之说道："那就按陈大人的安排吧！"说到这里时，他好像忽然想起了什么，又说道："噢，对了，明天要向新任太守杨大人介绍所属各县的民情，我要去准备一下。"

王润之安慰他说："老爷去忙公事吧，家里的事，妾自会安排妥当的。"

苏轼听了，连忙转身走了。

他沿着西湖的长堤漫无目的地走着。今天的心情格外舒畅，多日来因少眠和劳累而造成的疲倦经湖风一吹，早就一扫而光了。他显得很激动，因为朝云终于名正言顺地归于他了！

在宋代，虽然买婢纳妾蓄养家妓是合法的，但严格规定不允许官员嫖娼。其实这一规定形同虚设，徽宗皇帝就是个头号嫖客，他的后宫虽有众多佳丽，但他却更醉心嫖娼。当他听说京城有个倾国倾城的头牌妓女时，便在一群弄臣的簇拥下，以"天下一人"的名字,终于将李师师嫖上了。上梁不正下梁歪,既然天子带头嫖娟,那些权重财大的官吏们能是"柳下惠"?当时不论是都城的京官、封疆大吏还是地方官员,除有官府管理的官妓之外,几乎都蓄养家妓,这是上流社会的一种风气,贤者亦不能免。苏轼家中也有婢、妾和歌妓,他又常常在红裙堆中周旋,听她们唱歌、给她们题诗、为她们主持公道,但基本上没闹出什么绯闻。就连纳王朝云为妾这件事,他都做得天衣无缝、名正言顺。首先,王朝云不是他花银子买的,而是陈襄在他不知情的情况下替他包办的;其次,王朝云不是以歌妓或婢女身份进的苏家,而是以侍妾的身份来照料夫人和公子的。

妾和婢不同,按照王安石的解字方法:婢,左边是个女子,右边是个卑字,也就是地位卑贱的女子;妾就不一样了,上边是个立字,下边是个女字,也就是站立的女子,其地位低于正室、但高于婢女,属于主人的内眷。

苏轼分管司法刑狱,熟悉妾和婢的关系。接朝廷的规定,政府官员不得以官妓枕席,也就是伴宿,若有发现,即属违法。益州太守蒋堂因与官妓私通,被王安石弹劾,受到了降官处分!但官员们都十分聪明,既然不允许嫖娟,又不能与官妓有染,多买些侍妾,养些家妓不就可以了吗?所以纳妾养妓之风越演越烈。作为杭州府的副职首长,若不纳妾养妓,肯定是个不合时尚的另类!

就是在这种大环境下,苏轼的铁杆粉丝王朝云正式走进了苏轼的生活。王朝云后来无怨无悔地陪伴着他走过了漫长而坎坷的人生道路,受尽了人间的种种磨难,给了诗人以莫大的慰藉,最后却又不得不念着《金刚经》,舍诗人而去。

就在王朝云进了苏家不久后,苏轼接到了诏令:出任密州太守。

要离开杭州,苏轼有些难分难舍,这不光因为杭州有他的朋友、有令他倾倒的西子湖,还有个一直不肯示人的秘密:他有几个神秘的情人!

作为一个风流倜傥的著名诗人、千人爱万人迷的超级明星,苏轼虽然"性不侃妇人",但不影响有人暗恋着他。那个乘着私家船、在西湖岸边追到苏轼,只为能见他一面并为他弹琴的神秘女子,就是其中的一个。有女子暗恋着他,他也暗恋着几位女子。苏轼的任所在杭州,他却一年三次去苏州。有一次友人王海宴请他,席中有位神色凄然的女子,曾悄悄问他:"这回去了,还会再来吗?"

苏轼听了,十分感动,曾写了一首《阮郎归》:

一年三度过苏台，清尊长是开。佳人相问苦相猜：这回来不来？情未尽，老先催，人生真可咍。他年桃李阿谁栽？刘郎双鬓衰。

离开苏州后，他意犹未尽，又写了一首《醉落魄》，也是为此妹所作：

苍颜华发，故山归计何时决。旧交新贵音书绝，唯有佳人，犹作殷勤别。
离亭欲去歌声咽，潇潇细雨凉吹颊。泪珠不用罗巾浥，弹在罗衫，图得见时说。

杭州的沙河塘是城里最繁华的地方，那里住着一位女子，苏轼对她格外钟情，但从未向人谈及过，只留下了一首《戏赠》，可从字里行间看到一些蛛丝马迹：

惆怅沙河十里春，一番花老一番新。
小桥依旧斜阳里，不见楼中垂手人。

还有一位从未露面的女子，颇有文才，诗人对她一往情深，她将离开诗人时，苏轼曾特意为她作了一首《赠别》诗：

青鸟衔巾久欲飞，黄莺别主更悲啼。
殷勤莫忘分携处，湖水东边凤岭西。

她们是苏轼的梦中情人，还是他的地下情人？没有人说得准。

由于诗人多情，也不排除留下了多情的种子。在常州，有一条叫观子巷的胡同，据说就与诗人有关，说是不知哪位侍妾为诗人生下了一个儿子，后嫁到了孙姓人家，取名孙觌，成人后还颇有文采。

有一位重量级的人物，即被称为"隐相"的六贼之一、宋徽宗的权臣梁师成，有人说他就是苏轼的私生子。梁师成曾自称是苏轼的"出子"，即侍妾的遗腹子。此事的真伪没有人查过，不过，不知是否因为这层关系，当年查禁元祐党人的著作时，"三苏"的作品未被全部禁毁。

可惜当年没有今天这样敬业的"娱记"们，没有"狗仔队"，更没有发明人肉搜索，所以苏轼的这些隐私才未能"曝光"！

杭州虽好，但圣命难违，苏轼只好携眷北上。

他一路反复想着，假若说西湖是上苍赐给人间的一件精美礼物，那么，王朝云就是上苍赠给他的一件无价之宝。

第十二章　出城猎野兔，终于擒获了"何四两"

江城子·密州出猎

老夫聊发少年狂，左牵黄，右擎苍，锦帽貂裘，千骑卷平冈。为报倾城随太守，亲射虎，看孙郎。

酒酣胸胆尚开张，鬓微霜，又何妨！持节云中，何日遣冯唐？会挽雕弓如满月，西北望，射天狼。

1

熙宁七年（1074年）初冬，两辆马车沿着驿道缓缓而行。道旁的杨柳早已落光了叶子，北风一吹，败叶乱飞。远处的田野，既没有庄稼，也不见人影，显得了无生机，只有几只觅食的乌鸦在一片新坟旁边"呱呱"地叫着。忽然，从前边驰来一群骑马的汉子，他们有的身着军装，也有的身穿颜色不一的便服，腰上佩着大刀，马背上驮着大大小小的包袱。有一个汉子手里提着几只鸡鸭，鸡鸭们不安地扑棱着翅膀；一乘混杂在马匹中的马车遮着严严实实的帘子，有女子的哭声从车上传出。当他们到了两辆马车跟前时，跑在最前头的一个又黑又瘦的中年汉子勒住了马头，用怀疑的眼光朝马车打量了一会儿。这时，有人向身后指了指，向他说了句什么。他回头一看，见一彪人马飞奔而来，他立即打了一个呼哨，策马而去，快得像一阵风，不一会儿便消失得无踪无影了。

他们是什么人？是从哪里来的？又去了何处？因为这一切来的太突然、去的又太快，坐在马车里的苏轼未能看清他们的面目。不过，他已隐隐感到这群非军非民的骑者并非善良之辈！

苏轼是九月接到诏书的，十月离开杭州。他本想顺路去看望在齐州（今济南）任掌书记的弟弟苏辙，因兄弟二人有七年未见面了，心中十分惦念他，但因为赴任时间急迫，只好匆匆赶往密州。谁知还没到达密州的任所，就遇上了这群神秘的骑者。这时，又一队骑者飞奔而至，一身着官服的官员问道："请问，这是苏大人的车吗？"

马梦得答道："是的。你是谁？"

骑者听了，连忙跳下马来，说道："下官密州通判刘庭式，是来迎接苏大人的。"

苏轼听了，跳下车去，说道："下官就是苏轼。"

刘庭式连忙施礼："得知大人已进了密州境内，因地方治安恶化，下官特意率领府衙士兵前来护卫大人。"

苏轼问道："刚才过去的那群骑马的，是些什么人？"

刘庭式："他们是一伙土匪，刚刚还在太平镇作过案！"

苏轼："他们去了何处？"

刘庭式："去了常山，那里有匪徒们的巢穴。"

苏轼："既然他们是土匪，为何不发兵将他们捉捕归案呢？"

刘庭式听了，苦笑着说道："密州府何尝不想去逮住他们！既为民除了害，又保了一方平安，可是，唉，一言难尽啊！"

从杭州到密州，行程二千多里，苏轼实在是在车上坐累了，双腿又酸又痛，便想下车走一走、活动活动筋骨，便对刘庭式说道："刘大人，咱们边走边说，怎么样？"

刘庭式点了点头，他让士兵们护卫着苏轼的两辆马车，自己和苏轼沿着驿道并肩而行。

刘庭式在密州任职已有两年，他对密州民情十分熟悉。他告诉苏轼，密州地处潍河东岸，南有群山、北有大海、人多地薄。这里有旱、蝗、匪三大灾害，百姓们的日子苦不堪言。旱灾是上天降下来的灾害，谁也没有办法；蝗灾是地上冒出来的灾害，谁也抵挡不住；而匪灾是人祸，令人头痛。

苏轼在凤翔时，曾经历过旱灾、水灾，却没经历过蝗灾。他有些好奇，便详细询问了蝗虫对庄稼的危害。刘庭式说，当蝗虫从天边飞来时，遮天蔽日、天昏地暗。蝗虫落下时，庄稼上、树枝上，甚至路边的野草上，全落满了蝗虫！他们啃食叶子的"唰唰"之声如同海浪喧哗！不一会儿，地上就不见一点绿色了。它们啃食完了便"呼"的一声飞走了，又去啃食别处的庄稼。最多时，地上的蝗虫有三寸多厚！每当蝗虫飞来时，有的人家便烧香许愿，央求老天保佑，让蝗虫给他们留下一点口粮；

有的人家用扫把、树枝拍打，将打死的蝗虫在锅里炒熟，用以充饥。

苏轼听了，叹了口气，说道："天灾造孽呀！"

刘庭式说道："比起天灾来，人祸更厉害。"接着，他介绍了密州的匪情。

密州的土匪约有二百多人，匪首叫何思铭，是个极狡猾又残忍的惯匪。他隐藏在常山的深山之中，深居简出，密州发生的一些大案都是他一手策划的。他长得干瘦，又患有痨疾，听说人血可治痨疾，每逢杀了人他都要当场喝四两鲜血！所以人称"何四两"！

密州的土匪可分为两类：一类是以打家劫舍为职业的惯匪，"何四两"和他手下的匪徒们就属于这一类；另一类属乌合之众，因朝廷实行青苗等法，庄稼歉收时他们无力还钱缴税，又害怕被官府抓去问罪，便纷纷外逃，居无定所、以偷盗为生。

苏轼听了，自言自语地说道："这是官逼民反啊！"

当他们走到太平镇时，见一群人围在大街中央，拦住了他们的道路。刘庭式大声喊道："请诸位让一让路，让密州新任太守苏大人的马车过去。"

听说密州来了新任太守，人们纷纷跪在车前，齐声喊道："请苏大人替小民们做主啊！"

苏轼听了，连忙大声说道："请父老们快快起来，有什么话就对下官苏轼说吧！"

一位身穿长衫的花甲老人大声说道："山里的'何四两'，窜来太平镇，抢了十多家店铺，还打伤了六人！"

这时，几个人用门扇抬着一个满脸是血的男子来到苏轼跟前。那个男子约莫三十多岁，叫孟元。他挣扎着想坐起来，无奈右臂受了刀伤，只好跪在门扇上，哭着诉说了刚刚发生的一场抢劫。

孟元是一家茶叶店的店主，新婚妻子杜氏今天要回娘家，他一大早就起来套好了马车，正准备出发时，忽见一彪人马吆喝着冲了过来。他知道是山中的土匪来抢劫了，连忙打发妻子躲进了后院，又迅速关上了店门，想躲过这场劫难。谁知匪徒踢开店门，抢去了店中的财物之后，又发现了杜氏。一个独眼匪徒笑着说道："何爷正缺个压寨夫人呢！"说着，拉着杜氏就向外拖。孟元急了，连忙去救杜氏，独眼匪徒挥刀朝他砍去，他一躲闪，砍在了右臂，鲜血直流，之后就倒在了地上。等他醒来时，杜氏和门前的马车都已不见了！

这时，又有几家被抢的人，一面哭着一面控诉匪徒们的罪行。他们声声有泪、句句带血，不但有对匪徒们的仇恨，也有对官府的企盼：企盼官府能为民做主、铲除匪害！

苏轼将他们一一扶起，说道："朗朗乾坤，岂容匪徒为非作歹、杀人越货！有我苏轼在，就没有匪徒们的立足之地！"说完，吩咐刘庭式将太平镇受害人家被劫的财物登记在册，以备审案之用。

在上任的路上就亲自目睹了"何四两"及匪徒们的猖獗和百姓们遭受的蹂躏，苏轼感到痛心疾首。作为地方的父母官，若不替百姓们除害，岂不是助长了匪徒们的威风，凉了百姓们的心？待刘庭式登记完了之后，他大声说道："去密州府衙！"

刘庭式率领着士卒、跟随着苏轼的马车，在如血的夕阳中向密州城奔去。

2

苏轼上任后，花了一个多月时间调查了密州的农业、水利和治安的实际情况之后，认为旱、蝗、匪这三祸之中，匪害应属首害，不铲除匪害就难保一方平安。百姓们日夜提心吊胆地过日子，怎么会安心去寻泉挖井和扑灭蝗虫呢？于是，他根据密州的州情，撰写了一份《论河北京东盗贼状》，阐述了京东地区的政局关系着河北政局，也影响着大宋的社稷，主张严厉打击为害一方的匪徒；而对那些罪大恶极的匪首应处以极刑，以达到杀一儆百的作用。

奏章送往汴京之后，他又写了一篇《上文侍中论强盗赏钱书》，主要内容是：重奖之下，必有勇夫。凡捕捉匪徒盗贼有功者，不论军民，皆给予重奖。

还没有等到朝廷正式批准他的请求，他已悄悄开始了彻底捣毁匪巢的准备工作。

要铲除匪巢，就要先知道匪巢藏在哪里、里边有多少匪徒、是个什么样子。也就是兵家常说的：知己知彼，百战百胜。

为了对付时常出山扰民的匪徒，密州府招募了一些青壮年，由刘庭式和马梦得对他们进行训练。有一天，正在军校场上进行训练的马梦得被召到了苏轼官舍。他一进去，见孟元正在向苏轼说着什么。苏轼指着马梦得对孟元说道："这是本府的幕僚马梦得。"

原来，自妻子被匪徒们掠去后，孟元一直在打探她的下落。前天，听一个土匪的亲戚说，杜氏被匪徒抢上山后，不但不吃不喝，还整日啼哭不止。有一天，她趁看守的匪徒不备，纵身跳下了山崖！因崖下长满了茅草，她虽保住了性命，却摔折了左腿！

为了防止她再次逃跑，"何四两"将她转移到一个山洞里，对她看管得也更严了：洞里有匪眷们陪伴，洞口有匪徒日夜把守。最近传出，她受伤的左腿红肿不消，引起了高烧，"何四两"已派人四处寻医求药。

因为马梦得曾向苏轼学过一些药物药理知识，苏轼打算让他装扮为郎中，前往常山打探匪情。

马梦得听了，十分高兴，三人便在官舍中秘密筹划起来。

第二天一大早，一个身背药箱的郎中出现在常山的山径上。当他走到一处山口时，突然从一片黑松林中跳出几个人来，为首的一个汉子问道："你可是郎中？"

郎中："在下正是郎中。"

汉子："能治伤吗？"

郎中："在下专治跌打损伤。"

汉子："能治骨伤吗？"

郎中："在下需看了患者的伤情之后，才能断定。"

汉子："那好，跟我来吧！"

郎中："要去哪里？"

汉子："去了，你就知道了。"说完，用一幅青布蒙上郎中的双眼，牵着他向深山走去。

约莫走了半个时辰，汉子取下郎中眼上的青布，说道："已经到了。"

郎中睁眼一看，发现自己在一个颇为宽敞的山洞里。他看了杜氏的伤处之后，从药箱中取出专治跌打损伤的膏药，用火烤过之后为她贴在伤处；又取出一个楠竹筒子，从里边倒出一些绞成麻花状的药物。

旁边的看守问道："这是什么药？"

郎中："这叫苦丁，是从海南采的，专治瘀血虚火。"

杜氏看到那个楠竹筒子时，心里就觉得有些奇怪。一个月前，海南的一个茶商曾送给丈夫一个这样的楠竹筒子，里边也是装着这样的苦丁，怎么到了这位郎中的手里了呢？

这时，郎中将药箱向她跟前推了推，悄悄指了指药箱的背带，背带上写着一个不大的"孟"字，因经过摩擦，字迹已经有些模糊了，但她一眼就认出来了，这正是丈夫平时用的药箱！她望了望郎中，郎中指着苦丁说道："此药虽苦却利病，请夫人坚持服用，到了冬至，伤病自然就会痊愈的。"

杜氏是个绝顶聪明的女子，她已猜出郎中是受丈夫所托、以看病施药名义前来探望、报信的，心中便有数了。

郎中离开山洞时，看守又让他蒙上了青布。他转身说道："夫人且且记住，要坚持服药，到了冬至，才可痊愈。"说完，看守牵着他回到了山口。

马梦得虽然见到了杜氏，也向她暗示了救她的日子，却未能进到常山腹部，更不知道"何四两"的老巢在哪里。

孟元听说妻子尚在且暂无性命之忧时，便放下心来。听苏轼说要找匪巢，他忽然想起一个人来：

有一年腊月，余家庵的猎户余七进山打猎时，不慎从马上摔下，右脚骨折，痛得无法动弹。家人将他抬到太平镇，孟元让他住在自己家中，精心为他治疗了半个多月。二人闲聊时，余七告诉他，在常山一个叫铁沟的悬崖下，有一座山神庙，庙里住着几个神秘人物。因他常在山中打猎，见匪徒们分散住在铁沟的"地窝子"里，一些匪徒都认识他，井水不犯河水，匪徒们并不为难他。但当他想去山神庙时，却被守庙的几个匪徒拦住了，说里边供着张天师真身，不是嫡传弟子就不许进入！

此地无银三百两！他知道这是匪徒们骗人的鬼话。他寻思，山神庙里不是住着土匪头子，就是藏着土匪们抢来的财宝！要不不会看守得这么严密！

为了救出妻子，孟元连夜去了余家庵，将年过花甲的老猎户余七请到了密州城。

密州的官员们发现，新来的这位太守大人似乎对狩猎情有独钟。为了狩猎也不耻下问，向老猎户请教如何熬鹰、架鹰、放鹰，如何在马上射猎野兔。骑马射箭学起来倒还容易，只是驯鹰十分不易。

要驯鹰，首先要捕鹰。密州一带常有老鹰在半空中盘旋，一旦发现山坡上有野兔、野鸟等动物，便会从半空中突然冲下来，用一双利爪紧紧抓住猎物不放，然后抓起猎物飞回筑在山上的鹰巢，喂养巢中的幼鹰。但地上的动物们十分警觉，往往刚被老鹰发现便迅速躲进树丛和洞穴。老鹰有时数天猎不到食物，十分饥饿，这正是捕鹰的大好时机。余七以家中养的鸽子为诱饵，用细麻绳系着鸽子的双脚，待发现有老鹰在空中盘旋时，便将鸽子抛向空中。饥肠辘辘的老鹰见到猎物便不顾一切地冲下来，直扑鸽子，将两只锋利的钢爪扎进鸽子的身上。但因鸽子腿上系着麻绳，它不但无法将鸽子带向高空，还因利爪无法脱出而拼命在地上挣扎。余七便神速跑过去，将老鹰捕获。

捕获的老鹰野性很大，脾气也十分暴烈，开始几天不肯吃食，以示抗议。余七便将老鹰关在房里，窗上蒙上被子，房内只点一盏油灯，日夜不许老鹰合眼；同时将切成长条的瘦肉用索线拴牢，塞进它的嘴里，待它吞下之后，再轻轻将瘦肉拉出来。这就叫熬鹰，又困又饿的老鹰"熬"了半个月后，就乖乖听话了，"熬"好了的老鹰，便可架在左臂上，随着猎人和猎犬上山狩猎了。

余七一共"熬"出了三只老鹰，其中一只就是为苏轼"熬"的。苏轼常常骑着马、背着弓、牵着狗、左臂上架着老鹰，跟着余七等猎户们出城狩猎。第一天狩猎时，他缺乏经验，当那条大黄狗将野兔从草丛中赶出时，他放鹰慢了，鹰刚放出，野兔已钻进洞穴里了。打猎回来，余七满载而归，他却空空如也。余七便选出几只野兔，装进了他的猎袋。

有人看到太守大人热衷狩猎，便背后议论：太守大人只会猎野兔，不敢猎土匪！

苏轼听了，总是一笑了之，狩猎的兴趣丝毫不减。

他的夫人王润之对此表示反对，她说："老爷是密州的太守，却不务正业、迷恋狩猎。对上，有负朝廷；对下，有愧百姓。还是别去狩猎为好。"

苏轼听了，笑着说道："谢谢夫人的提醒，等我将那些野兔逮光了，就不再狩猎了。"

三个儿子却十分支持父亲狩猎，每当苏轼出去狩猎时，苏迈便领着弟弟苏迨、王朝云抱着苏过，跟在一群人后边去看热闹。当他们看到苏轼头戴锦蒙帽、身穿貂鼠皮袄，右手臂上架着一只老鹰、肩上背着一张弩弓、左手牵着一只大黄狗，威风凛凛、率领狩猎的队伍出城而去时，感到既新鲜又好奇，也都为他们的父亲感到骄傲。

送走父亲之后，孩子们回到家中，苏迈看见父亲的书案上有一张诗笺，从墨迹上看，知道是父亲临出发前写下的。

原来，为了"冬至"的狩猎活动，苏轼已策划了多日。天不亮他就起来了，穿戴完毕之后，看到天色尚早，东方初晓、晨星未落，他便坐在窗前看书。这时，他想起自己要率领府衙的官兵士卒和猎户们去常山狩猎，心中异常激动；他也想起了孙权当年在丹阳射虎时，坐骑已被老虎咬伤却毫无畏惧，手持双戟终于将老虎制伏；又想起了汉文帝时的云中郡太守魏尚，他守边有功、战绩显赫，后却因上报的奸敌数字有误而被文帝削职。郎中署长冯唐，上书批评文帝不该如此对待有功的名将，文帝便派他执旨前往，宣布赦免魏尚、恢复云中郡太守之职；他还联想到自己，他虽受到政敌排斥未能得到重用，但壮志犹在。他期待能以手中的弓箭去射杀侵犯疆土的"天狼"，为社稷江山建功立业！于是，便乘兴写下了一首《江城子·密州狩猎》：

老夫聊发少年狂，左牵黄，右擎苍。锦帽貂裘，千骑卷平冈。为报倾城随太守，亲射虎，看孙郎。

酒酣胸胆尚开放，鬓微霜，又何妨！持节云中，何日遣冯唐？会挽雕弓如满月，西北望，射天狼。

苏迈拿起诗笺，学着父亲的样子，摇头摆脑地吟哦起来，很是得意。弟弟苏迨嚷着也要吟哦，便去抢哥哥手中的诗笺。王朝云见了，连忙将他拉住，说道："别抢了，小心撕破！等老爷狩猎回来，准有野兔吃！"

兄弟二人听了，便乖乖地离开了书房。

3

"冬至"，是二十四节气之一，也是一年中最寒冷的一天。过了这一天，阳气初萌，冬去春回的日子就开始了，民间有"冬至阳生"的说法。

早在汉代，"冬至"为冬节，官府要行贺礼之仪，谓之"贺冬"；魏晋时，"冬至"称为"亚岁"，在这一天，晚辈要向长辈拜节；到了宋代，汴京非常重视"冬至"，不但朝廷要在太庙举行典祭，普通百姓也都相互庆贺，外出谋生的人都会赶回家乡过节，表示"终有归宿"。

"冬至"之前，密州府的官员们遵照太守苏轼的命令，为了庆贺"冬至"节，除留下少数官员和士兵在府衙值班之外，其余的人都要随他进山狩猎，与民同乐，以示庆贺。

时辰刚到，苏轼率领官员和衙役们走在前头，余七率领百余猎人走在中间，刘庭式率领三百多名招募来的民兵断后，一行人浩浩荡荡地出发打猎去了。密州的百姓们从未见过这么大的狩猎阵容，更没听说太守大人亲自率众狩猎！都纷纷涌到大街两旁看热闹。有的人笑着说道："野兔看到这种架势，用不着放鹰，吓也吓瘫了！"

有的说："这就叫杀鸡用牛刀嘛！"

还有的说："苏大人的玩性也太大了！为了猎几只野兔,兴师动众、得不偿失！"

议论归议论,反正太守大人已经走远了。

"冬至"的天气虽然寒冷,但天气晴朗、无风无雪。饿极了的野兔们趁着晴天纷纷钻出洞穴觅食,这正是狩猎的大好时机。

狩猎的队伍出城之后,直奔常山而去。

这时的常山静悄悄的。昨晚,"何四两"和他的四大金刚在山神庙里掷色子赌钱,一直闹腾到半夜,又命人宰了一头肥羊、烧了一桌全羊席,一直喝到东倒西歪,才各自睡下了。

由于天气寒冷,加上山里的积雪未化,地窝子里的匪徒们还在蒙头大睡,几个守哨的喽啰守着一堆将熄的篝火打着瞌睡。唯有山谷中的十几匹马不肯安生,它们用蹄子刨着冰冷的泥沙,还时不时地发出声声长啸。

起初,"何四两"以为苏轼刚来,新官上任三把火,他肯定会出些狠招打击自己的手下,所以就不敢大肆出山作案。又过了数月,仍不见这位新任太守有什么动静,胆子就又大起来了。他决定利用"冬至"这一人们回家过节的机会,二更率人出山,在密州的几个富庶的镇子大捞一把,多抢些粮食、棉布等财物,以备过冬之用。现在,他和"地窝子"里的喽啰们正在养精蓄锐,以便晚上出山抢劫。

狩猎的队伍到达常山口时,刘庭式率领着官兵们抄近路去了"何四两"养马的山谷;苏轼率领着民兵和猎户们大摇大摆地进了山口;而马梦得领着几名捕快和孟元早已潜进了那片黑松林。

两个在黑松林守哨的匪徒靠在一块背风的石板旁睡得正香时,突然被人猛地卡住了脖子,接着嘴里便被塞进了一团棉布,两人既动弹不得,又喊不出声音,憋得满脸通红！

马梦得抽出刀来,低声说道："谁敢出声,就吃一刀！"

两个匪徒吓得连连点头。

捕快们将他们捆牢以后,又随着马梦得来到了旁边的山洞。马梦得对跟在自己身后的孟元说道："进去吧！"

孟元进去不久,便扶着杜氏走出洞来。

久未见到天日的杜氏抬头望了望天空,悄声问孟元："今日是什么日子？"

孟元："冬至。"

冬至？杜氏一下子明白了，原来那个进洞为自己疗伤的是自己的救命恩人！

这时的刘庭式已制伏了看守马匹的匪徒，又派人将马匹牵出了山谷，正沿着山坡向铁沟的山神庙摸来。

山神庙里依然悄无声息，只听见一阵阵的鼾声此起彼落。

苏轼摇了摇手中的一面小红旗，这是狩猎的信号，狩猎开始了！

他和余七骑在马上，率领着众人冲向一片长满枯草的山坡。放出的猎犬在草丛中搜寻，还不断地"汪汪"叫着。忽见一只野兔窜了出来，顺着山坡没命地逃跑，余七对苏轼说道："请大人放鹰！"

苏轼连忙松开手中的绳扣，右臂猛地一抬，臂上的那只老鹰便腾空而起，直奔野兔而去。野兔跑得虽快，但毕竟快不过老鹰的翅膀！转眼之间野兔已被老鹰的一对利爪牢牢抓住了！山坡上传出一片欢呼之声。

余七连忙摁住了野兔、松开了鹰爪，又用小刀割了一小块兔肉喂了老鹰，算是对老鹰的奖赏！

这时，又有几只老鹰抓到了野兔，山坡上的欢呼之声不绝于耳。

狩猎的欢呼声和猎犬的"汪汪"声已惊醒了"地窝子"里的匪徒，他们见是猎人在狩猎野兔，并不在意，有的还钻出"地窝子"看热闹，嘴里还喷喷说道："看，多肥的野兔，真解馋！"

苏轼朝余七示意，余七抓起一只野兔，对他们说道："给，拿去做下酒菜吧！"说完，将野兔扔了过去。

几个匪徒连抢带夺地提着野兔钻进了"地窝子"。

马梦得领着捕快们趁机冲进去，没费多大劲，就制服了"地窝子"里的匪徒。

这时，猎户们已渐渐靠近了山神庙，守哨的喽啰大声喊道："不许靠近！"

余七："为何不许靠近？"

喽啰："何爷在里边睡觉！"

余七："今天要找的，就是'何四两'！"

这时的"何四两"早已醒了，他听见庙外人声鼎沸，便命白面虎出去看看。白面虎手执一柄大刀，气势汹汹地走出庙门，大声问道："是谁要找我们何爷？"

苏轼大声说道："是我，密州太守苏轼！"

白面虎听了，吓得浑身一震，他大声喊道："大哥，官兵——"

还没等他喊完，捕快们一拥而上，已将他生擒了！

"何四两"听到外边有打斗之声，知道不妙，他从窗棂朝外一看，见满山遍野都是人群：他们中有手执弓箭的猎人，也有扛着钢叉、锄头的庄稼汉，还有衙门的官兵。"何四两"吓得出了一身冷汗！他连忙掀开神像后边的盖板，领着三个金刚钻进了漆黑的地道。

狡兔三窟，"何四两"奸诈多疑，为了防备老巢被捣，他早已挖了一条暗道，直通庙外的山沟，由山沟可直达山谷的马厩，骑上马就可脱身！

当他领着三个金刚钻出地道、到了山谷时，却不见一匹马！他知道自己的后路已被官兵们堵住了，便慌不择路，没命地朝荒草丛中钻。

刘庭式率领的民兵和余七率领的猎人队伍从两边包抄过去，苏轼大声喊道："放箭！"

箭镞像飞蝗一般向草丛射去，"何四两"的腿上中了双箭，"扑通"一声就栽倒了。猎户和捕快们冲过去，用绳子将他捆了个结结实实！草丛中的三个金刚也全部落网了！

树倒猢狲散，那些被逼当了土匪的人都纷纷逃散了。

狩猎结束，狩猎队伍押解着"何四两"等匪首，又浩浩荡荡地回到了密州城。苏轼命人将"何四两"等人押入死牢，等待审判！

听说苏太守率领军民捕获了"何四两"等为害一方的土匪，人们都争着出来看热闹，不少店铺还在门前放起了长长的鞭炮。"冬至"的密州城，锣鼓阵阵、鞭炮声声，大街小巷一片欢腾。

孟元领着杜氏走到苏轼跟前，跪地而拜，感谢他的搭救才使夫妻重新团聚。苏轼对他们安慰了几句，便让他们回家过"冬至"节去了。

送走孟元夫妇后，苏轼对余七说道："走，到下官家去，喝上几杯老酒，一为驱寒，二是贺节！"

余七听了，连忙从猎袋中挑选出了一只肥壮的野兔，随着苏轼去了他的官舍……

4

打蛇打七寸，擒贼先擒王。自惩处了"何四两"为首的盗匪之后，密州的匪害很快就偃旗息鼓了。为了防止死灰复燃，苏轼又贴出告示，不论士子庶人，凡捕获盗贼者，予以重赏，并立即兑现！还明确规定了奖赏办法：捕获盗贼一人者，若盗贼判处死刑，可赏五十千文，判流放者，赏金减半，即二十五千文；若数人捕获一名盗贼时，其赏金按人数平分。由于府衙对盗贼打击的力度加大，盗贼们已成了过街之鼠，不但人人喊打，而且人人争着去打！

在丁桥镇，一名盗贼偷了一户人家的一匹麻布，被发现后拼命逃窜。失主在后边一边呼喊："抓贼呀！"一边追赶，邻居们听了，纷纷前去追贼。盗贼窜出镇子后，在地里锄草的农民也放下锄头追赶。追贼的人越来越多，一直追出了二十多里，后边跟着六十多人，终于将盗贼捉住了！

密州滨海多风，常常发生旱灾，不像杭州一带湖泊众多，河道如网，发生了旱灾。百姓们便备下香纸、祭品，拜神求雨。苏轼除了入乡随俗也去祭神祈雨外，还常常率领着官员们四处去寻找水源。

有一天，他去李家店寻找水源时，当地的绅士李老伯向他诉苦说，他家的萝卜窖贮存的萝卜夜里常遭人偷，每晚至少丢失十多个萝卜。他指着身边的一个萝卜窖说道："大人请看，地窖里的萝卜已少了一大半！"

苏轼过去一看，见萝卜窖旁边有一些杂乱的小脚印，他命人沿着脚印去寻找时，发现在一座坍塌的砖场门口不见了脚印。他知道，偷萝卜的人就在里边！

当他跨进砖场的大门时，眼前的情景让他大吃了一惊。在一间草棚子里，藏着十多个蓬头污面的孩子，大的不足十四岁，大部分都只有六七岁，有的手中还拿着半块生萝卜！见苏轼等人进来，他们吓得四处乱跑。

随员抓住了一个个头儿稍高的男孩。

苏轼问他："你们为何偷人家的萝卜？"

男孩说，他们肚子饿。

苏轼又问："你们怎么不回家去？"

男孩紧咬着嘴唇不说话，过了一会儿，突然"哇"的一声大哭起来。哭了一会儿以后，苏轼又问："你的父母呢？"

男孩低声说道："跑了！"

苏轼："跑了？为什么要跑呢？"

男孩："因家里没钱交税，怕官府捉去坐牢。"

苏轼："他们跑到何处去了？"

小男孩茫然地摇了摇头。

这时，李老伯告诉苏轼，这都是被"手实法"逼的！大人们怕被官府捉去，都偷偷逃到外乡去了。丢下的这些孩子却遭罪了，他们只好四处流浪，无以为生才偷吃萝卜的。

苏轼听了，回头对马梦得说道：今后不许弃婴，凡养活不起婴儿的人家，每月拨粮六斗。对眼前这十多个孩子的安置，他有些为难起来。

李老伯说道："若官府能给他们补助些粮食，小民有一所空闲的塾馆，可让他们容身。"

苏轼听了，连忙向这位开明的老人答谢。

找水源回来后，苏轼总忘不了那些面黄肌瘦的孩子，忘不了孩子们的那种恐惧、绝望的目光，他连夜给宰相韩绛写了一篇《论密州灾伤书》，想引起朝廷上层对"手实法"的检讨。

但此时朝廷上层正在进行新一轮的权力之争。韩绛虽为宰相，吕惠卿、曾布协助他行使首辅之职，但吕惠卿千方百计地排斥曾布，还窥视着宰相的宝座。韩绛斗不过他，大权渐渐落到了吕惠卿的手里。吕惠卿推行的"手实法"，其弊病胜过了王安石的青苗法，"手实法"规定：先由政府制定出一个统一的物价标准，由官府的簿籍登记在册，然后计算出家中财产的总值，将总值的二成作为财产税，派人挨家挨户强行收缴。如发现未如实填报的，所有财产一律没收！并鼓励民间告发，告发者可分得没收财产的三分之一。本来课以二成财产税已让百姓们负担不起，又鼓励相互告发，一时间资产难以确定，真假难以澄清，搅成了一团解不开的乱麻！弄的人人自危、家家不安，所以才发生百姓抛家弃婴、远逃他乡的现象。

这种苛刻的"手实法"虽以朝廷名义颁发，却是由司农寺行文规定的，各地若不按时施行"手实法"，将以"违制论处"！

苏轼认为，司农寺本应只负责朝廷的仓储、苑囿、库务之类，但他们对郡县政府十分蛮横，擅自增损律令、超越权力、冲改制书，已违犯了大宋的刑律，对司农寺应以违制论罪，可判刑二年！

在熙宁年间，朝廷的政风不但紊乱，而且败坏不堪。朝廷各部门各自弄权行势，甚至擅造诏令来欺压地方、盘剥百姓、搜刮财富。苏轼写的有理有据，将板子一下子打倒了司农寺的身上。"手实法"的始作俑者吕惠卿，一定对苏轼恨得牙根发痒！

虽然奔波了一天，写完后，苏轼觉得毫无睡意，他推窗望去，见半轮清月悬在空中，将山冈上的一片松林洒上了一片银霜。蓦然，他想起了眉山老翁山上的那座山冈，山冈上也有一片松林，那些松林可是自己和弟弟亲手栽下的，自己当时还写过一首诗，其中就有"老翁山下玉渊回，手植青松三万栽"之句，屈指算来，已有十个年头了，那三万株青松都已长高了吧？今日是否也有半轮月亮照着它们？渐渐，他披着月光，向山冈上的那片松林走去……

他看到了一个似曾相识的窗口，窗口里有个似曾相识的人影正在窗前照镜梳妆。她抬头时，看到了自己。也许自己已满脸都是灰尘，一头乌黑的头发已经变成了灰白，她一时未能认出来，所以她没有说话，只是久久地望着自己。他轻轻喊道："夫人，是我呀！"

窗口里的那个人影没有回答。

他急了，大声喊道："夫人，难道你不认识我了吗？"

那个人影仍未回答，唯见泪水从她的眸子里无声地流了下来。

他也哭了，一面哭着，一面喊着："夫人，我是苏轼啊……"

他被自己的喊声惊醒了，原来自己仍坐在窗前的书案旁边，只是做了一个梦、一个十分短暂的梦！

他连忙擦去脸上的泪水，提笔写下了一首《江城子》：

十年生死两茫茫，不思量，自难忘。千里孤坟，无处话凄凉。纵使相逢应不识，尘满面，鬓如霜。

夜来幽梦忽还乡，小轩窗，正梳妆。相对无言，惟有泪千行。料得年年肠断处，明月夜，短松冈。

写完了，他又在诗后写了一行小字：乙卯正月二十二日夜，记梦。

放下笔后，他抬头望去：半轮月亮依旧，山冈上的松林依旧……

第十三章　黄河大决口，徐州城固若金汤

水调歌头

明月几时有？把酒问青天。不知天上宫阙，今夕是何年？我欲乘风归去，又恐琼楼玉宇，高处不胜寒。起舞弄清影，何似在人间？

转朱阁，低绮户，照无眠。不应有恨，何事长向别时圆？人有悲欢离合，月有阴晴圆缺，此事古难全。但愿人长久，千里共婵娟。

1

一年一度的中秋节快要到了，密州城沉浸在节前的忙碌之中。

在古代礼制中，就有"秋暮夕月"的习俗。夕月，即拜中秋的月亮。《礼记》上说"天子春朝日，秋夕月。朝日以朝，夕月以夕"，这里所说的夕月，也是指中秋拜月。唐代初期，朝廷已将中秋定为了正式节日，从天子皇族到平民百姓，皆在中秋赏月、拜月。《开元遗事》上就有"中秋夕，上与贵妃临太液望月"的记载。到了宋代，从汴京到各郡县的中秋拜月活动已极为盛行。豪门巨宅在自家的楼上赏月拜月、饮酒品浆，琴瑟声声，至晓不绝；草根小民们或登酒楼举杯赏月，或在庭院中全家团聚，品果尝饼。年轻人焚香拜月，各有所期：学子祈求明月保佑自己能蟾宫折桂、步入青云；仕女则祈求明月令自己貌若嫦娥、颜若皓月。密州虽不及汴京或杭州，但中秋拜月亦是一年中最受重视的节日之一。

苏轼的官舍后边有一座旧的城台，他差人去安丘、高密一带伐来一些木头，将城台修整成了一座可登高望远的高台。站在台上，城里城外景色尽收眼底，于是他为此台取名为"超然台"。

中秋节这天晚上，他率领全家登上超然台。王朝云和仆人们将桌子搬到台上，摆上了石榴、核桃、西瓜和月饼等圆形的瓜果食物，待拜月后全家分而食之，庆

贺团圆；王润之还在台子中央设了香案。

申时刚过，一轮皓月从东方冉冉升起，银白色的月光均匀地洒在城外的山冈和城中的房舍上。拜月开始了，王润之点燃了三炷香，插在香炉里，朝头顶上的月亮拜了三拜。她拜完后，王朝云等人过去拜月。这时，刚刚学会走路的苏过有些淘气，趁着大人们拜月之际，他跑到供桌前面，抓起一个石榴就跑，跑到苏轼跟前，将石榴塞在苏轼手里。原来，他是想让父亲为他剥开石榴皮！

苏迈、苏迨坐在苏轼身边，缠着他讲中秋节的故事。谁知苏轼刚刚将"嫦娥奔月"的传说开了个头，他们便嚷着说去年中秋节讲过了，要他再讲个新的传说。苏轼笑了，他将苏过揽在怀里，讲了一个唐玄宗游月宫的故事：

鄂州有位道术很高的道人，叫罗公远，此人会施法术，常为唐玄宗讲道。有一年的八月中秋，唐玄宗在宫中祭月时，望着天际中的一轮明月，突发奇想，想去月宫里看看。

罗公远听了，说道："这有什么难的？"他默默念了一会儿咒语后，顺手将手中的拐杖掷向空中。不一会，拐杖化为了一座银桥。唐玄宗跟着罗公远走过银桥之后，看到前面有一座金碧辉煌的城阙，他闻到了阵阵香气，原来城门旁边有一棵又粗又高的丹桂树；丹桂树下，有一只小白兔正在药臼里不断地捣药；城门上挂着一个匾额，上面写着"广寒清虚之府"。罗公远说，这里就是月宫。

二人走进月宫之后，唐玄宗发现，里边到处都是奇花异草，还有许多以白玉和玛瑙筑成的宫殿。月宫的主人嫦娥十分热情，先以圆饼和甜浆招待他们，又命身穿白衣的仙女们在阵阵仙乐中翩翩起舞，舞姿优美、仙乐悦耳。唐玄宗对音乐和舞蹈的造诣很深，他偷偷记下了仙乐的旋律和舞蹈的动作。从月宫回到人间后，他命御厨制作形如圆月的甜饼，取名月饼；又凭着记忆，谱成了著名的《霓裳羽衣舞》。白居易在他的《长恨歌》中，就曾提到过这个故事……

这时，王润之将月饼切成小块，盛在盘子里，全家人围坐在一起吃饼赏月。

王朝云斟了一杯酒，双手捧给苏轼，说道："中秋赏月，不可无酒，贱妾敬老爷一杯。"

苏轼接过，一饮而尽。

她又捧给王润之一杯，王润之抿了一口，辣得直拧眉头，说道："朝云，你替我喝了吧！"

通判刘庭式领着一群同僚登上台来，他们是来向苏轼和家人们敬酒贺节的。

苏轼又随同他们出了府衙，与街上的军民们共饮同乐，直至月亮偏西了才回到了超然台上。

几个孩子见父亲回来，纷纷向他敬酒，争着让他吃各人分得的月饼。苏轼看到他们兄弟三人戏闹的情趣，忽然想起了济州的苏辙，于是举起酒杯，望着月亮，大声说道："子由弟弟，在这中秋的月下，你我同饮一杯！"说完，一饮而尽。

王朝云又为他斟满了酒杯……

子夜已过，苏轼兴致未减，已显醉态，他对王朝云说道："去将牙板取来。"

王朝云听了，连忙去取那副檀木牙板去了。待她取来时，苏轼触景生情，写了一首《水调歌头》，还在词牌下面写有一行文字：丙辰中秋，欢饮达旦，大醉，作此篇，兼怀子由。

他手执牙板，用他固有的那种蜀音唱道：

明月几时有，把酒问青天，不知天上宫阙，今夕是何年？我欲乘风归去，又恐琼楼玉宇，高处不胜寒。起舞弄清影，何似在人间？

转朱阁，低绮户，照无眠。不应有恨，何事长向别时圆？人有悲欢离合，月有阴晴圆缺，此事古难全。但愿人长久，千里共婵娟。

月光中，他将这首《水调歌头》后唱成了中秋词中的千古绝唱，不但传到了济州，也传遍天下，一直传到了如今。

就在苏轼吟哦这首《水调歌头》不久，汴京送来了新的诏书：苏轼以祠部员外郎直史馆移知河中府！

苏轼只好匆匆赴任。

谁知当他到达陈桥驿时，半路上又接到了新的诏告：改任徐州太守。

他又立即掉头向东而行，此时正值大雪纷飞。

2

在赴河中府的途中，苏轼一直惦记着苏辙。

兄弟二人的名字是苏洵为他们取的。苏轼的"轼"，是指车前的一截横木，车夫站在车上，手扶横木，可眺望前方，希望他在仕途中能站在车前，见识高远、前途无量；苏辙的"辙"是指车轴，因为"天下之车，莫不有辙"，辙的功劳大于马匹和车夫，车有辙，则可免除祸事。

这只能是老苏的一厢情愿。苏氏兄弟自踏上仕途之后，不但未能在车上站稳身子，还常出"交通事故"，甚至险些遭遇不测！但兄弟二人的手足之情却越来越笃厚了。当年二人以进士身份参加制科考试、寓居汴京的怀远驿时，适逢半夜风雨大作，当时二人正在灯下读韦应物的《示全真元常》诗：

> 余辞郡符去，尔为外事牵。
>
> 宁知风雨夜，复此对床眠。
>
> 始话南池饮，更咏西楼篇。
>
> 无将一会易，岁月坐推迁。

诗中的"宁知风雨夜"与他们当时的处境十分相似，引起了兄弟二人因仕途奔波而造成别离的感慨。二人曾经相约尽早退出官场，以享受闲居之乐，可以长久地在一起联床共语，这是他们对人间亲情的渴望。唐人李商隐的"何当共剪西窗烛，却话巴山夜雨时"，就是这种人间亲情的流露。

就在苏轼怀念苏辙的时候，苏辙被诏为南京签判。在上任之前，他匆匆赶来与苏轼会见，在徐州的逍遥堂里住了三个多月才依依不舍地和苏轼分手，分别时他还特意为哥哥写了一首诗：

> 逍遥堂前千寻木，长送中宵风雨声。
>
> 误喜对床寻旧约，不知飘泊在彭城。

苏轼读了之后，为了安慰他，立即写了一首和诗：

> 别期渐近不堪闻，风雨萧萧已断魂。
>
> 犹胜相逢不相识，形容变尽语音存。

为了不耽误赴任时间，第二天拂晓，苏辙就去了南京。

就在苏辙走后的第五天，一场灭顶之灾突然扑向了徐州城。

　　徐州城外盛产铁矿石，当地的冶炼技术十分发达，朝廷军队所用的刀剑等兵器和民间需要的锄、铁、镰、犁等农具，很多都产自这里。距徐州仅七十余里的利国监，就有炼铁场三十六处！炼铁的火力须猛且烈，木柴的火力太弱，用木炭炼铁虽火力猛，但因山上的栗、桧、柞、柏等硬质树木早已砍伐光了，而外省的木炭不但价钱高且供应也不及时，所以有些炼铁场已经熄火待炭。

　　苏轼听说石炭（即煤）的火力硬，是炼铁的绝好燃料，也听说附近山上就有石炭。于是，一大早他就率领一些官员出城勘察石炭去了。一行人刚到柳家坞，忽见有骑者飞奔而来，原来是朝廷发来的十万火急快报：黄河在澶州曹村决口，已淹四十五县、毁田三十五万顷，洪水数日即可到达徐州！

　　苏轼听了，把手一挥，大声说道："回城！"说完，掉转马头，向徐州城奔去！

　　徐州府的官员们都已接到通知：未时之前，即刻去府衙议事，不得有误！

　　未时一到，通判付锡宣布：黄河已经决口，徐州城将要被淹，今日所议，专为抗洪保城之事，请各抒己见。

　　推官林大为说道："听说洪水已淹到了东平县。洪水一旦冲过城外的扁担洼，必会涌进城门，须筑起一道大堤才能挡住洪水。现在看来，临时筑堤已经迟了。下官以为，在洪水尚未到达之前，可先将府库的存粮银钱抢运到城外山上，再将各位同僚的眷属和家中财物转移出去，我等可在山上办理公事。"

　　学正胡吉祥说道："林大人说的极有道理，黄河决口，浪高丈余，谁人敢挡？一旦洪水淹城，我等身家性命难以保全！下官以为，趁洪水来到之前，弃城避水为上策。"

　　苏轼听了林大为的建议之后，心中已有火气，听了胡吉祥这么一说，只觉怒火攻心，他猛地将桌子一拍，大声问道："请问胡大人，我等弃城避水，可一走了之，府学的学子怎么办？店铺的货物怎么办？那些老弱病残怎么办？"他朝林大为看了一眼，继续说道："身为朝廷命官，享圣上之禄、食百姓之粮，在百姓们的生死存亡之际说出这种话来，难道不觉得脸红吗？"

　　胡吉祥听了，像脸上挨了一巴掌，连忙低下了头。

　　苏轼又问付锡："请付大人查一查，有无同僚未到？"

　　付锡："田曹参军庞予未到。"

　　苏轼："为何未到？"

　　付锡："他已携眷和财物先行出城了！"

苏轼："洪水乃徐州军民的大敌，根据《大宋律》规定，凡阵前脱逃者，革职免官，并杖刑二十！速派人将庞予押回受刑！"

值班衙役奉命而去。

苏轼又问："还有哪位同僚未来？"

付锡："没有了。"

苏轼："本官宣布：我在城在，城淹我死！府衙官员一律日夜防洪护城！"

他的声音铿锵有力，掷地有声！

议事厅里一片肃静。

苏轼："判官付锡听令，立即征召民夫八千人，前去扁担洼筑堤，将洪水拦在堤外！"

付锡："下官付锡领命！"

苏轼："推官林大为听令，立即率府衙官员，守住四座城门，只许进、不许出！若发现谣言惑众或盗抢财物者，一律拘捕严惩！"

林大为领命而去。

众人离开议事大厅后，京东提点狱典李清臣走到苏轼跟前，低声说道："苏大人，下官熟悉扁担洼地形，在那里筑堤确实可以阻挡洪水，但要在两天以内修一条长九百八十丈、高一丈、宽两丈的大堤，谈何容易啊！"

苏轼知道他说的是真情实话，这样的大堤，若是平常日子至少要花半个多月！而要在两天之内筑起大堤，简直是难于上青天！

李清臣的官职比苏轼还高两级，本来任期已满，朝廷已下诏调他入京任国子监编修，但继任者尚未到任，所以未能卸任。

他见苏轼半天不语，说道："下官想到了一个办法。"

苏轼笑了："禁军？"

李清臣点了点头，不过，他又有些为难起来："禁军受朝廷指挥，地方官员无权调到禁军。"

苏轼说："走，随下官去找宣慰将军孙龙！"说完，拉起李清臣就走。

原来，当年孙龙是陈希亮的部将，也是个见义勇为的铁血男儿，和苏轼结交颇深。他们到了禁军的营地之后，还没开口，孙龙就说道："下官知道两位大人为何而来，你们看——"他指着军校场说道："全部禁军，正待出发！"

苏轼："李大人，动用朝廷禁军，实属迫不得已啊，下官万分感谢孙大人！"

孙龙爽快地说道："保护地方，拯救百姓，朝廷的禁军义不容辞，苏大人，包括下官在内，这支禁军归你调遣了！"说完，又转身对禁军们喊道："全体将士，跟随太守大人前去筑堤保城！"

话音刚落，五千多名禁军便浩浩荡荡地出发了。

3

徐州城外的扁担洼中，一万多名军民摆开了战场，有的在山坡上挖土，有的向大堤上挑土，苦干了一天，大堤已筑高了四尺。到了晚上，又挑灯夜战，灯笼和松明子连绵数里，犹若一条火龙。

苏轼和李清臣沿着大堤一边走着，还不时地以竹竿丈量着。他对李清臣说道："照这样干下去，在洪水到来之前，大堤准能筑到一丈，足以抵挡住水头了！"

李清臣点了点头："徐州城有救了！"

这时，忽然听见西北方向传来低沉的雷声，紧接着一团乌云席卷过来了，几个响雷炸过之后，铜钱大的雨点便劈头盖脸地砸了下来，霎时间，在山坡上挖土的官员、民夫、向堤上挑土的禁军将士，一个个都成了落汤鸡。

一个汉子挑着一担土刚刚走到大堤旁边，不想脚下一滑，"扑通"一声摔倒了，一个浑身是泥的人连忙过去拉起他来。这时，府衙的掌书记拿着一件蓑衣走来，说道："大人，你已一天一夜未下堤了，还是歇一会儿吧！"

泥人摇了摇头，又挤进了筑堤的队伍。

一个年长的民夫问掌书记："那位大人是谁？"

掌书记："苏大人，徐州太守苏轼大人！"

民夫回到山坡后，对伙伴们说道："苏轼大人就在堤上，和我们一样，也在筑堤！"

消息传开后，人们奔走相告，军民一心，众志成城，就在洪水到达之前，一条巍巍的大堤便横在扁担洼中了！

第三天午时刚过，吐着白沫、卷着树叶、夹杂着门板桌椅等杂物的滚滚浊浪像千万头狂怒的野狼，咆哮着冲了过来，但都被大堤挡住了！三天三夜未合眼的筑堤大军，井然有序地撤回了徐州城！

谁知祸不单行，就在人们准备睡个安稳觉时，忽听大街上响起了急骤的铜锣声，这是紧急水情的报警信号！

苏轼回到官舍，还没脱下满是泥水的衣服，听见锣声之后又立即去了府衙议事厅。付锡匆匆前来报告说，黄河的洪水虽然挡住了，但因连日暴雨，城外的积水已有三尺多深，眼看就要涌进城门了！城里一片恐慌。

苏轼连忙登上城楼，见城外已是一片汪洋，徐州城就像汪洋大海中的一艘孤船！他当即下令：立即关闭四座城门！每座城门各储备黄土八百担，每名官员捐出一床棉被，封堵城门洞，不许一滴积水进城！他又悄悄让苏友回到家中，将冬季不用的棉被棉褥全部送到城门！

居民们见官员将自家的棉被送到城门封堵城门洞，也纷纷抱来多余的棉被，不足两个时辰，已收到了棉被三千多床！封堵城门洞充足有余。

封堵城门洞的措施极为有效。因城墙是由青砖砌成，不怕在水中浸泡，再说，积水不同于黄河的洪水，只能渐渐升高水位，不会像决口的洪水那样冲毁城墙。为了防止风浪冲刷城墙，苏轼又命人将三百多只公私船只集中起来系于城下，以减轻风浪对城墙的冲刷。因为城门洞已被封土和棉被堵严，积水虽然离城垛只差三版，围城已有六十余天，但孤城徐州仍然固若金汤！

有一天傍晚，马梦得领着几名守城的士兵将一个身上和脸上都涂满泥巴的矮胖男子押到了府衙，说此人身背一个包袱，偷偷顺着绳索缒到城外时，被守城士兵逮住了，请太守大人处置！

苏轼命衙役为他洗去脸上的泥巴时，大吃一惊，原来他是税吏邱弘！

邱弘哭着说道："下官家小都在城外邱家集，下官不放心——"

苏轼没等他说完，愤愤打断了他，说道："本官早已有令，凡临阵外逃者，一律严惩不贷！"

邱弘连忙跪下："苏大人——"

苏轼："押下去！"

邱弘跪在地上不肯起来，两名衙役连忙将他拖出了议事厅。

连续下了十多天的大雨终于停了，满天的乌云也裂开了一个口子，太阳渐渐露脸了。但苏轼却高兴不起来：城里的商家要开门做生意，城外的粮草蔬菜要运进城里，再说，农家还盼着水退之后再抢种一茬庄稼。可是积水迟迟不退，城门不能打开！就在他一筹莫展的时候，当值的官员向他报告："有位和尚前来求见。"

苏轼听了，连忙去了前厅。

来见者是位银须垂胸的僧人，约有八十多岁，正坐在椅子上闭目养神。听见有脚步之声，他连忙睁开双眼，双手合十，说道："贫僧应言，挂锡清冷禅寺，特意前来拜访苏大人。"

苏轼连忙还礼，说道："在下就是苏轼，不知大师有何教诲？"

应言笑着说道："大人为抗洪保城，兢兢业业、恪尽职守，贫僧十分敬佩。"

苏轼："此乃下官的职守之事，不足挂齿。请问，大师是如何进到城中的？"

应言："贫僧先乘船渡到城下，再攀云梯登上城墙的。"

苏轼："大师年事已高，乘船、攀梯都十分不便，令下官心中不安。"

应言："贫僧是来向苏大人求救的，如今，积水已淹到清冷禅寺的山门，寺中百余僧人无法外出化缘，香客也无法进寺焚香礼佛，所以才来求见苏大人。"

苏轼听了，苦笑着说道："不瞒大师，下官也正为如何退水发愁呢！这也是城中数十万人的心头之病。"

应言："贫僧正是为退水这件事而来的。"

苏轼："退水？"

应言："对。贫僧有一退水之法，但需借大人之力，围城之水便可退去。"

苏轼听了，十分激动，连忙说道："在下愿洗耳恭听。"

应言说，城西清冷口的后边原是黄河故河床，因黄河改道，河床早已荒废。他已多次踏勘过了，故河床低于徐州城外的积水，若能挖开一条一里许的渠道，便能将积水引入黄河故河床，就可解徐州城外水患。

苏轼听了，说道："有大师的慈悲之心，下官可举全城之力，退去围城之水指日可待！"

为了测量地形、确定渠道开挖地点，他立即和付锡等官员随应言前往清冷口。

一行人出城之后，乘船去了清冷口的黄河故河床，丈量了地形，发现只要在一个山丘上开挖一条一百五十丈的沟渠便可将徐州城外积水引入故河床。但因渠道太长，若从一头开挖，既费时又费工。苏轼当即决定，自己率六百人从东端开挖，付锡率六百人从西端开挖，孙龙率禁军从中间向东西两端开挖。三处皆分四班，日夜施工不停。

应言要求，清冷禅寺的一百多名和尚也归苏轼调遣挖渠。

苏轼说道："开挖渠道的人数已经足够，再说，工地上也容不下太多的人，就不劳清冷禅寺的僧人了。"

应言还想坚持，苏轼说道："既然大师心系百姓，不如这样吧，就请贵寺负责向工地提供开水吧！"

应言听了，连忙吩咐随行的僧人："速去准备生姜百斤，红糖两担！"

苏轼问道："大师要生姜、红糖作何用处？"

应言："挖渠活重，容易出汗，多喝些糖姜水，可防风寒。"

苏轼听了，深为感动，说道："下官替全城军民感谢大师。"说完，向他深深一拜。

应言："使不得，使不得！大人公务在身，贫僧这就告辞了。"说完，在随从和尚的扶持下，告辞了。

天遂人意，开挖清冷口的头一天，天气晴朗。数千名军民浩浩荡荡地来到了清冷口，苏轼把手中的小旗一摇，山丘上的三处工地同时开挖，一时间挖土的人群铁锹飞舞，挑土的队伍奔跑如梭，你追我赶、人声鼎沸。苏轼头戴蓑笠，打着赤脚，从工地的东端走到两端，一边巡察，一边丈量渠底的深度。他每到一处，都能听到人们的议论声："看啊，苏大人也来挖土了！"

"听说他好几天都没合眼了，他熬得住吗？"

"也真难为这位父母官了。"

……

这时，应言大师领着一队僧人挑着水桶来到了工地。他指挥僧人将饭钵一字摆开，将滚烫的糖姜水倒在钵里，大声喊道："父老兄弟们，请歇一歇，过来喝碗糖姜水吧！"

见应言大师亲自到了工地，苏轼连忙走过去，紧紧拉着他的手，说道："佛家大德庇佑众生，徐州水患指日可除了！"

应言念了一声"阿弥陀佛"，将一碗糖姜水递给了苏轼。

人们见了，都齐声欢呼起来。

挖渠工程的进度超过了苏轼的预期，到第二天上午时，就只剩下最后三尺隔土了。苏轼疏散了人群，命人码上了火药，亲自点燃了引信，只听惊天动地的一声巨响，待硝烟散去之后，人们看见积水顺着水渠涌向了黄河故河床，又沿着故河床经海州向东海流去了。不到一天，徐州城外已露出了道路、田陌，又过了一夜，积水便退尽了。四座城门的封土挖开后，行人车马通行无阻了，徐州城又恢复了往日的生机。

徐州城有两个名叫盼盼的女子。一个是唐代的关盼盼，一个是宋代的马盼盼。

关盼盼是唐代徐州尚书张惜的小妾，才艺绝冠。初嫁张家时，张家设乐宴客，三日不绝；夫妻恩爱，情深意重。白居易任校书郎时，去张家赴宴见到了这位关盼盼，他惊为天人，称赞她能歌善舞，丰姿娴雅。临别时，还特意为她写了一首诗，其中有"醉娇胜不得，风袅牡丹花"之句。张惜去世后，关盼盼誓不再嫁，住在张惜生前居住的燕子楼中，深居简出十多年。白居易再次路过徐州时，因有感而发，又写了一首诗：

> 黄金不惜买蛾眉，拣得如花三四枝。
> 歌舞教成心力尽，一朝身去不相随。

关盼盼读了这首诗后，也以同韵作了一首：

> 自守空楼敛恨眉，形同春后牡丹枝。
> 舍人不会人深意，诇道泉台不去随。

写完之后，关盼盼便绝食而死！

另一个盼盼是当代的马盼盼，她也是一个才艺绝冠的歌妓。她虽然从未见过苏轼，却是苏轼的铁杆粉丝！她不但将凡能见到的苏轼作品都工工整整地抄录下来、放在案头枕边、时时咏唱，而且还善于临摹苏轼的字迹，尤其擅长临摹他的行书，可将其刚劲和柔媚、粗犷和优雅、严谨和潇洒、虚与实和宽与松等行笔风格临摹得惟妙惟肖。有一天，黄庭坚将一件中堂放在苏轼的书案上，问他是谁写的，苏轼看过之后说道："是我写的啊！"

黄庭坚摇了摇头，告诉他说，是徐州的歌妓马盼盼写的！

他听了，并不相信，不过记住了马盼盼这个名字，总想找个机会见识见识这位歌妓，但因忙于寻找石炭、采矿炼铁，后来又因防洪保城等事一直未得空闲，现在，机会终于来了。

为了庆贺抗洪保城大捷，苏轼建议在城东修筑一座高楼，因取五行中土能克水之意，也因土为黄色，便为此楼取名黄楼。黄楼高有百尺，形同一座宽阔的佛塔，登楼望远，风光无限。黄楼建成后，于重阳节那天举行盛大的落成大典，前来祝贺的不但有本城的各界人士，还有苏轼的朋友和他的学生们，连远在杭州的参寥和尚也风尘仆仆地赶来了，宾客不下百人，城中万人空巷，场面十分热闹。

建楼之初，苏辙特意送来了一篇《黄楼赋》，大家都恳求苏轼将苏辙的这篇《黄楼赋》亲笔写下来，以便刻石纪念。因为苏轼亲自领导了抗洪保城，再亲笔书写《黄楼赋》，这座黄楼不但成了徐州的荣耀，也是子孙后代的荣耀！盛情难却，苏轼爽快地答应了。

苏轼登楼之前，有人已在楼上摆上了桌子、备好纸和墨砚，众人已等候在那里了。苏轼去了之后，提起笔来，却迟迟没有落笔。这时，忽见一位妙龄女子手托一个乌木托盘，盘上托着一只水晶酒杯，款款走到苏轼跟前，施礼说道："请苏大人饮了这杯薄酒之后再写。"

众人一看，送酒的女子竟是官妓马盼盼！

太守大人正要写字，此时让他饮酒，是一种干扰！通判付锡说道："苏大人作书须静心运气，不需饮酒。"

还有人大声喊道："退下去，别打扰了苏大人的心情！"

这时，前来祝贺的诗人王巩微笑着走到前面，说道："在下以为，若苏大人微醉之时，写出的字定然墨迹留香、珠玑存世。"

王巩是著名宰相王旦之孙，诗词书法俱佳，是苏轼的挚友，他接着说了苏轼的一件往事：

苏轼在汴京时，与书法大家米芾交往颇深，二人常常切磋书艺。有一天，二人忽然心血来潮，要比赛看谁写字写得最快最好？消息传开后，轰动了京城，人们争先恐后地前去观看。

写字前，二人各立于一乘木桌旁边。比赛开始后，苏轼左手端着一只酒杯，右手执笔，他饮一口酒，写完一张宣纸，当写到有些微醉时，他的笔头在纸上疾写如飞，手越写越快，字也越写越狂，潇潇洒洒，淋漓尽致。围观的人群都屏住了呼吸，看得如痴如醉！时间一到，二人同时放下了笔，证人一数，苏轼比米芾多写了三张宣纸！

有些微醉的苏轼指着放在一边的纸张说道："有不嫌拙书的人，可取去补壁！"

此话尚未落地，所写之字便被一抢而空了！

苏轼曾经告诉过友人，他微醉时的所书，是乘着酒兴、酒气从十指间拂拂而出写下的。

王巩大声问道："苏大人能喝这杯酒吗？"

围观的众人一齐喊道："请苏大人喝下这杯酒再写！"

……

王巩向马盼盼示意，马盼盼将水晶杯捧给了苏轼。

苏轼也不客气，他接过杯子，一边饮酒，一边书写起来。当他写到"山川开合"四个字时，突然有人登楼来报："圣旨已到，请大人下楼接旨！"

苏轼听了，连忙放下手中之笔，整理过衣冠之后，便匆匆下楼接旨去了。

朝廷的特使手执圣旨，立于黄楼门前，苏轼行跪拜大礼之后双后接过圣旨。圣旨上写着：

敕苏轼：

省京东东路安抚使司转运司奏，昨黄河水至徐州城下，汝亲率官吏，驱督兵夫，救护城壁，一城生齿并仓库庐舍，得免漂没之害，遂得完固事。

河之为中国患久矣，乃者堤溃东注，衍及徐方，而民人保居，城廓增固，徒得汝以安也。使者屡以言，朕甚嘉之。

随同圣旨送来的，还有神宗皇帝赐给的二千四百一万钱，犒赏夫役四千零二十三人，另发六百三十万平常钱、米一千八百斛，准予募民夫三千二百人改筑外城、修建木岸及堵塞十五处大坑。

苏轼领旨后，又将特使送去驿馆歇息。

苏轼下楼之后，楼上的宾客们都在静静地等着他回来继续书写《黄楼赋》。听说神宗皇帝下旨表彰了他并下诏拨来粮银，大家都情不自禁地欢呼起来，这是徐州大喜的一天，也是徐州军民扬眉吐气的一天！

因苏轼尚未上楼，大家便围到桌边观看刚刚写了一半的《黄楼赋》。这时，马盼盼向众人说道："诸位大人，苏大人接待朝廷特使尚未回来，《黄楼赋》尚未写完。小女子无才，有意狗尾续貂，代苏大人写上几字，以助诸位大人之兴。"说完，她朝众人看了看，见无人反对，便提起笔来，十分流畅地写下了"山川开合"四个行体文字。

有的人见一个地位低贱的歌妓竟敢在苏轼文字的后边写字，一时惊得说不出话来。

更多的人则觉得马盼盼的胆子也太大了，苏大人回来看到了，定会生气的。

推官林大为连忙走过去，一把从马盼盼手里夺过毛笔，大声呵斥道："大胆贱人，太不自量，竟敢在苏大人写字的纸上涂抹，真是岂有此理！"

还有人大声喊道，要将马盼盼撵下楼去！

马盼盼听了，十分委屈，低头不语。

林大为不依不饶，继续说道："贱人弄脏了苏大人的作品，还不下跪请罪！"

马盼盼眼里闪着泪花，双膝跪在书桌旁边。

这时，楼梯上响起了"咚咚咚"的脚步声，人们知道苏轼回来了。大家以为，他看了马盼盼写上去的字必会发怒，都为马盼盼捏着一把冷汗。

苏轼进来后，双手抱拳，笑着说道："实在对不起，让诸位久候了。"说完，走到桌旁，刚要取笔，见马盼盼跪在桌边，便问付锡："这是——"

付锡指着"山川开合"四个字，将马盼盼续写《黄楼赋》的经过说了一遍。

苏轼仔细看了看，说道："这分明是下官写的呀！"转念一想，又觉得不对，在接圣旨之前尚未写上这四个字啊，马盼盼写的这四个字，怎么竟与自己书风一致、一丝不差呢？

王巩见他还有些怀疑，连忙说道："这四个字确是盼盼姑娘写的！"

苏轼连忙将她扶起来，见她委屈无助的模样，便安慰她说："盼盼姑娘不必害怕，下官问你，这四个字真是你写的吗？"

马盼盼点了点头。

苏轼："本官习书，是师从卫夫人之帖，请问盼盼姑娘，你习字是以何人为师？"

马盼盼："小女子学书，是以大人墨宝为师。"

苏轼听了，笑着对她说道："原来盼盼姑娘和下官同是卫夫人的门下啊！怪不得写出来的字与本官之字一脉相承呢？说起来，盼盼姑娘还是下官的小师妹呢！"

他的话，逗得马盼盼破涕为笑了。

他又转身对众人说道："人虽有高低之分，但字却没有贵贱之别。诸位若看得起下官之字，也应看重盼盼姑娘之字，下官说的，不知诸位是否认同？"

一场突起的风波被苏轼的一席话化解开了，他对马盼盼说道："请小师妹研墨，本官写完这篇《黄楼赋》。"

马盼盼连忙挽袖研墨，苏轼执笔，转眼工夫就将《黄楼赋》写完了，周围响起了一阵掌声。

有位盐商悄悄托付黄庭坚，想以重金买下这篇《黄楼赋》。黄庭坚告诉他，这篇《黄楼赋》早已有主了。当今圣上不但喜爱苏轼的诗词，还到处收集他的墨迹，朝廷的专使为什么住在驿馆里？就是为了刻碑之后，将《黄楼赋》的原件带回京去。你还想要吗？

那位盐商听了，吓得再也不敢开口了。

专使回京不久，一道诏书送来：苏轼以祠部员外郎直史馆，改任湖州太守。

苏轼离开徐州那一天，成千上万的百姓拥到路边为他送行。人们手举三炷香，默默祝愿他一路平安。几位老者拦住他的马头，哭着说道："若不是大人拼命抗洪保城，我等早就进了鱼鳖之腹了！大人的恩德，我等永生不忘！"说完，高高举起了酒杯。

苏轼的眼圈红了，他双手接过酒杯，泪水却滴进了杯子。他仰起头来，连酒加泪一起喝下去了……

第十四章 抗洪功臣转眼成了阶下之囚

八声甘州·寄参寥子

有情风万里卷潮来，无情送潮归。问钱塘江上，西兴浦口，几度斜晖？不用思量今古，俯仰昔人非。谁似东坡老，白首忘机。

记取西湖西畔，正暮山好处，空翠烟霏。算诗人相得，如我与君稀。约他年、东还海道，愿谢公雅志莫相违。西州路，不应回首，为我沾衣。

1

苏轼到了湖州之后，便以官员到任的惯例向神宗皇帝写了一篇《湖州谢上表》，而后便去巡察各县、了解民情去了。因湖州盛产水稻，各地往往因争夺水源发生纠纷。于是，他又去考察水利，处理了几起争水引起的官司，一直忙了一个多月，才回到湖州与家人过"七夕"节。

"七夕"又叫"乞巧节"，民间认为，天上的织女聪明又多才多艺，七月七日这天，女孩子向织女乞讨智巧，能变得眼明手灵。每到"七夕"的晚上，她们便在院中聚会，穿新衣、摆香案、供祭品、拜双星，穿针引线、搭结彩缕，十分热闹。晚饭后，苏轼一家人坐在院子里，女仆们在焚香遥拜天上的银河，苏迈和两个弟弟正在旁边逗蛐蛐，王朝云对苏轼说道："老爷忙了一个多月，贱妾为你弹支曲子吧。"

苏轼坐在石凳上一边品茶，一边摇着葵扇，听王朝云一说，问道："你想唱支什么曲子？"

王朝云："就唱你在钱氏园写的那首《南歌子》如何？"

这首《南歌子》，是苏轼为两位朋友送行时在"钱氏园"写的一首词。他说道："好啊，就唱这首吧！"

王朝云连忙回房取来焦尾琴，调了调丝弦，边弹边唱起来了：

　　山雨潇潇过，溪桥浏浏清。小园幽榭枕苹汀，门外月华如水、彩舟横。
　　苕岸霜花尽，江湖雪阵平。两山遥指海山青，回首水云何处、觅孤城？

　　虽然王朝云的声音不大，但唱得委婉动情、悦耳，歌声在如水的光色中，袅袅飘荡着。

　　就在苏轼享受天伦之乐的"七夕"之夜，京城汴河桥畔的一座庭院里，有人正在悄悄编织一张罪恶之网，这张网是为苏轼量身定做的。

　　御史中丞李定，正在书房里认真阅读苏轼的《湖州谢上表》。一提起苏轼，便会勾起他心中隐藏了多年的怨恨。当年，苏轼得到神宗皇帝的青睐，人气极旺，他以为苏轼今后必将飞腾发达，便去凤翔拜访他，以求增进交往，还请他为自己的仕途说几句话、帮一把力，谁知碰了个软钉子！为了巴结王安石，他曾去苏轼家中讨要"化金方"，又被苏轼奚落了一顿！而更令他难堪的是，苏轼曾在众人面前弹劾他隐瞒母丧、不报丁忧，是"不忠不孝之人"，那个司马光也随着苏轼起哄，怒斥他"禽兽不如"！这些旧事已成了他刻骨铭心的奇耻大辱，但因为当年尚未得势而难以与苏轼抗衡。后来他攀上了王安石这棵大树，出任御史中丞，终于有了报仇雪恨的机会！为了抓住苏轼的把柄，他已悄悄收集了苏轼的一些罪证，但缺少足以扳倒苏轼的重大证据，没想到苏轼自己却将罪证送上门来了！

　　苏轼在他的《湖州谢上表》中，有"知其愚不适时，难以追陪新进；察其老不生事，或能牧养小民"之句。李定认为，这是两句别有用心的话，抓住这两句话不放，弹劾他愚弄朝廷，妄自尊大，诋毁新法！

　　这时，门房来报："御史何正臣大人求见！"

　　"七夕"之夜前来造访，必有大事。李定连忙吩咐："将何大人迎进客厅，我即刻便去。"

　　何正臣是王安石的学生，因二人都属新法派系，彼此私交颇深。

　　李定一进客厅，何正臣连忙站起来，说道："下官打扰大人过'七夕'节了。"

　　"哪里、哪里，下官闲暇，正在看书，大人来访，定有要事。"他向送茶的仆人摆了摆手，示意他回避，接着说道："此处无耳，请大人直说无妨。"

何正臣低声说道:"下官为大人觅得了一样东西。"说着,从衣袖中掏出一本书来,双手交给了李定。

李定接过一看,见封面上印着《苏子瞻学士钱塘册》。这是苏轼在杭州任通判时的诗词结集,因大家都十分喜爱他的作品,杭州的一些友人和学生们便将其收集整理后,在坊间刻印。因印数不多,苏轼至今还没见到呢!

李定匆匆翻阅了一会儿,把桌子一拍,大声说道:"好,白纸黑字,这就是苏轼的不赦之罪!"

何正臣:"请问大人,凭这本钱塘册,不知能否弹劾苏轼?"

李定:"此事仅凭你我等人,尚难撼动苏轼,须与章惇、王珪和吕惠卿三位大人商量之后,才有把握。"

何正臣知道章惇是苏轼的老对头,吕惠卿因苏轼斩了他的外甥尤洛而心恨苏轼,但王珪是三朝元老,他圆滑平庸,他肯出面弹劾苏轼吗?

李定笑着说,苏轼自恃才华出众而树敌太多。当年,王珪看到自家院子里的一片竹林长势茂盛,听说苏轼十分爱竹,曾写过"宁肯食无肉,不可食无竹"的诗句,于是也写了一首咏竹的五绝,其中就有"叶垂千把剑,干耸万条枪"的句子,觉得十分得意,便请苏轼指教。苏轼本来可以说几句不痛不痒的溢美之词,应付过去就算了,谁知他当着在朝房里候朝官员们的面说道:"宰相大人家中的竹子,岂不是十棵竹子才生一片叶子?这样的竹子天下少有啊!"

王珪听了,十分尴尬,自此之后,一直对苏轼耿耿于怀,他能不恨苏轼吗?

何正臣又问:"何时可弹劾苏轼?"

李定:"此事非同小可,须做到万无一失才好。这样吧,国子监博士李宜之不是大人推荐入朝的吗?"

何正臣点了点头。

李定悄悄向他说了一会儿,何正臣会意地笑了。

士别三日,当刮目相看。此时的李定已不是被苏轼斥为"不忠不孝之人"、被司马光怒骂"禽兽不如"的李定了,他已修炼成了玩弄权术的高手。他拜师王安石之后,中了进士,先后任定远县丞、秀州判官。熙宁二年经孙觉推荐、进京拜见御史李常时,李常问他:"江南百姓如何看待朝廷的青苗法?"

李定说:"青苗法有利百姓,百姓还是喜欢的。"

李常提醒他说："如果朝中有人争论青苗法时，你千万不可这么说。"

他听了，连忙点头。

他从李常家中出来之后，立刻去见王安石，并对王安石说："下官是个敢说实话的人，没想到京城有人不许下官讲话！"

王安石对他十分欣赏，立即将他引见给神宗皇帝。神宗本来对天下百姓是否拥护青苗法尚有疑虑，听了李定的话之后，便对推行青苗法深信不疑，而对反对变法的声音则听不进去了。

自此，李定便有了一大笔政治资本。

接着，朝廷里发生了一起"三舍人事件"，又让李定出尽了风头。

王安石为了选拔人才推行新法，请求神宗皇帝破格提拔李定。神宗同意后便让中书舍人苏颂起草破格提拔的诏书，苏颂以为李定不符合官员选拔程序，便把神宗的诏令封好，并写明了原因，退回去了。

宋神宗又将诏令发到中书省，让当值的中书舍人宋敏求起草诏书，宋敏求也以为不符合提拔程序，也把诏令退回去了。

王安石十分生气，又出面恳请神宗皇帝下诏破格提拔李定，谁知宋神宗的第三次诏令又被当值的中书舍人李大临退回去了！

宋神宗立即召见苏颂，当面对他说，破格提拔李定不属越法，责令他从速起草诏书，但苏颂仍然不肯。

宋神宗极为生气，在朝会上他问苏颂："朕让爱卿起草诏书，爱卿至今未能拟出，实属故意拖延，这属不属于失职之罪呀？"

苏颂跪在地上，毫无惧色，坚持说道："陛下，下官是沿袭大宋先祖之规履行职责，也是一个臣子应持的操守。"

散朝后，宋神宗又派宰相曾公亮去说服苏颂，但苏颂仍然坚持自己的观点。

宋神宗实在忍无可忍了，一气之下，将苏颂、宋敏求和李大临三位中书舍人全部免职！

中书舍人是负责起草诏令的重要官员，为了一个李定，一下子免了三位中书舍人，这是前所未有的政治事件，立刻惊动了朝野。

而李定却是这一事件的最大获益者。

李定精心编织的那张阴谋之网，在"七夕"之夜终于完成了，紧接着就是选择撒出去的时机了。

元丰二年（1079 年）七月十五日，寅时刚过卯时未到之际。汴京的紫禁城里静悄悄的，一行人沿着一条青砖甬道向崇政殿走去，当走到一盏宫灯下面时，才看清是些身穿朝服、手执笏板的文武官员们。他们走到大殿门口，便列队站在阶前，分为文武两行，文东武西，按官阶鱼贯进了大殿，分列于大殿两侧。

站在文臣队列中的何正臣悄悄拉了拉李定的衣袖，低声问道："李大人，他来了吗？"

李定向后看了看，点了点头。

这时，听见内侍宫人喊道："陛下驾到！"

大臣们连忙跪下迎驾。

宋神宗正值青春之际，他励精图治、立志变法，每天都起得很早，以便处理朝廷的军政大事。他在御座上坐下之后，朝当值的内侍殿头点了点头，内侍殿头拖着长腔喊道："文武百官听着，有事要奏者出班——"

他的话音未落，文官班列的最后边有人喊道："微臣有本要奏！"

文武百官们转头一看，原来是国子监博士李宜之。李宜之自入朝以来，因官阶太低，从未出班奏事，他既不执掌朝廷大事，又不接触边防军事，不知他要在神宗面前奏些什么？

神宗说道："不知李爱卿要奏何事？"

李宜之："微臣受社稷之恩、蒙陛下厚爱，深感皇恩浩荡、陛下圣明。但有人妄论君臣之道，蛊惑人心、传播谬毒，令臣心中愤然。"

文武百官们听了，都大吃了一惊，谁有如此的胆子？他说的是谁啊？

他的话也吊起了宋神宗的胃口，说道："请李爱卿到前面来说吧！"

李宜之有些胆怯，正犹豫时，李定向他示意，他连忙弯着腰走到班前，说道："臣日前路过南都时，在张氏园中看到了石勒《张氏园亭记》，乃湖州太守苏轼大人所作，其中有'古之君子，不必仕，不必不仕。必仕则忘其身，必不仕则忘其君。'他顿了顿，显得有些激动，大声说道："微臣以为，天下之人仕与不仕，皆不敢忘其君。身为朝廷命官的苏轼大人，受陛下之恩非但不报，还公然宣称要忘陛下之恩，其罪深重，天下难容。微臣请求严惩苏轼，以平人心。"

宋神宗听了，半天无语，他平时十分喜爱苏轼的作品，也知道他平时对人对事十分随和，虽作诗填词也常有讽喻、张扬之句，但不见有出格之作啊，他为何写出这种犯上的文字呢？是胆大妄为，还是另有原因？自己也一时难以断定。

其实，许多大臣都知道苏轼引用这几句话的背景。

苏轼认为，张氏为其子弟所筑之园，费时五十余年，园中不仅有花木池台之美，也兼有畜牧、纺织之业，大凡生活所需的物品都可取自园中。他是羡慕张氏先人造园之心，使后人出可以为仕、退可以在园中归隐。从容进退，其乐融融。而李宜之指责的文字，是引自孟子对孔子参政的几句评语，并非苏轼所创，却成了李宜之攻击苏轼的法宝，但谁都不愿站出来点破。

宋神宗虽是一位颇有作为的皇帝，但因读书不到位，不知道这句话的出处。

大殿里的空气一下子紧张起来。

李定心中窃喜。他望了望章惇、王珪、吕惠卿等人，章惇的葫芦脸上似笑非笑，王珪和吕惠卿低头不语。

这时，左将军王诜出班奏道："陛下，臣记得，苏轼在亭记中所写的'古之君子'之句，是孟子对孔子所说，并无过错，硬要说是以言犯上，实在是风马牛不相及！"

谏议大夫刘恕出班奏道："苏轼大人深得先帝所爱，向来忠君爱民，钱塘治瘟、密州除匪、徐州防洪保城，有口皆碑。所谓犯上之说，纯属臆造！"

学士李敏出班奏道："臣虽所学肤浅，但以为苏轼大人引贤哲之句无可非议，而李宜之大人断章取义、以惑视听，用心非良，恳请陛下明察！"

李定本以为李宜之所奏必会惹恼宋神宗，其他大臣便不敢帮苏轼说话，没想到未能达到预料的效果。他想转移话题，连忙出班奏道："陛下，臣拜读了苏轼大人的《湖州谢上表》，他在谢表中写有，'知其愚不适时，难以追陪新进；察其老不生事，或能收养小民'等语，其意是在指责陛下、诋毁新政、攻击变法大臣，实属胆大妄为，应予严惩。"说完，将抄录的《湖州谢上表》呈给了宋神宗。

何正臣紧跟着出班奏章："陛下，苏轼大人任杭州通判期间，写过不少谤讪朝政、抨击新法的诗词，其数量之多，数不胜数，民间流传甚广，危害甚重，是可忍孰不可忍！臣这里有一册《苏子瞻学士钱塘册》。"说完，呈给了宋神宗。

张璪连忙出班奏道："陛下，臣以为苏轼大人自恃有才、目中无人、轻视上司，不肯恪守职责。他在凤翔任上时，同僚皆参加中秋聚宴，他却私自离开署衙，外出游览禅寺，受到过罚铜二十斤之处分。臣以为——"

舒亶见他并没说到苏轼要害，便出班打断了他的话："臣以为，李、何两位大人所奏，有理有据。这仅是苏轼罪行十之一二，待全部审定之后，应定为不赦之罪，以儆效尤。"

宋神宗听了，皱了皱眉头，转头问宰相吴充："吴爱卿，你如何看待此事？"

吴充本来以为李定等御史弹劾苏轼是言过其实、虚张声势而已，神宗皇帝对苏轼并无恶感，看了那些所谓罪证之后，即会识破李定等人的用心。但他知道章惇等人是李定的背后靠山，他们都在隔岸观火，自己身单力薄、难以与他们对抗，便说道："臣以为，李定等大人所奏之事不可忽视，兼听则明。臣因未看过苏轼著作，难以断论。陛下英明，定会明鉴。"

吴充是王安石辞相时向宋神宗推荐的，但他对王安石变法中一些急于求成的做法并不赞成。他虽不苟同苏轼的言行，但也不同意李定等人的所作所为。他说的虽然模棱两可，但"兼听则明"倒是给宋神宗提了个醒。

李定等人对苏轼的弹劾出乎宋神宗的意料。他先是欣赏苏轼的才华和能力，又因苏轼反对变法而对他不满，另外，也听说了苏轼傲慢张狂、不拘小节、常发牢骚的琐事。自己虽没有往死里整他的想法，倒是有借着这个机会，好好教训教训他的念头，于是说道："苏轼所涉之罪，由御史台派员前往湖州，拘京审查。"

李定听了，一直忐忑不安的心一下放下了，他连忙奏道："臣即刻派员前往湖州。"

宋神宗："好吧，苏轼的案子，就由李爱卿去办吧！"

李定："湖州距京两千余里，为使途中不出差错，途中是否可将苏轼押入州县大狱？"

李定十分精明，他是想沿途将苏轼关进大狱，就意味着朝廷已经定了苏轼的死罪！此招十分狠毒。

宋神宗倒还清醒，说道："朕只想知道苏轼的诗文之事，途中不可将他押入大狱！"

李定听了，没有再敢节外生枝。

散朝之后，李定和舒亶、何正臣等人便匆匆去了御史台。

在商量谁去湖州拘捕苏轼时，张璪说道："太常博士皇甫尊，不但人高马大，而且十分可靠，派他前往湖州最为合适。"

李定命人将皇甫尊叫到御史台，问他带多少士兵、何时出发，他拍着胸膛说道：

"去拘苏轼，就像抓只小鸡一样！在下只要两名公差，再带上犬子阿铁就足够了！"

李定又问："何时出发？"

皇甫尊："明天一早出城。"

李定还有些不大放心，嘱咐他说："这可是圣上亲自交办的案子，抓的又是朝野皆知的苏轼，途中万万不可大意。"说完，将御史台的拘捕文书交给了他。

皇甫尊走了之后，李定脸上露出一丝冷笑。

其实，有人在他之前，已飞马出了汴京。

在千里之外的苏轼，对京城发生的一切，尚一无所知。

3

七月的湖州正值盛夏，因连续下了几天雨，雨后初晴，显得格外闷热。

苏轼和通判祖无颇正在府衙后院树荫下讨论一件田产纠纷案，当值衙吏突然来报："大人，南京送来急信。"正说着时，送信人匆匆走了进来。苏轼一看，原来是弟弟苏辙的仆人苏炎。苏炎一面擦着脸上的汗水，一面慌慌张张地说道："老爷，朝廷已派人来抓你了！"说完，掏出一封信，交给了苏轼。

苏轼一看，一下子呆住了。

原来，王诜已派人将苏轼被李定等人弹劾、御史台已派人前往湖州拘捕苏轼之事写信告诉了苏辙，让苏辙设法速速通知苏轼，以便应对。

祖无颇连忙问道："信上写了什么？"

苏轼将信递给了祖无颇，祖无颇看过之后感到十分突然。他负责分管司法刑狱，对办案程序十分熟悉，说道："既然御史台派人来拘捕大人，为何未提及所犯之罪呢？"

苏轼脸色煞白，手也颤抖起来，喃喃说道："既然朝廷派员拘捕下官，下官定然是死罪难逃了！"

祖无颇安慰他说："就是定为死罪，也得有个罪名吧？请大人不必慌张，下官与皇甫尊是同榜进士，待他到了之后，下官可问问他。先不必告诉夫人，免得家人惊慌。"

苏轼机械地点了点头。

自接到苏辙的急信之后已过了三个多时辰，皇甫尊仍然未到，苏轼心里暗想，会不会是王诜开了个玩笑，让自己虚惊一场？会不会是神宗皇帝又改变主意收回了诏令？会不会——

"大人，京师御史台派皇甫大人，"当值官员慌慌张张进来报告，"已经到了前厅大堂！"

苏轼一听，浑身一颤，说道："下官这就去迎接。"说着，站起来就走。

祖无颇连忙说道："大人现在仍是湖州太守，而非罪犯，应按朝廷规定，以太守身份迎接朝廷公差。"

苏轼听了，连忙穿上官服、戴上官帽、扎上了玉带，在祖无颇陪同下去了府衙大堂。

一到大堂，见皇甫尊大模大样地坐在苏轼议事的椅子上，显出一副盛气凌人的神态；他的儿子阿铁一脸横肉、瞪着一对红肿的牛眼站在他的旁边，两名公差立于左右。

他们之所以迟到了，是因为皇甫尊日夜兼程南下时，阿铁的肚子不争气，在途中吃饭时饮了些酒，又多吃了一钵肥肠，途中腹部疼痛难忍，走不了几里，就要下马解手，后来双腿又酸又软，连马都上不去了。皇甫尊只好请郎中诊过，又服过止痢疾的药丸，还在一家小店里住了一宿，因此耽误了行程。王诜派出的家人骑马超过了他们，提前一天将信送到了南京，苏辙才派苏炎飞骑送来了凶信。

苏轼尽量沉住气，向皇甫尊施礼后说道："下官苏轼，不知大人前来湖州，有失远迎，请大人恕罪。"

皇甫尊"哼"了一声，算是回答了。

祖无颇随后施礼，说道："当年一别，下官与皇甫兄多年未见了，今日能在湖州相见，是下官之幸啊！"

皇甫尊又"哼"了一声，冷冰冰地说道："下官是奉御史衙门之命，前来拘捕朝廷钦犯苏轼的，你我当年之谊，容日后再叙。"

苏轼说道："下官心直口快、言多必失，得罪了朝廷，自知必死无疑。下官不敢违背圣命，只求大人能宽容一刻，容下官与家人诀别。"

皇甫尊横了苏轼一眼，冷笑着说道："还不至于如此吧？"

府衙的官员们听说御史台派人来拘捕太守大人，纷纷去了大堂，他们看到皇甫尊傲慢而凶煞的样子，都显得有些紧张。

祖无颇是个眼里揉不进沙子的直性子人，他见皇甫尊不念旧情而又装腔作势，心中已有火气，但还是尽量忍住，心平气和地问道："请问皇甫大人，大人奉命拘捕湖州太守，应当持有拘捕公文吧？"

皇甫尊听了，十分不满，他转头对阿铁说道："给他！"

阿铁从包袱里取出公文，递给了祖无颇。祖无颇接过一看，原来是一份普通的拘捕文件，上面只提到免去苏轼太守之职，传唤进京接受审查，并无写犯有何罪、应受何种处治等文字，他悬着的心放下了，知道是皇甫尊故弄玄虚、恐吓苏轼的。

皇甫尊之所以敢如此装腔作势，是想借着李定的权势向苏轼大施淫威。

祖无颇将公文还给阿铁，说道："请皇甫大人不必介意，索验公文，是本官职责，若不索验公文，则是本官失职。"他转身看了看不知所措的苏轼，说道："既然要押解苏大人进京，请允许他回去与家人告别后再走，这是人之常情。"

阿铁早就等得不耐烦了，吼道："不许离开，立即启程！"

祖无颇的火气终于忍不住了，大声问道："你是何人？本官与皇甫大人说话，你怎敢插嘴？"

被祖无颇一问，阿铁十分尴尬："我是，我是——"

皇甫尊连忙解释："他是下官犬子阿铁，让他一路上照料本官的。"

其实，祖无颇从身材、长相已经看出，他并非公差，而是皇甫尊的儿子，他只想趁机挫挫他的蛮横，以防他在路上欺负苏轼。

这时，府衙中的官员、衙役和闻讯而来的百姓，都齐声央求让苏轼与家人辞别后再走，皇甫尊知道众怒难犯，说道："本官允许苏轼与家人告别，以半个时辰为限。"

苏轼听了，连忙回到了官舍。

当听说丈夫已被拘捕、将押解京城时，王润之只觉得眼前一黑，便跌坐在地上了。王朝云一边哭着一边扶起她来，一家人顿时哭成了一团。

苏轼的眼泪在眼眶里打着转转，他知道此去凶多吉少，心里一揪一揪的，但还是尽量装得满不在乎的样子。他用衣袖为王润之擦了擦眼泪，笑着说道："夫人，你先别哭，待我给你讲个故事，你听了之后，再哭如何？"

王润之顺从地点了点头。

苏轼笑着告诉她说：真宗朝时，有位名叫杨朴的名士，学识、人品都十分优秀，地方官向朝廷推荐多次，他都未答应，而是隐居在山林之中，以农樵为乐。宋真宗听说了之后，想请他进京任职，但被他拒绝了。真宋宗便派出禁军，将他押到了京城，要逼他为官。神宗见了杨朴之后，问他："朕听说杨爱卿善于作诗，这是真的吗？"

杨朴连忙摇头，说道："草民本是山野村夫，不会作诗。"

真宗又问："爱卿离家时，亲朋好友们可曾作诗为爱卿送行？"

杨朴："没有人为草民送行，只是拙荆哭着念了四句大白话。"

真宗："爱卿还记得吗？"

杨朴点了点头。

真宗："能吟出来让朕听听吗？"

杨朴想了想，吟道："且休落拓贪杯酒，更莫猖狂爱吟诗。今日捉将官里去，这回断送老头皮！"

真宗听了，不由地"哈哈"大笑起来。他知道杨朴真的是不想踏上仕途，也就不为难他，又派人将他护送回山里了。

王润之听得十分入神，苏轼讲完了，她的哭声也止住了。

苏轼笑着问她："下官和杨朴一样，既贪酒杯，也爱写诗，所以也要捉到京城去。这一去就怕保不住老头皮了，若夫人也能像杨朴妻那样，吟首诗为下官送行，说不定圣上也会派人护送下官回湖州呢！"

王润之听了，忍不住破涕为笑了。

王朝云站在一旁，她一句话都没说，只是幽幽地望着苏轼，眼眶里滚动着泪珠。

阿铁领着两名差人走进来，给苏轼戴上了枷锁，催他出发。小儿子苏过跑过去，紧紧抱住苏轼的腿，大声哭着喊道："不，我不要父亲走！"

两个差人押着苏轼向外走时，王朝云不知从哪里来的胆量和力气，她大声喝道："等一等！"说完，一把推开差人，神态十分镇静，她对苏轼说道："妾和公子，侍候老爷进京！"

官员们也纷纷央求允许家人随行侍候，两个差人不敢做主，阿铁也没了主意，连忙去了前厅。大约是皇甫尊同意了，阿铁回来说道："只许犯人之子随行。"

一家人眼巴巴地看着皇甫尊等人押解着苏轼上路了。

一行人刚刚出了湖州北门，王朝云没命地追上来，她将一包衣服塞给了苏迈，又深情地望着苏轼。

待苏轼的身影看不见了，她一直强忍着的眼泪像决口的洪水，恣意地滚落下来了……

皇甫尊是从水路押解着苏轼回京的。

刚才还是堂堂的湖州太守,转眼之间竟成了阶下之囚!消息传开后,人们在惊愕之余纷纷议论起来;苏轼到底犯了何罪成了"朝廷钦犯"?没听说他有什么贪赃枉法之事,也没有因失职而惹出民怨呀!议论归议论,人们还是赶往城外的码头去为他送行。但到了码头才知道,押解苏轼的船只已经起程了。

官船日夜兼程,苏轼戴着枷锁,默默地坐在船板上,整整一天不说话,也不吃饭,只是呆呆地望着水中细微的波浪。他知道自己平时口无遮挡,得罪了一些人;又爱在诗词中直抒胸怀、评论时政,又得罪了不少人;更重要的是他多次上书批评过变法中的一些政策不但失民心、也伤社稷,惹恼了一些变法的新贵。今日落到了御史台一些御史的手里,他们能轻饶自己吗?自己的性命不足为惜,人死如灯灭,双眼一闭,生前的恩恩怨怨、是是非非,也就云消雾散了。夜已深了,满天的星斗映在水中,在水波中忽明忽暗。他轻轻将身子朝船边挪了挪,谁知惊醒了身边的苏迈,他连忙抱住苏轼,说道:"父亲,小心掉下船去。"

这时,正在船舱中睡觉的阿铁听见了,连忙爬到船板上,大声呵斥道:"你想找死啊,你若是死在路上,不但害了大爷,连李定大人都交不了差!你若是死在了御史台里,嘿嘿,可就不关大爷的事了!"说完,伸出手来,将苏轼拉进了船舱。

求死不成,只好活着。他想起了王润之和几个儿子,也想起了王朝云,她今年才只有十七岁啊!若自己遭遇不测,一家人怎么过啊!回眉山老家?路途遥远,再说老家已没有亲人了。自己一死,他们必将被赶出官舍,家中又没有积蓄,岂不要流落街头?想着想着,眼泪忍不住淌了下来。

此时的王润之,感到天已经塌下来了。自苏轼被押走之后,她就没了主意,一直啼哭不止,谁劝都劝不住,祖无颇和友人们也想不出个好办法来劝慰她。这时,王朝云领着小苏过走到她的身边,说道:"夫人,湖州官舍不能久住,我们还是去投奔南京的二老爷吧!"

王润之听了,点了点头。是啊,丈夫被朝廷拘走了,如今天下至亲的人就是二弟苏辙了。她说道:"快去收拾一下,咱们这就去南京!"

祖无颇等人也认为去投奔苏辙是明智之举，便立即派人一只官船供他们使用。一家人将简单的行李装船之后，船上已没有多少空余的地方了。临开船时，王朝云又和苏友返回了官舍，吃力地将两个大箱子搬到了船上。王润之问道："箱子里装的是些什么？"

王朝云一边擦着额头的汗水，一边说道："都是老爷的文稿。"

王润之一听，就有了火气，说道："都什么时候了，还顾什么文稿！"

王朝云说道："这可是老爷的宝贝疙瘩啊！"

王润之没好气地说道："连命都没有了，还要这些宝贝疙瘩做什么？"

王朝云不再说话，只是以手护住箱子，以防掉下船去。

祖无颇向两个船工交代了一会儿之后，官船便起锚上路了。

一路上经太湖、进运河、过常州，到了扬州。由于路途上十分辛苦，又加上饥饿难忍，王朝云让船工将船停泊在码头上，打算和苏友去大街上买些食物回来吃。正要下船时，只见有几个男子走到船边，问道："请问，这可是苏轼大人家眷的船？"

王润之听了，心中一惊，以为又是来拘人的，连忙对两名船工说道："快快开船！"

王朝云说道："夫人，若他们是来拘我们的，开了船他们也能追上，待贱妾问明白了再说。"

王润之点了点头。

王朝云走到船头，说道："这正是苏大人家眷的船，请问你们——"

公差连忙施礼，说道："是我家主人派我们来的，我家主人得知苏夫人路过扬州，特派人在此迎候，还备了些饭菜瓜果，以备夫人途中充饥解渴。"说着，向远处招了招手，一些人将盛着饭菜的食盒和装着瓜果的筐子抬到了船上。

王朝云问道："你家主人是谁？"

男子低声说道："扬州太守鲜于大人。"

王朝云连忙施礼，说道："苏夫人十分感谢鲜于大人，请代为致谢。"

船又继续前行，过了午时，即将抵达宿州时，忽然听到后边大声喊道："停船！快停船！"

原来有两只大船从后边追上来了！

船刚停下，船上一个蓄着短须的官员说道："尔等听着，本官奉御史台张大人之命前来搜查朝廷钦犯苏轼的罪证，尔等不必惊慌。"说完，指挥着十几名士兵跳到苏家的船上，将一家大小统统集中在船板上，并派一名士兵看守着，其他人便钻进船舱，将大小包袱解开，抖出里边的衣物一件一件查看，连女眷们的梳妆匣、胭脂盒都不放过，最后，搜走了王润之首饰箱里的几件金钗和一副玉镯，还拿走了苏轼珍藏的一些书籍。搜完了舱中之物，那名军官指着王朝云身边的箱子问道："里边装着什么？"

王朝云十分冷静，说道："是些用过的废纸，船上煮饭引火用的。"

军官不信："打开看看！"

王朝云打开箱盖，两个士兵从上面翻到箱底，见尽是些写过字的纸张，并无贵重之物，有些失望，只顺手抱了些诗稿、书信，便交差完事了。

搜查完了之后，船向南京方向前进，王润之提在嗓子眼儿里的心总算放下了。她看见王朝云正在收拾剩下的一些文稿，心里又恨又恼，说道："写诗填词，都是这些捞什子惹的祸！"她越说越气，抓起一把文稿塞进了正在煮饭的炉灶中，只见"呼"地冲出一团火苗，文稿便化为一堆纸灰了！

当她再去抓文稿时，王朝云连忙护住箱子，说道："夫人，你先消消气，别气坏了身子。"

王润之哭着说道："人都拘走了，不知道还能不能回来，留下这些东西还有什么用处啊！"

王朝云安慰她说："能回来，老爷能回来，一定能平安回来的，夫人先回船舱歇一会吧。"

王润之听了，喃喃说道："但愿如此。"说完，回船舱了。

王朝云将剩下的文稿墨迹紧紧抱在怀里，泪水无声地流了下来。

后人真应感谢这位历尽坎坷、地位卑微的弱女子，因为她为中华民族抢救了一批弥足珍贵的文化遗产。

远处，南京城已遥遥在望了。

第十五章　在乌鸦的聒噪声中走进地狱之门

虢国夫人夜游图

佳人自鞚玉花骢，翩如惊燕蹋飞龙。

金鞭争道宝钗落，何人先入明光宫。

宫中羯鼓催花柳，玉奴弦索花奴手。

坐中八姨真贵人，走马来看不动尘。

明眸皓齿谁复见，只有丹青余泪痕。

人间俯仰成今古，吴公台下雷塘路。

当时亦笑张丽华，不知门外韩擒虎。

1

元丰二年（1079年）八月十八日，苏轼终生都忘不了这一天。

午时刚过。皇甫尊虽然是个壮如蛮牛、暴如张飞的人，但却心细如针，他虽已完成了拘捕苏轼的任务，但他还想表现自己恪尽职守。他怕京城的人认出苏轼而拥过来围观、询问，使命人催了一乘带棚的马车，让苏轼坐在车上、放下帘子，自己骑马在后，趁着暮色进了城门。

坐在车上的苏轼忽然听见了一阵"呱呱呱"的乌鸦叫声，他知道御史台已经到了。

御史台是御史们办公的衙门，汉代时曾称御史府，东汉后为御史台，又因御史们在兰台办公，所以也叫兰台寺。御史台里长着一些高大的柏树，参天蔽日。上千只乌鸦栖息在御史台的檐下，它们朝出暮归，归巢时总在御史台上空飞来绕去，发出"呱呱呱"的噪叫之声，于是，人们也把御史台称为乌台。在百姓眼里，乌台是个阴森而又神秘的地方，于是路过乌台门口时总是低头匆匆而过，害怕沾着了乌台的晦气。

一到乌台门口，守门的士兵立即拦住了马车。皇甫尊连忙递上腰牌——进出乌台的通行证，士兵们才退到了一边。

苏轼下了车，望了望在头顶上翻飞的乌鸦，知道迈进了乌台的门槛，阎王和小鬼们正在里边等着他呢！

皇甫尊向老狱吏王才有办了交接手续之后，问道："罪犯关在哪里？"

王才有说："御史中丞李定大人已经交代过了，关在'知杂南院'甲舍。"

皇甫尊点了点头，便离开了乌台。

王才有押着苏轼一面向牢房走，一面悄声提醒他说："苏大人家中有没有'丹书铁券'啊？"

"丹书铁券"就是免死券。大宋开国之初，宋太祖曾向立过功勋的大臣赐过这种"丹书铁券"，这是一种特殊恩泽。若五代以内子孙们犯了死罪，凭券可免死不杀！因李定吩咐将苏轼囚于知杂南院的甲舍，王才有就知道御史们已将苏轼定为死罪了，因为知杂南院关的都是重罪犯人，而甲舍又是关死囚的牢房，也叫死牢，所以连忙提醒他。

苏轼听了，摇了摇头。

王才有："苏大人天下闻名，要关在……哪种地方！唉。"

苏轼从他的话中已明白了自己的处境，自己还能活着走出这座乌台吗？

王才有嘱咐苏迈说，牢房里的铺草又潮又脏，让他送床被子来；又说，三顿饭要准时送来，过了时辰就得挨饿。

苏迈听了，连忙回老宅取被子去了。苏迈住在汴京的老宅子里，只有探视时间才能来看望父亲。

知杂南院是一座独立于其他监舍的牢房，里边的甲舍高不过五尺、宽不过四尺，举手伸脚都会碰到长满青苔的墙壁，关在里边，就像掉进了一座深井之中。

也许是因为一路的颠簸，苏轼感到又累又困，他刚刚在铺草上躺下，便迷迷糊糊地睡着了。

突然，他被一阵"提审罪犯苏轼"的喊声惊醒了，睁眼一看，两名御史台的衙役已站在了他的面前。

苏轼连忙问道："要去哪里？"

衙役："御史中丞李定大人要对你堂审，快走吧！"

苏轼刚要走，王才有提着一只竹篮走过来，低声说道："让苏大人吃了早饭再走吧！"

衙役有些为难，说道："李大人催得很急，在下怕耽搁了时间惹他生气。"

王才有："人是铁，饭是钢，饿着肚子能经得住动刑？"

衙役听了，说道："那就让他快点吃罢，免得去迟了受李大人责骂。"

苏轼看了看那只竹篮，摇了摇头，说道："在下实在是吃不下，还是上堂吧！"

他现在想的不是吃饭，而是急于想见到审问他的御史们，当面问一问：到底是何人弹劾了自己？弹劾自己犯了何罪？

一进御史台的大堂，苏轼迎面看到李定端坐在公堂中间，那是主审官的座位；左边坐着舒亶，右边坐着何正臣，两边廊下，各站着一排凶神般的衙役。苏轼不但认识这三位审问自己的御史，还知道自己落到了他们手里，就成了一块案板上的肉了——任凭他们操刀乱剁！

李定看了看苏轼，厉声问道："罪犯苏轼，为何见了本官不跪？"

苏轼不亢不卑地问道："请问李大人，下官犯了何罪？"

李定将惊木一拍，大声吼道："大胆，还敢嘴硬！来人哪，让他跪下！"

几个如狼似虎的衙役将苏轼按着跪在地上。

李定："本官问你，你任凤翔签判时，府衙官员秋典聚宴，你不经允许私自外出，受到罚铜二十斤惩罚，难道不是罪吗？"

苏轼："未经允许私自外出，是错而不是罪，再说当时已受到过处治，已经以罚代错了。"

李定："本官再问你，你自恃有些文采，处处讽刺、攻击朝廷重臣，是不是罪？"

苏轼："大人所说不错，下官曾戏谑过宰相王安石大人，心中一直后悔不安，这是下官之错，并非是罪。"

李定："下官再问你，你是否反对、抵制过变法新政？"

苏轼："下官认为，朝廷的变法新政有利于社稷百姓，但有些地方行之过激，伤民害农之事时有发生，下官曾将所见所闻上书圣上，奏报了此事，有下官的《三上皇帝书》为证。此举非但无罪，而且无错！"

李定："罪犯苏轼，你不但攻击朝廷推行的新法，而且胆大包天，竟敢谤讪朝廷、指责圣上，大逆不道，难道这也不是罪吗？"

苏轼听了，心中一惊。他知道，前边问的是在绕圈子，现在审问的才是关键所在，他连忙说道："下官受圣上之恩、社稷之惠，怎么会谤讪朝廷、指责圣上呢？请大人明察。"

李定说道："本官料定你会狡辩抵赖的，不过无济于事，你若老老实实地承认了所犯之罪，看在老朋友的情面上，本官愿上奏圣上，对你从宽发落；若你执迷不悟、拒不认罪，只好后果自负了。"

苏轼已从他的话中听出，他想给自己定指责圣上、谤讪朝廷的不臣之罪，此罪乃不赦之罪！他大声分辩，说道："下官一直心系社稷，决无——"

李定大声吼道："大胆苏轼，竟敢嘴硬！看你的嘴硬还是本官的巴掌硬！"他朝衙役们喊道："掌嘴！"

两名衙役走上前去，一人拉住苏轼一只手臂，左右开弓，对着苏轼的嘴巴就是一阵猛掴。苏轼感到眼前一阵金花，像有无数钢针扎在脸上，他闻到了一股腥味，猛一张口，"哗"地吐出了一团血水！

李定冷笑着说道："本官实话告诉你，掌嘴，在乌台还算不上刑法，本官只是想让你尝尝嘴硬的味道罢了。"

苏轼用衣袖擦了擦嘴角上的余血，他感到嘴巴已经麻木了。

李定又说："本官劝你还是招供吧，免得再受皮肉之苦。"

苏轼摇了摇头："下官实在不知道要招什么供，请大人明示。"

李定："就招你如何怨恨圣上、如何嘲讽新法、如何攻讦变法大臣！还有，哪些人是你的同党？一个不漏地都要说出来！"

苏轼听了，更加警觉了，原来李定不但要定自己的死罪，还想趁机除掉他们的政敌！自己已经身陷囹圄，但绝不可连累自己的师长、友人和学生们！他连忙说道："若大人判苏轼有罪，苏轼甘愿受刑，但苏轼绝无同党之人！"

李定听了，气得脸色发青，他咬着牙根说道："今天，本官要让你知道马王爷到底有几只眼！来人哪，先打四十大板！"

苏轼过去断案时，对那些顽固而又狡猾的罪犯曾用过此刑，一般杖打二十大板罪犯就皮开肉绽了。今天，自己由主审官沦为了阶下囚，也要承受被打之刑，而且还是加倍受刑，这就叫"祸福无常"？正想着时，几个衙役已将他按倒在地，拉下了他的裤子，"呼呼"生风的板子便落在了他的屁股上！开始时他感到疼痛难忍，继而便忍受不住了，呼天喊地地大叫起来，不一会儿，喊声便渐渐低了……

李定见苏轼的双腿已血肉模糊、瘫软在地上，又吩咐衙役："大刑侍候！"

几名衙役将三件重刑刑具抬进了大堂。

舒亶指了指人事不省的苏轼，低声说道："李大人，若再施刑，下官担心——"

李定："若不施重刑，恐难以让他招供。"他吩咐衙役："指刑侍候！"

两名衙役将苏轼的十指套进枷具之中，左右猛一用力，只听苏轼"啊"的一声惨叫，便歪倒在地上了。

何正臣连忙过去，以手试了试鼻息，吓了一大跳，连忙说道："没气了！犯人没气了！"

他知道，若让苏轼死在提审的大堂上，不但主审官难以交代，副审官也会吃不了兜着走！

李定似乎胸有成竹，说道："你们放心好了，苏轼还死不了！"他命令衙役："泼水！"

一名衙役提来一桶凉水，猛地朝苏轼头上泼去。只见苏轼的身子一激灵，又缓缓地苏醒过来了。

苏轼不知道自己身在何处，也不记得曾经发生过什么，只觉得自己从一个漆黑的深渊中走出来，浑身像散了架一般又酸又痛，双眼好像被什么粘住了，什么也看不见。他努力睁了睁，迷蒙中看到三个影子在眼前晃动着。这是什么地方？他们是人间的人，还是阴间的鬼？他一时难以判断出来。

大堂外边传来一阵"呱呱呱"的叫声，觅食的乌鸦们成群结队地回来了，它们在半空中盘旋着、追逐着，暮色中的乌台成了这些黑色精灵的天堂。御史们得意扬扬地离开了提审大堂，奄奄一息的苏轼被抬回了知杂南院的死牢。

2

"父亲、父亲，你醒醒啊！"

苏轼仿佛听见有人在遥远的天边喊他，喊声越来越大，他听出来了，是苏迈的声音！他努力睁开眼，借着墙上的暗淡灯光，见苏迈正跪在自己身边。

见父亲醒过来了，苏迈一边用汗巾为他擦着身上的斑斑血迹，一边说道："父亲饿了吧？我熬了一罐小米粥，你吃一碗吧！"说着，将饭碗递给了他。谁知苏轼的手一哆嗦，饭碗掉在了地上！苏迈抓起苏轼的手一看，见十指的关节又红又肿。他连忙将苏轼的手抱在怀里，"哇"的一声大哭起来。

苏轼安慰他说："不哭，不哭，我并不觉得疼，你哭什么？"

苏迈哽咽着说道："父亲受苦了。"

苏轼："这点苦，我还受得了，现在我最挂心的是远在湖州的一家人，不知他们怎么样了？"

苏迈告诉他说，全家人已投奔南京的叔叔了，叔叔还派家人苏炎到了汴京来照应苏轼，因御史台不许他入内，他只好留在老宅里。还说，驸马王诜大人和书画博士米芾等人，还送来了一些食物和日常用品。

正说着时，王才有进来了，他看了看苏轼的伤势，叹了口气，说道："苏大人，凡进了乌台大狱的犯人，都是先刑后审，有不少人是走着进来，抬着出去的。大人的命大，还是熬过了这一关。"他又对苏迈说道："孩子，你放心好了，苏大人是吉人天相，虽有劫难，定能化解。探监时辰到了，你还是走吧！若超过了探监时辰，以后就不许进来了。"

苏迈顺从地点了点头。

第二天天色刚亮，苏轼又被押去堂审。

与昨天的堂审一样，主审李定端坐在中间，舒亶和何正臣分坐左右，两排衙役站在两边廊下，所不同的是，苏轼一进了大堂，便先行跪在了地上。

李定见了，冷笑着说道："罪犯苏轼，进堂即跪，可见你比昨日有了长进！"

其实，苏轼实在是站不住了，跪在地上倒还能撑住身子。

李定指着苏轼说道："罪犯苏轼听着，你所犯之罪，可谓罪行累累、罄竹难书、罪证确凿。本官今日所审，你只需要回答有还是没有即可，不许节外生枝、强词夺理，听明白了吗？"

苏轼想，今日的审问方法也不同于昨日了，不知他葫芦里装的是什么药？说道："听明白了。"

李定："本官问你，你是否犯有斥责圣上、谤讪朝廷、反对新政之罪？"

苏轼听了，心中一惊，若自己答了一个"是"字，就是承认了不臣之罪，也就是十恶不赦的死罪！于是连忙说道："没有。"

李定："哼，本官料你也不敢承认，不过本官既有耐性也有时间。"他吩咐衙役："先打二十大板！"

如狼似虎的衙役们施刑之后，苏轼的旧伤上又添新伤，痛得钻心刻骨。还没打完，他已昏厥过去了，衙役朝他头上泼了一桶冷水之后，他才醒了过来。

李定又问："本官再次问你，有，还是没有？"

苏轼的声音虽然十分微弱，但还是很清楚："没有！"

李定："再加二十！"

苏轼受刑之后，连低微的呻吟声也听不见了。

何正臣担心继续这样审下去，苏轼会死在大堂上，便对李定说道："李大人，是不是先审问他所犯的其他罪行。"

李定："你真糊涂！审那些鸡毛蒜皮的小罪又有何用？此罪抵过百罪！他只要承认了此罪，就是犯了大逆不道之罪！"

他见苏轼不肯就范，就让舒亶和何正臣轮番审问、施刑。苏轼虽然已在地上动弹不得，但心里仍然十分清醒，始终紧紧咬住牙关，硬是不多说一个字！

连续审了数天，每天都是天亮提审苏轼，到了乌鸦回巢时才将苏轼押回死牢，但苏轼总两个字：没有！

就在李定等人对苏轼酷刑逼供的时候，案子也牵动着乌台外边的世界。

自苏轼关进了乌台之后，朝野一片震惊。

太子少傅张方平、元老范镇、司马光等人冒着得罪御史们的风险，也不怕连累家人，先后上书宋神宗为苏轼求情。

苏轼的政敌、已经辞去宰相职务、退隐金陵的王安石，得知苏轼被捕受审乌台后，立即上书宋神宗，他提醒宋神宗，万万不可忘记宋太祖"不杀大臣和言官"的遗训。

王安石的弟弟王安礼，时任舍人院同修起居注官之职，几乎天天与宋神宗在一起，他对神宗说道："自古以来，大度的国君都不以言论定臣子之罪。苏轼不但才华天生，而且勤奋好学，本以为可得到爵位，但却未能如愿，心里不免失望，说了些不当的话。若以此对他惩处，恐怕后人会说陛下难容人才。"

宋神宗听了，说道："朕本来就不想深究苏轼，只是想挫挫他的傲气，过些日子，朕就会赦免他的。爱卿不可泄露朕的意图，以防言官们加害于他。"

为了营救哥哥，苏辙向宋神宗上书，乞求以自己的官职为苏轼赎罪，字里行间透出的手足之情令人感动。

在大臣们中还悄悄传说着一件事：在芳林苑思津宫养病的太皇太后曹氏，听说苏轼关进了乌台大牢，十分震惊，病情渐重……

苏轼的案子不但引起了官员们的关注，还牵动着天南地北的百姓们。

在杭州，数千人匆匆赶往灵隐寺。僧人在山门外边挂起了一幅布帘，上面写着"苏大人解厄道场"，他们是在为苏轼诵经。

自斩了匪首"何四两"之后，密州的太平镇已经太平了几年。自听说苏轼被朝廷关进了大牢之后，人们的心里就像压上了一块大石头！他们已派出孟元和老猎户余七为代表，日夜兼程赶往汴京探监，但二人却被拒于乌台之外。

消息传到徐州后，人们纷纷来到当年筑起的土堤上焚纸烧香，还商量要在清冷口为苏轼建庙造像，以不忘他保城救民的恩泽。

尤其令人动容的是，一些卑微的歌舞妓们听说苏轼被投进了死牢之后，她们素面素服相聚西湖的船上，想以吟唱苏轼的诗词来为他祈福。谁知刚刚唱了一句，便被一片抽泣之声淹没了，只剩下琴操的诵经之声。小船像无根的浮萍，在湖面上飘荡着，满湖都是香烟袅袅，木鱼声声……

王才有以回家吃饭为名，偷偷到街上去为苏轼买药疗伤。在离乌台不远的一个路口，他看见一个二十出头的女子跪在地上，她先点燃了三炷香，又从随身的包袱里捧出一大把红枣，跪在地上，倒头就拜！

王才有问她："闺女，你这是在为谁烧香啊？"

女子哽咽着说道："为恩人苏签判烧香。"

王才有听了，大吃了一惊。知道她说的苏签判就是苏轼，便连忙将她拉到一边，问道："闺女，你叫什么名字？是从哪里来的？"

女子说："俺叫荞花，是从终南县来的。"

王才有："闺女为什么要为他烧香？"

荞花听了，已满眼是泪。她说，她五岁那年，因父亲为官府伐木，木排被山洪冲散，被县衙关进了大牢，要缴十两银子才能放人。因家中太穷，为救出父亲，爷爷在她头上插了一根茅草，领她到集上去卖。要不是遇上了苏签判……十七年了，她一直忘不了自己的救命恩人。听说恩人关在了乌台大狱，她整整走了九天才到了汴京城，向人打听乌台大狱在哪里？有人告诉她说，乌台大狱长着很多柏树、住着很多乌鸦，于是她就找到了这里，但守门的士兵不许她进去，她只好在外边为恩人烧上三炷香，求老天爷保佑他……说到这里时，已泣不成声了。

王才有知道她无法见到苏轼，便安慰她说："苏大人人好命大，不会有事的，闺女你还是早早回家吧！"

荞花听了，点了点头。她央求王才有将包袱里的红枣带给苏轼，王才有朝四周看了看，连忙抓了两把红枣，塞在了怀里。

荞花含着眼泪走了，走出很远了，还能听见乌鸦们"呱呱呱"的叫声。

3

苏颂也关在乌台大牢的知杂南院里，但不是关在死囚牢房。他的牢房与苏轼的死牢只有一墙之隔，彼此也算是狱友。这位因三次拒绝起草破格提拔李定的中书舍人，因审问他的主审官不是李定而未受到酷刑。因他仰慕苏轼的才华，所以特别关注苏轼的案子。自苏轼入狱后，他每天都能听到御史们对苏轼的辱骂和苏轼受刑时的惨叫声，有时李定、舒亶、何正臣还夜以继日、轮流审问，犯人生不如死！他曾经为此写过一首诗，其中有"遥怜北户吴兴守，诟辱通宵不忍闻"。诗中提到的吴兴守，指的就是曾任湖州太守的苏轼！他十分担心，落在李定这伙御史手中的苏轼恐怕撑不了几天。

忽然，连续几天里，南杂知院里安静多了，既听不到御史们的吼叫声和搬动刑具的"咣当"声，也听不见苏轼撕心裂肺的惨叫声了，是不是苏轼已经——他将脸贴在墙上仔细听了听，听见了阵阵呻吟之声，苏轼还活着！

原来，这几天李定暂停了堂审。因为先刑后审的办法并未攻破苏轼的防线，也就无法使他承认犯有"讽讪朝廷、大逆不道"之罪。李定显得一筹莫展，铁青着脸，离开座位，在大堂里走来走去，像个没头的苍蝇。其实，舒亶和何正臣心里比他还焦急，因为拘审苏轼虽是宋神宗的"钦定"，起因却是李定突然在宋神宗面前发难，而他们二人是极力呼应的！若定了苏轼的死罪，他们都会受到神宗皇帝的赏识，还能得到同僚们的信服；但若定不了苏轼的死罪，不但无法向神宗皇帝交代，恐怕天下人的唾沫也会淹死他们！

其实，李定还藏着一桩难以启齿的私仇，以雪当年之耻！

当年，李定被王安石看中后，欲推荐他为谏官，但因隐瞒母丧，未回家守制"丁忧"，遭到了众多官员的指责、弹劾：司马光骂他"禽兽不如"，苏轼则弹劾他是"不忠不孝之人"。一个人若被认为不忠不孝，就没有资格出仕为官！他对苏轼已有刻骨铭心之恨，更令他感到难堪的是因为苏轼的一首诗。

苏轼曾写过赞扬朱寿昌的一首诗，题目是《贺朱寿昌得母》，其中有两句是"感君离合我酸心，此事今无古或闻"。李定认为，此诗是暗讽他的。

李定之母原本是位歌妓，她曾嫁过三次，每嫁一次，就生一个儿子，共生了三个儿子。三个儿子都很聪明，其中一个儿子就是李定。她生了李定之后，又改嫁别人。她死时，是李定的父亲不让李定为其母守孝的。

读了苏轼的诗后，李定对苏轼旧仇加新恨，欲将苏轼置于死地而后快。

但他黔驴技穷，苏轼并未就范。他望着大堂里那些沾着血污的刑具，感到力不从心。

这时，有人来报："张璪大人到！"

李定："快请他们进来。"

原来，为了将苏轼的案子办得万无一失，在审案之初，李定已将张璪派往各地去收集有关苏轼的罪证，以配合乌台的审问和定案。

张璪将一个蓝布包放在桌上，说道："下官奉大人之命，已获得不少苏轼的信札诗文，请大人审阅。"

李定："张大人辛苦了。"说完，急不可待地解开了包袱，检点了一下，共有八十三件，涉及三十九人。他匆匆看过之后，已掩盖不住心中的喜悦，铁青色的脸上也有了笑容，因为他突然萌生了一个新的审案策略。苏轼不是在大刑面前不肯承认犯了"谤讪朝廷，大逆不道"之罪吗？那好吧，就从这些信札文稿中找出证据。这些证据可都是他苏轼亲笔所写，看他还能如何抵赖！他选出了一部分，将余下的交给舒亶和何正臣："请两位大人细细审阅，三天后继续再审。"

苏轼虽然经受了酷刑折磨，但士可杀而不可辱！他已暗暗寻思，要以死来结束这种屈辱！他悄悄从草枕底下摸出了那包青金丹，放在身边。这是他根据晋代的一种秘方亲自配制的，可治失眠之症，过去每当睡不好时，就在睡前服上一丸便可安然睡到大天亮；但他也知道，若过量服用，则会致命！

苏迈每晚准时送来牢饭，他吃饭时，苏迈便轻轻地为他擦洗旧伤口，又将创伤药粉涂在新伤口上。苏迈见父亲刚刚结痂的伤口又被打裂，黄水不断地淌出来，竟忍不住失声痛哭起来，说道："父亲，我不走了，愿替父亲受刑，我要为父亲顶罪！"

苏轼强忍着泪水，安慰他说："傻孩子，我又没犯什么罪，你如何顶罪？你是家中的长子，全家人还指望着你呢！"

王才有在牢房外边催促苏迈："探监时辰已到，请公子回去吧！"

苏迈走了之后，苏轼在草枕下面摸索了半天，也没摸着那包青金丹。他知道，青金丹已被苏迈悄悄拿走了！

新一轮的提审开始了。

李定指着桌子上的一堆信札文稿说道："罪犯苏轼，为了理清你的罪行，御史衙门已查询了有关证人，取得了你的罪证。"他指着桌子上的《苏子瞻学士钱塘册》，问道："上面的诗词，都是你作的吗？"

苏轼看了看，说道："是罪臣所作。"

李定："本官问你，你在《王秀才所居双桧》中，写的'凛然相对敢相欺，直干凌云未要奇。根到九泉无曲处，世间唯有蛰龙知'。当今圣上是真龙天子，你却说他是地下的蛰龙，这是对圣上的大不敬，你认罪吗？"

苏轼并未立即回答。

舒亶拍着桌子吼道："若不认罪，大刑侍候！"

苏轼不紧不慢地说道："王安石大人曾写过一首求雨的诗，诗中也写过龙：'天下苍生待霖雨，不知龙向此中蟠。'王大人岂不是也犯了大不敬之罪？"

舒亶气得直翻白眼，他指着苏轼说道："你，你，你强词夺理！"

苏轼："王大人写这首诗的时候，吕惠卿和章惇两位大人也在场，还称赞王大人写得好呢！如若不信，可去问问他们三位。"

李定连忙打断了他的话，问道："'岂是闻韶解忘味，尔来三月食无盐'，是不是在讥讽朝廷的盐法？"

苏轼："罪臣是亲眼所见、亲耳所闻，百姓们因买不到食盐而吃竹笋——"

李定："闭嘴！你只回答是与不是即可，话多掌嘴！本官再问你一句，此诗是不是讥讽朝廷的盐法？"

苏轼："是。"

李定："本官问你，你写的'东海若知明主意，应教斥卤变桑田'，是不是反对朝廷的水利之法？"

苏轼："是。"

李定："你在吉祥寺写的'一朵妖红翠欲流'，是不是咒骂朝廷新政是'妖红'？"

苏轼："是。"

李定："你写的'化工只欲呈新巧，不放闲花得少休'，是不是把推行新法的大臣们比化工，意指推行新法的花样太多、连百花都受到殃及了？"

苏轼："是。"

李定："你写的'读书万卷不读律，致君尧舜知无术'，是不是讥讽变法的大臣们读书不当，无法辅佐圣上成为尧舜那样的明君？"

苏轼："是。"

李定："你在《山村五绝》中的第四首，写的是'杖藜裹饭去匆匆，过眼青钱转手空。赢得儿童语音好，一年强半在城中。'说农家弟子们拿了青苗钱就去城里鬼混，半年就将手里的钱花光了，是不是讥讽朝廷的青苗法？"

苏轼："是。"

李定见苏轼害怕受刑、十分配合他的审问，心中窃喜，便又问了苏轼写的三个寓言：

第一个是《日论说》：一个一出生就双目失明的人，不知道太阳是个什么样子。有人告诉他说，太阳像只铜盘，他敲了一下，声音很响，以后听见铜锣声就以为那是太阳。还有人告诉他说，太阳的光像蜡烛，他摸了摸，觉得蜡烛长长的。后来摸到了竹笛也以为是太阳。

李定认为这是攻击朝廷的新政。

第二个是《河蚌与螺蛳》：有一天，河蚌与螺蛳在河边沙滩上相遇了，螺蛳说：你看我长得多好看啊！河蚌说：你长得婀娜多姿，确实比我漂亮。螺蛳又说：老天不公啊，为什么你有珍珠而我却没有呢？河蚌说，因为我什么都让人看得到，而你却从头到脚藏得严严实实的！

李定认为，苏轼将支持变法的大臣说成是曲意迎奉的小人，而反对变法的人是正直之士。

第三个是《燕子和夜枭》：有一天，燕子和蝙蝠争论起来，燕子认为太阳升起是一天的开始，而蝙蝠却认为太阳落山才是一天的开始。因为争论相持不下，便去请教鸟中之王凤凰。它们走到半路上遇到了鸽子，鸽子说已经很久没见到凤凰了，是夜枭在代替凤凰值班。

李定认为，苏轼恶毒攻击变法的当权者，说他们不是凤凰而是夜枭！

对三个寓言，苏轼都承认有罪。

提审完了，李定忽然狐疑起来，今天对苏轼的提审为何如此顺利？苏轼认罪又为何如此爽快？他原本想立即让苏轼画押签名，但又一想，口供虽是苏轼亲口所述，但却是书办抄录的。为了防止苏轼翻供，就应让苏轼将他"谤讪朝廷、大逆不道"的罪名亲笔写下来，这样他的不赦之罪就是铁板钉钉了！他对苏轼说道："既然你已承认了所犯之罪，就由你自己写下来，如何？"

苏轼答道："可以。"

李定吩咐何正臣："给罪犯苏轼纸笔墨砚，以三天为期，让他全部写于纸上。"他又转头问苏轼："三天时间够了吗？"

苏轼："三天已经足够。"

堂审结束后，两名衙役便将苏轼扶回了死牢。

苏轼有超人的记忆力，他只用了一天一夜，一口气便写了六十多张纸，在百余首诗词中摘出了评论新政的诗句，一共有四十多处，他写的与原文一字不差！

写完了，他倒头便睡下了。

苏轼之所以认罪并亲笔写下了供状，一是知道自己必死无疑，不想再在乌台受折磨了；二是自己一死也就一了百了，不会再连累师长、朋友和家人。

李定看了苏轼亲笔写下的供状，朝窗外瞥了一眼，见觅食的乌鸦们陆陆续续地朝乌台飞来，头顶上一片"呱呱呱"的叫声，他感到了一种前所未有的轻松，长长地舒了一口气。

不过，此时此刻，就在乌台高墙的外边，营救苏轼的风声，已从紫禁城里传了出来。

第十六章　乌史台和紫禁城，进行着绞杀和营救

永遇乐

彭城夜宿燕子楼，梦盼盼，因作此词。

明月如霜，好风如水，清景无限。曲港跳鱼，圆荷泻露，寂寞无人见。紞如三鼓，铿然一叶，黯黯梦云惊断。夜茫茫，重寻无处，觉来小园行遍。

天涯倦客，山中归路，望断故园心眼。燕子楼空，佳人何在，空锁楼中燕。古今如梦，何曾梦觉，但有旧欢新怨。异时对，黄楼夜景，为余浩叹。

1

宋神宗看过苏轼的亲笔供状之后，不禁锁起了眉头。在供状上，凡御史问的，他皆答一个"是"字，并无半句辩解；至于那些反诗，更经不起推敲。苏轼是一介书生，也许他惧怕受刑才作此下策的？

自苏轼写了亲笔供状之后，李定洋洋得意，这几天一直等待着宋神宗的召见，他心中明白，乌台诗案是大宋开国以来的第一大案，此案结案以后，自己功不可没。

其实，乌台诗案的始作俑者并非李定，而是苏轼的另一位朋友、《梦溪笔谈》的作者沈括！

沈括入仕后，因追随王安石变法而受到器重，担任过朝廷的三司使，是掌管朝廷财政大权的重臣。他不但博学且善文词，对天文、地理、方志、音律、医学、律书、历书、卜算等无所不通，是当代的一位著名的科学家，"石油"一词就是他最早提出来的，但他的人品却遭到了人们的诟病。

熙宁六年（1073年），苏轼任杭州通判时，宋神宗委派沈括为两浙路察访使，也就是钦差大臣，巡察江浙等地。他离开汴京时，宋神宗特别向他交代说："苏

轼在杭州通判任上，朕很看重他。沈爱卿若遇到了苏轼，可与他多多交往。"

沈括听了，连连点头。

到了杭州后，沈括果然与苏轼交往密切，二人谈论汴京旧事，咏吟诗词，同游西湖，把酒论盏，无话不谈。沈括离开杭州时，对苏轼有些依依难舍，便恳请苏轼写首诗送他以作留念。因从汴京到杭州的政要大都喜爱苏轼的手迹，苏轼并没有怀疑，像对待所有老朋友们一样，一口气抄录了自己的三首词送给了沈括，沈括十分感谢。

其实，沈括是个心计很深的人，他平时就对苏轼的才华怀有嫉妒，他看到宋神宗对苏轼如此欣赏和器重，更加刺激了心中的妒火。他知道苏轼与王安石不和，于是回京后去见王安石时，除了称赞青苗、助役等新法之外，绝不提新法不利百姓的弊端；还将苏轼手录的三首词逐句作了分析，认为这些词"皆讪怼"，并将其附在了察访报告里，呈给了宋神宗。

宋神宗看了之后，竟然置之不理！有人将这件事告诉了苏轼，苏轼心中坦荡，认为宋神宗不会相信这种捕风捉影的言论。他还笑着说："我的拙作，今后不愁没有人呈给圣上御览了！"

沈括未扳倒苏轼，却被他自己扳倒了！王安石二度罢相后，沈括便投靠了新任宰相吴充，他又撰写了一份批评王安石平役法种种弊端的疏章，秘密献给了吴充。吴充放在袖子里，密呈给了宋神宗。宋神宗对他的反复无常和搬弄是非十分反感，便将他贬出了京城，到宜州任地方官去了。

乌台诗案发生的时候，与沈括被贬已事隔数年，他还远在宜州任上。

虽然当年沈括未能将苏轼关进乌台大狱，但苏轼却在宋神宗心里留下了一个挥之不去的阴影：苏轼虽然才华有余，但为人处世谨慎不足。他想让苏轼接受教训，但却一直没有机会，谁知七年之后，李定等人突然对苏轼发难，才有了今天的乌台诗案。

乌台诗案，震惊天下。

苏轼的交往很广，除友人、同僚之外，还有众多门生和追随他的后起之秀，女诗人李清照的父亲李格非和他的朋友们就是苏轼门下的后四学士。另外，一些虽未与苏轼交往但敬仰、喜爱他的人品和作品的人，也都密切关注着苏轼的命运。而更关注苏轼命运的，是出自朝廷上层和紫禁城后宫的声音。

李定等人急切期待的那一天终于来了。一百多天来的日夜审问，想尽了种种办法、使用了多种刑具，终于让苏轼认罪了，今天，就是决定他命运的时候了！他和舒亶、张璪等人早早地就到了崇政殿的台阶下。

不一会儿，王珪、蔡确和吕惠卿等人走了过来，他们是竭力支持弹劾苏轼的反苏派。李定低声说道："三位大人，苏轼已经认罪了！"

三人听了，只是点了点头，表示已经知道了。

早朝刚刚开始，宋神宗便问李定："李爱卿，苏轼一案审理得还顺利吗？"

李定连忙出班答道："启禀陛下，对苏轼一案的审理十分顺利。经臣等多次提审，苏轼已经认罪了。"

宋神宗："他认的是何罪？"

李定："'谤讪朝廷、大逆不道'之罪！"

此语一出，大殿里一片哗然，此罪属于百罪中的死罪，难道这是真的？

宋神宗又问："可有证据？"

李定说道："证据已经带来了。"说着，连忙将《苏学士子瞻钱塘册》递给了殿头内侍，呈到了御案上。

宋神宗指着《苏学士子瞻钱塘册》笑着说道："此册朕这里也有一本，是信玉长公主送给朕的。朕已读过了，除了有些词语不当、发了些牢骚之外，并无谤讪朝廷和大逆不道之罪啊！"

李定本指望这册《苏学士子瞻钱塘册》就可将苏轼送上黄泉路的，谁知道宋神宗却轻描淡写地放下了！他心中大惊，额头已冒出了汗珠，连忙转头向舒亶、何正臣、张璪示意。

舒亶出班奏道："陛下，苏轼已承认写过反诗，这是证据。"说完递上了一卷抄录的诗词。

宋神宗看得十分仔细。

李定以为，宋神宗看过之后一定会火冒三丈。为了再加一把火，他连忙向何正臣示意。

这时，何正臣出班奏道："御史台已将苏轼所犯之罪的案卷整理完毕，共有十五卷，其中第一卷是御史对苏轼一案的定论。请求圣上对苏轼处以斩刑！"

宋神宗听了，并未理会呈到御案上的案卷："在这些诗里，哪首诗是反诗呢？"

李定："臣以为《王复秀才所居双桧》是首反诗。"

因昨夜李定已向王珪说过，此诗有暗示圣上之嫌。王珪连忙出班帮李定说话："陛下，臣以为苏轼因怨恨得不到陛下的重用，便与陛下离心离德，愿到九泉之下去结识地下的蛰龙，这是对陛下的大不敬，属犯不臣之罪！"

宋神宗皱了皱眉头。

蔡确也出班说道："臣赞同王大人所言。龙，只有天上才有。陛下贵为天子，即是天上真龙，而苏轼却要去与地下的蛰龙为伍，其反心昭然若揭！不杀不足平我等臣子之愤，恳请陛下准御史台所奏，斩决苏轼！"

宋神圣对宰相吴充说道："吴爱卿，朕想听听你的意见。"

吴充绕开了苏轼的案子，他说道："臣以为，太皇太后的病情近日有所加重，令天下不安，朝野无不忧心如焚。臣请求陛下大赦天下，以求上苍护佑太皇太后。"

李定见宋神宗对苏轼一案一直迟迟不肯表态，心中已在发虚，听了吴充的请求大赦天下一席话，更加慌张起来，便和舒亶、何正臣、张璪、李宜之等纷纷出班，请求斩决苏轼。舒亶见宋神宗仍未表态，跪在地上不肯起来，哭着说道："为了乞求太皇太后安康，陛下可大赦天下罪人，唯不可赦免苏轼！"

翰林学士章惇，既是苏轼的朋友，又是他的政敌，苏轼曾多次抨击过他，他也毫不客气地进行反击，二人积怨颇多。他不想牵连进此案之中，便采取"黄鹤楼上看翻船的态度"，一直冷眼旁观事态的发展。他已察觉到宋神宗并无杀害苏轼之意，又见李定等人气焰过分嚣张，其祸心暴露无遗，已引起了朝臣们的不满，便出班奏道："陛下，臣虽与苏轼有隙，但他忠君爱民，绝无不臣之心。再说，太皇太后病体未愈，不宜大开杀戒，应大赦天下，以为太皇太后祈福！"

舒亶本以为章惇会替自己说话的，谁知道他竟站在了苏轼一边！他十分恼火，问道："章大人，在下不明白，斩决大逆不道的苏轼，与太皇太后的病情有何关系？"

章惇一听，立即暴跳起来，他朝前走了两步，指着舒亶的鼻子说道："舒亶小儿，你得意忘形、口出狂言，是对陛下和太皇太后的大不敬！臣请求陛下，将这个狂妄之辈赶出朝廷！"

舒亶本来想急于求成斩决苏轼的，不料惹恼了这位重量级的大臣，心已怯了三分，连忙退回去了。

大殿里一下子安静下来，大臣们都目不转睛地望着宋神宗。

宋神宗指着御案上的诗稿说道："古人曰：'诗以言志'，'志在刺讽'。《诗经·大序》上说：'吟咏性情，以风其上。'以风其上就是诗要讽刺君主，君主看了，才会明智。如果断章取义、以诗定罪，那部《诗经》岂不是罪大恶极了吗？"

他意犹未尽，转头看了看王珪，继续说道："在古代，以龙为名的人很多，东汉的荀淑有八个儿子，都有才名，被人称为荀氏八龙；蜀国宰相孔明，自号卧龙；东吴大将赵子龙，他们都不是帝王，也未因龙字获罪。对苏轼写的蛰龙，不可牵强附会、以字废诗！"

大殿里鸦雀无声，大臣们都在琢磨宋神宗说的每一个字，而李定等人都听得心神不宁。

这时，吴充从衣袖里取出一份奏章，说道："王安石大人听说苏轼已经入狱，他派人连夜送来奏章，托臣呈于陛下。"说完，将奏章呈了上去。

王安石在奏章中先问了太皇太后的病情是否已有好转，又问宋神宗读了哪些书籍，劝他读书不可超过子夜，写得情真意切。最后提到了乌台诗案，他说：凡是圣明之君，在清明之世，绝不会诛杀才华出众的臣子。

一言而决！就是王安石的这句话，才让宋神宗最后拿定了主意。

宋神宗向内侍殿头看了一眼，内侍殿头连忙上前扶他。

李定等人看到即将散朝，再次出班陈情，跪在地上不肯起来。他们不但要求处斩苏轼，还要严惩司马光、张方平、王诜、王巩、范镇、黄庭坚、米芾等一批大臣和文士。

内侍殿头高声喊道："退——朝！"

不一会儿，大殿里就人去殿空了。

2

一回到御史台，李定就对当值的衙役们说道："备刑，提审罪犯苏轼！"

御役有些奇怪，苏轼不是认了罪吗？还提审他做什么？他们望了望李定那张铁青色的脸，便连忙去了死牢。

李定以为，呈上了苏轼的供状和他的罪诗之后，神宗皇帝一定会龙颜大怒，文武百官们也一定会口诛笔伐，苏轼必死无疑！他的同党们也会因此受到株连而被贬官罢职。谁知完全超出他的预料，他在朝会上不但未达到预计的目的，反而差一点下不了台！他要将满肚子的怨恨都发泄在苏轼身上！

由于连续数日未受到重刑，苏轼已能勉强站起来了，只是迈步还十分艰难，两名衙役只好连扶加拖地将他押到了大堂。

李定问道："罪犯苏轼，本官再次问你，你可有罪？"

苏轼："苏轼有罪。"

李定："你有何罪。"

"罪犯苏轼所犯之罪，已亲笔录过，并在上面签名画押了，难道大人忘记了吗？"

"放肆！"李定声嘶力竭地喊道："是本官审你，还是你审本官？"

苏轼连忙说道："大人是御史，苏轼是罪犯，当然是大人审苏轼！"

李定："罪犯苏轼嘴硬，掌嘴二十！"

话音刚落，两名衙役上前，"噼噼啪啪"地一阵掴掌声之后，苏轼已满嘴是血，但仍然不服："请向御史大人，难道苏轼说错了吗？"

李定："再掌二十！"

又是一阵"噼噼啪啪"的掴掌声。

……

被押回死牢之后，苏轼挣扎着靠墙坐着。他知道自己不死，李定等人是绝不会罢休的。于是，他也作了死的打算：与其天天遭受酷刑毒打、生不如死地活着，倒不如早死为好。因为苏迈拿走了青金丹，自己无法吞药自尽，于是就想激怒御史，以求速死！

当天晚上，苏迈准时送来了牢饭，因白天受到两次刑，苏轼的嘴已肿得张不开了，只勉强喝了半碗米汤，他悄悄与苏迈约定：平时送饭，一如往常；若打听到对他执行斩决的日期后，就在他的碗里放一条鱼！

苏迈听了，连忙说道："我不送鱼，父亲也不会死的！"说完，抱着苏轼大哭起来。

探监时辰结束了，苏迈抹着眼泪离开了牢房。

王才有每天都命狱卒梁成端来一盆热水帮苏轼洗脚，并说热水洗脚可通脚筋脉络，能缓解伤口的疼痛。苏轼见梁成忠厚可靠，便对他说道："看来，我的死期快到了，我给弟弟写了两首诗，拜托你设法送出去，作为生死诀别。弟弟看到了我的信，我就死也瞑目了。"

梁成连忙安慰他说："好人命大，苏大人一定能活着走出御史台的。"

安慰归安慰，梁成还是将两首诗揣进了怀里。

苏迈回到老宅以后，苏炎对他说，南京送来了板鸭和治伤的一张药方子。他接过药方子一看，药方下面有一行字：可去东郊徐家药庄抓药。

第二天一大早，苏迈让苏炎到集市上买菜、替自己去送牢饭，交代完了以后，便匆匆出门走了。

苏炎刚要出门时，黄庭坚来了。听说苏炎要去买菜，便说："苏大人爱吃鱼，待我去买条新鲜鲤鱼，让苏大人补补身子。"说完，便直奔南门集市而去。

他在集市上看了一圈儿，虽然有人卖鱼，但因是昨日捕的，大都不太新鲜了。他忽然想起了一个地方：有一次，他路过黄河边上一个大水塘时，见塘边有不少人在钓鱼，而且钓的都是红尾金鳞的黄河鲤鱼。于是，他便去了黄河大堤旁边的那个水塘。

大塘边果然有人在钓鱼，他们将钓到的鱼放在一只竹筐里，又将竹筐泡在水里。他看了几只鱼筐，筐中虽然有鱼，但都不大。他在塘边看了一会儿，忽然听见有人喊道："快，上钩啦！"接着看到一个汉子钓上了一条红尾金鳞的大鲤鱼，大约有一斤多重。

黄庭坚对他说道："请把这条鱼卖给我吧！"

那汉子摇了摇头："不，我要留着烧了佐酒。"

黄庭坚央求他说："我有位朋友病得很重，想吃黄河鲤鱼，你若肯卖，我愿多付钱买下。"

那汉子听了，笑着说道："先生敬友重义，你就将鱼捉去吧！"说完，在荷塘里摘了一大片荷叶，将鱼包好，交给了黄庭坚。

当年在杭州时，有一天黄庭坚和晁补之等人去拜访苏轼，苏轼曾下厨烹了一尾西湖鲤鱼，吃起来鲜嫩可口，苏轼还将烹鱼的方法和佐料告诉了他。今天，他要照葫芦画瓢，烹一尾黄河鲤鱼，苏轼吃了一定非常高兴。

谁知这尾黄河鲤鱼，却惹出了一场天大的误会。

天色已晚，黄庭坚将烹好的黄河鲤鱼盛在一只盖盘中，放在竹篮里，让苏炎送到了御史台的侧门，托梁成将饭篮带进了牢。

苏轼接过竹篮，刚刚打开盛菜的盖子，两只手便僵在那里了，脸色变得煞白，嘴里喃喃着却说不出一个字来！

梁成见了，问道："苏大人，快吃饭吧，鱼快凉了。"

苏轼听了，眼泪忽然"哗哗"地流了下来。

梁成："苏大人，你哪里不舒服？"

苏轼指了指菜盘中的鲤鱼，说道："我吃了这条黄河鲤鱼，也就离死期不远了。"

梁成听了，大吃一惊，连忙问道："苏大人怎么知道的？"

苏轼叹了口气，便将他与苏迈商定以送鱼为暗号的事，告诉了梁成。梁成听了，顿时泪流不止，不知如何安慰他才好。

过了一会儿，苏轼说道："既然这尾鲤鱼是来为我送终的，那好吧，我吃了它就该上路了。"说完，拿起竹箸就吃。

梁成转身出了牢房，不一会儿又提着一只锡壶进来，说道："有鱼不可无酒，来，我敬大人一杯。"说完，将酒杯递给了苏轼。

苏轼笑着说："这辈子，你我是朋友；下辈子，你我还是朋友。"说完，将酒一饮而尽。

梁成边抹泪边为他斟酒，苏轼似乎忘了吃鱼意味着什么，当他喝完了壶中之酒时，也将那尾黄河鲤鱼吃了个干干净净。

不知是因知道了自己的死期已到，不再遭受辱骂毒打，感到已经解脱了，还是多日不曾饮酒，今晚已经半醉，他感到身上渐渐麻木起来，伤口也不再钻心地疼了，眼皮也沉重起来，他顺势向铺草一躺，不一会儿，就鼾声如雷了。

梁成正在收拾饭碗，忽见王才有领着一位老宫人走来。他想，深更半夜的，宫中的太监来干什么？

王才有附耳对他说道："你去吧，此事不得告诉他人，记住了吗？"

梁成走了之后，宫人悄悄走进死牢，在苏轼旁边找了个地方便睡下了。

也不知道过了多少时辰，苏轼似乎听见了开锁的声音，他以为又要提审自己了，便睁开了眼。但他看见的不是御史台的衙役，而是老狱吏王才有。

王才有提着灯笼进了牢房之后，推了推宋公公，说道："公公，时辰到了，轿子已在门口候着了。"

苏轼这才发现，原来自己身边还睡着一个犯人！他大吃一惊，借着灯光一看，这个犯人原是内侍郎林远！

林远起来后，拍了拍身上的草屑，笑着对苏轼说道："恭喜苏大人，请苏大人安心睡吧！"说完，便随王才有离开了牢房。

他们走了之后，苏轼仍然难以断定：是做了一个梦，还是看花了眼？他迷迷糊糊地想了一会儿之后，又打起鼾来。

宋神宗天性孝顺，因为近日天气炎热，宫中暑气不散，他便将太皇太后曹氏送到了芳林苑的金华宫休养。

早朝散后，他在一队内侍们的簇拥下急急去了金华宫，去为他的祖母请安。

曹太后因年事已高，近来常感胸口发闷，双手亦感发麻，起床之后便坐在榻上服药。突然宫女进去报告："圣上亲驾，前来问安。"

曹太后刚想起来迎驾，宋神宗已经进来了。他拜过祖母之后，又亲自为她捧着药盅，侍候她喝下了药汤。

太后看了看自己的皇孙，见他一脸的倦意，眼里还布有血丝，有些心痛，问道："陛下，是不是又熬夜了？有什么为难的事吗？"

宋神宗："禀皇祖母，有御史弹劾苏轼有罪，又有不少大臣站出来为他辩解，孙儿一时难以决断，昨日看了一夜的案卷，只是觉得有些疲乏罢了。"

其实，曹太后已听说苏轼遭到了弹劾并已关进了乌台大狱，只是不知道他犯了何罪，便问道："弹劾苏轼犯了何罪呀？"

宋神宗："他犯了'谤讪朝廷，大逆不道'之罪。"

曹太后听了，连忙问道："可有证据？"

宋神宗："有，是苏轼写的一些诗词。"

曹太后听了，笑着说道："老身还以为是什么杀人放火的大罪呢！大概是他因才受妒，得罪了人，会不会有人从鸡蛋里找骨头，非得给他定个罪不可呢？"

见宋神宗低头不语，她将自己的皇孙拉到榻边坐着，说道："提起苏轼的诗来，不但先帝和老身都曾读过，赵氏宗族的子弟哪个没读过？天下之人读苏诗的人成千上万，难道读的都是罪诗？——"也许是过于激动，她说到这里时咳嗽不止。

宋神宗见了，一面为她捶背，一面说道："请皇祖母息怒，孙儿只是让御史将他拘来审察，并未定他之罪。"

曹太后又问："苏轼的案子谁是主审啊？"

"御中丞李定。"

"李定？就是当年那个母丧不报、被苏轼斥为不忠不孝的那李定？"

宋神宗："是他。"

也许此事触动了她对往事的回忆，她渐渐激动起来，鼻子一酸，眼圈已发红了。她呜咽着说道："嘉祐二年，先帝读了苏轼的二十五篇进策之后，喜得合不拢嘴。他将苏轼擢为殿试第一，许为翰林学士。他回到后宫，曾对老身说过：'今年秋试，朕为儿孙们觅得了两位宰相之才一个叫苏轼，一个叫苏辙，还是亲兄弟俩呢！'如今倒好，先帝为你觅得的宰相之才，却被你投进了乌台大狱！"没说完，已泣不成声了。

见曹太后如此伤心，宋神宗连忙跪下，说道："孙儿不孝，惹皇祖母生气，请皇祖母惩罚孙儿吧！"

这时，宋神宗的母后以及已出嫁的魏国长公主前来向曹太后请安，看到曹太后正在生气，便一起跪在了宋神宗的身后，恳求曹太后息怒。

曹太后对他们说道："你们都起来吧！"

她让魏国长公主坐在自己的身边。因为她已听说驸马王诜是苏轼的挚友，因苏轼的案子，御史台曾派人去驸马府索要苏轼的信札和文稿，她怕魏国长公主受到委屈，便派人将她接进宫来住几天。

见曹太后的情绪已渐渐平息下来，宋神宗对她说道："孙儿本心也不想重罚苏轼，只是他心直口快，又加上才华出众，才得罪了一些人，孙儿只是想吓一吓他，给他一个教训，他今后为人处世就会谨慎些了。"

曹太后听了，点了点头。

宋公公将一张诗笺呈给了宋神宗，说道："陛下，苏轼在御史台狱中写了两首诀别诗，是狱卒冒着杀头之罪送出来的，让奴才呈给陛下，请陛下御览。"

宋神宗接过后，连忙递给太后先看，曹太后便让魏国公主念给她听。

这两首诗的题目是：《予以事系御史台狱，狱吏稍见侵，自度不能堪，死狱中，不得一别子由，故作二诗，授狱卒梁成，以遗子由》。

长公主念完第一首时，曹太后面有悲戚之容。她接着念起了第二首：

圣主如天万物春，小臣愚暗自亡身。

百年未满先偿债，千口无归更累人。

是处青山可藏骨，他年雨夜独伤神。

与君今世为兄弟，更结来生未了因。

魏国长公主刚刚念完，曹太后又悲从中来。她说道："皇孙儿还说是吓一吓苏轼！人之将死，其言也善，在这首诗中，苏轼承认自己愚暗，是自取身亡，但他并没有怨恨皇孙儿，可见他的忠君之心了。"

宋神宗连连点头。

长公主说，她想去洛阳的白马寺为曹太后许愿，求神灵保佑曹太后，众人都表示赞同。

宋神宗说："朕准备下诏大赦天下，为皇祖母祈福求寿。"

曹太后听了，笑着说道："长公主就不需兴师动众去洛阳许愿了，也不需大赦那些穷凶极恶之徒，只求陛下赦免苏轼一人，老身的病就可痊愈了。"

众人听了，齐声称好。

刚回到保和殿，见内侍郎林远已等候在殿前了，他招了招手，林远便随他进了大殿。

宋神宗问他："朕吩咐的事，办得如何？"

林远连忙跪下，说道："奴才昨晚子时进了知杂南院，宿于苏轼的死牢，见苏轼并无异常，只知呼呼大睡。"

宋神宗自言自语地说道："是啊，心中坦然，方能睡得安稳。"

林远十分了解宋神宗的爱好，他发现，进餐时，每当宋神宗举着竹箸却不动嘴时，必定是在读苏轼的文章。苏轼出京任职之后，每有新作传进宫来，宋神宗都会当着大臣们的面吟哦，赞美有加，这也使得苏轼的政敌对他渐生恨意。当宋神宗看了李定送来的供状之后，似信非信，一直拿不定主意。他以为既然苏轼承认了"谤讪朝廷、大逆不道"，必会心事重重、彻夜难眠，于是才派林远悄悄进入苏轼的死牢，以观察苏轼的动静、神态。

林远还告诉宋神宗说，他一进牢房，就闻到了一股令人作呕的恶腥之味，苏轼身上已遍体鳞伤，御史们审案的刑罚也太狠毒了！

宋神宗听了，眉头锁在了一起。

4

刚过腊月，太皇太后曹氏驾崩，朝野举哀。

刺骨的北风卷着细碎的雪花漫天飞舞着，御史台的柏树因叶子不落挡住了阳光，乌鸦们的叫声也显得有些有气无力，御史台笼罩在一片阴冷之中。

李定知道，苏轼的案子朝廷虽然未定，但也并未驳回啊，神宗皇帝似乎还在犹豫之中。于是，他又连夜提审苏轼，想再挖出一些苏轼的新罪。

再度提审时，他单刀直入，问道："罪犯苏轼，你与左将军王诜有何财物上的来往？须从实招来！"

苏轼："王大人曾送罪臣酒、茶、鲜果等物，次数颇多，都进了肚子，已记不清数量了。"

李定："还有呢？"

苏轼："王大人还给了罪臣一张弓、十支箭、十个包指，罪臣狩猎时用光了。他还帮罪臣裱了二十六幅画轴，未收裱糊钱。"

李定："还有没有？"

苏轼想了想，说道："罪臣在杭州任通判时，王大人还送我茶、药、纸、笔、墨、砚、鲨鱼皮、紫茸毡等物，罪臣嫁甥女时，先向王大人借钱三百贯，后再续借一百贯，至今未还。"

李定："你回赠王诜何物？"

苏轼："罪臣曾送他羊羔儿酒四瓶，乳糖狮子四个以及龙脑面花象板、裙带系头和绸缎之类。"

"你赠他的诗词，本官已取得，他赠给你的诗词呢？"

"王大人确实赠过诗词给罪臣，但都是酒宴时的吟咏，属逢场作戏之作，并未留下文字，过后也就忘了。"苏轼知道御史台在搜罗王诜的罪证，他十分警觉，答得一字不漏。

这时，忽有当值衙役来报："内侍郎中陈牟大人到！"

李定命人将苏轼押回牢房，将陈牟迎进了大堂。

陈牟说道："圣上派遣下官前来，复审苏轼之案。"

得知陈牟是宋神宗派来的，李定心中十分高兴。他除了将审过的案卷让他复审外，又将苏轼与王诜之间相互赠送礼品的清单也拿给了陈牟。陈牟看了，笑着说道："这等鸡毛蒜皮事，焉能定罪？"

虽然陈牟是位内侍，其官职也不及李定，但李定还是唯唯诺诺地陪在他的身边，因为陈牟是宋神宗亲自派遣来的，他的话还是颇有分量的。复审了两天之后，陈牟认为，审案中录问无异。他为苏轼定的罪名是：以文字谤讪朝政及中外臣僚，应处徒刑两年!

两年?苏轼犯了如此严重的重罪,只处两年徒刑?

李定问道:"陈大人,你没说错吧?"

舒亶听了,像疯了一般,他大声嚷着:"苏轼已犯死罪,应立即斩杀,以谢天下!"

陈牟横了舒亶一眼,顿了顿,朗声说道:"案在大赦之期,苏轼之罪,应予恩赦。"说完头也不回地离开了御史台。

眼看就要大功告成了,谁知却功败垂成,不但杀不了苏轼,连两年的徒刑都免了!不行,绝对不行!他们当即商定:今晚分头行动,舒亶、何正臣、张璪去拜访王珪、吕惠卿、蔡确,李定连夜撰写奏章呈送神宗皇帝。

其实神宗皇帝对苏轼一案十分谨慎,他听了陈牟的复审报告后,又派散骑朝议郎冯宗道前往御史台,冯宗道再次复审了苏轼的案卷,回宫报告了宋神宗。

腊月二十八日,天气放晴,虽然仍然寒冷,但汴京大街上人来人往、十分热闹。因为除夕将至,人们纷纷前往集市采办年货。但汴京的官员们却都匆匆地赶往崇政殿。

早朝刚刚开始,内侍殿头就大声说道:"今日朝会,请诸位大人用心聆听陛下圣训!"

他的话音刚落,大殿里顿时安静下来,大臣们的目光都紧紧盯着宋神宗,不知道今天他会训些什么?

宋神宗慢条斯理地说道:"诸位爱卿,苏轼一案,经御史台审讯查证,朕已过问数次,现已结案。"说到这里,他向左右两边的官员们巡视了一眼,继续说道:"苏轼死罪得免,活罪当罚!"

他刚说到这里,大殿里便响起了一片议论之声,有的人喜形于色,也有的人哭丧着脸。天子之言,一言九鼎,李定等人纵使有一万个不愿意,此时此刻也不敢说半个不字!

这时,宰相吴充走到殿前,他手持诏书,大声念道:"陛下圣谕,苏轼责授检校尚书、水部员外郎充黄州团练副使,本州安置,不得签书公事。令御史台差人转押前去。

绛州团练使、驸马都尉王诜,追两官,勒停(停职)。

著作佐郎、签判应天府判官苏辙,监筠州盐酒税务。

正字王巩,监冀盐酒务,令开封府差人押出京城,督促赴任……"

接着，他又宣读了对二十二位官员的处罚：

张方平、李清臣各罚黄铜三十斤；

司马光、范镇、刘颁、陈襄、曾巩、黄庭坚、王安石等二十人各罚黄铜二十斤。

宣读完了，崇政殿里一片欢腾。

惊动朝野的乌台诗案，终于画上了一个句号。

因那一年的腊月只有二十九天，苏轼走出御史台时，正逢除夕。苏迈、苏炎扶着他向老宅走时，大街上那些忙着扫庭院、贴春联的人家见苏轼来了，纷纷点燃了爆竹，向他祝贺，不绝于耳的鞭炮声催浓了过大年的味道。

苏轼悄悄问苏迈："家中还有酒吗？"

苏迈："不但有酒，还有鸡鸭和鲤鱼呢！"

苏轼："鱼，就免了吧！"说完，情不自禁地大笑起来。

第十六章　乌史台和紫禁城，进行着绞杀和营救

第十七章　初贬黄州，便有了"东坡居士"的名号

江城子·别徐州

天涯流落思无穷。既相逢，却匆匆。携手佳人，和泪折残红。为问东风余几许？春纵在，与谁同？

隋堤三月水溶溶。背归鸿，去吴中。回首彭城，清泗与淮通。欲寄相思千点泪，流不到，楚江东。

1

元丰三年（1080年）正月初一，汴京城里一片欢腾，一支舞狮队刚刚在汴河南岸摆开了架势，一支舞龙队已在北岸舞起了一条十多丈的金龙。有人在铜雀台旁边踩高跷，有人在金明湖畔跑旱船，锣鼓声和鞭炮声在大街小巷此起彼落，门前的红灯笼映着大门上的春联。当全城都在欢度新春的时候，苏轼被两名衙史台的差役押解着上路了，因他腿上有伤，便骑着一头毛驴，苏迈紧随其后，一行人从南门出了京城，匆匆向千里之外的黄州赶去。

刚出京城时，还是天寒地冻、北风刺骨；过了黄河之后，便觉得寒意渐弱。当走到河南光山和湖北麻城交界的春风岭时，见路边小溪已经解冻，溪水潺潺。溪旁有数株梅花树，东风吹过，梅花落进溪中，在水面上冉冉漂浮着；山坡的枯草丛中已露出些许的绿意。苏轼在溪边洗了洗脸，顿觉一阵清凉。望着眼前的野梅、野山和野趣，他忽然有了灵感，咏了一首《春风岭梅花》：

何人把酒慰深幽，开自无聊落更愁。

幸有清溪三百曲，不辞相送到黄州。

刚咏完了，忽听前面传来一阵"得得得"的马蹄声，眨眼工夫，见三名骑者已疾风般地驰到了跟前，在距苏轼约有丈余的地方突然勒住了马头。

他们是什么人？在这荒山野岭上，他们想干什么？苏轼正在疑惑时，两名差役连忙抽出了佩刀、警惕地望着三名不速之客。

在三名骑者中，居中的是位中年男子，他披着一袭白色斗篷，骑着一匹白马，头戴一顶五彩高帽，看样子有三尺多高，身挂一柄长剑，颇为威武，有游侠之风；左边的年轻骑者身披紫袍，脚穿紫靴，骑着一匹枣红色的骏马；右边也是一名年轻骑者，骑的是一匹藏青色的骏马，身披藏青色的袍子，二人的腰间都挂着一柄长剑。苏轼想，他们大约是山中的绿林，挡在前面讨"买路钱"？

对面的中年男子朝苏轼打量了一会儿，问道："来人可是苏轼大人？"

"我就是苏轼。"苏轼觉得此人面善，但一时又记不起来在哪里见过，迟疑地问道："你是……""陈慥！"中年男子说，"我们在凤翔见过面。""啊！"苏轼惊讶地问，"凤翔陈太守的公子？一别多年，你又是这身打扮，让我真认不出来了。"

陈慥跳下马来，双手抱拳，说道："在下现是岐亭方士，特来迎接苏大人。"

苏轼听了，放下心来，笑着说道："原来是陈老弟啊，你我在这里相见，实在是幸会。"说着，连忙下了毛驴。

陈慥紧紧拉住苏轼的手，说道："在下听说苏大人身陷乌台诗案后，被贬谪黄州。这里是前往黄州的必经之地，故而才常在这里等候。老天有眼，今天终于将苏大人等到了！"又吩咐两名年轻骑者："紫霞、青云，快拜见苏轼大人！"

两名骑者连忙向前施礼。

苏轼蓦然发现，两名骑者原来是身着男装的女子！

陈慥指着远处说道："在下的寒舍就在岐亭，请大人和公子到寒舍小住几日，尝尝寒舍酿造的封缸酒。"

苏轼显得有些为难，转头朝两名差役看了看。

陈慥说道："请两位行个方便吧！"

两名差役见他并无他意，再说，一路上晓行夜宿，苦不堪言，巴不能有个地方歇上几天，便爽快地答应了。于是，陈慥让苏轼和苏迈各骑一匹马，由两名女子牵着缰绳。一行人离开驿道，沿着一条山路朝岐亭而去。

陈慥是凤翔太守陈希亮的公子，也是苏轼早年结识的朋友。苏轼当年任凤翔通判时，二人曾相约策马射猎，奔驰于山林之中；射猎累了，便坐在山石上饮酒论诗。陈慥虽有天赋，但不喜读书，更不肯入仕从政，但谈起兵事或侠客，却津津乐道。少年时他崇尚古代侠义行为，也想当"十步杀一人，千步不留行，事了拂衣去，深藏身与名"那样的侠客。不过，侠客没当成，却成了一个行踪不定、视金钱如粪土的浪子。他曾对苏轼说过，他游历天下时，看中了湖北麻城的岐亭，说那里的川山秀丽、溪水甘洌、杏花红艳，所酿之酒为酒中之冠。他决定在那里筑舍定居修炼道术，研习养生，并自称为"静庵居士"，取号龙邱子。二人还曾约定，若今生有缘，便在岐亭聚会。苏轼无论如何都不曾想到，世事变幻难以预料，十九年后，二人竟然真的在岐亭相聚了！这是巧合，还是天意？他一时想不明白。

二人手携着手并肩而行，苏轼指着他的那顶形状古怪的高帽问道："陈老弟，你戴的是什么帽子？"

陈慥连忙摘下，托在手上，笑着说道："愚弟的这顶帽子，叫作'方山子冠'！"

苏轼不解："方山子冠？"

陈慥："对，愚弟是从《后汉书》上学来的。"说完，又将高帽戴在头上。

苏轼向身后的女子指了指，问道："她们是——"

陈慥："她们呀，一个叫紫霞，一个叫青云，她们不但有文采，且喜剑术，是愚弟的两个常随侍者。"

苏轼心想，这两位英爽的女子应是他的侍妾或歌姬才对。他想起了一件往事。当年陈慥从洛阳回四川省亲时，曾携两名娇艳如花的侍妾随行，并让她们身着戎装、束青巾玉带，脚穿红靴，骑在高头大马上招摇过市，惹得乡人纷纷围观，啧啧称奇。他游山玩水中遇到绝佳的景色时，便停下来，尽情赏玩数日之后再重新上路，是一个玩世不恭的"五陵少爷"。

"陈老弟，柳夫人好吗？"苏轼问道。

"好啊，不过还是老样子，嗓门高、脾气大、醋味重。"

苏轼又问："老弟携美人策马出游，夫人容许吗？"

陈慥悄声说道："这还是她的安排呢！"见苏轼不信，接着说道："她怕愚弟在外边惹事生非，才让她们随行的，一是侍候愚弟，二是提防野狐们近身！"说完，放声大笑起来。

苏轼听了，也会意地笑了。

柳氏是山西河东的名门望族，所以叫河东柳氏。唐代著名散文家，柳宗元的别号就叫柳河东，其文集也取名《河东集》。因此，人们也称陈慥这位柳夫人为"河东夫人"。她虽然出身豪门，但生性刚烈，发起怒来简直如同一头狮子。她对陈慥虽然管束得十分严厉，但在家中还是能夫唱妇随，遵循着男主外女主内的习俗。听说丈夫要去等候路过的苏轼，她一大早就起来了，命人打扫庭院、杀猪宰羊、置办菜肴，还让家妓们梳妆打扮，穿上鲜亮服饰。她是个十分要强的女子，陈慥临出发时，她又特意让紫霞和青云两名歌妓随同前去，一是让丈夫在客人面前不失身份，二是向客人表明自己不是个爱吃醋的人。

现在看来，间谍常用的美女卧底的策略，竟是这位河东夫人发明的！

刚刚翻过一座山岭，见前面是一大片杏林，枝头虽然尚未结苞，但枝条已经柔软，再过月余，定然是一片如火如荼的杏花天！在杏林旁边有块木匾，上面写着"杏花村"三个大字。在杏林深处，能看见房舍的屋顶和袅绕的炊烟。陈慥说道："看，前面就是愚弟的寒舍。"

苏轼略略数了数，前前后后有十余座房舍，虽说不够豪华，但都十分宽敞。

刚刚走到前院，河东夫人便率领着家妓、仆人们迎了上来。她深深向苏轼施了一礼，笑着说道："苏大人能来寒舍，是贱妾的荣幸啊！"

苏轼连忙还礼，说道："在下和弟妹已有多年不见了，弟妹还是当年的那种风采！"

河东夫人："一晃就是十九年，人已成了黄脸婆了！"她朝紫霞和青云说道，"苏大人一路辛苦了，快将苏大人扶到客厅！"

进了客厅，苏轼见桌椅家具皆很笨重，显然是当地木匠打造的，不但粗糙，且未涂油漆，显得有些寒酸。其实，陈家在河北置有不少田产，每年仅收帛就有数千匹之多，在洛阳还有园林豪宅，富丽堂皇，不亚于王公贵胄们的府第；在四川老家，还有不少祖产。但陈慥却弃而不用，甘愿在岐亭隐居。他转而一想，陈慥远离了京城的种种繁华、抛弃了唾手可得的富贵，成了一个被世人遗忘的人，这是他学道之后的大彻大悟。而自己呢？却总是为名所累，在仕途上奔波、在宦海里沉浮，自己不及陈慥！

不知是杏花村酿的酒太烈，还是在贬道上遇见了故人，苏轼心里格外激动。他连饮了三杯之后，便感到头重脚轻起来，不一会儿，便在座位上睡熟了……

在杏花村里住了五天之后，苏轼才依依不舍地告别了陈慥和河东夫人，一行人继续南行。

黄州城坐落在长江北岸，是一座古老的小城。在城西北有一座耸立如壁的小山，因山石呈赤色，当地人都叫它为赤壁山。苏轼看到东去的长江不断地撞击着赤壁山的石壁，溅起了丛丛浪花，江中有渔舟数只，渔人正在撒网捕鱼。在一片竹林旁边，一位老农刨出了刚刚出土的新笋，竹林中鸟儿的啼声不绝于耳。他觉得黄州陌生而又新鲜，但他不敢逗留，匆匆前往黄州府衙"告谒"，也就是报到。

黄州太守徐君猷是个十分随和的人，他原本想以公家名义设宴为苏轼接风的，但判官洪仁善提醒他说："徐大人，下官以为，苏轼乃是谪来黄州的有罪之臣，不能以长官之格宴请。"他听了之后，只好在家中备下了酒菜，为苏轼接风。

二人在客厅饮茶时，徐君猷对苏轼说道："不瞒苏大人，因黄州地处偏僻，驿馆破损不堪，下官已与定惠院的惠聪师方丈说妥了，请苏大人和贵公子暂在寺中居住，那里僧人不多，僧院宽敞，颇为清静，不知大人意下如何？"

苏轼连忙说道："在下乃是罪臣之身，能有个容身之处就求之不得，谢谢大人的关照。"

徐君猷连连摇手，说道："在别人眼里，大人是罪臣；在下官眼里，大人是朋友、诗人。"

苏轼又说："下官虽是团练副使，但有其名而无其实，还是请徐大人直呼苏轼之名吧！"

徐君猷想了一会儿，说道："就称呼苏大人为'苏学士'，如何？"

苏轼连声说好。

徐君猷指着窗外说道："黄州虽然偏远，但因近傍长江，鱼多藕甜，山中盛产竹笋。黄州虽然没有汴京和杭州的名菜佳肴，但也有四样地方特产，想请学士品尝。"

苏轼是位美食家，连忙问道："是哪四样？"

徐君猷："樊口的鳊鱼，巴河的藕，黄州的豆腐，武昌的酒。"说完，大声吩咐仆人："上菜、斟酒！"

酒菜上齐后，徐君猷指着酒壶说道："这是樊口潘丙酿的樊口春酒。他原是一位举人，后来绝意功名，便在樊口以造酒为业。他的侄儿潘大临是位渔民诗人，有一年九月，他和潘大临正在论诗，潘大临刚好写了一句'满城风雨近重阳'，突然闯进几个税吏催税，打断了他的思路和诗情，他将笔狠狠地扔在了地上！"说着，又为他斟满了杯子。

苏轼喝了一口，说道："好酒，好酒，醇酽味绵，住几天，在下一定前去樊口拜访他。"

徐君猷指着一盘薄薄的藕片说道："这就是巴河产的莲藕，切开后洁白如玉，吃起来脆嫩可口；还有，别处的莲藕有七个藕孔，巴河的莲藕却有九个藕孔，天下称奇！"

品尝了黄州的豆腐和武昌鱼之后，徐君猷指着长江对岸说道："对岸就是武昌府。当年，吴王孙权就是在那里拜天称帝的。学士安顿下来之后，可渡江前去游览，孙权还在那里留下了不少遗迹！"

苏轼顺着他指的方向，看到一座青翠的山峰，山虽不高，但因紧靠江岸拔地而起，显得十分雄峻。山下可见房舍鳞次栉比。他问："山下可是吴王城？"

徐君猷点了点头，讲述了吴王城的来历——

吴王孙权为了与蜀魏争夺天下，率领文武百官从公安迁到了鄂县，在鄂县修筑都城、拜天称帝，并将都城命名为武昌，寓意以武而昌。为了加强都城的经济和军事实力，他下令从建业迁民千余户来到武昌，他们中既有达官富豪家族，也有造船、冶炼以及制造兵器的匠人，但许多人都不肯背井离乡，他们就编了一首童谣在街头巷尾传唱："宁饮建业水，不食武昌鱼；宁在建业死，不在武昌居！"从此以后，产于江水和湖水交汇处的武昌鱼就名噪天下了。

饭后，徐君猷亲自将苏氏父子送到了定惠院，他对住持惠聪师说道："苏学士是下官的朋友，暂居宝寺，请长老予以照应。"

年逾花甲的惠聪师听了，说道："贫僧早就听说了苏学士的才名，今日有缘住在寒寺，实在是寒寺的荣耀，贫僧已为苏学士和公子安排了住处，只是饭菜——"

苏轼连忙说道："在下别无他求，乞求能与僧人一道食用斋饭就心满意足了。"说完，向惠聪大师深深一拜。

住下之后，苏轼当夜就向宋神宗写了一份《谢表》。自此之后，他便随着寺中的晨钟暮鼓，与僧人们一道诵经；若有空闲，便独自在江边上散步，望着滚滚东去的波涛，排遣心中的孤独。

有一天，他在一户人家的篱笆间忽然看见了一团耀眼的火焰，感到眼前一亮，原来那是一株盛开的海棠！海棠的花朵在徐徐的南风中嫣然含笑，像一位久违了的故人，将他的思绪引向了家乡眉山。眉山的海棠是西蜀独有的花卉，燕王宫碧鸡坊的海棠最为有名，有人曾作词赞颂"碧鸡坊里如屋，只为海棠也合来西蜀"。

他久久地端详着那棵海棠，心里寻思：黄州偏僻荒凉，怎么会有西蜀的海棠呢？是不是鸟儿将海棠的种子从西蜀衔到黄州，种子发芽以后，便孤独地留在黄州了？从海棠又想到了自己眼下的处境，心里说：谢谢这株西蜀海棠能常常陪着自己。

3

苏轼正在僧舍里读《黄庭经》，忽见一辆马车停在定惠院门口，不一会儿，一位老妇率领十多个晚辈进了大雄宝殿，原来他们是来焚香许愿的。

望着一家人虔诚礼拜的神情，勾起了他最大的一桩心事：远在南京的家人。他们曾为自己担惊受怕，吃尽了苦头，但总不能让他们久住弟弟家啊！若将他们接来黄州，女眷们不便住在定惠寺的僧舍里；若不住僧舍，又能到何处安身呢？难道能让她们露宿街头吗？在黄州，他人生地不熟，家人的住房成了他的最大心事。次日一大早，苏轼刚要前往大殿诵经，忽见徐君猷走来。一进门，他就单刀直入，说道："苏学士，下官前来，是想与学士商量一件事。"

苏轼连忙问道："不知大人说的是什么事？"

徐君猷："下官想将学士的眷属迁来黄州，不知学士意下如何？"

苏轼："谢谢大人的美意，只是家中人口众多，很难安置下来。"

徐君猷："本官就是为此事而来的。在长江之滨有一座临皋亭，是已经废弃的驿站，下官已派人进行了打扫、修整，可供学士眷属暂住。"

这真是天遂人愿。苏轼正为一家人的栖身之所发愁时，徐君猷想他所想、急他所急，已为他安排妥了！他连忙说道："徐大人真是雪中送炭啊！在下替全家老小感谢大人。"

徐君猷："举手之劳，道什么谢呢！再说，这也是尽地主之谊啊。走，我们前去看看。"

二人刚刚走到江边，就看到了江滨有一座独立的瓦房，江水从门前而过，四周宽阔豁朗，有待修的船只停在一旁，几只雪白的江鸥在悠然地追逐着、翻飞着。

"学士住在这里，朝夕与大江问答，定会才思敏捷、诗兴大发的！"

苏轼庆幸自己遇到了这位上司。按照规定，因谪职到了郡县的罪官和当地长官的关系，不同于官员之间和上下级之间的关系。地方长官对于罪臣的举止言行具有监管的责任，罪臣须定期向地方长官汇报。一些仁厚的地方长官视罪臣如部属和同僚，处处给予关照；也有一些地方长官对罪臣作威作福，动不动就横加指责、训斥或辱骂，罪臣只能忍气吞声、委曲求全。苏轼的运气真好，在举目无亲的黄州，让他遇到了热心快肠的徐太守！

进士出身的徐君猷十分敬仰文名满天下的苏轼，对他礼遇周到、关爱有加，帮他度过了人生最为艰难的一段岁月。

三天后，苏辙亲自将王润之等二十余人从南京乘船送到了黄州。一家人经历了生离死别的乌台诗案，终于在黄州的临皋亭团聚了！

王润之在王朝云的扶持下来到了岸上，她定定地望着苏轼的脸，半天说不出一句话来。

苏轼问道："夫人，你怎么啦？"

王朝云连忙说道："夫人是说，才只有一百多天，老爷怎么一下子苍老了许多，竟认不出来了！"说着，强忍着的泪水终于涌出了眼眶。

王润之呜咽着说道："妾还以为，再也看不到老爷了呢！"

苏轼："现在不是见到了吗？走，咱们这就去临皋亭。"

王润之："临皋亭，去那里做什么？"

苏轼："是咱们的新家啊！那里比汴京的老宅和凤翔、杭州、密州、徐州的官舍都好得多了！"他指了指远处的瓦房："看，就在江边上。"

苏过听了，拍着手说道："好啊，我们有新家了！"

当天晚上，一家围坐一起吃了一顿团圆饭。苏辙问道："大哥安家还缺什么？"

苏轼听了，心中一阵悲酸。弟弟不但替自己照顾着一家，还因救自己被贬到筠州，当了一个九品的盐税吏！他说道："弟弟放心好了，我在黄州，什么都不缺了！"

其实，此时的苏轼既缺钱，又缺粮，甚至缺少油盐酱醋茶！但他再也不能连累弟弟了！

次日一大早，苏辙便匆匆离开黄州，前往筠州赴任去了。

因家中的积蓄已经用光了，靠团练副使那点可怜的薪俸，连一家人的肚子都填不饱！又过了些日子，一家二十余口眼看就要断炊了。

4

每月的初一，是黄州府为官员们例行发放薪俸的日子。这天的一大早，苏轼便和苏友到了府衙，去领取自己的薪俸。领了薪俸之后，打算再到粮店买些米面回去。

通判洪仁善负责发放事宜。

洪仁善是章惇的学生，他去汴京看望章惇时，适逢李定也在座，于是二人结识，他为此沾沾自喜起来。他平日里待人刻薄，常常克扣官员们的钱粮；就是不克扣，也总是短秤缺两。因他婴儿时被一只大公鸡啄掉了左耳垂，至今左耳少了半截，大家背后都叫他是"缺一点"。

苏轼进了府衙前厅之后，见洪仁善坐在那里，正在依次向官员们发放薪俸。当轮到苏轼过去领取时，他连忙站起来，笑着说道："苏大人，府衙的库银已经发光了，你明天再来领取吧！"

苏轼听了，只好回去了。

次日，苏轼领着苏文早早地去了府衙。见前厅空无一人，他想，今天可以领到薪俸了。谁知洪仁善来了以后对他说道："苏大人呀，实在不好意思，大约库银还在押运途中，请你午后再来吧！"他还告诉苏轼，受到贬谪带罪的官员大都不发现钱，而改为米、布等实物，以抵薪俸。他是看到苏轼刚刚安家，需要用钱，经他向上司要求，才给他发放现钱的。

苏轼见他十分热情，又说得在情入理，心中十分感谢，只好出了府衙，在赤壁山上坐了几个时辰，一直挨到申时，才领到了当月的薪俸。当他饥肠辘辘地回到临皋亭时，已经是暮色四垂了！

王润之接过装在布袋里的薪俸，在手中掂了掂，叹了口气，说道："老爷，妾有一件事，还没来得及告诉你呢！"

苏轼："是件什么事？"

王润之："皇甫尊从湖州将老爷拘走以后，我怕家中的歌妓吃苦受累，也怕养活不了全家，便自作主张，将她们都打发走了，让她们去各谋自己的生路，老爷不埋怨我吧？"

苏轼连忙说道："好，夫人想的周全，我怎么会埋怨呢？"他指了指装钱的布袋，说道："若不是遣散她们，只靠这点薪俸，恐怕一个月要有十天饿着肚子！"

王润之接着说道："大家都走了，可就是王朝云不走，我骂过她，还打过她，让她趁着年轻去找个善良人家，以托付终身，可她就是不肯！她跪在我面前，一面哭一面说，她生是苏家的人、死是苏家的鬼，绝不离开苏家一步！我看她是个有情有义的人，不忍心再逼她了，便答应留下了她。"

苏轼听了，默默地点了点头。

一阵笑声从门外传来，王朝云牵着苏迈进来了。苏迈见母亲将一串串的铜钱摆在桌子上，高兴地喊着："好多钱呀！"

王润之说道："你父亲的薪俸，每月只有四千五百钱，算计着花，也许能花到月底！"

王朝云说道："夫人说得对，过日子要精打细算。"

苏轼："唉，就是精打细算，也是捉襟见肘，若是有客人来访，就更难了！"

王朝云："贱妾有个主意。"接着她说出自己的主意：把每月领到的四千五百钱分成三十串，每串一百五十钱，挂在屋梁上，每天用画叉挑下一串，作为当天的生活开销。若有结余，则贮于一个竹筒之中，积少成多，可作待客之用。

苏轼听了，笑着说道："这才是节流之策呢！不过，光节流还不够，须想方设法开源才行。"

王朝云连忙说道："贱妾有个开源之法。"

苏轼："什么办法？"

王朝云："贱妾领着小苏迈在江边玩耍时，看到江堤上有不少荠菜，在湖边上长着大片的水芹菜，临皋亭后边有不少马齿菜，湖里还漂着许多菱叶呢，把这些野菜洗干净，用油盐一炒，就是一盘下饭的菜！明天，贱妾便去挖一筐来，让老爷和夫人尝尝！"

苏轼和王润之听了，都大为惊讶。因为他们谁也没吃过野菜，也没听说过这些野菜的名字，都觉得十分新鲜。王润之说："好，明天我就和朝云一道去挖野菜。"

王朝云笑了："夫人去挖野菜，若被人看到传了出去，老爷的脸面可就——"

没等她说完，苏轼接过去说道："我的脸面就丢光了，是不是？"

王朝云笑着点了点头。

苏轼："人是铁，饭是钢，一天不吃饿得慌。为了吃饱肚子，也就顾不上什么脸面了！"说完，开怀大笑起来。

第二天，王朝云和女仆田杏儿在江堤上各挖了大半筐又嫩又肥的马齿菜，足够一家人吃一天的了，心中十分高兴。正准备回家时，忽见苏友匆匆走来，王朝云问他有什么急事，他说："眉山的巢谷先生突然来了，老爷正在和他品茗叙旧，夫人让我去城里买些酒菜回来待客。"

王朝云知道家中并无余钱，便问道："你带钱了吗？"

苏友摇了摇头，从怀里摸出一支金钗，低声说道："夫人让我到当铺当了，去买酒菜。"

王朝云接过金钗，说道："还是我进城去当吧！"说完，将菜筐子交给了他，让他和田杏儿先回临皋亭了。

这位巢谷先生是苏轼少年时的同窗、玩伴，因苏轼的个头比他高出一头，他总是叫苏轼为"苏长子"。他自小立志修文习武，游览诸郡，后来投靠到神武军将军韩存宝帐下，向他学习兵法。因韩存宝后来遭人诬陷而被杀，巢谷因此受到牵连，幸好在被拘捕之前逃脱了。他有家难归、有亲难见，只好浪迹天涯，后来听说苏轼出狱后被谪到了黄州，便千里迢迢地赶来探望。

苏轼望着他满脸的沧桑，心里说，他的遭遇竟比自己还惨！自己虽然遭诬入狱，还被罢了官，发配到了黄州，但毕竟还有个安身之处，能和一家人厮守在一起，而他却像一只失伴的沙鸥，不但天南地北地漂泊不定，还要时时防备天上的箭镞和地上的罗网！他问道："巢谷兄，今后打算去何处？"

巢谷摇了摇头，苦笑着说道："我也说不准，只能是过一天算一天了。"

其实，他这次来黄州，除了探望多年未见的朋友，也想投靠苏轼，但看到苏轼家里人口众多、境况窘迫，便不想难为他了，打算住几日就离开黄州，再去继续漂泊。

苏轼已察觉到了巢谷的难处，说道："若巢兄不嫌这里寒酸，就留下来吧！"

巢谷听了，迟疑了一会儿，说道："我可是被通缉之人，又一贫如洗，若留下，怕连累了你'苏长子'呀！"

苏轼摇了摇头，说道："苏轼有一碗饭，巢谷兄就不会挨饿；苏轼有一件衣，巢谷兄就不会受冻！还是留下来吧！"

巢谷听了，连忙说道："危急时刻见真情，蒙'苏长子'收容，巢谷不胜感激。"男儿有泪不轻弹，巢谷的眼里泛起了泪花。

苏轼安慰他说："巢谷兄若有空闲，教三个犬子读书如何？"

巢谷连忙答应了。

这时，王润之在灶房走来走去，一副魂不守舍的模样。昨天晚上才把一天一串的钱挂在梁上，不想今天就来了客人！既然是客人，就不能怠慢人家。因家中没有多余的现钱去置买酒菜，她狠了狠心，将出嫁时的一只金钗从头上摘下来，让苏友进城当了之后置些酒菜回来，谁知王朝云替他进城了，至今不见人影！不知她当成了没有？若当铺不收，拿什么招待客人？

就在她望眼欲穿的时候，王朝云挎着篮子匆匆回来了。她擦了擦额头的汗水，将散乱的头发拢了拢，说道："夫人，菜和酒都买来了！"说着，从篮子里取出猪肉、鲢鱼、豆腐、竹笋、蚕豆等，最后是一壶烧谷酒。

王润之十分高兴，悄悄问道："典当了吗？"

王朝云摇了摇头，说道："当铺的掌柜说，那是一只老式金钗，他们不收。"说着，从怀中取出金钗，交给了王润之。

王润之听了一惊，既然当铺不收金钗，这些东西是从哪里来的？她刚要问，王朝云笑着说道："当铺的掌柜见贱妾手上有对镯子，便说他们愿意收下，贱妾便将那对镯子当给他们了！"

王润之连忙说道："那可是你的一对翡翠玉镯呀！"

"镯子戴在手腕上，洗衣、做饭都不方便！没了镯子，"说着，她伸出双手，"两只手倒舒坦多了！"说完，连忙挽起袖子，到江边洗藕去了。

5

刚刚安顿下巢谷，陈慥领着紫霞和青云到了黄州，当他们策马进城时，如入无人之境。他们的衣着、长剑、马匹和风流倜傥的神态，引起了人们的好奇，行人都纷纷驻足观看。他们穿城而过，直奔临皋亭而去。

见陈慥来了，苏轼十分高兴，连忙用画叉从梁上摘竹筒，取出积蓄的铜钱，打发苏友进城沽酒买菜。陈慥连忙说道："酒和菜我都带来了，马车随后就到！"

正说着时，一辆双驾马车驰到了临皋亭前，随来的仆人将白米、腊肉、腊鱼、粉条、油面等食物和一大罐谷酒搬下车来，苏轼见了，说道："让陈老弟破费了，愚兄心中不安。"

陈慥朗声说道："这有什么不安的！再说，我既修道，又禅佛，除酒之外，我已食素了！走，看看你的新屋！"

临皋亭虽然陈旧，但位置极佳，从亭子到长江只有八十余步，江水的滔滔声不绝于耳。坐在亭中，仰头望去，流云行于天际；放眼望去，大江滚滚东流，令人感到天地竟是如此辽阔，心胸顿时开朗起来。

当二人谈兴正浓时，王朝云送来了一壶新茶。陈慥看了她一眼，说道："我猜，你就是王朝云吧？"

王朝云连忙答了一声："是。"

他又对苏轼说道："苏大人艳福不浅，愚弟羡慕不已。"

苏轼笑着说道："在下哪里比得了你呀，在杏花村里，美人成队，个个才艺出众，你是身在福中不知福呀！"

陈慥："那就换一换嘛，大人看中了谁，就领谁走，要是都看中了，就都领走，我只换朝云一人就满意了。"

王朝云连忙奉上茶杯，说道："请陈大人品茶。"

陈慥接过茶杯喝了一口，啧啧说道："好茶，这是今年的雨前新茶。"

王朝云笑着说道："还是用今年的新火烧的新水、泡的新茶呢！"

陈慥有些不解，问道："茶是今年的新茶，还说得过去，不知新火和新水有何说法？"

王朝云："这水，是昆仑雪山融化的冰水，流进长江，从江中取一盆流动的江水，总归是新的吧！今年煮茶用的薪火更不是去年之火，也是新的吧！这就叫新水新火煮新茶。"

陈慥听了，恍然大悟。

王朝云又说："老爷在密州时，写过一首《望江南》，就曾提到过新火、新茶。"

陈慥："能唱出来听听吗？"

王朝云莞尔一笑，轻声唱道：

春未老，风细柳斜斜。试上超然台上看，半壕春水一城花，烟雨暗千家。

寒食后，酒醒却咨嗟。休对故人思故国，宜将新火试新茶，诗酒趁年华。

陈慥听完了，犹如品尝了琼浆玉液。酒不醉人歌醉人，他对苏轼说道："苏大人，愚弟要在这里多住些日子，听朝云唱歌，以饱耳福。"

第二天一大早，苏友去江边汲水时，忽见从对岸的武昌划来一只渡船，原来是诗僧参廖和辨才、佛印三位和尚以及四川绵竹山的道士杨世昌，他们结伴来看望苏轼。紧接着书画博士米芾和黄庭坚、张耒、晁补之、秦少游等人，也相继来访。

因临皋亭实在住不下了，苏轼便将他们分别安排在定惠寺和安国寺空闲的僧舍中，自己则和陈慥搬到了一只待修的渔船上，二人在船板上抵足而眠。

有朋自远方来，不亦乐乎，苏轼倒是乐得合不拢嘴，王润之却十分焦急，若再有客人前来，就实在住不下了！

得道多助。武昌太守朱寿昌携樊口潘氏三兄弟和车湖的王氏兄弟渡江前来看望苏轼，看到房少客人多时，便和黄州的友人一道，为他在东坡上筑了五间土砖布瓦的房舍。竣工那天，正值大雪纷飞，苏轼连夜在四壁上画了不同的雪中景色，还为新房取名为"雪堂"。

与苏轼同榜的进士蔡承僖，时任淮南转运副使，黄州恰好归他管辖。他看到苏轼居所狭窄，又在临皋亭旁边的高坡上为他造了三间新屋，命名为"南堂"，供苏轼作书斋、炼丹、会客和卧室之用。

有一天，苏轼坐在雪堂的窗下，看着窗外细细的春雨，听着小溪的淙淙水声和枝头鸟儿们的鸣叫声，感到了一种早春的气息。他想，新的人生旅程从这里起步了。他提起笔来，在雪堂里写了第一首词：

梦中了了醉中醒。只渊明，是前生。走遍人间，依旧却躬耕，昨夜东坡春雨足，乌鹊喜，报新晴。

雪堂西畔暗泉鸣。北山倾，小溪横。南望亭丘，孤秀耸曾城。都是斜川当日景，吾老矣，寄余龄。

还有一个人苏轼一直惦记着，就是跟随自己多年的马梦得。当年马梦得在太学任太学正之职，只因苏轼在他书房的墙上题了杜甫的《秋雨叹》，便毅然辞职，跟随苏轼去了凤翔，当了一名幕僚。后来又随苏轼从汴京到杭州、密州、徐州、湖州，已有二十余年。当苏轼在湖州被拘捕时，他才不得不离开了苏轼，回到了家乡杞县。前不久听人说，苏轼带罪被谪黄州，于是便日夜兼程赶来了。

说来也巧，他和黄州太守徐君猷私交颇深，他去拜访徐君猷时，正碰上徐君猷命人为苏轼送米，才知道苏轼一家月月缺粮。他路过黄州东门的山坡时，见冈峦起伏中间有一处约五十余亩的平地，上面满是瓦砾和荒草，原是当年的一处军营旧址。他想，若将这块军营旧址拨给苏轼领种，不但可以种麦稻，还可栽上桃、梨、柑橘等果树，苏轼一家不就解了断炊之忧吗？他将自己的想法告诉了徐君猷，徐君猷便当即应允了。

马梦得去拜访苏轼时，将认领军营旧址的建议告诉了他，他大喜过望，当天随马梦得去东坡上察看了地形、丈量了面积，还草拟了一份种粮、栽菜和植树的方案。第二天一大早，除了王润之和王朝云留在家中之外，苏轼率领全家来到了东坡，他们放火烧了丛生的野草，捡干净了地上的瓦砾碎砖，将高坡挖平，将低洼处填高，一个个汗流浃背、灰头土脸，一直干到晌午才在山坡的树下歇息。

王朝云挑着担子送饭来了，她先让大家喝了一碗绿豆汤，再为大家盛上饭菜。苏轼端着碗，对三个儿子说道："你们知道什么是'三白'饭吗？"

儿子们摇了摇头。

苏轼说："小的时候，我和你们叔叔就吃过'三白'饭。这'三白'饭就是一碗白米、一撮白盐、一碟白萝卜。"

苏迈问道："'三白'饭好吃吗？"

苏轼："只要肚子饿了，就会越吃越香。"接着他向孩子们讲了自己童年的经历和趣事。

听说苏轼在东坡垦荒种地，客居黄州的参廖和佛印和尚以及来访的客人、学生们纷纷帮他垦荒，住在黄州城的唐代名将郭子仪的后裔郭遘和他的友人古耕道、乐京也赶来帮忙。住在东坡旁边的王大伯等人最为热心，他看到苏轼一家人锄刨锹挖，便说道："做生意，要本钱；种庄稼，要耕牛，没有牛，就种不好庄稼。"

苏轼听了，半天无语，因为他实在买不起一头耕牛。

王大伯已看出了他的心思，便说道："我家里养了一群牛，你就牵一头来用吧！"

苏轼听了，有些为难起来。

王大伯笑着说道："我有三个孙子，正在发蒙，就让他们和学士的公子们一起读书吧，以抵牛钱！"

苏轼听了，连连道谢。

经过了半个多月起早贪黑的耕作、平整，东坡上的五十亩军营旧址终于成了可种庄稼的土地了；地头上还掘了一个水塘，种了一些果树的树苗。王朝云望着头戴斗笠，脚穿草鞋的苏轼，笑着说道："老爷，你成了一个黑白分明的农夫了。"

苏轼抹了一把汗水，问道："黑白分明的农夫？"

王朝云："对呀，老爷的头发越来越白了，老爷的脸嘛，晒得越来越黑了！"

苏轼听了，乐呵呵地说道："想变成个真正黑白分明的农夫，还需多修炼几年呢！"

到了月底，连续下了三天的秋雨，雨停后，苏轼惦记着东坡的土地，连忙戴上斗笠、披上蓑衣，扛着一柄锄头便匆匆出了门。到了东坡一看，地里淹水已有半尺多深！他一时有些不知所措。

这时，在山坡上放牛的王大伯走了过来，他看到苏轼正在焦急，便安慰他说："苏学士，淹了水不要紧，只要排出了渍水，晒干了泥土，还能抢种一茬小麦。"说完，他将牛拴在山坡的松树上，接过苏轼的锄头，帮他沿着地头挖了一条半尺深的水沟。不到半天工夫，地里的渍水便顺着水沟排干净了。他还叮嘱苏轼说，庄稼不但怕旱，也怕涝。旱了，庄稼浇透了就有救了；若是涝了，庄稼就会烂根，秋后便没有收成了。

过了立秋就是种麦的季节，苏轼领着他的子弟兵们来到了东坡，他们耙地的耙地，起垄的起垄，撒种的撒种，东坡上牛铃叮咚、笑语喧天，连续种麦三天，虽然一个个都累得腰疼腿酸，但脸上却洋溢着兴奋和激动。

由于东坡地湿肥厚，小麦种下不到一个月，地里的麦苗便像疯了一般蓬蓬勃勃地窜了出来。苗儿苗壮、茂密，密得连地上的泥土都遮住了。明年一定是个好收成，苏轼心里十分高兴。

有一天，他刚刚走到东坡，见王大伯赶着一群牛羊，而牛羊正在啃食东坡的麦苗！他连忙说道："王大伯，你的牛羊——"

王大伯笑着说道："我是在为苏学士护苗啊！"

"护苗？"

"对，是护苗。"王大伯拔起几根麦苗说道："苏学士，你看，现在还不到立冬，地里的麦苗已长得又高又壮；等到北风一吹，大雪一冻，麦苗就全冻死了！现在让牛羊啃了地上的麦苗，留下地下的麦蔸，越冬以后就会生出新苗。南风一吹，新苗拔节结穗后，学士就磨好镰刀等着收割吧！"

苏轼打心眼里感激这位善良、热情的花甲老农。

自到了黄州后，为了排遣心中的孤独，苏轼常到国安寺去焚香静坐。静坐是达摩和尚面壁以来的一种功法，禅门视静坐为"出神静观"。他的静坐是为了收召自己的灵魂，达到物我相忘、身心皆空的境界，在静坐中忘记心中的痛苦。但自开垦了东坡的土地、种上了小麦之后，他不再去安国寺静坐了，天天都来东坡，风雨不误。他站在地头上望着地里的麦苗，好像在读一篇精彩的文章。令他百看不厌，越看越新，也越看越美。

他从东坡忽然联想起了白居易。白居易与自己的出身、经历相似，也因作诗受到过政敌的排斥和打击，而且二人都与城东的东坡有缘。白居易任四川忠州刺史时，曾写过一首《步东坡》，诗中有"朝上东坡步，夕上东坡步。东坡何所爱？爱此新成树"。白居易当年不愁一日三餐，所以在忠州城东的东坡种花植树，悠然自乐。而自己在黄州城东的东坡垦荒种麦，却是为了全家人糊口！不过，虽然二人的境况不同，但都是在城东的东坡上，这一定是种巧合。于是，他给自己取了个名号：东坡居士。

谁知此号在黄州叫开之后，东坡之名很快便传遍了天下，竟然妇孺皆知、家喻户晓了。自此之后，除官方文书之外，世人都称他苏东坡，而苏轼之名竟显得生疏起来了。也许这就是"无意插柳柳成荫"？

第十八章　海棠诗会、百年老梅以及"潜逃的罪犯"

满江红·寄鄂州朱使君寿昌

江汉西来，高楼下、蒲萄深碧。犹自带，岷峨雪浪，锦江春色。君是南山遗爱守，我为剑外思归客。对此间、风物岂无情，殷勤说。

江表传，君休读；狂处士，真堪惜。空洲对鹦鹉，苇花萧瑟。不独笑书生争底事，曹公黄祖俱飘忽。愿使君、还赋谪仙诗，追黄鹤。

1

割了小麦之后，就该插秧了，苏轼不知道何时插秧最为合适，便去请教王大伯。

一进院子，就见葡萄架下坐着几位客人，他们一面品茶，一面在谈论着什么。见苏轼来了，大家都站起来迎接。王大伯说，大家要去参加海棠赏花会，正想邀请苏轼一起赴会。

苏轼问道："赏花会设在哪里？"

王大伯："在崔伯家中，东道主就是崔伯。"说完，拉着他就走。

当一行人走到一座白墙小院时，听见院中有人在弹奏雷氏琴，琴声如悲鸣的风声，又如微亮的月光。推开柴门后，一位银须垂胸的老者放下雷氏琴，对苏轼说道："在下崔某，原住庐山，现和小女客居黄州。欲与友人开一个海棠赏花会，学士光临，在下不胜感激。"

苏轼连忙施礼，说道："崔老先生有此雅兴，难得、难得！"

在众多客人中，郭遘、古耕道和安国寺的方丈连继等人，苏轼已先前认识了，还有一些是初次见面。最后一个到的是位年轻后生，他一进来就连声说道："实在抱歉，因江上风大，小船受阻，来迟了！"说着，将一罐酒放在了井台边。

崔伯说："这位就是渔民诗人潘大临！"

苏轼连忙说道："先生的一句'满城风雨近重阳'既出，传遍江南江北，在下若得空闲，一定前往请教。"

潘大临说道："因生计所迫，天天在江上打鱼。那一天正在家中作诗，刚写了这么一句，不想税吏进家中收税、把思维打断，便只得了这么一句！"

苏轼说："在下曾写过'人间行路难，踏地出赋租。不如鱼蛮子，驾浪浮空虚。'现在看来，鱼蛮子也难避税租之累啊！"

崔伯见客人们都已到齐，说道："既然苏学士已经光临，海棠赏花会就开始吧！"说着，连续击掌三声。

西院的院门"吱哟"一声被打开了，大家顿时眼前一亮，见一位十六七岁的少女站在门前，笑着说道："请诸位进来吧！"

崔伯对苏轼说道："这是小女海棠，西院的海棠是她出生时栽下的，所以才为她取名'海棠'。"

苏轼听了，点了点头。

进了西院以后，见四周墙边种植着玉兰、惠兰、碧桃、佛手等花卉，石桌上摆放着五针松、榆树、奇石等小巧玲珑的盆景。院子中间，是一棵丈余高的海棠，满枝皆是珠红色的花苞，在碧叶的衬托下，让人赏心悦目。海棠虽不及梅花那样冷艳，也不如牡丹那样华丽，但在淡泊中蕴藏着淡雅，在平常中显示着高洁。一阵徐风拂过，有缕缕清香沁人心脾。

众人围着海棠看了一会儿，都赞不绝口。有客人问平时是如何养护的？崔伯指着女儿说道："平时都是她浇水、施肥。六月酷暑，她撑起草帘遮阳；进了腊月，她用竹席挡风；若遇上暴雨，她会撑伞守护，照料得十分精心。"

苏轼听了，转头看了看她，她连忙红着脸低下了头。

从西院回来后，大家一边赞花，一边饮酒，一边谈诗论词。忽然，从西院中传来一阵古筝之声，崔伯笑着说道："是小女海棠在院中弹筝。"他还笑着说："西院的那棵海棠似乎能听懂她的筝声，每逢花期，她便在花前弹筝，花开得格外鲜艳！"

丝弦声声，花香袅袅，如梦似幻。众人纷纷作诗填词，唯苏轼端着酒杯默默地坐着。

崔伯笑着说道："苏学士，今日聚会，实在是三生有幸！为了不忘今日之盛，在下恳请学士能留下佳作墨宝。"

苏轼已有半醉了，他看到暮色渐浓，眼前也朦胧起来，便说道："请掌灯来！"

海棠连忙送来蜡烛，蜡烛点燃后，将周围照得十分明亮。海棠牵着宣纸，苏轼挽起衣袖，提起笔来，在四尺宣纸上写下了一首七绝。写完后，对崔伯说道："如若不嫌，就请收下这幅中堂，作个纪念吧！"

众人围过去一看，诗题是《海棠》二字：

> 东风袅袅泛崇光，香雾空蒙月转廊。
> 只恐夜深花睡去，故烧高烛照红妆。

崔伯连忙对女儿说道："海棠，快将苏学士的这首《海棠》收起来，明天就送去装裱！"

海棠小心翼翼地卷起了中堂，向苏轼深深施了一礼，说道："谢谢苏学士！"说完，拿着中堂离开了客厅。

苏轼告别众人后，披着一身月光，回味着美艳的海棠，缓缓向临皋亭走去。

2

苏轼刚刚走到临皋亭门口，见杨世昌坐在亭前的台阶上。杨世昌见苏轼回来了，便站起来截住他，说道："东坡学士，今晚月朗星辉，岸上无风，江上无浪，我等放舟江上，我论道、学士论儒，岂不痛快！"

还没等苏轼开口，杨世昌又说："潘大临的小船就在赤壁旁边，我们上船去吧！"说完，拉起苏轼就走。

二人走到赤壁山下的江边，登上渔船之后，潘大临便将小船向长江中间缓缓划去。前面是茫茫的江水，后边是斧劈一般的赤壁，江水在石壁下溅起了一团团雪白的浪花，如雷震耳。当小船划到开阔的江面时，一轮皓月冉冉东升，高高悬挂在天际，将万顷银辉慷慨地洒向两岸的山峦，也洒在了飘荡的小船上。在波光和月光的交辉中，船上的人好像离开了纷杂的人世，悬浮在虚无之中。

杨世昌抽出洞箫，轻轻地吹奏起来。他不但早已修道，而且善画山水，还能鼓琴，并精通星象、历法、骨相以及黄白药术，尤其熟识音律、善吹洞箫，往往箫声一起，四座皆惊。江水悠悠，箫声呜咽，像哀怨、像思慕、像哭泣，也像一个人在低声倾诉。

旁边小船上的一位孀妇听了，竟落下泪来！

苏轼问道："请问世昌先生，你的箫声为什么如此悲凉呢？"

杨世昌："因为我想起了曹孟德的两句诗：'月明星稀，乌鹊南飞。'心有所感，才箫声悲凉。"

也许受了箫声的影响，苏轼以手拍打着船舷，即兴唱道：

> 江流有声，断岸千尺；
>
> 山高目小，水落石出。

这是他在今年的仲夏之夜，泛舟游赤壁时，写在《赤壁赋》中的一段文字。

杨世昌指着长江南岸的西山问道："东吴的周瑜，当年就是从那里渡江，在赤壁之战中打败曹孟德八十三万人马的吗？"

苏轼："这是人们的传说。其实，在江汉一带有三处赤壁，一是黄州的赤壁，也叫赤鼻矶；二是武昌东南七十里的赤矶；三是嘉鱼的赤壁。不过，赤壁古战场到底在哪里已经无关紧要了。当年曹孟德率领战船万艘，攻破荆州、占领江陵后，又顺江而下，向孙权的都城武昌而来，打算一口吞下东吴。他的战船连绵千里、布满江面，猎猎旌旗、遮天蔽日，是何等的威武！他临江饮酒、握矛吟诗，'月明星稀，乌鹊南飞'，又是何等的英雄！"

杨世昌接着说道："其实，不论战败了的曹操还是战胜了的周瑜，他们都是一代英豪，可是今天，他们和他们的事业又在何处呢？你我等人在沙洲上打柴捕鱼、以麋鹿为友，多么自在！还可驾一叶轻舟，举杯痛饮，把蜉蝣一般短暂的生命托付在天地之间，渺小如大海中的一粒小米！我们感叹生命短暂，羡慕长江无穷无尽，既与神仙为伴遨游太空，又与明月一道永世不老，这只是一种愿望，我只好将心中的无奈通过箫声寄托在这江风之中了！"

苏轼沉思了一会儿，说道："长江自古流到今，而且还在继续地流。但长江还是原来的样子啊！这头上的明月，也是从古照到今，虽然时有圆缺，但一直未变。再说，这世上的万事万物都有自己的主宰者。不属我的，我不取一丝一毫。只有听到的江风、看到的明月和天地间的美景，谁也不能禁止，你我可以尽情享用，我说的对吗？"

杨世昌："学士讲的太好了，见解独到，令贫道顿悟。若此时有酒，该有多好！"

潘大临笑着说道："酒我已备好了，今天还打了一条二尺长的细鳞鲈鱼，也已烩好放在舱里了！"说完，从舱中端出酒菜，三人举杯对月，在船上无拘无束地畅饮高歌。涛声阵阵、笑语不断，连天上的明月都不肯西移了。

潘大临边划船边说："今日之游，不可无诗啊！"

杨世昌也附和着说道："学士能在船上填一阕词吗？"

已有些醉意的苏轼端起酒杯，走到船头，月光将他的影子投到了江中。他转头望了望长江北岸的赤壁，又望了望长江南岸的西山，想起了当年那些叱咤风云的人物，说道："让天上的明月和东去的大江，与我同饮这杯酒吧！"说完，将酒倒进了滚滚的长江，然后大声唱道：

大江东去，浪淘尽，千古风流人物。故垒西边，人道是，三国周郎赤壁。乱石穿空，惊涛拍岸，卷起千堆雪。江山如画，一时多少豪杰。

遥想公瑾当年，小乔初嫁了，雄姿英发。羽扇纶巾，谈笑间，樯橹灰飞烟灭。故国神游，多情应笑我，早生华发。人生如梦，一樽还酹江月。

杨世昌听了，大声说道："学士的这首《念奴娇》，意境高远、气势如虹，乃是绝世之作，不虚今日之游！"

潘大临生怕漏掉一字，他伏在船板上，飞快地抄录下来了。苏轼接过潘大临的笔，在这首诗的前面加了个题目：《赤壁怀古》。

子夜已过，潘大临将船划到岸边，苏轼和杨世昌分手以后，杨世昌去了定慧院、苏轼回到了雪堂。

苏轼感到毫无睡意，便站在窗前乘凉，觉得江上的明月也随着他来到了东坡，照得雪堂外边一片银白！回忆江上之游，他感到格外兴奋，觉得心里有许多话想说。于是，将当晚的所见所闻和所思，一口气写了下来。

就在这个寒冬的月夜，苏轼为当代也为后世，留下了脍炙人口的传世名篇《后赤壁赋》：

是岁十月之望，步自雪堂，将归于临皋。二客从予，过黄泥之坂。霜露既降，木叶尽脱，人影在地，仰见明月，顾而乐之，行歌相答。已而叹曰："有客无酒，有酒无肴，月白风清，如此良夜何！"客曰："今者薄暮，举网得鱼，巨口细鳞，状如松江之鲈。顾安所得酒乎？"归而谋诸妇。妇曰："我有斗酒，藏之久矣，以待子不时之须。"于是携酒与鱼，复游于赤壁之下。江流有声，断岸千尺；山高月小，水落石出。曾日月之几何，而江山不可复识矣。予乃摄衣而上，履巉岩，披蒙茸，踞虎豹，登虬龙，攀栖鹘之危巢，俯冯夷之幽宫。盖二客不能从焉。划然长啸，草木震动，山鸣谷应，风起水涌。予亦悄然而悲，肃然而恐，凛乎其不可留也。反而登舟，放乎中流，听其所止而休焉。时夜将半，四顾寂寥。适有孤鹤，横江东来。翅如车轮，玄裳缟衣，戛然长鸣，掠予舟而西也。

须臾客去，予亦就睡。梦一道士，羽衣蹁跹，过临皋之下，揖予而言曰："赤壁之游乐乎？"问其姓名，俯而不答。"呜呼！噫嘻！我知之矣。畴昔之夜，飞鸣而过我者，非子也邪？"道士顾笑，予亦惊寤。开户视之，不见其处。

写完后，他上了床，不一会儿，便鼾声如雷了。

3

收了早稻以后，田里空闲起来，需尽快耕地灌水、抢播晚稻。苏轼已学会了扶犁耕田，王大伯送给的那头水牛也十分温驯，它走得稳、拉得直、犁田平整、到边到角。这时，忽见田杏儿急急跑来，大声说道："老爷，生了、生了！"

苏轼有点丈二和尚摸不着头脑，问道："生了什么？"

"朝云夫人生了！"顿了顿又说，"生了个又白又胖的公子！"

苏轼一听，欣喜若狂，他连忙将犁交给苏友，没顾上洗去脚上的泥巴，跟着田杏儿就向家跑。

去年七月，王朝云刚满十九岁，苏轼正式纳她为姜；今年九月，儿子出生。已是半百的苏轼能不高兴吗？

刚回到家，王润之将婴儿抱到前厅，笑着说道："老爷，你看这孩子的长相，多像你啊！"

苏轼将婴儿托在手上仔细看了一会儿，见他双眼明亮、鼻梁挺直，宽宽的脸庞、高高的颧骨、饱满的天庭，确实酷似自己！

王润之笑着说道："老爷，你给公子起个名字吧！"

苏轼想了想，说道："老大叫苏迈，老二叫苏迨，老三叫苏过，他就叫苏遁吧！"

王润之又问："小名叫什么？"

苏轼："就叫干儿吧！意思是说，等他长大了，能干点事就行！"

王润之："好，干儿这个名字起得好！"

王朝云听见苏轼和王润之在外边说话，便问道："是老爷回来了吗？"

苏轼听了，连忙说道："回来了，回来了！"说着，抱着婴儿进了内室。

王朝云看到他不断亲吻着婴儿，笑着说道："别让你的胡须扎了儿子的脸！"说着，接过了婴儿，问道："苏遁这个名字，可有什么讲究？"

苏轼笑着说道："遁，就是隐避田园、远离官场，用来纪念这段东奔西跑的日子，不知合不合你的心意？"

王朝云："只要是老爷取的名字，就合贱妾的心意。"

苏轼："待到儿子满月时，我还要为遁儿写首诗呢！"

王朝云听了，弯弯的眉毛上挂着幸福的笑容。

按照黄州的风俗，婴儿满月时要举行"洗儿会"，并要宴请亲朋好友，还要将煮熟的鸡蛋染成红色，分赠给邻居和亲朋。

满月这一天，王大伯一大早就提着糯米、红糖、鱼面等礼品来到了临皋亭。不一会儿，崔伯领着海棠来了，四川同乡王氏兄弟从武昌车湖赶来了，府衙的官员们也赶来了。潘大临还提了一桶活蹦乱跳的喜头鱼，说产妇在月子里喝鱼汤可以催奶。

黄庭坚、秦少游等人得知后，还纷纷寄来了贺诗贺词。

客人们看过苏遁之后，都夸奖孩子聪明，说其长大后一定会像苏轼那样是写诗填词的高手。

苏轼听了，苦笑着说道："孩子且莫像我填词写诗，还是本本分分种麦栽稻好，不但少惹是非，还可乐在其中。"

王朝云怕他再提起乌台诗案遭受的折磨，连忙说道："老爷不是说要为遁儿写首诗吗？"

苏轼当时是为了安慰王朝云，随口说过要为儿子写首诗，谁知王朝云却记在心里了。他以手指逗了逗襁褓中的苏遁，见苏遁张着小嘴笑了，说道："好吧，我这就去写。"说完，回到了书房。

不一会儿，他手里拿着一张宣纸回到了客厅。众人纷纷围过去想一睹为快。只见上面写着《洗儿诗》：

人生养子望聪明，我被聪明误一生。

唯愿孩儿愚且鲁，无灾无难到公卿。

　　有人连忙抄在纸上，有人连声称赞："好诗、好诗！"

　　苏轼摇了摇手，说道："这不能算作是诗，只是平常大实话罢了，让诸位见笑了！"

　　满月宴之后，苏轼惦记着插秧的事，又戴着斗笠、穿上芒鞋，匆匆去了东坡。他发现，剩下的稻田都已平整完了，于是便去秧田扯秧，准备明天一早下田栽秧。

　　扯秧苗是件细致的农活，他过去曾见过别人扯秧，自己却从未扯过。照葫芦画瓢，他走进秧田，便弯腰扯起秧来。大约扯了半个时辰，便觉得腰疼背酸起来，他只好直起腰来站上一会儿，再低头扯秧。扯到后来，竟累得直起腰来就弯不下去，弯下去就直不起来了。他想，在泥水里栽秧，比在地里种麦累多了！

　　"给！"话音刚落，只听"啪"的一声，一只小木凳扔到了他的背后。他回头一看，原来是王大伯。他指着小木凳说："这是秧马，骑上它，扯秧就方便多了！"说着，也提着一只秧马下到田里。

　　苏轼按照他的指点，坐在秧马上扯秧，他觉得不但腰背不再酸痛了，扯秧的速度也快多了！

　　扯完了秧苗，已月升东山了。王大伯便约他到了家中，二人就着一碗煮蚕豆、一碟青椒和几尾小鱼喝起酒来。苏轼喝了大半斤白酒，又吃了一碗糙米饭，才离开王家，晕晕乎乎地向江边走去。

　　不知是过度劳累还是酒力发作，他感到浑身燥热起来，便脱下鞋袜放在一块石头上，将那顶高高的帽子顺手挂在树枝上，走进江中，在清凉的江水中洗了个痛快，顿感到舒服多了。

　　洗完之后，他来到临皋亭门口，轻轻敲了敲门，没听见回音；又用力拍了拍，仍无回音。他将耳朵贴在门上，听见里边鼾声起伏如雷。他又用手杖猛敲了一会儿，无奈鼾声依旧。苏轼知道家中小童阿牛的习惯，只要他的头落在枕上，便能呼呼大睡，就是外边鞭炮炸耳、锣鼓震天，他都丝毫不受影响。苏轼在门口站了一会儿，见亭旁有一棵梧桐树，也许惊醒了栖息在树上的鸟儿，只见树枝抖动了一下，鸟儿便向江面飞去了；江上，有一只小船正顺流而下。他见书房的窗子半开，便从

窗棂伸进手去,取出一支毛笔,借着淡淡的月光,在雪白的墙上写了一首《临江仙》:

夜饮东坡醒复醉,归来仿佛三更。家童鼻息已雷鸣,敲门都不应,倚杖听江声。
长恨此身非我有,何时忘却营营。夜阑风静觳纹平,小舟从此逝,江海寄余生。

　　写完了,心中的块垒似乎吐出来了。他便踏着月光,去了东坡旁边的雪堂。
　　令他想不到的是,这首题在墙上的《临江仙》,却引发了一场恐慌,惊动了黄州全城!

4

　　徐君猷一大早刚进了府衙,洪仁善便慌慌张张地进来了,他结结巴巴地说道:"徐大人,出大事了!"
　　徐君猷吓了一跳,问道:"出了什么大事?"
　　洪仁善:"苏轼昨夜潜逃了!"
　　徐君猷:"此事是真的吗?"
　　"千真万确,他是乘着一只小船潜逃的,这是下官亲自发现的。"说着,从怀里摸出一张纸来,"大人请过目。"
　　徐君猷接过一看,问道:"这首《临江仙》是从哪里来的?"
　　"是下官亲自从临皋亭的墙上抄下来的!下官仔细对照过,完全是苏轼的笔迹!还有,"他神秘地低声说道,"下官还在一块石头上发现了他的鞋袜,又在一棵树的树枝上发现了他的帽子,就是他常戴的那种高高的学士冠!"
　　徐君猷对他发现的苏轼潜逃一事和他提供的证据虽然感到吃惊,但还是有些半信半疑,便随他去了临皋亭,看了墙上的那首《临江仙》,又查看了石头上的鞋袜和树上的高帽,果然实物证据都在。但他不明白苏轼为何要潜逃?他又能逃往何处呢?"
　　洪仁善发现徐君猷还有些疑虚,便提醒他说:"此事事关重大,须即刻飞骑报往汴京。"
　　徐君猷:"未查清之前,不可上报!"
　　洪仁善:"大人,下官早就对苏轼有所怀疑,他的一言一行下官都十分留心。

他到黄州之后，共写了诗词八十六首，文章十二篇，一共交往了五十八人，其中外埠十九人，本城三十九人。听说他还在渔船上写过一首《念奴娇》，下官还亲自过江去了樊口，从潘大临家里抄录来了。"

徐君猷听了，对他的这种行径十分反感。

原来，洪仁善是受李定秘密之托监视苏轼的，他干得可谓兢兢业业、一丝不苟。从苏轼到黄州、何大受设家宴接待他时写的《初到黄州》，到在崔家写的《海棠》和先后写的《东坡八首》，他无一遗漏，甚至他为徐君猷家中歌姬们写的诗词他也都不露痕迹地收集到了！可见他的用心良苦了。

"监察和追捕罪犯是判官之事，大人可派人四处追查！"徐君猷说。

洪仁善胸有成竹地说道："下官已派兵上到夏口、武昌，下到九江、蕲春追捕去了！苏轼难以逃脱，除非他跳江淹死！"

这时，一个传闻很快便在黄州街头传开了：昨天夜里，苏轼将帽子挂在树上，鞋袜扔在江边石头上，乘着小船逃走了！

有人说他逃回了四川眉山；

有人说他逃往了海外；

还有人说他跳江自杀了！

洪仁善虽然四处派人搜查、追捕，但心中却幸灾乐祸：苏轼与徐君猷交往颇深，苏轼潜逃了，徐君猷的那顶太守的帽子也就戴不成了！他出了个点子，说道："大人，跑了和尚跑不了庙，下官想派兵拘捕苏轼的家眷，关进大狱，逼他们说出苏轼逃往了何处，以便将他捉拿归案！"

徐君猷有些气愤，说道："一人犯罪一人当，绝不可株连他的家人！"

洪仁善还不死心，口气中暗带威胁，说道："大人，若御史台追究起来——"

徐君猷知道他与御史台的关系密切，也知道他想以此邀功，心中更加不满，说道："若追究起来，一切由本官担当！"

他虽然反对洪仁善上报汴京和拘捕苏轼的家属，但毕竟事关重大，需要镇静应付。他对洪仁善说道："走，我们去苏轼经常去的地方找一找再作决断。"说着，领着洪仁善去了临皋亭，询问了阿牛和仆人之后，又去了定惠院、安国寺和南堂，最后去了东坡雪堂。

刚到雪堂门口，就听见里边传出了阵阵鼾声，见房门虚掩，徐君猷轻轻推开，看到苏轼光着膀子躺在一张竹床上睡得正香呢！

徐君猷知道他插秧插累了，便没打扰他，又轻轻带上门退出去了。

洪仁善也傻眼了，他嗫嚅说道："原来是虚惊一场。"

徐君猷瞪了他一眼："谎报军情！"说完，转身走了。

一场骤起的恐慌，不到半天就平息了。

5

端阳将至，太守徐君猷在栖霞楼设席宴客，好客的主人还特意命家中的六位家妓到席前助酒。因陈慥携河东夫人来黄州看望王朝云母子，也被邀请赴宴。

宴席之前，徐君猷陪着苏轼、佛印、米芾、陈慥等人在客厅品茶闲谈时，一向谈笑风生又嘴不饶人的佛印问陈慥："听说陈老弟箭法超人，当年与苏学士在凤翔射猎时，见一只乌鹊飞走了，你便策马追出数里，终于将乌鹊从半空中射落，好箭法啊！平时你仗剑携妓游遍天下，何等的风流，更令贫僧佩服！"

陈慥听了，笑着点了点头，说道："不足挂齿，不足挂齿！"

佛印的话锋一转，问道："不过，贫僧听说陈老弟有点惧内，可是真的？"

陈慥有些生气，说道："在下进山狩猎，老虎见了我都吓得掉头而逃，我怎么惧内呢？"

佛印紧追不舍："要是碰上狮子呢？"

陈慥："狮子也不怕！况乎狮子早已绝迹了！"

这时，徐府的妩卿、胜之、庆姬、颜姬等六位家妓款款进来，为客人们献茶。她们都能歌善舞，千姿百态，尤其是那个叫胜之的歌妓，她长得娇小玲珑，又绝顶聪明，苏轼曾写过她的舞姿娇态：

> 双鬟绿坠，娇眼横波眉黛翠。
>
> 妙舞蹁跹，掌上神情意态醉。
>
> 曲穷力困，笑倚人旁香喘喷。
>
> 老大逢欢，昏眼犹能仔细看。

送完茶，歌妓们都争着向苏轼求诗，因为能得到了他的一首诗词，人们便会另眼相看，自己也身价倍增。

佛印问陈慥："她们如何？"

陈慥："她们虽然貌若貂蝉，风情万种，但扬州出美女，我当年曾在扬州收了几个……"

刚说到这里，猛听见屏风后边大叫一声："你敢！"

陈慥手里正在摆弄苏轼的手杖，听见吼声吓了一大跳，手中的手杖掉在地上了！

原来，河东夫人一直站在屏风后边，听到陈慥说扬州的美女时，一时醋劲大发，忍耐不住，才在屏风后边大吼了这一声！

侍女们将河东夫人请到女眷席上之后，客厅中又恢复了说笑之声。佛印笑着说道："陈老弟，夫人之声，正如佛家之说，犹如狮吼啊！"

苏轼问道："狮吼有何来历吗？"

佛印："狮子产于印度，雄壮威风，是百兽之王！当年佛祖释迦牟尼诞生时，他一手指天，一手指地，作狮子之吼，是说：天上地下，唯我独尊！河东夫人之吼，不亚于狮吼。"

陈慥听了，也不气恼，只是笑着品茶。

佛印："东坡居士敢写一诗吗？"

苏轼从地上捡起手杖，围着桌子转了一圈，说道："有了！"便随口吟出了四句：

> 龙丘居士亦可怜，谈空说有夜不眠；
>
> 忽闻河东狮子吼，拄杖落手心茫然。

佛印依然不放过陈慥："能与狮子同床而眠，常听狮子之吼，令贫僧羡慕不已。"

陈慥反讥了他一句："既然当了和尚，哪来的母狮子？"

大家听了，大笑不止。

客人入席后，歌舞妓们出场唱曲献舞。席间弦声不断，杯觥交错，十分热闹。但大家的心目中，主角还是在东坡垦荒的那位贬客，尤其是那些奉命前来侑酒的歌舞妓们，她们都争着为苏轼敬酒，有的还将他的诗词谱上曲子在席前演唱。

一个名叫李琪的歌妓怯怯走到苏轼跟前，告诉他说，众姐妹们都有他的诗词，唯独自己没有，所以大着胆子向他求诗。

苏轼听了，当即答应了。他提起笔来时却发现桌上无纸。正着急时，李琪指着自己的披肩说道："请学士就写在披肩上吧！"

苏轼犹豫了一下，便在她雪白的披肩上写下了：

东坡四年黄州住，何事无言及李琪。

刚刚写完两句，武昌的几位客人前来敬酒，苏轼便忙着应酬去了。众人围在李琪身边，看了都觉得诗句平淡无奇，并无新意。

披肩上的诗并未题完，李琪一直站在那里，见苏轼举杯说笑，以为他早已将题诗的事忘了，心中十分委屈。

待苏轼应酬完了，才急急走到李琪跟前，又在披肩上续上了两句。

却似西州杜工部，海棠花好不吟诗。

众宾客们看了，都连声称赞。

原来，诗中用了一个典故：四川的海棠最盛，有"香海棠国"之称，杜甫曾在成都草堂住了十年，写诗无数，却唯独没为海棠写过一首诗！原来，他母亲的名字叫海棠，他因避讳母名，一生不写海棠诗。

宴席散后，李琪一下子成了黄州的名人，许多人围着她读披风上的诗句，有的还抢着将诗句抄录下来。有一位路过的杭州商人，打算用十匹绸缎换她的披肩，她坚决不肯。后来，她将披肩叠好藏在了衣箱底下，再也不肯让人看了！

过了端阳，田里的农活便忙起来了。苏轼每天都早起晚归，在稻田里施肥、除草，收工迟了，便留在雪堂过夜。

一天，苏轼干活累了，来到一棵树下歇息。这时，见一辆运货的马车停在坡下，车主人向他讨水喝，二人便在树荫下闲聊起来。车主人说，他姓易，是苏州的丝绸商人，到湖北来收蚕茧。他指着车上的一个老树蔸子说，昨天，他路过巴河的老塔山时，见有人在山上开荒，挖出了一棵老树蔸子并扔在了山下。他发现是棵梅花树蔸，便向人家讨来想运回苏州，于是装到了车上。谁知正值盛夏，再说自己还要去河南进货，担心时间一久，树蔸干透了就栽不活了，显得有些无可奈何。

苏轼到车旁看了看，果然是棵梅树蔸子，看样子树龄已有上百年了，枯死了确实可惜。易老板见他挺喜欢这棵老梅蔸，便说道："这里地多土肥，若先生喜欢，就留给先生吧！"

苏轼听了十分高兴，便和车夫一起将老梅蔸抬到了雪堂旁边，挖了个树坑栽进去了。

栽完了，易老板还告诉他，开荒的人说，这棵梅树还有个传说呢：在唐代，巴河有个杨柳村，村中有户人家生了个女儿叫河柳，父母为她在山上栽了一棵梅花树。她长大后经常为梅花树浇水，梅花开得十分艳丽。河柳心灵手巧，又喜爱诗词丹青，是当地的一枝花。后来她嫁给了一个吃喝嫖赌的无赖丈夫，每次丈夫输了钱，便在她身上出气，毒打恶骂成了河柳的家常便饭！不到半年，河柳就被折磨死了！自此之后，山上的那棵梅花再也不开花了……

易老板走了之后，苏轼为梅蔸浇透了水，还折了些树枝为它遮荫，不久它就冒出了新芽。到了年底，树枝上竟绽开了红艳的梅花。与别处梅花不同的是，它的每个花蒂上都有三朵花，每朵花都结三粒梅籽，引得许多人前往观看。

苏轼十分喜爱这棵梅花，不论白天多忙多累，回到雪堂后总是先在树旁上站上一会儿才进去歇息。有一个月夜，他望着窗外的梅树，画了一幅《月梅图》：在一株苍老的树干旁边，生出了两根修挺的新枝，枝头上有梅花数朵，十分传神。画好后，他又写了三首《红梅》，其中一首是：

> 怕愁贪睡独开迟，自恐冰容不入时。
> 故作小红桃杏色，尚余孤瘦雪霜姿。
> 寒心未肯随春态，酒晕无端上玉肌。
> 诗老不知梅格在，更看绿叶与青枝。

苏轼离开黄州若干年后，雪堂被毁，那棵梅花树也枯死了，但刻在石板上的《月梅图》，至今犹在。

第十九章　痴情的超超注定是悲剧角色

定风波

三月七日沙湖道中遇雨。雨具先去，同行皆狼狈，余独不觉。已而遂晴，故作此。

莫听穿林打叶声，何妨吟啸且徐行。竹杖芒鞋轻胜马，谁怕？一蓑烟雨任平生。

料峭春风吹酒醒，微冷，山头斜照却相迎。回首向来萧瑟处，归去，也无风雨也无晴。

1

苏轼在东坡锄了一天的野草，刚刚回到家里，巢谷便对他说，黄州通判洪仁善要去定惠院的学馆视察。

原来，因在临皋亭读书的孩子越来越多，临皋亭实在容不下了，苏轼便借了定惠院的空房大山堂作为学馆，由自己和巢谷在那里为孩子们授课，人们老远就能听到孩子们的读书声。视察学馆是地方官员们的例行职责，但听说是洪仁善前去视察，苏轼就有些警惕了，他若借机找个碴儿怎么办？若问起巢谷的来历怎么办？于是，他让巢谷留在家中，第二天一早他就去了大山堂。

学生们到齐之后，苏轼开始为他们授课，他说："今天，为师给大家讲陈子昂的诗。未讲之前，大家一齐咏他的《登幽州台歌》。"

他刚说完，学生们便大声咏哦飞来："前不见古人，后不见来者。念天地之悠悠，独怆然而涕下。"

这时，门外传来一阵车马声，不一会儿，洪仁善在学馆王祈等官员们陪同下，大摇大摆地走进了大山堂。王祈说道："洪大人十分关注你们的学业，今日特来视察。"说完，开始逐一检查学子们的书籍和文本，折腾了半天，并未发现有什么异常文字。洪仁善笑着说道："你们读书是为了你们自己，只有读书，才能金榜题名；只有读书，才能光宗耀祖；只有读书，才能成为人上之人。"说到这里，他转头对苏轼说道："近朱者赤，苏大人教出的学生，大约个个都能吟诗作对。下官想考考他们的才学，苏大人同意吗？"

苏轼十分坦然："请洪大人出题吧！"

洪善仁："下官不爱古籍中的那些典故，所以就不出古板题目了。"他指着窗外的一座七层古塔说道："就以古塔为题吧，下官出一下联，请苏大人的高足们对出上联来，可以吗？"

苏轼点了点头："请洪大人先出下联。"

洪仁善一字一板地念道："宝塔巍巍，七层四面八方。"念完了，他偷偷望了望苏轼，十分得意。

苏轼知道，他的这副下联确实动了些心思。他不但违背常理先出下联，而且联中还有三个数字，要对得上，并不容易。果然，学生们个个摇手，表示对不上来。洪仁善冷笑着说道："不知是苏大人没有教好，还是学生们没有学好。为什么一个人都对不出来呢？"

苏轼说道："洪大人，我的学生们不是都对出来了吗？"

洪仁善："本官怎么没有看见呢？"

苏轼："他们摇手的意思，是'玉手摇摇，五指三长两短'嘛！"

这副上联中不但也有三个数字，而且对仗、平仄都十分工整！洪仁善十分尴尬，连忙说道："对得好、对得好！"便领着王祈等人，灰溜溜地离开了大山堂。

苏轼刚刚走出定惠院，见城南的余伯迎了上来，将一块用一根新鲜稻草绳子系着的五花肉塞在了他的手里，说道："家里杀了一头肥猪，我特意选了一块五花肉，请苏学士提回去吃吧！"

苏轼无论如何都不肯接受，二人在路边互相推让着。原来，余伯有个孙子在大山堂里读书，苏轼不但不收他的书钱，还手把手教他写字，他的孙子很有长进。过年时，家中和邻居们的对联全是他的孙子写的！他十分感激苏轼，所以才送来了这块五花肉。苏轼知道，自己若不收下，余伯是不会让他走的，只好收下了。

二人分手后，忽听余伯又大声喊道："请苏学士留步！"

原来，他从藕塘里摘了一张又大又圆的荷叶，想包在五花肉的外边。这样，五花肉既晒不着，也更新鲜。

回到临皋亭之后，苏轼想亲手做一道菜，让全家尝尝自己的厨艺，便将佐料放进一个砂锅里。添上水之后，去后院取柴时，忽见后院中的一片青竹，在江风的吹拂下不停地摇曳着，其姿其态如一群舞者在月下轻盈起舞。竹子似乎是他生命中的一个伙伴，在眉山老家，他的书房外边就有一片竹林；在凤翔任职时，他特意从终南山移来一丛竹子，栽在院中。他喜爱江南的幽幽竹林，在不产竹子的密州，他还栽了一盆冷竹置于案头。他虽说过：宁可食无肉，不可居无竹。其实，他既爱竹，也爱吃肉！

当他看到风摇竹林时，觉得此景十分难得，连忙回到书房，一面观察风中的竹影，一面画在纸上，竟忘了正想做的五花肉了。

这时，苏友回来了，他看到砂锅里既有水又有佐料，旁边还有包着荷叶的五花肉，便问道："老爷，要煮肉吗？"

苏轼只是"嗯"了一声，仍在低头画竹。

苏友又问："这肉是怎么个煮法？"

苏轼随口应道："将肉放在锅中，点火煮就行了！"

苏友有些纳闷儿，哪有这样煮肉的？不过，他也知道苏轼常有一些古怪想法，这会不会是他的一个新法子呢？于是，他连肉加稻草绳子和荷叶一块放进了锅里，点上火，在灶上煮起来了。

由于专心致志画竹，时间过得飞快，他一共画了三幅《风中看竹图》：有的画的是成片的竹林，满眼郁郁葱葱；有的画了三五株，每株都十分传神；还有的只画了一株，竹枝竹叶、青翠欲滴，他十分满意。

忽然，听见门外喊道："好香的肉味啊！贫僧在船上就闻到了！"话到人到，佛印和尚已经进来了。

经他提醒，苏轼也闻到一股扑鼻的肉香，这是哪里来的？他循着香味到了灶房，见灶上的砂锅不断地冒着热气，灶中还烧着一块老树根。他掀开锅盖一看，一下子傻眼了，原来稻草绳子和荷叶还紧紧地包扎着五花肉！他用剪子剪开荷叶，解开了稻草绳子，将五花肉整整齐齐地切成了八块，盛在一只盘子里，只见肉色嫩黄、通体晶莹，还伴有一种稻田的淡淡清香。

佛印笑着说道："苏学士做的五花肉绝不亚于扬州的佛跳墙！"说着，用手拿起一块，连忙填进了嘴里。

苏轼笑着问他："出家人都吃斋，你怎么开了戒啊？"

佛印一本正经地说道："善哉、善哉！都是因为受了这种五花肉的引诱，贫僧才开戒的！"

正当二人守着一盘五花肉斗嘴时，徐君猷因事领着一些官员路过临皋亭，他闻到肉香诱人，便推门进来了。当他听苏轼说了做五花肉的经过后，又亲口尝了一块，感到此肉绵糯松软，又不腻不粘，十分可口，且带有一种田园的清香，便连声称赞："在下只知道苏学士的诗好词好画好，没想到烹的五花肉竟也如此之好！"

苏轼苦笑着说道："我这是歪打正着，才做出了这种五花肉，若传出去了，非让人家笑破肚子不可！"

徐君猷："下官不管是否歪打正着，明天就让厨子前来学着烹饪这种五花肉！"说完，率领众人走了。

自此以后，"苏轼善做五花肉"便一传十、十传百地传遍了全城，城中大大小小的菜馆酒楼都推出了最新的一款菜肴：东坡肉！

麻烦还在后边呢！这种东坡肉出名之后，外地的大厨和商人们纷纷前去请教苏轼，求他将烹饪五花肉的秘方传授他们。苏轼便用黄州的大白话写了一首《炖肉歌》，送给他们：

> 慢着火，少著水。
>
> 柴头罨烟焰不起。
>
> 待它自熟莫催它，
>
> 火候足时它自美。
>
> 黄州好猪肉，价贱如泥土。
>
> 富者不肯吃，贫者不解煮。
>
> 早晨起来打两碗，
>
> 饱得自家君莫管。

府衙的书办还将这首《炖肉歌》工工整整地抄录了若干份，贴在城门和大街上。不久，"东坡肉"就像苏轼的诗词那样，传遍了天下，凡是尝过"东坡肉"的人，都交口称赞。

"东坡肉"的专利权应属于苏轼，可惜当时没有专利局！

连续下了几场雨，老天一直未能放晴。因不能下田干活，苏轼只好在雪堂里读书。

突然，苏友冒雨跑来了，他哭着说道："老爷，任奶奶她、她已经过世了。"

苏轼一听，扔下书就向临皋亭跑，因为路滑，他在路上摔了一跤，爬起来又接着跑。一进屋，见奶娘任采莲安详地躺在床上，王润之、王朝云正在为她穿寿衣，他"扑通"一声跪在床前，大声说道："奶娘，你怎么——"还没说完，竟然晕倒了！苏友连忙将他扶起来。

他是吃奶娘的奶水长大的。当年，她在眉山照料过母亲程夫人，还跟随自己千里迢迢离开四川到了中原，先照料王弗坐月子，后又照料王润之和王朝云坐月子，自己的三个儿子都是她一手照料着长大的，现在又在帮着王朝云照料着苏遁！她跟着自己东奔西跑，吃苦受累不说，还替自己担惊受怕！她是世上最疼爱自己的人了，今天，怎么就撒手走了呢？他哭得像个孩子，嘴里喃喃说着："奶娘走了，我该怎么办呢？我该怎么办呢？……"

大家在旁边不断地劝他："人死不能复生，请老爷节哀。"

王润之和王朝云连忙将他扶到了前厅。

出殡是按照四川老家的习俗举行的，苏轼将她葬在离东坡不远的山岗上，以便能时时看到她的坟墓。安葬了奶娘之后，天仍然阴沉沉的，好像随时都会下雨。苏轼让家人先回去了，他独自默默地坐在坟前，禁不住的眼泪又顺着脸颊淌下来了！也许眼泪感动了上苍，天上也下起雨来，而且越下越大。任凭大雨如注，他依然坐在坟前，一动不动！

不知道是伤心过度还是淋了大雨，苏轼回去之后便发起烧来，整整烧了三天三夜，竟烧得不省人事了！退烧之后，他觉得双眼看物有些模糊，原来视力也减弱了，只好闭门不出，在家中养病。

徐君猷听说苏轼病了，便去临皋亭探望。苏轼对他说，待他痊愈之后，他想去探访武昌太守朱寿昌和潘大临等友人，徐君猷连忙应允了。

朱寿昌是苏轼当年的一位旧友，因为孝悌之德而受到朝野尊敬。他三岁时，生母因故与他分离。他长大之后，一直思念自己的母亲，并发下宏愿：今生今世一定要找到母亲！他用钢针刺自己身上之血，一笔一画地抄完了整部《金刚经》，并不辞千辛万苦去寻找生母。上苍有眼，他整整寻访了五十年，终于找到了自己的生母，并将她接回家中奉养，母子终于团聚了！享用了三年天伦之乐之后，生母谢世。他的孝行感动了苏轼，苏轼曾写过一首《贺朱寿昌得母》，颂扬他的美德。

病中的苏轼还想起一件事：他到黄州之初，客居武昌的王天麟渡江来看他时，闲谈中曾说过一件让他十分震惊的事：在武昌和黄州一带，民间常常发生"溺婴"事件。

原来，由于生计艰辛，一般人家养活二男一女已十分吃力了，若再有女儿出生，不但无法养活，且全家都会陷入捉襟见肘的困境。唯一的办法，就是将刚刚生下的女婴溺死！溺婴时，父母心中实在不忍，不得不闭上双眼，转过身去，将自己的亲骨肉按入冷水盆中！有的女婴还会在盆中啼哭良久才死！其情其景，令人心碎！

有一天，苏轼路过一个渡口时，见一女子坐在一个小土丘旁边低声而泣，有人告诉他说，因她刚刚掩埋了溺死的女婴，心中十分悲痛。

苏轼听了，为此吃饭不香，睡觉不宁。

凡孝子，必是仁人。于是，他给武昌太守朱寿昌和黄州太守徐君猷分别写了一封书信，请求他们出面制止这种野蛮而又残忍的恶俗。他还引用了大宋刑律："子孙违法致令，而祖父母、父母殴杀者，徒一年半，帮杀者加一等。"

他还在信中提及了在密州的经历：当年密州旱蝗匪灾不断，许多人家背井离乡逃荒去了，弃儿衣食无着。他曾拨米百石作收养弃儿之用，每日发放六斗，一年后弃儿与收养人家便有了父母之爱。他建议朱寿昌以太守之职发号施令，禁止这种有违人伦的恶俗。他又联会黄州的古耕道、郭遘和武昌的王天麟等热心快肠的人士，发起成立了一个"育儿会"，向富户人家募捐钱米，每户每年一千钱，他当时虽然拮据，也毅然出了三千钱。"育儿会"募来的钱、米交给安国寺的继连方丈掌管，用来买米、布、絮等物，以救助生下女婴的贫困人家，并劝他们珍惜自己的骨肉。

因朱寿昌的任期将满，即将调离武昌，苏轼心中又一直惦记着"育儿会"的事，所以才急着过江去看望他。

待他病愈之后，适逢苏辙和女婿王子立前来黄州看他。于是，一行三人，渡江去了武昌。

樊口是武昌的一个重镇，长江之水通过九十里长港与梁子湖相通，湖上船舶众多，是货物的集散之地。镇上店铺林立、客商如云，十分繁华。潘氏三兄弟家有薄产，又开了一家酒坊，因善于交际，很得人缘。

苏氏兄弟的小船刚刚抵达码头，潘氏三兄弟连忙将他们迎进了潘丙的酒坊。

潘氏兄弟祖籍浙江，客居武昌多年。潘氏酒坊酿出的白酒清纯香醇，人称"潘生酒"，在武昌一带颇有名气。因苏轼曾多次到过武昌，而苏辙和王子立却是第一次来，老二潘鲠指着江中的一块巨大岩石说道："看，那里就是钓鱼台，人称江水为大洄、湖水为小洄，大洄和小洄就在钓鱼台下汇合，真正的武昌鱼就产在钓鱼台下！"

这时，潘鲠的儿子潘大临提着鱼网匆匆回来了，网中有鱼儿在抖动。他笑着说道："两位大人真有口福，我刚刚在钓鱼台上捕到了一尾武昌鱼！"

将鱼放进池中之后，他指着钓鱼台说：

"当年，吴王孙权豪饮，常率文武百臣们在钓鱼台上饮酒作乐，有的人喝得人事不省而滚落江中，有的人酩酊大醉之后，他命人用江水泼醒后再喝！老臣张昭十分生气，独自回到车上，以示抗议！

孙权问他：'我今日不过是和群臣饮酒图个快乐，你为什么生这么大的气呢？'

张昭一本正经地说道：'昔时的纣王恋色贪酒，不也是图个快乐吗？'

孙权听了，觉得他说的有理，便命人撤了宴席，自此在西山读书堂里研究兵书、在散花滩上检阅水军。他造的那艘可载千人的指挥舰'长安号'，就是在这里下水的！"

这位以打鱼为生的诗人对武昌鱼颇有研究，他说，产自钓鱼台下的武昌鱼也叫樊口鳊鱼，头圆、背厚、鳞白、腹中没有黑膜；更奇特的是，别处的鳊鱼有十三根肋骨，而这里的鳊鱼却有十四根！这种鱼肉细若凝脂，鲜美可口，是鱼中的上乘佳肴。

坐在酒坊里，喝着潘生酒、品尝着樊口鳊鱼、听着孙权当年的逸闻，别有一番情趣。酒后，一行七人便沿着雷山烽台下的一条山路而行，找到了孙权在西山拜天称帝的郊台，看了他在西山顶上的试剑石之后，便去了灵泉寺。灵泉寺就是当年孙权的避暑宫，他去了南京之后，慧远和尚云游天下时看中了这里，便辟为西山寺，成了佛教净土宗的发祥地。因寺中有三眼古泉，所以又叫灵泉寺。

茶案设在寺外的九曲岭上。僧人奉上茶来，西山寺的方丈宝忠说道："这茶是贫僧在山中采的野茶，请诸位施主品尝。"

苏轼端起杯子喝了一口，顿觉茶汤甘洌、嘴里生津，便问道："请问方丈，这茶是用什么水煮的？"

宝忠指着一眼泉水说道："是用菩萨泉的泉水煮的。"

苏轼听了，来了兴趣，问道："为什么叫菩萨泉呢？"

宝忠向他讲述了一个神秘又离奇的传说。

晋代的陶侃在广州任刺史时，听渔家说：在南海之中，每晚都能看到一团神光照亮海天，数日不灭。他便派人下海打捞，捞出了一尊文殊师利的金像，像上有字，是印度的阿育王所铸。他派人将金像送到武昌西山寺中供养。后来，他调任荆州、派数十人搬运金像时，金像纹丝不动！最后派来一辆牛车，用三十头牛才将金像拉到江边。装到船上后，却将船压沉，金像坠入了江中！他只好弃像而去。慧远和尚在江边诵经数日，奇迹出现了，金像竟冉冉升到了江面！慧远便将金像迎进寺中供奉。

慧远后来挂锡庐山东林寺，又将金佛运到了寺中供奉。唐代会昌年间天下灭佛时，这尊金像忽然不见了。而武昌西山寺的僧人们却发现在一眼古泉中常有灵光现世，彻夜不息。过去一看，原来是一尊文殊师利的金像！僧人们又惊又喜，精心守护着那眼古泉，并将古泉称为灵泉，也叫菩萨泉。

煮茶的水，就是汲自菩萨泉。

苏轼听了，大为感动，他应宝忠方丈所请，答应为他写一篇《菩萨泉铭》。

时近午时，因爬了大半天的山路，众人都饿了。寺中僧人食素不食鱼肉，宝忠打算派人下山去买菜肴，苏轼听了，摇了摇头，问道："寺中灶房有什么可充饥的？"

宝忠有些难为情，说道："因已到月尾，寺中食物已经用光，唯有一袋麦粉和一罐麻油。"

苏轼听了，忽然想起了当年在四川栖云寺时吃的那种酥饼，大师还向他传授过炸制酥饼的方法，便笑着说道："这已足够了，待我炸制一种酥饼，请诸位品尝！"说完，挽起衣袖，进了灶房。他用菩萨泉水和面，又将面搓成竹箸粗细的面索、盘成一坨，再以手压成碗口大的面饼，麻油在锅中烧沸之后，便将面饼放进锅中。待面饼呈黄色之后，便捞出装盘，凉透后便可食用了！

僧人们照着葫芦画瓢，按他传授的方法不一会儿就炸了一大盘酥饼。酥饼送到九曲岭上，众人既没看过更没吃过这种酥饼，待吃了一口才发现，这种其貌不扬的酥饼既酥又脆，满嘴皆香。潘鲠不小心将酥饼掉在了地上，只听"啪"的一声，酥饼竟如一只瓷瓶，在地上摔得粉碎了！

宝忠见大家都十分喜欢这种酥饼，便命僧人多炸了一些，分送给上山进香的施主，施主们尝过之后都称赞不已。消息传开后，不但武昌城里的人，甚至连路过的人，都指名要买"苏东坡炸制的那种酥饼"，带回去让家人品尝或赠送友人。于是，"东坡饼"之名便传播开了。一千多年过去了，寺中的僧人换了一代又一代，但这种"东坡饼"的做法至今未变、味道也未变。

4

听说苏轼到了西山，即将卸任的朱寿昌没有乘轿，匆匆登上了九曲岭；住在车湖的川人王齐万和王齐愈兄弟二人也匆匆赶来了。武昌城里的人们知道消息之后，也纷纷到了西山，都想看看这位虽然运气不佳但名气依然不减的倒霉诗人。

大家在九曲岭上席地而坐、举杯把盏，十分尽兴。苏轼听说王子立明天要去汴京，很想写几封信向朋友们问好，但一时又不知该写什么，再说一旦落到章惇、李定等人手里，对朋友则是一种伤害！这时，一名小沙弥提着茶壶过去倒茶，他灵机一动，端起一杯茶水递给王子立，笑着说道："子立贤侄，我就以菩萨泉水代酒，敬你一杯，权作送别吧！"接着咏道：

> 送行无酒亦无钱，劝尔一杯菩萨泉。
> 何处低头不见我，四方同此水中天。

王子立听了，说道："侄儿定将伯父的这首诗带到汴京，以解人们的思念之情。"

朱寿昌说道："今日西山之聚，东坡先生不可无诗。"他大声对随行人员说道："笔墨伺候！"

苏轼也不推辞，他走到桌前，略微思索了一会儿，便写下了一首《武昌西山诗》。

大家又请苏辙留下墨宝，盛情难却，他也写了一首《陪子瞻游武昌西山》。

王子立写了一首七绝之后，潘大临连着写了两首五律《武昌西山》，王氏兄弟各填了一首词……一时间，九曲岭上松涛阵阵、诗声朗朗，盛况空前。

正当大家沉浸在诗情和友情之中时，忽见一名中年男子牵着一个小女孩登上岭来，男子怯怯问道："请问，哪位是苏大人、也就是东坡学士？"

苏轼连忙说道："在下就是，请问找我有什么事吗？"

男子听了，连忙对小女儿说道："菜花，快给恩人叩头！"

菜花大约只有三四岁的模样，她十分乖巧，连忙跪在苏轼跟前，说道："菜花给大恩人叩头！"说着，连连叩了三次。

苏轼一边扶她起来，一边问中年男子："先生是……"

中年男子："草民叫丁秋生，住在武昌文塘村，当年因家境贫寒，生下小女后怕养不活，打算……幸亏育儿会送去米和棉絮，才留下了这条小生命！育儿会是东坡学士倡导的，没有东坡学士，就没有今天的菜花！听说学士到了西山，草民特意赶来，想接学士到草民家中住上一天，以表全家人的感激之心。"

小菜花也帮着父亲说道："我母亲将苏学士当成菩萨，供在家中。"

苏轼明白了，连忙说道："不敢当、不敢当，要谢，我们都应谢太守大人才对呢！"

小菜花见苏轼不肯答应，竟急得哭起来了。

王氏兄弟连忙解释说，在武昌一带，育儿会一共救下了数百女婴，年龄都和菜花差不多，若去了菜花家，其他人家去不去？今晚还是到王氏兄弟家中住宿，以后有了机会，再挨家去看望她们。

丁秋生十分通情达理，他谢过苏轼和朱寿昌之后，便牵着菜花的小手，一步一回头地离开了九曲岭。

5

因苏轼病了一些日子，又在武昌的友人家中住了几天，不料又引起了一场风波。这场风波不但波及朝中的大臣，还波及了神宗皇帝！

洪仁善心细如针，他发现已有很长时间没见到苏轼了。他会到哪里去呢？过去，一些过往的船只路过临皋亭时，船工们常常指着挂着拐杖散步的那人说："看，那个人就是苏东坡！"现在，路过的船工再也没有看到过他的身影。他对苏轼的去向产生了兴趣，他去过东坡数次，田地里没看到苏轼；他多次去过雪堂，雪堂已不似往日那样客人来往、门庭若市，也听不见里边的读书之声。他还发现，苏轼的几个儿子曾穿着孝服孝鞋，他们是为谁戴孝？有一天，他看到苏迈等人提着篮子从一座小树林中走出来，待他们走远之后，他果然在树林里有所发现：在一座新堆起的土坟上插着一支白幡，坟前有烧过的纸灰，地上还摆了些糕果祭品！他当即断定：苏轼已死！

他显得很激动，因为苏轼之死是他最先发现的！这可是一件大事，应立即上报！转而一想，不可！上次因传闻苏轼潜逃一事，曾被徐君猷斥为"谎报军情"，让他差一点下不了台，这是教训。这次，绝不能再报告徐君猷了，应尽快报给李定！此功不就是自己的了？同时，徐君猷也会因监管不力而受到弹劾！于是，他不动声色地写了一封急函，天刚亮就去了驿站，发往汴京。

李定收到他的急信后，立即前去向章惇报告。章惇读过之后，"嘿嘿"了两声，说道："这个顽固不化的苏长子，虽然逃过了乌台诗案，却本性不改、写诗发泄心中不满，说什么'剑在床头诗在手，不知谁作蛟龙吼！'这分明是冲着本官和新政来的嘛！本官正想再次对他弹劾，不想他却——死了！"

坐在一旁的王珪说道："既然苏轼已死，也就不必追究他了！"

章惇将洪仁善的急信向桌子上一扔，悻悻说道："便宜这个苏长子了！"

消息传到了崇政殿，宋神宗当时正在潜心阅读苏轼的前后两篇《赤壁赋》，一边读还一边称赞："写得好！天下之人难有这等文章！"

当听说了苏轼的死讯时，他大为惊讶，连忙问尚书左丞蒲宗孟："传闻苏轼死于黄州，可是真的？"

蒲宗孟连忙答道："臣亦听说过此事。有人说他在乌台大牢受过重刑，到黄州后旧伤发作而死；也有人说，他在江堤上吟诗时，因不慎失足，坠入江中淹死了；还有人说，他在黄州得了病，因无钱抓药医治，是贫病致死的。但臣以为，一直未见黄州太守送来的奏章，苏轼的死讯难以证实，诸种说法，仅是传闻而已。"

宋神宗听了，心中将信将疑，他叹了口气说道："人才难得啊！"

蒲宗孟心中明白，宋神宗早就想起用苏轼，让他负责编修国史，但现任宰相蔡确和副相章惇从中作梗、拖着不办，令宋神宗既气恼又无可奈何。

听说苏轼已死于黄州，住在汴京近郊的范镇痛哭流涕，他立即命人在家中设置了灵堂，由他亲自主持祭奠，还立即派出子弟，着金银绢帛前往黄州，去接济苏轼的家人。谁知去黄州的人走到半路上，恰好遇到了刚刚离开武昌的王子立，仔细询问才知道是虚惊了一场，一行人又连忙返回了汴京。

其实，自苏轼被贬之后，大宋的政局每况愈下。

朝廷里有分量的重臣们已退出了权力核心：司马光在洛阳的独乐园里潜心撰写他的《资治通鉴》，不再过问政事；张方平以太子太保致仕后，因年迈多病，在家中休养；以司徒致仕的韩国公富弼已病逝洛阳；文博彦虽然拜了太尉，但在河南任职，只能与同辈之人流连诗酒、消磨时光；就连最有魄力的王安石也只能隐居金陵，每天骑着一头毛驴在钟山道上寻觅诗句。

蔡确被授予尚书右仆射兼中书侍郎，章惇为中书侍郎，王珪为尚书左仆射兼门下侍郎，张璪为中书侍郎，朝中的实际政务都掌握在他们手中。

当初，将苏轼贬到黄州并非宋神宗的本意。他也知道，苏轼并无"谤讪"自己的意思，只是苏轼的政敌硬要给他扣上一项"谤讪"的罪名而已。按大宋的传统制度，皇帝必须接纳谏官们的意见，而新政又是朝廷的既定政策，所以，宋神宗虽然器重苏轼，但也不得不暂时牺牲苏轼！

元丰三年（1080年）九月，宋神宗决意起用司马光，也附带起用苏轼。他将蔡确、章惇和王珪等人召集到文德殿，举行御前议事时，拿出了一份任职的名单：在"御史中丞执政"一格中，写着司马光的名字；在"中书舍人"一格中，写着苏轼的名字；还有几个因反对新政而被免职的旧臣，也都有了任命安置。他特意指着御史中丞一格说道："此职，非司马光不可！"

蔡确、章惇和王珪听了之后，看到宋神宗态度非常坚决，便不敢硬顶，只得连声答应："臣等遵命。"

明里遵旨、暗里抗旨，是弄权者的常用伎俩。三人回去之后，商议了一个转移朝廷视线的方案：宋神宗十分痛恨不断侵扰大宋边境的西夏，若提出派兵深入西夏巢穴、收复大宋失地，宋神宗必然同意；而司马光老成持重，决不会赞成发动冒险的边境战争。那么，宋神宗便不会起用司马光等人了。

这是他们精心设计的阴谋，也是一个十分成功的阴谋，更是一个误国误军的阴谋！

蔡确授意庆州太守俞充上书《平西夏策》，一下子打动了宋神宗。他立即下诏：发兵进讨西夏！

谁知开战不久，战场失利，出征时的十多万大军生还者不足万人！

宋神宗为此郁郁成疾。

第二年五月，在讨论编修国史时，宋神宗说："编修国史是件大事，可命苏轼主编！"

他说完了，发现蔡确、章惇和王珪等人皆有难色，知道他们不同意，又说："若苏轼不合适，可用曾巩。"

谁知曾巩刚刚编成《太祖总论》，不久便去世了。

宋神宗心里总是忘不了苏轼，他降旨起用苏轼为江宁太守！

三人不敢再硬扛了，便让中书侍郎张璪起草诏书。诏书送到王珪手上后，他以为"不可"，至于为何"不可"，他没说明。次日，他将苏轼改为了承议郎、知江州太平观——仍是一个挂名的虚职！

他们想反对一件事，先是推，推不掉就拖，一拖再拖，也就达到他们的目的了。

宋神宗实在是忍无可忍了，他不再与执政的宰辅们商量，而是祭出了自己的法宝——"皇帝手扎"！他以"皇帝手扎"下诏："量移苏轼汝州。"

使用"皇帝手扎"是皇帝不得已而为之的办法。这种手扎，也称"手诏"，可用于非常恩典或特赦；也称"御扎"，是表明皇帝一定要办的事。一经颁下，臣子只能执行，不能拖延或再议。若不是起用苏轼多次遭到阻挠，宋神宗是决不会打破常规使用"皇帝手扎"的。

远在武昌游览西山、以诗会友的苏轼，对汴京所发生的一切都一无所知。

当他从武昌乘船刚刚到了黄州时，徐君猷已等候在码头上了，他大声说道："恭喜苏大人！"

苏轼笑着说道："身为罪臣，会有何喜？"

徐君猷："朝廷的诏书已送达黄州，诏书上说，'特授苏轼检校尚书水部员外郎，汝州团练副使，本州安置！'这还不是喜事？"

苏轼听了，不但不喜，反而心中添堵：他对黄州已有了极深的感情，本想隐居东坡、躬耕终生、以求超脱，谁知难遂心愿！

量移，也就是靠京城近一些，算不上是一种起复。宋神宗考虑到当前执政大臣们都容不得苏轼，若立即将他起用复官，恐会滋出一些事端，不如暂时将他留在河南，看情形再做决定。

当天夜里，苏轼在雪堂里写了在黄州的最后一篇文章《谢量移汝州表》之后，天色已经亮了。他到东坡看了看长势喜人的稻谷，又忙着去与友人们逐一道别……

一只官船停在码头上，江面上弥漫着薄薄的江雾。徐君猷等官员和郭遘、古耕道以及武昌的潘氏三兄弟等人都赶来了，码头上已聚集了数千人。可是官船却不能离岸，因为苏轼尚未上船！

王润之同家人一面与送行的人打着招呼，一面不断地朝岸上眺望着，但一直望不见苏轼的身影。她悄声问身边的王朝云："朝云，老爷会在哪里？"

王朝云摇了摇头。

佛印笑着说道："贫僧知道！"

王朝云："老爷去了哪里？"

佛印神神秘秘地说道："他去了一个他想去的地方。"

王朝云："大师说的，等于没说。"

佛印："他去看望一位想去看望的朋友。"

王朝云："还是等于没说。"

佛印："他去寻找一首诗去了。"

王朝云："更是等于没说。"

佛印："他去寻找一个梦去了。"

王朝云："说了也是白说！"

众人听了，都忍不住笑了起来。

江雾渐渐散了，前来送别的人也越来越多了，可是苏轼仍未露面！人们都在猜测，苏轼会在哪里呢？

其实，此时此刻的苏轼正在一户人家的门口徘徊着。

这户人家的主人姓温，叫温君，住在定惠院的旁边，是黄州府的都监，负责管理本州部队的屯驻、器械、训练等差使，属下级武官。他有个独生女儿，芳名超超。

超超自小聪慧可人，稍大些特别喜爱苏轼的诗词，温君一家视她为掌上明珠，十分疼爱。超超刚刚过了"及笄"之年，已出落得贤淑温柔、亭亭玉立。她听说苏轼已被贬谪黄州，心中忽然有了一种莫名的激动与憧憬。当地的女孩子过了十六岁就该谈婚论嫁了，有不少人前去为她提亲，但她总是不肯答应。温君也不为难她，出嫁之事只好慢慢拖着。

有一天，超超和女伴们去江边踏青时，有人指着远处的一个人影问道："那个人是谁？"

超超从来都未见过苏轼，更未与苏轼说过话，但她断定那个人影就是苏轼！她还悄悄对闺中密友说："这才是我的夫婿呢！"

密友们听了，以为她是在开玩笑。因为情窦初开的少女们，心里都藏着一些不着边际的梦想，也就没有在意。

这时的苏轼已经四十六岁了，经过了"乌台诗案"的折磨，已显老态，再加上生活贫病交加，就更变得憔悴不堪了。他做梦都不敢相信，竟还有一个叫超超的少女钟情于自己！

自此之后，苏轼晚上在定惠院读书时，常常发现窗外站着一个身影，待他推窗看时，发现那是一位少女的倩影！后来才知道，那个少女叫温超超。

苏轼已察觉到了超超的心事，他想，自己绝不能耽误了她的青春。于是，便去拜访温君，并向他提及，自己很想为超超物色一位人品、才学俱佳的后起之秀，让他们结成连理，美美满满地过日子。

其实，温君也早已察觉到了超超的变化，还知道了女儿"非苏不嫁"的心愿。他正为难以说服超超而发愁呢，听了苏轼的建议之后心中十分感激，天天盼着苏轼的好消息。

谁知就在苏轼到处为超超物色理想的人选时，却突然接到了调离黄州的诏书！

当天夜里，苏轼辗转难眠，他索性爬起来，在院子里徘徊着。这时，一钩残月照在梧桐树上，也许树上的鸟儿被他的脚步声惊扰了，只见树枝抖动了一下，那鸟儿便飞离梧桐树、在朦胧的月光中向江滩飞去了。他见了，心中生出了一种莫名的惆怅。

回到房中，他借着桌上的月光写了一首《卜算子》：

> 缺月挂疏桐，漏断人初静。谁见幽人独往来，缥缈孤鸿影。
>
> 惊起却回头，有恨无人省。拣尽寒枝不肯栖，寂寞沙洲冷。

写完了，吟哦了一遍，才上床睡下了。

苏轼安排了启程的各项事宜之后，便匆匆去了温宅，想向温君告别。但当到了温宅门口时却犹豫起来了。见了温君怎么说才好？若遇上了超超又该怎么办？他心里有种自责：若没有你苏轼，就不会惹得一个少女如此痴心！他还有一种愧疚之感：自己曾向温君许诺过，要为超超物色一位后起之秀，但因为自己的突然离去而使这一愿望落了空！

他在温宅门前徘徊良久，到底进去不进去？拿不定主意。

其实，他也舍不得离开生活了四年多的黄州，但君命难违，他不得不离开。将来若有了机会，他一定会恳求朝廷准许他终老黄州！至于超超的终身大事，他将拜托黄庭坚、秦少游等人帮着为她物色佳偶！想到这里，心中渐渐坦然了，便离开了温宅，匆匆赶往了码头。

开船的时辰早已过了，但仍不见苏轼的影子，人们由焦急变得不安起来，他会在哪里呢？

佛印眼尖，他指着远处说道："看，他来了！"

人们转头望去，果然是苏轼的身影！他拄着手杖，戴着高冠，匆匆忙忙地来到了码头，大声说着："在下来迟了，让众位久候了！"说完，向众人深深一拜便登上了官船。

在人们"一路顺风"和"后会有期"的祝福声中，官船缓缓离开了码头。

苏轼站在甲板上，一边频频向岸上挥着手，一边在心里念叨着："但愿能后会有期！"

那位多情而又固执的温超超，不知还能不能等到"后会有期"的那一天？

官船扬起了帆叶，破浪而去。

第二十章　一进京城，就看到了华灯下的刀光剑影

卜算子·黄州定惠院寓居作

缺月挂疏桐，漏断人初静。时见幽人独往来，缥缈孤鸿影。

惊起却回头，有恨无人省。拣尽寒枝不肯栖，寂寞沙州冷。

1

官船顺风顺水，一路向东而去。

这艘官船颇为宽敞，分为上下两层，眷属和行李都在下层舱中，上层除舵房之外还有一大间厅房，苏轼和随船送行的马梦得、佛印、参廖、杨世昌、陈慥等人坐在厅房里，他们一面品茶，一面欣赏着两岸的风光。大家无拘无束、谈笑风生，并不觉得旅途劳累。

当官船抵达三江口时，苏轼忽然想起了什么，他对船工说，船到"天下第三泉"时，将船稍微停一停，他要汲一罐中江的江水。

中国的第一泉是济南的趵突泉，第二泉是无锡的惠山泉，第三泉就是三江口的中江了。唐代茶圣陆羽曾汲三泉之水煮茶，他称这里是"天下第三泉"。

三江口是上、中、下三条江水的汇合之处，中江之水是岸上的一眼泉水涌入了江中。泉眼粗若大缸，不但水质清澈、爽口，而且含有地下矿物，可治疗顽疾。苏轼初到黄州时，王安石从金陵寄来一信，除了对他的遭遇表示了同情之外，还特意嘱咐他，若有机会，请他到金陵一叙，并让他路过三江口时，一定帮自己汲一罐中江之水！事已过了数年，苏轼已渐渐忘了这件事了，如今忽然记起，便命苏友早早备下了陶罐和水桶，准备汲水。

他站在船头上，见三江口的江水如沸、浪涛回旋、水花飞溅，十分壮观。当到了中江时，船受急流冲击，竟冲过了中江。待苏友连忙提桶汲水时，船已到了

下江！苏友连忙汲了两桶，装进了陶罐。

苏轼指着陶罐说道："这已不是中江的水了！"

苏友笑着说道："中江的水流到了下江，神仙也分不出是中江之水还是下江之水了！"

苏轼听了，觉得他说的颇有道理，便让他封好罐口，搬进了舱中。

到了九江，安顿好了眷属之后，苏轼等一行人结伴前往庐山西林寺。苏轼看到远山云遮雾罩、若隐若现，近看松竹叠翠、山清水秀，便在寺壁上题写了一首绝句：

> 横看成岭侧成峰，远近高低各不同。
>
> 不识庐山真面目，只缘身在此山中。

佛印见了，说道："此诗说的是当局者迷、旁观者清啊！"

众人听了，也都有同感。

到了湖口，一行人又乘着夜色游览了石钟山，苏轼还写了一篇《石钟山记》。

送君千里，终有一别。苏轼依依不舍地告别了这些天南地北的朋友，继续向东航行。

当官船路过马鞍山时，王朝云悄悄对苏轼说道："老爷，我们的遁儿发起烧来了！"

苏轼将手放在苏遁的额头上一试，果然烫手。他虽然心中十分焦急，但还是轻声安慰她说："一到金陵，我就上岸请郎中诊治。"

王朝云边听边点头。她将苏遁搂在怀里，轻轻拍打着，苏遁似睡未睡，小脸烧得绯红，嘴唇已经干裂了，着实让人心疼。王朝云伸头向外看了看，见前头江面茫茫、水天相接，问道："什么时候才能抵达金陵？"

苏轼："快了、快了，用不了半天航程就能抵达金陵了。"

然而，小苏遁终于未能熬过那段备受煎熬的航程。当金陵城遥遥在望的时候，在王朝云怀里昏睡的苏遁，再也没有醒过来……

在上岸安葬苏遁时，苏轼不让王朝云下船。王朝云哭着说道："不，我要亲自将遁儿送上山去！"说完，她将苏遁包好，又为他擦了擦脸，便跟着苏轼上了岸，来到了一个荒山坡上。她默默地看着苏友挖了一个小小的土穴，默默地望着苏轼将苏遁放进穴中，又默默地看着土穴变成了小小的土丘。这时，她猛地扑到了土丘上，撕心裂肺地大哭起来！她说她的苏遁的房子太小了，便用双手捧着黄土，轻轻撒在了土丘上……

回到船舱以后，王朝云看到了苏遁的小枕头，便一把抱在怀里，又哭了起来。

苏轼虽屡遭挫折，但中年得子，十分欣慰。王朝云更把苏遁看得胜过自己的生命，日夜爱不释手，盼着他快快长高长大，因为苏遁就是她的一切。苏遁一旦没了，她觉得天一下子塌下来了，眼前一片漆黑。她坐在船舱里，不吃也不喝，更不说一句话。苏轼不知该用什么言语安慰她才好，只好日夜陪伴着她。

2

金陵的下关码头十分热闹，店铺一家挨着一家，车马往来不断，行人熙熙攘攘。不远处有拉着板琴卖唱的，有耍大刀弄长枪练武的，还有的小贩提着篮子、在岸上叫卖甜糕和油炸果子。因苏遁刚殁，全家人都沉浸在悲哀之中，除买了些粮、菜之外，一家人都没离船。

坐在船舷上洗菜的苏友，忽然听见有人在岸上问道："请问，这是苏大人的船吗？"

开始时，苏友并未在意，当岸上的人连问了三次之后，才意识到他是在问自己，便说道："你问的是哪一位苏大人啊？"

"是从黄州来的苏轼大人！"

苏友连忙回到舱里，对苏轼说道："老爷，岸上有人求见。"

苏轼觉得奇怪，自己在金陵并无亲友，前来求见的会是谁呢？他来到甲板上，见一个十五六岁的少年在向他招手，笑着说道："我认出来了，先生一定是东坡居士。"

苏轼听了，有些好笑，这少年口齿十分伶俐，一会儿称自己是苏大人，一会儿叫自己东坡居士！他是谁家的孩子呢？还没等他开口，那少年已跳到了船上，向他深深施了一礼，说道："是我家主人让我来接你的，你的身材、长相也是我家主人告诉我的，连称呼也是我家主人教的。"

苏轼问道："你是谁？你家主人又是谁？"

少年说道："我叫王波，是我家主人的书童，我家主人姓王，字介甫。"

苏轼一听，原来是王安石的书童啊，连忙问道："王相公在何处？"

王波指着江岸的山坡说道："我家主人因腿上有顽疾，平时总是以驴代步，因毛驴进城不方便，他只好在谢公墩等着，命我前来迎接先生。"他见苏轼有些犹豫，又补充了一句："我家主人已在谢公墩等候先生三天了！"

苏轼连忙说道："快，带我去见他！"

下了船后，苏轼跟在王波后边，朝一座山坡跑去。跑到坡下时，远远看见一位身着灰布长衫、头戴一顶竹斗笠、穿着一双布鞋的清瘦老人骑在一头小毛驴上，正一颠一颠地从山坡上走下来，当离苏轼还有十多步的时候，小毛驴停住了，老人问道："来人可是子瞻吗？"

苏轼也认出了王安石，说道："罪臣前来拜见宰相大人。"

王安石听了，连连摇手，说道："子瞻并非罪臣，听说已改名叫苏东坡了，此名改得好，定能传遍天下。老朽亦不是宰辅了，只是一个村野老叟罢了，你还是叫我介甫吧！"说着，跳下驴来，将缰绳交给了王波。

苏轼看着这位当年呼风唤雨的变法主帅、连皇上也要让他三分的拗相公，如今竟然是这般模样了，心中不由一阵悲凉。

也许看出了苏轼的心事，王安石指着旁边的一堆废砖烂瓦说道："这里就是东晋大将军谢安的故宅遗址，当地人称为'谢公墩'。当年，一边下棋一边指挥军队作战的一代英豪，而今也不过如此！"

苏轼向地上的遗址看了看，点了点头。

王安石："子瞻，走，到我的半山园去！"说着，拉着苏轼的手就向山下走去。

王安石第二次辞去宰相之职，出任江宁太守；第二年又毅然辞了江宁太守之职，被封为舒国公、荆国公，实际上已经退出了政坛、隐居江陵而已。

宋神宗曾赐给他一座颇具规模的府邸，府邸坐落在金陵城的白下门外。他觉得自己年事已高，唯一的儿子王雱已经病逝，家人太少，住在那座府邸中不但冷寂，而且也觉浪费，于是将府邸做了佛寺，叫作报宁禅寺，施舍给了僧人，自己和夫人便隐居在钟山旁边的半山园里。

他的半山园建在白塘旁边，地处金陵城和钟山之间，园中只有茅舍数间，旁边栽有几株山松和梅树，周围没有围墙，还不及苏轼在东坡建的"雪堂"，显得有些寒酸荒凉。二人刚刚走到门前，王安石就大声喊起来："夫人，你猜猜看，是谁来了？"

随着开门之声，王夫人连忙出来迎接。她笑着说道："听说子瞻要来金陵，介甫已备下了今春的阳羡茶，只等子瞻的中江之水了！"她朝门外看了看，问道："夫人和公子们呢？"

苏轼连忙将苏遁刚刚病殁之事告诉了她，她听了，脸上的笑容一下子凝固了，两眼也渐渐潮湿了。因为她想起王雱：正当年富力强的王雱步入政坛、要成就一番事业时，一场大病夺去了他的生命！失子之疼令她刻骨铭心，每每想起，总是以泪洗面。当她听说苏遁死于来金陵的途中时，只是喃喃地说道："朝云和我一样命苦啊！"

苏轼劝慰她说："她和润之本想前来拜见相公和夫人的，因小儿新丧，不便下船，请夫人鉴谅。"

王夫人以手帕揩着眼泪，点了点头。

这时，苏友等人抬来了陶罐。苏轼指着陶罐说道："这是三江口的中江之水，请相公作煮茶之用。"

听说苏轼送来了中江之水，王安石高兴得像个孩子，大声说道："好、好，中江之水煮的三月阳羡茶能喝醉人呢！子瞻还记得老朽的爱好，难得、难得！"他指着并不宽敞的茅舍说道："你我多年未见，今日先饮酒，后品茶，再论诗，不谈他事，以免败了兴头！"

进了茅舍之后，苏轼有些吃惊，只见书架上除了一些书籍和文稿之外，并无什么摆设，舍中的家具也已陈旧，可谓家徒四壁！当年执掌大宋政治、经济大权的宰相，竟然落到了这种地步！他心中感到隐隐作痛。两个性格不同的人，曾经在宦海的旋涡中有过诸多是非和摩擦，今日重会金陵，已都是局外的闲人了。王安石悠游林下，苏轼乞求退隐田园；王安石以一代才子看待苏轼，苏轼则以长辈敬仰王安石，如今二人相聚钟山茅舍，也许是一种天意？

3

桌上的饭菜依然是王安石多年待客的老习惯：一壶莲花白，四盘菜，菜是盐水鸭、炖豆腐、烧鲈鱼、炒藕片，吃菜也是老习惯，他只吃他面前的那盘炒藕片，对别的菜肴视而不见！

一壶酒还没喝完，二人都有些醉意了。苏轼看到王安石的面颊渐渐红润起来，浑浊的眼神也显得明亮了，笑着说道："岁月不饶人啊，介甫先生已经醉了！"

王安石摇着头说道:"当年的冤家对头今日聚首半山园,为的就是一醉!醉了也不要紧,喝了中江水煮的新茶,就百烦皆无了,哈哈哈……"

坐在旁边执壶斟酒的王夫人说,自住进了半山园,王安石从来就没有这么高兴过!他每天骑着一头小毛驴,让书童王波带上煎饼,在钟山道上走走停停,不是数落花、寻芳草,就是思往事、吟诗句。饿了,吃煎饼,剩下的煎饼给王波吃,王波吃剩的,再给毛驴吃,不到日落月升就不知道回家。似乎世人已将他忘了,他也忘了世人!

苏轼听了,半天无语。自己虽然谪居黄州,不但能与家人厮守一起,还有众多友人朝夕相伴,定惠院、临皋亭、雪堂,里边总是洋溢着友人的笑语,东坡上的水稻、小麦,能时时让他感到田园的乐趣,这样想来,自己比王安石幸运得多了。当年,他虽然批评过他推行的新法有些过激政策,甚至还当面讽刺过他、故意惹他发火,自己身陷乌台诗案时,他对自己不但不落井下石,还不计前嫌,向神宗皇帝上书为自己求情,不愧是坦坦荡荡的真君子、光明磊落的伟丈夫!想到这里时,苏轼心有愧疚,想向他表达歉意,说道:"介甫先生,有些往事,我想当面向你……"

王安石连忙截住了他的话头,说道:"子瞻啊,往事宜忘,无须再提及,你不是写过'休对故人思故国,宜将新火试新茶'的诗句吗?老朽今天要让你尝尝用中江之水冲泡的阳羡春茶的味道!"

王波支起了红泥火炉,王安石用一竹筒将陶罐中的中江水注入瓦壶中。待江水煮沸之后,他轻轻倒进杯中,然后盖上了碗盖,笑眯眯地说道:"子瞻啊,不必心急,一会儿就可品尝了!"说完,闭上了眼睛,一副十分得意的模样。

苏轼心想,自己平时也喜爱用上好的泉水或溪水冲泡新茶,但不曾用过中江之水。罐中已不是纯粹的中江之水了,他果真能品得出来吗?

不一会儿,王安石轻轻揭开杯盖,朝杯中看了看,又闻了闻从杯中冒出来的热气,忽然皱起了眉头,说道:"子瞻啊,这不是汲自中江的江水!"

苏轼连忙说道:"这是在三江口汲的江水啊,是我亲眼看见的!"

王安石说道:"中江之水冲泡的阳羡春茶,茶叶舒展、半悬杯中,茶汤呈淡绿色。这杯里的茶叶半徐半展,茶色浅白,故不是中江之水!"

苏轼听了,大为惊奇,原来同江之水竟有如此大的差异!于是,他将在三江口汲水的经过说了一遍,王安石听了,微微一笑,说道:"汲的虽然不是中江之水,但也十分难得了,这杯头道汤的茶水,请子瞻品尝。"说完,将茶杯递给了苏轼。"

苏轼一面品着茶，一面在想，这位曾经大声疾呼变法的英雄，怎么竟消沉成只顾品茶不问天下的一位老叟了呢？他说："介甫先生，在下想向你请教一事。"

王安石边品茶边说道："请说。"

苏轼："朝廷在西北穷兵黩武，在中原大兴牢狱，终成败国之局，这可是前车之鉴啊！大宋自开国以来，太祖以仁厚治理国家，尽得天下人心。可如今，西北连年兵祸，各地又屡屡捕杀生灵，朝中的中坚大臣大都离开了汴京，这并非是个好兆头啊！介甫先生是神宗皇帝最为器重的顶梁之柱，为什么不出面进行劝谏呢？"

王安石听了，收敛了笑容，他说："子瞻啊，你所说之事，都是吕惠卿所为，也是我看人不准、用人不当留下的后遗之症！"说到这里时，忽然激动起来，他狠狠地以手掌捶着桌子，不断地说着："福建子，这个福建子！"过了一会儿，又长长地叹了口气："不在其位、不谋其政啊，子瞻，请品茶。"

苏轼十分体谅王安石的悔恨，他说的"福建子"就是吕惠卿，吕惠卿是福建人，当年王安石推行新法时，朝廷成立了三司条例司，他曾推荐章惇为条例司主管，吕惠卿在条例司负责起草文字。王安石凡有重要章奏都交吕惠卿起草，吕惠卿也鞍前马后地追随着他，从此，事无巨细，王安石皆信任他、依靠他。对王安石的知遇之恩，吕惠卿非但不报，反而认为王安石为相挡了他的仕途。他先利用郑侠的流民图陷害过王安石的弟弟王安国，王安国被罢大理寺丞，只好回归故里。他又使出了一种令人不齿的阴招：出卖了自己的恩师！

王安石因十分相信吕惠卿，曾给他写过一信，信上有一句"无使上知之"，也就是不让他告诉神宗皇帝。他不但将这封信密报了宋神宗，还向同僚们公开了信的内容。此招果然灵验，一下子激怒了神宗皇帝，终于免了王安石的宰相之职！

将心比心，苏轼十分体谅自己的这位当年的政敌。当年的好朋友章惇还不是十分敬重自己？但后来却与李定等人向自己背后捅了一刀！

为了不使王安石因往事而伤神，苏轼转移了话题，他说道："在下曾拜读过介甫先生的《金陵怀古》，上阕大笔挥洒，气象万千，下阕怀古伤今，一唱三叹，实在是一首金陵绝唱！"说完，他情不自禁地咏唱起来：

登临送目，正故国晚秋，天气初肃。千里澄江似练，翠峰如簇。征帆去棹残阳里，背西风，酒旗斜矗。彩舟云淡，星河鹭起，画图难足。

念往昔，繁华竞逐。叹门外楼头，悲恨相继。千古凭高，对此漫嗟荣辱。六朝旧事如流水，但寒烟、衰草凝绿。至今商女，时时犹唱，《后庭》遗曲。

王安石笑着说道："拙作，见笑了！子瞻谪居黄州四年，倒是作了不少名篇佳作，令老朽羡慕，你的前后《赤壁赋》，真乃天下美文！你的诗词，老朽大都有了收藏。"说着，从书架上取来一本毛边纸的书册，打开一看，竟全是抄录的苏轼诗词和文章！

一直没有说话的王夫人笑着说道："子瞻未来金陵时，介甫总念叨着子瞻，若子瞻走了之后，他会很挂念的，不如在金陵置一处宅子，再买几亩地，与介甫为邻为伴，该有多好！"

苏轼听了，也有定居金陵的念头。

王安石接着说道："孔子说，'君子合而不同，小人同而不合，子瞻若能定居金陵，也养一头毛驴，我们骑驴去游秦淮河、进乌衣巷，寻找王谢故宅的燕子，在毛驴背上谈论古今，一定十分有趣。"

在这之前，有人建议苏轼去仪真定居，有人劝他到金山寺附近买田产，宜兴的一位友人已为他物色好了一处田产，盼着他去看了以后早定下来。如今看来，若能终老金陵，也是不错的选择。他在半山园住了几天之后，临别时，王安石拉着他的手，动情地说道："今天与子瞻一别，不知何时才能相见，请子瞻为老朽留下一诗，老朽可朝夕吟哦，如见故人。"

苏轼听了，连声应允。他铺纸挥笔，写下了一首七绝：

> 骑驴渺渺入荒陂，想见先生未病时。
>
> 劝我试求三亩宅，从公已觉十年迟。

苏轼离开半山园时，王安石牵着毛驴一直将他送到了江边。王安石望着一片远去的孤帆，喃喃说道："不知再过几百年才会出现这样一位人物啊！"

他盼着苏轼能再来金陵，与自己为邻为伴，谁知两年之后，这位名列史册的老人，竟饮恨西归了！

4

宋神宗元丰八年（1085 年）腊月，大雪初晴，两辆马车一前一后地沿着驿道从登州向汴京疾驰而去。

苏轼坐在前面的一辆马车上。虽然长途跋涉，但苏轼并无倦意，路旁的雪景已引不起他的兴趣，此时此刻他想的是：仅仅九个月的时间，他的仕途几经变迁，已令他穷于应付，而如今又突然接到诏令，命他以礼部郎中前往汴京赴任。

原来，他与王安石分手后，便应蒋士奇之约去了常州的宜兴。蒋士奇与苏轼是同榜进士，二人在赴琼林苑参加新科进士宴时相识。蒋士奇曾向他说过宜兴的阳羡不但风光绮丽，而且是鱼米之乡。二人曾在席上约定，将来退休之后便去阳羡居住。谁知他在途中竟遇到了蒋士奇，又谈及了二十年前的那个旧约，于是决定去阳羡置宅买田。他还向朝廷写了一份《乞求常州居住表》，不久却接到了宋神宗的诏书：恩准苏轼居住常州！

苏轼十分高兴，因为自此之后就不再像无根的浮萍漂泊不定了，自己终于可在江南定居下来了！

令他没有想到的是，这竟是病中的宋神宗向他颁发的最后一道诏书！

这位敢作敢为、立志革新的年轻皇帝已于三月五日驾崩于汴京，享年只有38岁！

宋神宗的驾崩令大宋的执政中枢发生了巨大变化，也波及了苏轼。

国不可一日无君。10岁的皇太子赵熙即位，是为哲宗，因哲宗还是个娃娃，不能亲政，由皇祖母太皇太后高氏垂帘摄政，被尊为宣仁太后。宣仁太后立即着手起用因反对新法而贬谪在外的旧臣，她首先将吕公著诏为尚书左丞，又诏司马光为门下侍郎，他们二人又都推荐苏轼入朝。因宣仁太后心中惦记着宋神宗要起用苏轼的遗愿，五月即下诏书：苏轼授朝奉郎，进京任职！

按照大宋对官员的任用制度，因责降职的官员必须一步一步起用，而后才能授于实职。到了六月，又向苏轼下诏：以朝奉郎起知登州！于是苏轼马不停蹄地赶到了登州。

到了登州，一家人还没有完全安顿下来，第五天一大早，朝廷的诏书又飞马送来：苏轼为礼部郎中！

变化实在是太快了，快得令他来不及做出反应就又要启程另赴新任。这种仕途迁升是人生的春风得意，还是潜藏着难以捉摸的危险？他曾反复想过，但一直未想明白。不过，令他欣喜的是，他到登州的第三天去祭海神庙时，竟然看到了可遇而不可求的海上奇观：海市蜃楼。在浩瀚无际的海面上，忽然出现了一片富丽堂皇的宫殿，宫殿一座连着一座、城阙高耸、玉辇缓缓而行、人物衣袂飘飘宛若仙人，令他目不暇接。当他再想仔细看时，一阵海风拂过，海上楼宇人物悄然而去，眼前仍是一片长空碧海！这种神奇的景象，当地人称之为海市蜃楼，多发于春夏二季，在冬季绝少出现！自己能亲眼看到这种海上奇观，是一种眼福！于是回去后还写了一首长诗《登州海市》。

纵然"海市蜃楼"令人陶醉，但诏书催人，他不得不把刚刚解开的行李又重新打好，离开登州，风尘仆仆地赶往汴京。

马车路过齐国古城临淄时，正逢大雪纷飞，马车在盈尺的积雪中缓缓而行。在一座半坍的破庙旁边，苏轼看到一个黑乎乎的人影半埋在雪中。停车一看，原来是个十五六岁的少年躺在那里，他头上、身上全是积雪，脸上已经冻伤。苏友和苏迨连忙跳下车去扶他，发现他已被冻僵了！苏轼将他放在车上，给他披上了一件厚厚的棉被。当路过一家烧饼铺时，让他在炉边烤了一会儿，又为他喂了一大碗热粥，少年才缓过气来。他说他叫高球，是青州人。因青州遭受水灾，他随父亲外出逃荒时，父亲病死，他一人流浪到了临淄，因又冷又饿，才昏倒在破庙旁边。

苏轼将苏友、苏迨的几件衣服送给了他，还给他买了些烧饼，又重新上路了。

谁知又走了一段路后，高球冒着大雪从后边拼命追上来了。他哭着对苏轼说道："请老爷收下我吧，我当牛当马也报答不了老爷的大恩大德！"

苏轼十分可怜这个少年，但还有些犹豫。这时，坐在后边车上的王朝云大声说道："我和夫人商量过了，反正家里也缺人手，老爷就收下他吧！"

苏友、苏过等人也都同意收下高球。

苏轼笑着对高球说道："上车吧！"

高球连忙在雪地里叩了个头，苏友一把将他拉到了车上。

苏轼看到他虽然因饥饿所致显黄菜色，但眉清目秀，便让他坐在自己身边，问他："你读过书吗？"

高球："回主人，高球读过三年塾馆。"

苏轼："高球这个名字，是谁给你起的？"

高球："是我舅舅。"

苏轼："球，是供人踢的，不好听，改成'俅'字吧！'俅'是恭敬的意思，怎么样？"

高球连忙说道："多谢老爷为我改名。"

就这样，雪地里待毙的少年高球成了苏家小童高俅，随苏轼一起回到了汴京。

到了汴京之后，苏轼见他机灵好学，便让他替自己裁纸、砚墨、洗笔，成了自己的一个书童。

因为他天资聪明，又十分勤奋，苏轼十分喜欢他，还教他书法、丹青，他长进颇快。苏轼还常常带他去宫中观看踢球比赛。

踢球，兴于战国时期，汉、唐开始流行。

到了宋代，踢球之风大盛，宫廷中有专职官员。比赛时双方各有八人，球网设在半空中，称为"风流眼"，以踢进网中球数决定胜败。

就是这个半路上捡来的高俅，因为运气好、还能踢一脚好球，后来被超级球迷端王赵佶看中，留在了身边，一个月后赵佶成了宋徽宗，高俅也跟着发迹了！

至于他如何成了不可一世的高太尉，他的儿子高衙内又如何抢了林冲的夫人，逼得林冲火烧山神庙、夜奔梁山等，与苏轼毫无关系，也与史学家无关。有人说，大约高俅当年得罪了施氏的先人，于是，施耐庵便在《水浒传》里对他实施报复，将他写成了一个十恶不赦的大坏蛋！——这是书外的话。

5

经过十多天的奔波，苏轼一行人进了汴京北门时已是戌时了。只见城里已是万家灯火，将长街映成了璀璨的河流；长街两旁的店铺人头攒动，生意兴旺；汴河两旁酒楼林立，楼上不断传出粗野的猜拳行令声和歌女们的委婉歌声。

当马车走到一家名叫"东来顺"的客栈时，店小二连忙拦住了马头，热情地对苏友说道："大爷，本店房好价廉、饭菜实惠，还免费喂马看车，请大爷们光临！"

苏友望了望这家客栈，悄声问道："老爷，我们今晚歇哪里？"

苏轼一下子被问住了，是啊，今晚歇哪里呢？京城的老宅去黄州时已卖给了别人，卖的钱已补贴了家用；苏辙因贬出了京城、去了筠州，好友王巩去了宾州，王诜被贬往颖州，黄庭坚、张耒、秦观、晁补之、曾巩等人都已离开了汴京。今日重返故地，却分明感到十分陌生，偌大的一座汴京城竟然一时找不到可落脚的地方！他说道："先找家干净的旅店住下，明天再去租宅子。"

苏友有些为难，说道："请老爷和夫人去客栈歇息，我等就留在车上过夜，以便看守行李。"

苏轼知道他想节省住店的费用。一家二十余口，需多少客房？这可是一笔不小的开支呢！

就在这时，一位中年男子走到马车旁边，问道："请问，这两辆马车是从哪里来的？"

苏友答道："是从登州来的。"

中年男子又问："你家主人可是登州太守苏轼大人？"

苏友："是啊，请问你是谁？"

中年男子连忙施礼，说道："在下司马弘，是司马相公的管家，奉司马大人之命前来迎接苏大人，请问苏大人在车上吗？"

苏轼听了，连忙跳下车来，说道："在下就是苏轼。"

司马弘朝他端详了一会儿，笑着说道："因司马相公腿疾复发，行动不便，特遣小人在城门迎候大人，请苏大人随在下去白家巷吧！"

到白家巷做什么？苏轼刚要问他，这位颇为老成的管家解释说，司马光已接到了登州府快报，知道苏轼已从登州启程，他也知道苏轼在汴京已无房产，便将自己在白家巷的一处宅院腾了出来，并命人打扫干净，以供苏轼一家居住。

苏轼十分感激这位性格倔强而又刚直的朝中重臣。

司马光因反对王安石的变法而被挤出了京城，隐居洛阳，潜心撰写《资治通鉴》，不问政事。王安石罢相后，司马光起用为门下侍郎，虽然主持政务、日夜操劳，但还想到安排苏轼的住处！这是长辈对晚辈的一种关切。

就在他和司马弘说话之际，苏轼忽然听见前面传来一阵锣声，接着看到一行差役举着"回避、肃静"的告牌，浩浩荡荡地朝他走来。当走到苏轼跟前时，一乘四人紫轿停下来，一位身穿绯色官服的官员下了轿子，因苏轼眼疾未愈、视力不济，加之夜色很浓，一时看不清他的模样，只看到一对大红灯笼上写着一个"章"字，他立马就明白了，原来来人就是执掌朝廷实权的知枢密院事章惇！

章惇比当年发福多了，身上的官服显得有些紧巴，不过还是当年风风火火的样子。他大步走到苏轼跟前，笑着说道："我听李定大人说，子瞻老弟今天抵达汴京，老哥刚从宫中回来，就急忙前来接你，来迟了些，请子瞻鉴谅。"

李定？他是怎么知道我已抵达汴京的？这次进京，我可是谁也没告诉啊！看来，他可是无孔不入、无处不在啊！苏轼不由地打了个冷战。

章惇："李定大人非常敬佩子瞻，还设了家宴要为你接风呢！我告诉他，今晚子瞻入住我家，由我设宴为他接风，让他改日再请。"说完，拉着苏轼的手，笑着说道："我已为老弟一家安排了一处住宅，就在我家的后院，今晚，我俩可要喝个痛快，还像当年夜宿破寺，醉了就抵足而眠，岂不快哉！"

提起那次出游，苏轼至今记忆犹新，就是因为那次出游，才得出"子厚他日必能杀人"的判断。自己遭受李定、舒亶、张璪等人的残酷迫害，虽不是他亲自所为，但他也难脱关系，因为他们不是经他引荐的，就是他的门生！

毕竟是多年不见的"老朋友"，二人站在那里说着，笑着。其实，苏轼心里十分为难。司马光已为自己在白家巷安排了住处，他也想入住白家巷，一是看望这位政坛前辈，二是自己远离朝廷已多年，想听听他对朝政的一些看法，不想章惇却亲自来了！若随章惇去了，怎么对得起司马光的一片热心？再说，自己再也不愿与章惇"抵足而眠"了！但如何才能谢绝他呢？

坐在第二辆马车上的王润之看见苏轼正在和一位官员说话，便悄悄问王朝云："那位大人是谁？"

王朝云过去也没见过章惇，只是听女仆们说过章惇的长相，她们还说，当年王夫人曾告诫过苏轼，此人心术不正！这时，她忽然看到轿前的灯笼上写着一个大大的"章"字，心里顿时明白了，说道："那人定是章惇！"

王润之问："你是怎么知道的？"

王润之："夫人，你看他的脸，上窄下宽，像不像个大葫芦？"

王朝云借着灯笼的光亮，果然看到了一张葫芦脸！一听说章惇的名字，她一下子就想起了乌台诗案，狠狠地说道："告诉老爷，我们绝不去他家！"

王朝云朝苏迨和苏过施了个眼神，三人便悄悄下了马车，进了客栈。

章惇的谈兴正浓，他刚刚说起自家新建的宅子时，女仆走到苏轼跟前，说道："老爷，两位夫人和公子们已经在客栈中睡下了，大夫人在客房里呕吐不止，请老爷——"

苏轼听了，连忙说道："哎呀呀，我还忘了这件事呢，润之因在途中偶感风寒，身体不适，既然他们已住进了客栈，今晚就不去贵府打扰了。"

章惇说道："我还没看到两位弟妹呢！"

苏轼连忙说道："朝云因爱子刚刚夭折，伤心欲绝，不便见人，待安顿下来之后，我一定携她们前往贵府拜见大人和夫人，天色已晚，请子厚兄回府吧！"

章惇本想在司马光前面拦住苏轼，与其结成盟友，共同抗衡垂帘摄政的宣仁太后和司马光，所以才想将他接到自己府邸居住的，见苏轼的内眷已住进了客栈，只好与苏轼告辞，上轿回府了！

章惇的轿子走了一会儿，忽又转了回来，低声对苏轼说道："子瞻老弟，我还要告诉你一件喜事。"

苏轼："喜事？什么喜事？"

章惇悄声说道："就在你来京的途中，朝廷已诏授你为中书舍人了！"

苏轼听了，不大相信，自己刚刚诏为礼部侍郎，官阶六品，还未到任，怎么会越过五品一下子擢升中书舍人呢？再说，中书舍人是皇帝信赖的近臣，作为一个贬谪之臣，这一官职他连想都不敢想！

章惇临走时朝他笑了笑，那种笑容，令他捉摸不透。

夜已深了，苏轼站在汴河桥边望着城阙上那些多于繁星的灯光，灯光闪烁不定，有些诡异，也有些扑朔迷离。他从迷眼的灯光中似乎看到了刀光剑影！

第二十一章　为了看到君王的模样，举子竟成了和尚

武昌酌菩萨泉送王子立

送行无酒亦无钱，劝尔一杯菩萨泉。

何处低头不见我？四方同此水中天。

1

上任的第一天，苏轼就遇到了一个无法回避的难题。

早朝时，群臣们刚刚在崇政殿里列班站好，宣仁太后便牵着哲宗皇帝的小手进了大殿。群臣们山呼万岁之后，宣仁太后将小皇帝抱在龙椅上，自己站在龙案一侧，等候大臣们出班奏事。

殿前内侍大声说道："各位大臣听着，早朝奏事开始，有事要奏者，可出班奏事。"

他的话刚刚落地，满头白发的司马光拄着一根枣木手杖，巍巍颤颤地走到殿前，拜过小皇帝和宣仁太后之后，站起来说道："臣以为，王安石大人执政时推行的新法，尤其是免役诸法实在是误国害民之法，应予废除，并立即恢复旧法！"

大臣们听了，都感到十分突然，纷纷低声议论起来，但没有人站出来附议或表示反对，大殿里的空气一下子紧张起来了。苏轼虽然并不赞同王安石推行的新法，但又认为有些新法颇受百姓们的欢迎；再说，新法已推行了多年，若要废除新法，应循序渐行，不然废除了新法而旧法未立，必会引起不安。

他刚想出班发表自己的观点时，已授为右司谏的苏辙已经出班，他说道："臣虽不赞成王安石大人的新法，但他的免役法比旧的差役法有五大好处，臣已呈上了《差役五事论》，请司马大人——"

没等他说完，司马光就打断了他的话，他说道："我曾在前日的朝会上当着太后、陛下和诸位大臣的面陈述了免役法的五大害处，你难道忘了吗？还有，因为反对

王安石大人推行的新法，多少正直之士遭受到排挤？苏轼还因此而身陷乌台大牢，难道你也忘了吗？"

因刚入朝，苏轼本想冷静地观察一下朝廷的政情，尽量少露面少说话，但听了司马光慷慨激昂的一席话之后，觉得再也不能沉默了。他连忙出班奏道："臣认为，王安石大人推行的新法虽有众多弊端，但也并非一无是处。新法之所以不得人心、遭人诟病，并非在新法，而是推行新法之人。他任人失察，而地方郡县官吏又行变法之名谋私家之利，官吏与豪绅联手豪取巧夺，致使百姓陷于水深火热之中。臣以为，新法虽应废除，但不可矫枉过正，有利于民的新法应予继续实行。"他见宣仁太后正在认真听自己的陈述，接着说道："臣还以为，王安石大人推行的新法是经先帝恩准的，他忠心耿耿、不谋私利，他的人品虽有微疵，但终不失玉质。"

大臣们被苏轼的胆量和见解所折服，都不由自主地将目光转到了司马光的身上。

司马光是位比拗相公王安石还要倔强的宰相，他雷厉风行、说做就做，绝不拖泥带水，人人都畏他三分。而苏轼却敢当面对他指责，他能不气恼吗？果然，他用手杖敲了敲大殿地上的青砖，说道："苏轼啊苏轼，当年御史们还不是以'谤讪朝廷''反对新法'为由，先将你投入大牢，后将你贬谪黄州吗？而今要恢复旧法，你为何又护着王安石呢？难道是好了伤疤忘了痛吗？真不知道你是怎么想的！"

苏轼："纵观青史，凡利国惠民的执政之道，皆符国情、民情。新法之失，一是任人不当，二是操之过急，三是拒听人言，这是新法的致命之伤！不过，有些新法应予保留，下官在密州时曾推行过免役之法，用朝廷的宽余之钱招募民役，百姓受益、市井平安，所以，下官认为——"

司马光冷着脸说道："你苏轼怎么成了第二个王安石了呢？"

苏轼："下官曾在金陵拜访过王安石大人，他亦察觉到了推行新法的失误之处。下官还以为，为振兴大宋社稷，应继承仁宗皇帝的忠厚之德、神宗皇帝的励精之政，以大局为重，万万不可计较个人恩怨。"

司马光实在忍无可忍了，他当着宣仁太后和哲宗皇帝的面，大声说道："既然本相执政，则尽废新法、皆行旧法，方略已定，此事不必再议了！"

看到二人谁也不让谁的架势，再也没有人出班奏事了。

章惇、李定等人看到司马光被苏轼激怒了，心中窃喜。因为二虎相斗，必有一伤！他们在悄悄等待着机会。

散朝后，出了大殿，大臣们三三两两地议论起来，有的说：苏轼刚刚入朝就与司马相公顶起来，准没有好果子吃！

还有的说：苏轼不计前嫌，以德报怨，有君子之风，令人敬佩！

还有的说：退一步海阔天空嘛，苏轼何必那么较真呢？

苏轼边走边听，一脸的无奈和苦笑。

2

当天晚上，苏轼想起了白天与司马光的交锋，心里窝了一肚子火。饭后，他一面在院子里散步，一面嘀咕着："司马牛，司马牛！"

女眷们都坐在院子里闲聊，见他闷闷不乐，低着头在院子里走来走去，知道他心中有事，但都不敢问他。

也许身上燥热，他解开上衣的衣扣，拍着有些发福的肚子问道："你们猜猜看，我的肚子里装着什么？"

侍女春娘说道："老爷肚子里装的，尽是一些锦绣文章。"

苏轼听了，摇了摇头。

侍女碧桃说道："老爷肚子里装的，全是治国安民的方略良策。"

苏轼听了，又摇了摇头。

侍女柳叶说："老爷肚子里，装着一肚子好听的故事。"

苏轼仍然摇头。

王润之指着他的肚子，笑着说道："老爷吃肉吃多了，装了一肚子的肥肠！"

苏轼说："更不对！"

这时，坐在旁边默默做女红的王朝云说道："贱妾知道装着什么。"

苏轼："说说看，我的肚子到底装着什么？"

王朝云："老爷肚子里装着的，是满肚子的不合事宜！"

苏轼听了，大为惊奇，因为"不合事宜"这句话出自《汉书·哀帝记》："皆违经背古，不合时宜。"不合时宜即是不合当时的需要或与世情不相投合。她未读过《汉书》，怎么会说出这句话呢？他大声说道："知我者，王朝云也！"说完"哈哈"大笑起来。

也就在苏轼骂"司马牛"的时候，司马光正在书房里阅览文武大臣呈来的奏章文书，苏轼的一份《奏免辞章》要求辞去现任诸职，出京任职。看完后，他提起笔来，在奏章上写下了一行字："拟荐苏轼为翰林学士知制诰，请太皇太后诏准。"

第二天，宣仁太后就在上面用朱砂御笔批了"照准"二字，又命内侍令送去三品紫服一套、玉带一条、五梁冠一顶、金鱼袋一个、御马房的御马一匹、镀金马靴一双、镀金马蹬一副！

当年王安石推行新法时急于求成，留下了一些遗患，而司马光恢复旧法更是雷厉风行。他先对人事进行了大刀阔斧的调整，紧接着宣布废止了保甲法、方田法、市易法、保马法和青苗法，引起了章惇等人的强烈抵制。因王珪已经去世，司马光是门下侍郎，章惇是知枢密院事，二人同朝为官执政，却到了水火不容的地步。司马光性格固执，坚持己见，而章惇秉性好胜、狂妄自大，二人谁也不肯让谁。每每发生争执，因司马光年事已高，且又不善言辞，而章惇身材高大，加之口齿锋利、气势咄咄逼人，弄得司马光总是处于劣势，他又气又恼，却又无能为力！苏轼曾挺身而出从中做过调解，却两边都不讨好，双方仍然冷若冰霜。

不过，朝廷里发生了一件事，不但激怒了宣仁太后，也引起了群臣们的不满。

章惇认为，官员们的任命应由宰相审核，不应由太后任命。他还在大殿上大声咆哮，不但把矛头直指宣仁太后，而且言辞不恭、十分狂妄，还说什么"他日安能奉陪吃剑！"

宣仁太后想起了章惇等人当年把持朝政，挑起西北战事，教唆神宗皇帝贸然出兵，结果西征失利、宋军大败，神宗因此郁郁成疾而崩，心中既悲又恨。她实在忍无可忍时，适逢刘挚弹劾"章惇佻薄险悍，陷害王安石，以边事欺罔朝廷，更附吕惠卿，又为蔡确所引，横议害政，请除恶务尽"！结果，章惇被宣仁太后谪往了汝州！

接着苏轼上书，淋漓尽致地历数了吕惠卿的种种罪恶，写得大快人心，竟在天下传颂，于是，吕惠卿降为建宁军节度副使，建州安置。

苏辙等一些谏官又一鼓作气，弹劾张璪"天资邪妄，易以为奸，宜除去"；又弹劾李定身为侍从，母丧不报、有失人伦，谪放滁州；舒亶、何正臣行为不端，亦遭到了严厉斥责、受到了惩处。

章惇离开汴京时，竟没有一人为他送行！

苏轼是个十分看重情谊的人，他在自己家中置办了一桌酒席，专为他出京饯行。

也许是多喝了几杯闷酒，章惇的葫芦脸上满是汗珠，他用衣袖擦了擦，说道："老哥与子瞻情同手足，今日一别，尚不知何日才能重逢。"说着，眼圈已经红了。也许是酒后吐真言，他继续说道："当年，李定、舒亶、张璪等人嫉妒你的才华，也怪你得罪了他们，所以才将你弄进了乌台大牢，老哥曾为你打过抱不平，不但在神宗面前为你求过情，还当着大家的面骂过王珪！而你却信不过老哥，甚至怨老哥将吕惠卿引为知制、操政欺君，令老哥寒心啊！"

苏轼刚要向他解释，他摇了摇手，叹了口气，说道："老哥离开汴京倒无所谓，唯担心两个犬子的学业。"

苏轼连忙说道："让章公子与我的迈儿一起读书，你觉得如何？"

章惇听了，颇为感动，竟哽咽着流下了两行清泪。他端起杯子，大声说道："老哥替犬子敬子瞻老弟一杯！"说完，一饮而尽。

临别时，他向苏轼深施一礼："只要老哥不客死汝州，就一定能回来。若能回来，就决饶不了那个老匹夫！他就是进了坟墓，也要将他掘出来示众！"他咬着牙说道："这就叫无毒不丈夫！"

他说的老匹夫，就是司马光。

他口口声声称自己是老哥，称苏轼是老弟，苏轼颇为感动。

苏轼虽知道这位老哥敢杀人，但绝不会想到，这位老哥也敢杀他这位老弟！

3

第二天，苏轼听说王诜已召回汴京，官复文州团练使、驸马都尉，心中十分激动，连忙写了一篇《黄泥坂词》，打发书童高俅送到了西园。

一想起王诜，苏轼就觉得自己欠他的太多了，在乌台诗案受到连累的朋友中，遭到惩处和伤害最大的就是王诜。他连降两官、停发俸禄，并被贬出了京城，他的一子一女也先后夭折！更令他伤心欲绝的是，善良贤惠的魏国大长公主也因悲伤过度而撒手人世。

还有一件事，令王诜不堪回首。他在贬谪途中路过密县时，忽然听见有位女子在楼上唱歌，仔细一听，这不是自己的爱妾啭春莺吗？她怎么到了密县？因差役们催着快走，他只好继续赶路。原来，他获罪之后，啭春莺被一姓马的商人夺走了！他想起了唐代诗人韩翃的悲惨故事，不禁潸然泪下，写了一首诗：

佳人已属沙吒利，义士今无古押衙。

回首音尘两沉绝，春莺休啭上林花。

王诜回到汴京后，他的西园已物是人非了，独对凄凉，令人同情。王诜擅长
描绘山水，当年曾作了一幅《渔村小雪图》，请苏轼在画上题跋。苏轼看了以后，
大为赞赏，认为此画是诗画一体，诗中有画、画中有诗，十分难得，便在画上题
写了一首长诗。

他十分怀念当年的西园，因为那是京城文友们谈诗论画的地方。元祐二年（1087
年）五月，王诜邀集了苏氏兄弟、米芾、李龙眠、苏门四学士黄庭坚、张耒、晁
补之、秦观以及陈师道、佛印、李端叔等一共十六人相聚西园。女主人、端庄贤
淑的魏国大长公主亲自出来迎接客人，并执壶为客人们斟酒。王诜画石，苏轼画
竹，李龙眠画人，米芾画松，黄庭坚、苏辙等人作诗；王诜的宠姬啭春莺美艳绝代，
是京城绝无仅有的国色，她在园中起舞助兴，歌甜酒烈，更为西园平添了几分诗
情画意。李龙眠将这次集会画成了一幅《西园雅集图》，米芾还在上面写了题记。

此事在当时被传为文坛佳话，那幅《西园雅集图》画完之后，有人曾经断言：
此画应是传世之作。此语不虚，这幅已经流传千年的作品真的成为了中国艺术殿
堂的无价瑰宝。

苏轼很想安慰这位患难之交的诤友，若能将当初的那些文朋诗友再次邀集到
西园，还如当年那样，大家品茗饮酒，谈诗论画，不但可叙别后的经历，还可安
慰悲伤中的王诜。想到这里，他立刻向当年的朋友们写信，邀请大家重聚西园。

谁知写好的信还没发出去，高俅就回来了，他向苏轼报告说，王驸马请苏轼
于次日前往西园小聚。

苏轼听了，觉得王诜想的比自己更周到，便连忙答应了。

高俅在旁边说道："王驸马真好，还赏给我一个佛手呢！"他将佛手放在苏
轼的书案上，又说："王驸马的西园可真大啊，只是有些——"

苏轼笑着问道："是不是有些陈旧、荒废啊？"

高俅点了点头。

苏轼："明天，你随我一道去西园吧！"

高俅听了，十分高兴。

第二天，苏轼领着高俅如约到了西园。刚进园门，发现除了佛印之外，大家都已早早的来了。客人们刚刚入席，就见佛印从一座假山后边走出来，笑眯眯坐在了苏轼旁边。

苏轼笑着说道："我是不是上辈欠了你的债呀，要不为什么总躲不开你呢？"

佛印一本正经地说道："你苏东坡欠的那笔债，一辈子都还不清！"

大家听了，都禁不住大笑起来。原来，佛印当年出家为僧，与苏轼的恶作剧有关。

佛印姓谢，名瑞卿，字觉志，是江西饶州人。他年轻时进京应试，认识了苏轼，二人当时正值青春年华，且都才学不凡，日子久了便成了莫逆之交。

苏轼发现，谢瑞卿长得慈眉善眼，加之双耳比常人下垂二寸，有释迦牟尼之态，曾开玩笑说："谢兄若肯出家，定会是一代名僧大德！"

谢瑞卿说："我才不当和尚呢！和尚既不许吃肉，也不许喝酒，过的不是日子！"

有一天，谢瑞卿问苏轼："神宗皇帝长的什么模样？"

苏轼便向他讲述了神宗皇帝长得如何英俊潇洒、气质如何不同于常人等，这引起谢瑞卿的好奇。

有一年大旱，宋神宗在大相国寺设斋，广征名僧，乞求甘霖。苏轼当时任求雨随从，他知道谢瑞卿很想看看天子的御容，便出了个馊主意，让他扮成长老的侍者，混在僧人之中到斋坛承值，即可见到神宗皇帝了。

起斋那天，谢瑞卿早早地进了大雄宝殿，混在众僧人中添香剪烛。不一会儿，神宗皇帝在长老的陪同下进了大雄宝殿，焚香礼拜之后，传旨献茶。谢瑞卿捧着一只玉盘，盘中有一羊脂玉盏，恭恭敬敬地走到神宗面前，向他献茶。

宋神宗接过玉盏，端详着眼前的这位年轻侍者，问道："你叫什么名字？那里人氏？"

谢瑞卿连忙答道："小僧谢瑞卿，饶州人氏。"

宋神宗："你何时出的家？"

谢瑞卿："小僧刚刚进寺不久，尚未剃度。"

宋神宗又问："你读过佛家的经典吗？"

谢瑞卿："小僧自幼读佛经，《黄庭经》《金刚经》都能背诵出来。"

宋神宗听了，十分高兴，说道："既然你已入寺为僧，朕赐你一个法名，叫了之，号为佛印，你可愿意？"

立在一旁的长老连忙说道："圣上赐名号是你终生荣耀，还不赶快谢恩！"

谢瑞卿听了，连忙随着长老叩拜谢恩。

宋神宗对长老说道："既然佛印已经出家，那就在朕的面前剃度了吧！"

此时此刻，即使谢瑞卿有一百个不愿意，但也不敢说半个不字！若神宗皇帝知道他是个冒充的侍者、假和尚，不但他犯下了欺君大罪，他的好朋友苏轼也会吃不了兜着走！于是，便咬着牙让和尚们剃光了他的一头又黑又浓的长发！

假戏真做，弄巧成拙。进京应试的谢瑞卿，就是这样阴差阳错地变成了佛印和尚！

不过，佛印也因由天子赐名，又是在天子面前剃度出家的，自此名声大噪。他生性坦荡直率，一直不肯受佛家清规戒律的束缚，肉照吃，酒照喝，云游天下，天马行空，倒也乐在其中。他说苏轼一辈子都还不清他的债，就是怨恨苏轼当年糊弄他当了和尚。

4

王诜见除了李端叔之外，大家都到齐了，笑着说道："在下劫后余生，志同道合的朋友再聚西园实在难得，请诸位还像当年聚会那样，共绘一画，诗家们在画上可题一诗，以记今日盛会，不知诸位意下如何？"

众人听了，一齐鼓起掌来。

宽大的画案上铺开了宣纸，王诜在上面画了一块岩石，旁有潺潺流水；李龙眠的笔下有人临风而立，正在弹拨古琴；米芾在一棵松下画了一丛兰草；苏轼则画了一蓬修竹。

苏轼刚刚画完，见米芾在水池边擦洗一方砚台，他洗得非常认真，洗一会儿，揩干后再洗一遍。苏轼悄悄笑起来了。

苏轼和米芾都是京城最负盛名的书画家，米芾少时即学颜字，十几岁时便出了碑版。他擅长行、草、篆、隶等体书法，在宣和年间被推为书画博士，号襄阳曼士，也有人称他为米南宫。他曾书写过一幅《天问》的长卷，苏轼让他割爱送给自己，他没答应，苏轼一直没有死心。

苏轼走到条案旁边，将一个白绢小包放在案上，对他说道："米老弟，你猜猜我给你带来了什么？"

米芾摇了摇头。

苏轼笑着解开了白绢小包，原来里边包着一方墨绿色的砚台！他指着砚台说道："我知道你家藏有数百方名砚，但却没有海底玉砚台！"接着他介绍了这方砚台的来历。

当年他在密州任太守时，曾为东海的一位友人写了一幅中堂。为了表示感谢，友人便将这方海底玉砚台送给了他，并告诉他说，海底玉产于崂山海中，需潜入海底方能采得少许，因而传世极少。

米芾接过砚台端详了一会儿，见石质细微、润滑如脂、墨中透绿，十分喜爱，捧在手中舍不得放下。

苏轼见了，想起了一个有关砚台的往事，便说给大家听。

米芾爱砚如命，凡他见到的好砚，不惜千金也要买下。不过，他又有洁癖，每当用过砚台，必定要在池边一遍一遍地洗刷，不洗得干干净净不装于匣中，也不置于书架上。不过，他也因这种洁癖失去了一方名砚。

有一天，他在大相国寺的庙会上见到有人在卖砚台，卖砚人共有十多方砚台，每方要价一百金，其中有一方石质上乘、雕刻精细的古砚被他看中了，但卖砚人却要价五百金，他毫不犹豫地买了下来。

曾祖是苏轼的一位朋友，也颇爱收藏古砚。听说米芾得到了一方古砚，心中十分羡慕。苏轼问他："想不想让书画博士将此砚送给你呀？"

曾祖说："米芾把古砚看得比命还贵重，他怎么会舍得送给我呢？"

苏轼听了，悄悄对他说了一会儿，曾祖会意，便去米府看砚。

听说曾祖要看他新买的古砚，米芾十分得意，他让曾祖洗过手之后，才将古砚递给他。

曾祖看了一会，说道："此砚石质虽是上乘，但不知发墨如何？"

米芾说："我得了这方古砚之后，曾请不少行家做过鉴定，都说是世上珍品。如若不信，用清水一试就知道了！"说完，便去灶房取清水去了。

曾祖手里捧着古砚，端详着砚台的纹理，没等米芾取来清水，便朝古砚上吐了一点口水，以检验古砚的发墨情况。谁知米芾取水回来时看到了，他大声说道："啊呀呀，你怎么能用口水弄脏我的砚台呢？"

曾祖见他生气了，又连忙用衣袖去擦。米芾见了，更加气恼，他说："完了、完了，这方古砚被你弄脏了，我再也不要了，你拿去吧！"

曾祖以为他是说的气话，过些日子也就不再计较了，自己可以再来还他，于是，拿着古砚走了。

一个月后，曾祖去还古砚时，米芾认为古砚已被弄脏，无论如何都不肯要了。

曾祖终于用了一点口水，得到了一方上好的古砚！

大家听了，都忍不住大笑起来。

苏轼指着海底玉砚台说道："这方砚台，我总是以白绢包着，没敢用手摸过，我用它换你的那副《天问》长卷，你可愿意？"

米芾听了，见大家都争着想看这方海底玉砚台，便连忙将砚台揣进怀里，笑着说道："明天我让小童将长卷送到你府上！"

这时，陈慥忽然风风火火地闯了进来，他径直走到了苏轼跟前，铁青着脸说道："苏大人，这次朝廷科考，你可是主考官？"

苏轼见陈慥突然来了，便问道："陈老弟是何时进京的？怎么也不提前告知一声啊！"

陈慥鼻子不是鼻子脸不是脸地问道："你先告诉我，今年科考，你是不是主考官？"

苏轼："对啊，我是主考官呀。"

陈慥："我再问你，章惇害你不浅，舒亶想在乌台大牢里置你于死地，对吧？"

苏轼点了点头。

陈慥："你为什么还将章惇的两个儿子点了第一、第二名，将舒亶的儿子点了第三名？"他顿了顿又说："你的学生李端叔，人品学问都不亚于他们，为什么名落孙山？你于心何忍？"

苏轼笑着说道："陈老弟说的，确有其事。"

原来，宋代的科场沿用的是唐代弥封糊名制度，考官看到的考卷是由胥史们誊写的抄本，考卷上并无考生名字，也不能从笔迹上辨认考生是谁。考官们要在四千七百多份考卷中，依照文章的主意、论理、用典和词句判定优劣，予以留舍。

当时考官们通过优中选优，一共选出了二十份考卷。李端叔追随苏轼多年，他的文思敏捷、学识渊博，苏轼以为他的考卷必在其中。谁知拆开弥封之后才知道，名列前两名的竟是章惇的两个儿子章援和章持，第三名是舒亶之子！

在张榜公布前，许多考官都有些犹豫，建议苏轼再将考卷审读一遍。他毅然说道："按例张榜。"

李端叔因文章离题而未被初选的考官们入选，苏轼为此也感到十分惋惜，还和黄庭坚等人写了一封长信给他，鼓励他继续再考。听说他家境贫寒，苏轼还将宣仁太后赐给的那匹御马送给了他，怕他出卖时买主怀疑御马的来历，他又为他亲笔写了一份证据。政敌的儿子们高中，自己的门生名落孙山，不是能三言两语说得清楚的，他理解陈慥的心情，更熟悉他疾恶如仇的性格，便笑着说道："陈老弟，为社稷选拔人才应'内举不避亲，外举不辟仇'。章、舒二人虽对我不仁，但我不能因此而埋没他们子弟的才华。李端叔虽才学兼优，但考卷落于人后，怎么能因是我的学生就滥用感情呢？"

众人听了，都为他的光明磊落所感动。

陈慥心中仍然有气，他"哼"了一声，说道："是狗，就改不了吃屎；是贼，就忘不了行窃！我把话留在这里：你早晚还会受到其害的，若不信，就走着瞧吧！"

王诜连忙将他拉到自己身边，说道："陈兄策马仗剑，侠行天下，是眼中揉不进沙子的君子，令在下钦佩不已，来来来，我要敬陈兄三杯！"

高帽子一戴，陈慥的火气已消了大半，其他人也纷纷过去敬酒。西园里翰墨飘香，笑语喧天。

这时，王诜的仆人来报：内宫中侍，前来宣旨。

众人听了，连忙起身迎接。

内宫中侍站在门口，大声说道："奉宣仁皇太后口谕，召苏轼即刻觐见！"

苏轼听了，连忙起身，随内宫中侍去了文德殿。

5

在御书房里，宣仁太后坐在一乘高大的椅子上，小皇帝宋哲宗靠在祖母身边，手里摆弄着一根象牙镇尺。苏轼行过大礼之后，立在了一旁。

宣仁太后示意身边的侍从退下，问道："爱卿前年任何官职？"

苏轼连忙答道："臣任黄州团练副使。"

太后又问："爱卿今年又任何职？"

苏轼："臣是翰林学士兼侍读。"

太后："爱卿晋升为何这么快呢？"

苏轼："臣蒙皇太后和陛下的恩泽。"

太后："不是。"

苏轼："是大臣们推举的？"

太后："也不是。"

苏轼听了，心中大惊，连忙说道："臣虽不才，但绝不敢走斜门旁道以求升迁。"

太后笑了，缓缓说道："重用爱卿，乃是先帝的遗愿。先帝在世时，进膳时常常因读爱卿的文章而忘了举箸，还常常说爱卿是奇才。他本想起用爱卿和苏辙的，但因过早仙逝而留下了遗憾。"

听到这里，苏轼连忙跪伏在地，失声痛哭起来，宣仁太后和哲宗皇帝也流下了眼泪。

太后命人赐茶后，又接着说道："爱卿是三朝元老，又是先帝亲自选定的宰辅之材。今天，新帝刚刚即位，望爱卿竭力辅佐，以报答先帝的知遇之恩。"

苏轼说道："皇太后说的，苏轼铭刻心中。"

太后又问："你这次开科主考，为社稷挑选人才，是哪些人高中皇榜？"

苏轼："榜上第一名是章援，第二名是章持，前两名乃章惇大人的两位公子，第三名是舒亶的儿子。"

太后："在高中者中，有没有爱卿的学生？"

苏轼："没有。我的学生李端叔虽有才学，但因文章不及他人而落榜，他现已回原籍去了。"

宣仁太后听了，连连点头，说道："爱卿的为人正直、胸襟宽阔，是人中君子，亦是治国之才。明天午时，先帝灵位移于宗室祠堂，你随陛下前去祭扫皇陵吧！"

苏轼连忙谢恩。

太后："爱卿还有事要奏吗？"

苏轼："太后，先帝在位时深为朝中冗官所忧，虽也裁减多次，但越裁越多、越减越冗。现在，每有一个空缺官职之位，候补者有五六人之多，往往为了争得这一官位而明争暗斗、不择手段，败坏了风气。现在，每次科考授官职的不足四百人，且都是州县低阶官吏，他们很难有英雄用武之地。而一些要职之官又全靠皇亲国戚和朝中重臣的推荐，免考任职。这些免考的官员竟有九百多人！成为了新的冗官。这种冗官于国于民有害而无益，臣请求减少免考的人数，还朝政的廉洁清明！"

太后听了，频频点头。

苏轼告退时，宣仁太后从书案上拿起一尊莲花形的金烛台，说道："这是先帝用过的烛台，赐给爱卿做个纪念罢！"

苏轼双手接过，之后便随中侍出了文德殿。

又过了些日子，司马光病重，已很少参加朝堂议事了，朝廷中的争斗也由暗处转到了明处，渐渐形成了三股势力：王安石派系的朔党、理学家程颐为首的洛党和以苏轼为代表的蜀党，三股势力都在悄悄地较着劲。

苏轼对官场的这种倾轧毫无兴趣，他想的是宣仁太后的嘱咐。这天晚上，他正在阅读《齐民要术》，准备明天为哲宗皇帝讲解管仲辅佐齐桓公时推行的"九惠"之策，苏辙突然来访。

苏轼见他神色凝重、半天无语，便问道："子由，你有什么心事吗？"

苏辙叹了口气，告诉他说，当年的仁宗皇帝和神宗皇帝都有意拜苏轼为宰辅，但终未能如愿，宣仁太后也有拜他为相的打算。当时的司马光也极力推荐苏氏兄弟承担朝廷的重任，但因苏氏兄弟对全部废除新法提出了不同意见，他又改变了主意。司马光病重时，宣仁太后去看望他时，他在病榻上说："苏轼虽有才华，为中外所佩服，但他德业器识有所不足。他已任翰林学士知制诰兼读，不宜再授宰相重任。"

宣仁太后没想到司马光忽然改变了主意。也许苏轼在朝会上顶撞过他？还是因苏轼去看过王安石、化解了多年的积怨，又写了《次荆公韵四绝》，而令他心里不舒服？总之，他建议宣仁太后不可拜苏轼为相。他还对宣仁太后说："王安石诗词文赋，遐迩天下，不失为一代文宗，他任翰林院大学士，深得神宗皇帝敬重，而身居相位后，竟敢变祖宗之法，惹得天怒人怨。臣以为，王安石和苏轼一样，只可做翰林学士，不可委以宰辅之任！"

宣仁太后又问："老相国以为，谁可担当宰相之职？"

司马光："吕公著可当此任，再将吕大防、范纯仁诏进京城做他的左右之手，朝廷局势便可安稳了！"说完，长长地叹了口气。

就是这声叹气，不但阻断了苏轼的宰相之路，也为大宋埋下了一种隐患。

苏轼听了，只是笑了笑，心中十分坦然。

苏辙又说，自苏轼回到汴京之后，受到了宣仁太后的恩泽和重用，而且朝野推崇，荣耀胜过了宰相。这样一来，有些人心里很不舒服，不但新党在攻击他，旧党也视他为眼中钉。而以理学自居的洛党也乘虚而入，不断找苏轼的碴儿，前不久，他们果然找到了一个碴儿。

司马光去世后，苏轼亲自率同僚们前往吊祭，按照通常礼制，司马光的公子司马康应立在灵堂前面，向前来吊祭的生前好友们还礼，但苏轼在灵堂里竟没看到司马康的影子！于是他去了后院，找到了伤心欲绝的司马康，有些生气地问道："贤侄，你应守在灵堂旁边才对，为何躲到了后院？"

司马康哭着说道："小侄也想守在慈父灵前，但程颐大人说，若儿子守在灵前，不合古礼；还说，孝子应当悲痛得不见外人才好。"

苏轼听了，十分生气，便拉着司马康回到前厅，立在司马光的灵前。

理学家程颐见了，大声呵斥道："我不是交代过你吗？若你到了灵堂，则不合古礼，也有违圣人之言！"

司马康垂着头、流着泪，毕恭毕敬地听着他的训斥。

苏轼实在忍无可忍了，便问程颐："请问程大人，你在家中是按古礼安葬长辈的吗？"

程颐避开了他的话锋，说道："遵循古礼，是人之性善，也是人之至孝。"

苏轼："再请问程大人，你父亲去世时，你是按古礼办的丧事吗？"

程颐："家父去世时，下官是按古礼办的丧事。"

苏轼："古礼曰，君死臣殉，父死子殉，夫死妻殉，我问你，你当时为何没有殉父而死呢？"

程颐听了，竟面红耳赤、呆若木鸡！

苏轼毫不留情，接着追问："己所不欲，勿施于人，这可是孔圣人在《论语》中说的呀，难道程大人忘了吗？"

程颐的脸由红变白，竟然一个字都说不出来，只是气得深身哆嗦，看着客人们在灵前吊祭，司马康跪在地上向客人们行礼……

苏轼算是这位洛党党魁的克星，他算是将程颐得罪透了！

程颐的门徒们对苏轼恨得咬牙切齿，恨不能将他的骨头咬碎！只是苏轼并不知道而已。

苏辙还告诉他，洛党、朔党弹劾苏轼的奏章虽已送到宣仁太后手里，但她心里明白，这些人都各怀鬼胎，所以才彼此呼应、相互利用，对苏轼群起而攻之。她始终不为所动，将那些奏章束之高阁，不予理会。不过，她也一直为苏轼担着心，小心翼翼地保护着他。

其实，苏轼早已有了打算，他对苏辙说道："我知道我的前边有一群饿狼，它们眼里冒着绿光，随时都想扑过来咬我一口！我也知道自己斗不过它们，所以，连退路都准备好了！"说着，将一份《乞任外郡》的奏章递给了苏辙："这已经是第三份了。"

苏辙看了看，说道："但愿皇太后恩准。"

三天后，这位被人称为"女中尧舜"的宣仁太后终于颁发了诏书：诏令苏轼以龙图阁学士出知杭州！

原来，宣仁太后看了苏轼的《陈情乞郡札》后，她从心里不愿苏轼离开汴京，但看到洛、朔两派对他发起了一拨又一拨的弹劾、攻击，为了保护他，才恩准他到天下最富庶的杭州任太守的，待朝政好转之后，再诏他进京任职。

苏轼离京前夕，宣仁太后又以加殿阁衔封疆大臣的待遇，再赐他官服两套、金腰带一条、金镀银鞍一副、御马一匹。

他从南门出城，走到南郊的三十里堡时，忽有骑者飞奔追来。他想，是不是送来了命他立即回京的诏令？骑者到了跟前才知道，是内侍奉了宣仁太后之命，送来了赐给他的龙茶、银盒！

苏轼立即下马，面北而跪，谢太后恩典。拜完，泪水已溢出了眼眶……

元祐四年（1089年）四月，进京三年之后，苏轼终于离开了那个深不可测的旋涡，二度踏向了通往杭州的驿道。

第二十二章　治湖筑堤，筑出了一个动人的故事

江城子

梦中了了醉中醒。只渊明，是前生。走遍人间，依旧却躬耕。昨夜东坡春雨足，乌鹊喜，报新晴。

雪堂西畔暗泉鸣。北山倾，小溪横。南望亭丘，孤秀耸曾城。都是斜川当日景，吾老矣，寄余龄。

1

宋哲宗元祐四年（1089 年）七月，苏轼一家乘船沿京杭大运河向杭州驰去。

重回杭州，苏轼心事如潮。钱塘的大潮、林中的佛寺、秀丽的西湖、湖上的游船和那些轻歌曼舞的倩影固然让他怀念，而更让他怀念的，是杭州的故人们。当他身陷乌台诗案时，杭州的友人和百姓们为他设置解厄道场，祈求上苍保佑他消灾免祸。御史台派人到杭州索取他留下的诗词文字时，杭州人对他们横眉冷对，讽刺他们是来索要"讨账"的！他被贬到黄州后，杭州的故人相约凑钱，一年两次去黄州看望他，去时还带着一些杭州产的荔枝、螺酱、茶叶等物，令苏轼十分感激，他也时时惦记着杭州的故人。

他坐在船上听着船头轻微的水花声，有一种游子归来的感觉。他想，故地重游、与故人重聚，该是人生的莫大幸事。

航船终于抵达了杭州！

他站在船头上，看见码头上站着一大群人。船一靠岸，人群一下子围了过去。苏轼看清楚了，人群中既有身着官服的官员，也有身穿短衫布衣的百姓，有的人还戴着斗笠、挽着裤脚、打着赤脚。忽然，人群中有人喊了一句："看，苏大人来了！"

接着，人群一齐呼喊起来："苏大人来了！"

也有人喊着："苏大人来了，西湖有救了！"

……

一名官员挤出人群，率领同僚们走到船边，大声说道："下官杭州府通判章援，率府衙同僚前来迎接太守大人。"

苏轼也认出了章援，笑着问道："贤侄怎么知道下官今日抵达杭州？"

章援："下官已接到家父送来的快信，才知道恩师今日抵达杭州。"

原来，章惇被谪出汴京后，苏轼让章援和他的弟弟章持住在自己家中与苏迈一起读书，自己也常常为他们授课。章援考中了进士第一名，其弟考中了第二名，苏轼是当时的主考官，所以他称苏轼为恩师。

苏轼指了指旁边的人群，问道："他们是——"

章援："百姓们听说恩师来了，都抢着前来迎候，也是来向恩师请愿的。"

苏轼："请愿？请什么愿？"

章援："因为近几年西湖已被葑草堵塞——"他看到太阳当头、天气炎热，苏轼一路劳累，眷属们还在舱中，便说道："待恩师安顿下来之后，小侄再向恩师报告此事。"说着，和同僚们护着苏轼就走。

这时，人群中又有人呼喊起来："请苏大人留步！"话音未落，一个虎背熊腰的中年汉子走到前面，说道："苏大人，这是大伙儿写的请愿书，上面有一百一十五名乡亲们的签名。"说着，将请愿书递给了苏轼。

苏轼接过来一看，上面写着："恳请疏浚西湖淤塞请愿书。"

汉子见苏轼在看请愿书，连忙双膝跪下，说着："请苏大人体恤杭州百姓之苦！"

他刚说完，人群"呼啦啦"都跪下了，有的说："请苏大人为百姓做主，疏浚西湖。"

"西湖已经浅了，快不能行船了！"

"西湖的水已经变臭了，鱼虾快要死绝了！"

"苏大人的大恩大德，百姓们永记在心！"

苏轼连忙扶起汉子，问道："请问先生尊姓大名？哪里人氏？"

汉子："草民刘忠，是杭州人氏，祖居西湖岸畔。"又指着身边的人群说道："他们都是杭州百姓，听说苏大人要来杭州当太守，便推选草民领头来向苏大人陈情请愿。"

苏轼对众人大声说道："请父老乡亲们都起来吧！有什么要说，"他看到不远处有一座凉亭，继续说道："就请推选几位代表随本官到凉亭里去，向本官详尽说说，不知诸位意下如何？"

大家听了，都表示赞同。

章援早已为苏轼一家安排好了官舍，他命随行的同僚将内眷们送往官舍，便和苏轼去了凉亭。

路上，章援告诉苏轼，他刚来杭州赴任时，曾接到过杭州百姓请求疏浚西湖的请愿书，他曾到西湖做过实地勘察，丈量了湖深湖宽、计算出了葑草和淤泥的数量，也想动手治理西湖。但还是有些限制因素：一是因为原任太守任期将至，不愿冒险治湖；二是自己为官不久，缺少历练，又没有多少号召力；更重要的是府衙存银太少，无力支付治湖的巨大费用，请求朝廷拨银治湖的奏章已呈往京师，至今尚未批复下来。所以，他只能是看在眼里、急在心里，却又无能为力！

苏轼听了，点了点头。

大家推选出的三名代表进了凉亭，其余的人都坐在树荫底下歇息。

苏轼见代表中有位花甲之年的老人，便问道："老人家，请你先说吧！"

老人开始有些拘束，说道："草民丁有林，家住西湖丁家山。眼下最急的是，百姓们守着西湖却没有水喝！"

原来，西湖的钱塘六井当年是用毛竹作水管将河水引入井中，因年久失修，毛竹已烂、淤泥太厚，堵塞了水源。井中无水，湖水又不宜饮用，许多人家不得不去钱塘江汲江水饮用！

苏轼听了，觉得他说的都是实情，便问道："请问，以老先生之见，应如何治理才好？"

这时，一个后生提来一桶凉水，放在亭中，以供人们解渴。

苏轼盛了半瓢，刚喝了一口，觉得又涩又苦，连忙吐了出来。

丁有林说道："苏大人，这就是西湖的水！"接着他讲了治理的办法：用陶管代替毛竹，再将陶管置于水槽之中，两边以砖石塞紧，水便可畅通。但陶管、石槽和清除淤泥的费用没有着落，难以动工。

苏轼听了，连忙拉着他的手，说道："谢谢老人家，你为本官解了一个难题！修井引水工程，本官就委托先生了；工程所需费用，由本官设法筹集！"

丁有林十分激动，说道："西湖的百姓若能喝上以前的六井之水，都要感谢苏大人。"

坐在亭外树荫底下的人听了，一齐鼓起掌来。

"草民桐花有话要说。"一个三十多岁的女子说道，"桐花是个船娘，在湖上以划游船为生，自小就爱唱苏大人的'欲把西湖比西子，淡妆浓抹总相宜。'当年未嫁时，西湖的葑草只占湖面的十之二三。这些年来，每逢干旱，湖水变浅、葑草丛生，湖中大大小小的葑草田已淤塞了一半湖面，不但行船不便，也坏了西湖的风景！都说西湖是杭州的眉目，再有二十年，杭州就没有眉目了，也没有游客坐桐花的船了，苏大人唱的'西子'，也就变丑了！"这个口齿伶俐、说话风趣的桐花把在座的人都说乐了。

苏轼也乐了："依你所见，西湖应当如何治理呀？"

桐花："除淤泥、挖葑田、开湖面，杭州百姓笑开颜！"

苏轼："本官再问你，若把那么多的葑田和淤泥都挖出来，在何处堆放呢？"

桐花有些不好意思："桐花倒没想要堆放何处。"

众人也纷纷议论起来，是啊，将满湖的葑田淤泥挖上岸来，不得堆成几个山包！西湖四周本来就十分狭窄，确实没有地方可堆放！

苏轼："关于葑田淤泥堆放何处一事，本官以为，既然出自西湖，就应当用于西湖。"他看到众人有些疑惑，接着说着："下官以为，治理西湖不怕人少船小，也不怕库银不足，'人心齐，泰山移'，只要有钱的出钱、有力的出力，必能治理出一个当年的西湖！"

刘忠听了，笑着说："只要苏大人不走，西湖就有救了，我等愿随时听从苏大人的调遣。"

苏轼："本官宣布，十天之后，着手治理西湖！请父老兄弟姊妹们先回去吧！"

凉亭中的代表和树荫下的人群听了，一齐站起来鼓掌、欢呼。

离开凉亭以后，苏轼便和章援乘着桐花的游船去察看西湖的葑田了。

2

苏轼心中一直有一种排解不开的情结。他未到西湖之前，分明觉得自己的前世到过杭州，好像在四五岁的时候常常在湖上玩耍，对杭州的景物十分熟悉；他从未去过寿星寺，却对人说，他在寿星寺当过和尚！还说了寿星寺的山门、佛殿、忏堂和院子里树木、水井的模样。是在梦中来过杭州还是真的来过？他弄不清这种感觉是怎么来的。他还给一位道友写过一首《过旧游》：

> 前生我已到杭州，到处长如到旧游。
> 更欲洞霄为隐吏，一庵闲地且相留。

杭州多寺。十五年前苏轼第一次来杭州任通判时，常去寻游佛寺、礼拜佛像、结交僧人。他游览这些佛寺时总觉得有些似曾相识，仿佛曾经来过。他从未去过葛岭的寿星寺，有一天，他去拜访寿星寺的同登方丈时，一进山门，就对随行的参寥和尚说道："下官曾经到过寿星寺，眼前的这些殿堂僧舍，下官都很熟悉。"

参寥不信，他便指着脚下的台阶说道："从这里到佛堂一共有九十二道台阶，你若不信，请数一数。"

参寥还是不信，同登方丈便派小沙弥去数，果然是九十二道台阶！

参寥觉得奇怪，问他："大人既然从未到过寿星寺，怎么知道寺中的台阶？"

苏轼："因为下官的前身曾是寿星寺的僧人，所以熟知寺中的情形。"

参寥听了，大为惊异，但苏轼一直这样相信着。

因为苏轼对杭州有一种特有的感情，因此他对治理西湖不仅竭尽全力，也倾注了太多的心血。

在听了杭州三位代表的诉求之后，他连夜写了一份《乞开杭州西湖状》，请求朝廷赐度牒五十道，因为度牒可卖给寺院，是一笔不菲的收入；府衙赈灾的结余款项可作开工之用。为了防备缺钱停工，他又捐出了这几年积攒的五十两黄金。

在开工之前，他领着章援等数名府衙的官员去拜访两浙兵马都监刘季孙，请他调遣士兵一千名参加湖中的清淤工程。刘季孙不但满口答应了，还提供营中船只三十艘以作运泥之用。苏轼还以赈灾的余款招募了灾民三万人，以工代赈，下湖铲除葑草。

到了开工的日子，章援率领府衙的同僚们早早地来到了西湖岸边，招募的三万民工赶来了，刘季孙率领千余名士兵赶来了，秀州官员支援治湖的五十只小船和一百名船工也风尘仆仆地赶来了，再加上来看热闹的杭州百姓们，西湖岸边人山人海、锣鼓声声、鞭炮阵阵、一片欢腾。丁有林站在六井旁边感叹不已，对身边除淤修井的民工说道："这可是杭州城自古至今的头一回啊！"

开工不久，人们最担心的葑土淤泥堆放哪里的难题也迎刃而解了。

苏轼原本设想，既然葑田淤泥无处堆放，便想集中堆放在西湖中间，而后设法用小船运往钱塘江边。他在湖中测量水深时发现西湖从南到北约有三十余里，若将挖出的葑土淤泥分段运到西湖中央，就可以筑成一道长堤！堤旁种上桃柳等树木，再在长堤上修上桥以作湖水流动之用，建几座亭子以备行人乘凉、避雨，这不但可解决葑草淤泥的堆放难题，也方便了行人。他将这一设想向章援等府衙的官员们说了，还征询了刘忠、丁有林和桐花等人的意见，大家都认为，在西湖中央筑堤既省工又省钱，还可便民，又装点了西湖，是一举四得！

为了修筑这条长堤，苏轼坐着桐花的小船，领着章援、刘忠等人，在湖中日夜巡视、指挥。遇到了雨天，他一身泥水穿行于运载葑草的船只中间；遇到了晴天，他头顶烈日，察看挖掘葑田的进度。

有一天午时，大家停工吃饭，苏轼的小船刚刚划到一处工地就被正在吃饭的民工们截住了。丁有林端着饭碗，对苏轼说道："请苏大人就在我们这里吃饭吧！"

苏轼早就觉得肚子饿了，便和章援等人下了船来到丁有林旁边，端起一碗米饭，又拿起一双竹筷在身上擦了擦，便和民工们一道吃起来了。

这时，苏友匆匆找来了，他送了夫人炒的一钵油盐饭。苏轼笑着说道："来来来，请大家都来尝尝。"说着，将油盐饭放在船板上。

大伙儿以为太守夫人一定送来了山珍海味，谁知竟是一钵普通百姓们常吃的油盐饭！大家说着笑着便将一钵油盐饭分而食之了。

丁有林又添了一碗炒藕片端给了苏轼，苏轼吃得津津有味……

这时，忽见从远处走来一群人，当他们走到湖边时才看清是一些僧人。僧人来干什么？

一位中年比丘尼走到跟前，焚了三炷高香之后，又朝西湖拜了三拜。她双目微垂、双手合十，说道："贫尼得知苏大人率众挖葑除淤、拯救西子，功德无量。贫尼特率众徒前来向苏大人致谢，为西湖祈福。"说完，向身后招了招手，四名僧人将一方"治湖造福，恩泽百世"的匾额送给了苏轼。接着，又从随身佩戴的法袋中取出一个黄绢小包双手交给了苏轼，说道："请大人转交朝云施主。"

苏轼连忙擦了擦手上的泥巴，接过绢包。他怕被船上的泥水弄脏了，连忙将绢包揣进了怀里。

比丘朝他微微一笑，施礼之后便转身走了。

她是谁？苏轼觉得有些面熟，但一时记不起来了。

望着她渐渐走远的身影，工地上的民工纷纷议论起来，有人说："你们看，她的眉目、她的神态，像谁呀？"

有人说，她像庙里供奉的观音菩萨。

有人已经认出了她，说道："她是灵隐寺的云心禅师，每当她在寺中讲经时，一讲就是三天三夜！数千听经的僧人坐在禅院里，没有人说话，也没有人走动，安静得连树上掉下一片树叶都能听得清清楚楚。"

还有人补充说，灵隐寺的松树上有很多松鼠，它们常常在树枝上戏闹，啃碎的松子壳常落在僧人身上。每当她讲经时，好像它们也在听经，在树枝上一动都不动！

苏轼想起她刚才说的"挖葑除淤、拯救西子"的音调，想起了十五年前的一件往事。当年，他领琴操去灵隐寺出家，路过西湖时，她曾经边走边唱《饮湖上初晴后雨》。唱完了，她叹了口气，说道："苏大人把西湖比作西子，西湖修成了正果，可是谁肯拯救风尘之人也修成正果呢？"想到这里，他顿时大悟，原来她就是当年的诗妓琴操！

章援担心他过于劳累，劝他回宿舍睡个午觉再来工地。他摇了摇手，对桐花说道："去湖中心看看，开船吧！"

桐花用竹篙向岸上轻轻一点，小船便像箭一般离开了人群。

3

一进九月，治湖工程已大见成效。到了月中，朝廷已经恩准了苏轼上书的《乞开杭州西湖状》，拨米一万担，钱一万贯，赐牒五十道。有了经费和粮食，治湖进度很快，丁有林负责的六井修复已全部换上了陶管、石槽，杭州城的百姓们已喝上了清亮甘甜的井水。一条起自南屏、止于曲院的南北大堤如一道长虹，已横卧在湖中了。到了月底，大堤上修建的六座桥梁已经完工，九座亭子也已建成，只等待苏轼为它们命名了！

苏轼发现，新修的大堤上种上柳树桃树后，它们盘曲的根系可以加固堤岸，而挖走了葑田的湖面上葑草还会重生，葑田还会形成，用不了多少年，西湖的湖水又会变臭，游人们也就不会再来，治湖算是白治了！

有一天，他路过城外的百亩塘时，见塘中清波粼粼，不生一棵莳草！便问水塘主人："请问先生，这百亩塘过去长过莳草吗？"

"长过。"

"现在为什么不长了？"

"因为塘里种了紫菱角。"

"为什么种了紫菱角就不长莳草呢？"

塘主人告诉他，塘里要种紫菱角，就要把莳草连根挖出、寸草不留，然后才能栽种紫菱角。塘水越清，菱角越甜，价钱也越高，到了冬季运到汴京一带，最受北方人的喜爱。

苏轼与刘忠等代表们商量过了之后，决定将大堤两边的湖面辟为菱荡，租给农户种菱，不收租赋，但种菱租户要守约，不许湖中有荇藻等杂草。

府衙的告示贴出去不久，就有数十租户要求承租，湖面很快就被人租去了。种了紫菱角的湖面水清鱼多，湖上游船如梭，游客们坐在船上就可顺手采菱尝新了！

刚刚筑起的长堤还没有名字，百姓们便顺口叫作苏堤。苏堤南北贯通那一天，天气晴朗、湖中风平浪静。一些参加治堤栽树的民工和湖上的船娘、歌妓们聚集在一座刚刚竣工的亭子中歇息，他们看见苏轼戴着竹斗笠、扛着一柄锄头，正率领几名官员顺着长堤朝亭子走来，大家纷纷让出座位请他们进亭歇一歇，苏轼便笑着进了亭子。

桐花对身边的琼芳说道："苏大人为治理西湖日夜操劳，请琼芳姑娘为苏大人唱支曲子如何？"

她的建议得到了众人的响应，大家都纷纷催促琼芳为太守大人唱支曲子。

琼芳是位歌妓，已经二十出头了。她虽然衣襟上沾着泥土，脸上也有汗渍，但仍然透着难以掩盖的青春魅力。她有些为难，问道："唱什么曲子才好呢？"

桐花笑着说道："就唱你心中最爱的曲子吧！"

琼芳听了，低下头去，怯怯说道："小女子唱出来怕让苏大人扫兴，还是不唱为好。"

苏轼听了，有些好奇，什么曲子能让我扫兴呢？为了安慰琼芳，他说："凡是姑娘唱的，本官都愿意听，请姑娘唱吧！"

琼芳听了，抬头望着远处，眼神中露出了一种忧伤，声音也有些哀切。她揉搓着自己的衣襟，轻声唱了一首《惜分飞》：

> 泪湿阑干花着露，愁到眉峰碧聚。此恨平分取，更无言语空相觑。
>
> 短雨残云无意绪，寂寞朝朝暮暮。今夜山深处，断魂分付潮回去。

唱完了，她强忍着的泪水便无声地流淌下来了。

苏轼被她的歌声打动了，也对她的身世产生了兴趣，问道："琼芳姑娘，这首词是你填的吗？"

琼芳说道："小女子不敢哄骗大人，小女子识字不多，此词虽是小女子所作，却是毛滂为小女子修改过的。"

苏轼："毛滂是谁？"

琼芳的脸庞红了，她低声说道："他是小女子的……"

这时，她身旁的一位歌妓说出了她的遭遇——

身为歌妓的琼芳，与杭州府的法曹毛滂从相识相知到相爱已有数年，但毛滂却一直苦于无钱为她赎身。前不久，因毛滂的任期已满，即将离开杭州，另赴新任。昨天夜里，二人难舍难分，琼芳哭着为他填了一首《惜分飞》，毛滂为她修改过之后，便挥泪而别了。

天亮后，琼芳便和姐妹们来到苏堤上栽种树木。

苏轼听了，说道："琼芳姑娘，你不必伤心，本官这就派人去把毛滂追回来！"又转头吩咐章援："章大人，速派人去追毛滂，留任杭州！"

章援刚要走，忽然听见亭子外有人喊道："我在这里！"随着喊声，一个年轻男子跨进亭子，"扑通"一声跪在苏轼跟前，说道："学生毛滂，感谢苏大人的知遇之恩。"

琼芳突然看到毛滂又回来了，由惊转喜，也连忙跪在了毛滂身边，向苏轼叩头。

原来，毛滂一大早就出了城门，但他实在舍不得离开琼芳，便又悄悄回到城中，想再看一眼自己的心上人。听说琼芳去苏堤栽树了，他便混在栽树人群里四处寻找琼芳的影子，当他听到琼芳的歌声时，便躲在了亭子外边。

苏轼对毛滂说道："毛滂，你可留在杭州继续任职。"又对琼芳说道："琼芳姑娘，自今日起，本官准许你脱除乐籍，自由去留！"

琼芳听了，连忙叩头谢恩。

亭子里爆发出一阵欢呼之声，人们都向这对恋人表示祝贺！

修苏堤竟修出了一段佳话韵事，大家开了眼界，也饱了耳福。

因为苏堤是苏轼领头修的，这就注定它还会发生许多故事。

4

由于太守的公务本来就十分繁杂，而苏轼又是个勤政悯民的太守，加之还要接待从四面八方前来拜访的文友，整天忙得团团转，家人很少能见到他的面。

因为王润之身子虚弱，苏迫、苏迈、苏友、高俅都随着苏轼去了工地，王朝云便担起了为全家洗衣、做饭等家务的担子，还要每天为工地熬三担绿豆汤，实在忙不过来。由王润之做主，家中添了春娘等三名家妓，王朝云才有些空闲时间。

这些年来，王朝云不但学会了作诗填词谱曲，还读了不少书，遇到生字典故时，便向苏迈请教。当苏轼将"云心"禅师的黄绢小包给了她以后，她如获至宝，因为黄绢中包着一部新刻的《金刚经》！这些天来，每天晨昏她都跪在佛龛前面诵读，有时还讲给王润之听，以打发空寂的日子。

有一天，她正在诵经时，春娘进来说道："夫人，门外有人求见。"

王朝云出门一看，见一名中年农妇站在门外，农妇一看见她，就大声说道："朝云妹妹！"

王朝云仔细一看，原来她是白玉兰！

白玉兰伸出双手一把抱住了王朝云，说道："朝云妹妹，你可想死我了。"

王朝云："我也想姐姐啊，还常在梦中梦见姐姐呢！"说着，眸子已经有了泪花。

王朝云当年入乐籍时只有十二岁，白玉兰不但教她唱曲、弹琴，还时时保护着她，二人既是闺中密友，又是情同手足的姐妹。王朝云自从离开杭州后，再没见到白玉兰，也不知道她的日子是怎么过的。她还在杭州吗？还是流落他乡了？没想到十五年后二人又重逢了！

听说白玉兰来了，王润之也十分高兴。她拉着白玉兰的手，仔细端详着她的脸，说道："当年那么标致的人儿，如今眼角上已有鱼尾纹了，脸也晒黑了，不过，比当年精神多了，身子也发福多了，快说说，这些年来你是怎么过的？"

白玉兰告诉她们说，她攒了些钱，脱离了乐籍，嫁给了龙井村的茶农孙雁。孙雁祖祖辈辈种茶，他天天忙着在茶山施肥、浇水，还教会她采茶、烘茶。他们夫妇已经有了一儿一女，小日子虽不富裕，但过得很舒心。她还说，她永远都忘不了当年吉祥寺的那场赏花酒宴，杭州府推官何正臣有意刁难她时，还是苏轼当场为她作了一首《贺新凉》，才为她解了围！当她听说苏轼受人陷害关进了乌台大狱时，她在家中设下香案，面北而跪，祈祷上苍保佑他。当她听说新任的杭州太守就是当年的苏轼时，她便从龙井村赶来了。

王朝云问她："当年姐姐唱歌，全城闻名，如今还唱吗？"

白玉兰："有时也唱，唱给孩子们听。"

王朝云："都唱什么歌？"

白玉兰："唱的都是自己编的采茶歌。"

王朝云央求她说："好姐姐，唱一首听听，好吗？"

白玉兰笑了笑，便轻声唱了起来。

> 采茶三月三，满枝是春尖。
> 西湖明若镜，映出艳阳天。

王朝云听了，拍着手说道："太好了，太好了，不但唱得好，词也编得好！"

王润之知道龙井村离府衙很远，便执意要留她多住些日子。白玉兰听了，连忙说道："夫人，白玉兰此次进城，一是来看望两位夫人，二是受村中父老之托，送来了一担龙井茶，让苏大人和乡亲们尝尝龙井村的龙井茶。"说完，朝门外指了指："他们就在门外。"

王朝云出门一看，见一个人高马大的汉子挑着一担竹筐朝她憨厚地笑着。在他身后，还有一队挑着水桶的村民。原来，他们要将龙井茶和龙井水送往苏堤。

王润之知道难以留下白玉兰，便对王朝云说道："朝云，你陪白玉兰去吧！"

王朝云听了十分高兴，便挽着白玉兰的手一同去了治湖工地。

龙井村的村民到了苏堤之后，立即在堤上支起了两口大锅，倒进了挑来的龙井水，接着在锅下烧起了木柴。不一会儿锅中的水就烧沸了，白玉兰将大海碗摆在堤上，每个碗里放上了龙井茶，又将沸水轻轻倒入碗中。她端着一碗龙井茶走到苏轼跟前，深情地看了他一眼，说道："请苏大人品尝龙井水冲泡的龙井茶。"

苏轼接过海碗尝了一口，果然觉得清香纯淳、满嘴皆津。

王朝云则将一碗碗龙井茶送给治湖的士兵和民工。

不知是谁眼尖，认出了端碗的女子竟是太守大人的夫人，便大喊了一声，说道："请朝云夫人唱首歌，好不好？"

　　他的提议立即得到了人们的响应，大家都齐声喊着："朝云夫人唱首歌，朝云夫人唱歌……

　　王朝云听了，有些为难，她望了望白玉兰，白玉兰说道："妹妹若不唱歌，恐怕大家不会答应，还是唱一首吧！"

　　王朝云："唱哪首歌呢？"

　　白玉兰想了想，说道："就唱那首《饮湖上初晴后雨》吧！"

　　王朝云虽然已有二十七岁了，又经历了太多的风雨和磨难，但在众人眼里，她不但依然是位婷婷玉立的吴娃越女，而且多了几分雍容和成熟。她朝西湖四周看了看，柔声唱道：

水光潋滟晴方好

　　也许杭州人不但都爱读这首诗，还都爱听这首歌，她刚刚唱了一句，在堤东挖葑田的民工便随着唱起来了：

山色空蒙雨亦奇

　　接着，堤西运泥船上传来：

若把西湖比西子

　　继而，满湖一齐唱了起来：

淡妆浓抹总相宜

　　悠扬的歌声在湖面上飘荡着……

　　歌声刚歇，章援气喘吁吁地赶到了苏堤，找到苏轼以后，他低声说道："恩师，汴京的中使大人送来诏书。"

苏轼听了，匆匆回到了官舍，看了诏书才知道，这是宣仁太后打破常规、直接以中旨颁下诏命：诏苏轼任翰林学士兼侍读！

为了赴京上任，他谢绝了一切宴请，并不许府衙官员透露自己的行期，以免惊动杭州各界。

离开杭州前夕，章援来到苏轼的书房，他说："恩师离任，小侄心里闷得慌。当年，小侄与两位弟弟求学恩师才得以考中进士，恩师守杭州三年，更是小侄求学恩师的三年，受益终生。让小侄有愧和不安的，是家父——"

苏轼连忙打断了他的话，笑着说道："下官和子厚兄是多年的老友了，请贤侄不必自责。"停了停又说："下官走后，请贤侄将结余的钱粮接济一些孤寡长者和失家的孤儿。"

章援："恩师的话，小侄都记住了。"

二人一直谈到子夜，章援才离开了书房。

苏轼一家是拂晓时出发的，在杭州城里时倒还平静，谁知一出了北门，见路边摆满了香案，数万人挡在路上，焚香举酒，哭声一片。许多人还随车步行十余里，去送别他们的太守……

他走了以后，杭州的百姓在苏堤上为他立了一座生祠，以纪念这位为西湖倾注了心血的诗人太守。但后来吕惠卿任杭州太守时，竟下令将那座生祠毁掉了！

其实这是一种徒劳，因为苏轼已活在杭州百姓的心里了。

第二十三章　惠州有一位"散花天女"，香火不断

念奴娇·中秋

凭高眺远，见长空万里，云无留迹。桂魄飞来，光射处，冷浸一天秋碧。玉宇琼楼，乘鸾来去，人在清凉国。江山如画，望中烟树历历。

我醉拍手狂歌，举杯邀月，对影成三客。起舞徘徊风露下，今夕不知何夕？便欲乘风，翻然归去，何用骑鹏翼。水晶宫里，一声吹断横笛。

1

宋哲宗元祐六年（1091年），苏轼奉诏回京，先授礼部尚书，因受到政敌的攻击，他要求出京任职，先后任颍州、扬州、定州太守。过了两年，宣仁太后驾崩，朝政发生了重大逆转。

宋哲宗亲政后，当年被司马光排挤出京的官员被纷纷启用：章惇授为左仆射兼门下侍读、也就是宰相之职，吕惠卿官复原职，李清臣、曾布、蔡京等人也都得到了重用。因为失去了太皇太后的保护，苏轼和他的学生、朋友以及八百三十多名元祐时期的官员遭受到了残酷打击。

苏轼是章惇重点打击的对象。章惇对政敌仍袭用了李定、舒亶等人鸡蛋里找骨头的整人策略，抓住苏轼诗词文章中的片言只语，无限上纲，说他"所作文字，讥斥先朝"，犯了此罪属于不可饶恕的欺君之罪！对于自己的老师，这位刚刚执政的宋哲宗也绝不手软，立即下诏罢了苏轼的定州太守之职，以朝承郎身份将他贬到了英州（今广州英德）。

苏轼一家刚刚到了英州，新的贬令又到！诏苏轼宁远军节度副使，惠州安职，不得签署公事！

已是五十九岁的苏轼，又以罪臣身份踏上了更为偏远的贬途。

苏辙也被免去了门下侍郎之职，贬到了汝州。

马不停蹄地进京出京、任职免职，苏轼已感到身疲力竭。他坐在马车上，望着走不到尽头的驿道，低声吟哦着：

> 二年阅三州，我老自不惜。
> 团团如磨牛，步步踏陈迹。

吟哦完了，他轻轻叹了口气，又继续前行。

在去惠州之前，苏轼知道自己此去祸福难测。因他已在常州宜兴买下了房舍和田产，便让长子苏迈带领全家去宜兴居住，若自己还能回来，就去与他们团聚。

接着，他做了一个重大决定，将家中全部积蓄分发给家中的歌姬和男女仆人，让他们或投亲靠友，或自谋出路，免得跟着自己吃苦受罪遭连累。

高俅听说要让他离开苏家，哭着说道："我的命是苏大人给的，我要一辈子侍候苏大人，求大人千万不要赶我走。"

高俅不但聪明，而且动作十分敏捷。苏轼曾带他去军校场看过几次踢球比赛，他就喜欢上了踢球游戏。王诜也十分喜爱踢球，还常在家中举办踢球比赛，看到高俅身子灵活，便让他下场踢球。为了让高俅有个出路，苏轼便将高俅送给了王诜。他离开汴京时，高俅将他送出了三十多里才抹着眼泪回去了。

最后只剩下王朝云和春娘了。苏轼虽然与王朝云情深意厚，又同甘共苦生活了十九年，但自己已经老了，难以照顾她了。而且王朝云只有三十一岁，应趁着年轻让她寻一个好的归宿，胜过跟着自己，前途未卜、四处奔波。他把自己的打算告诉了王朝云之后，王朝云哭着说道："妾不求富贵，只求能与老爷一路走下去，哪怕住破屋、穿缟衣、吃糠菜，也绝不后悔！"

苏轼听了，心里十分难受。他觉得自己有愧于她，若让她再跟随自己走下去，心中十分不忍，于是还是不断地劝说。谁知劝到最后，王朝云说："妾，生是苏家的人，死是苏家的鬼。老爷忘了夫人对你说过的话吗？"

苏轼不敢忘记王润之弥留之际的嘱咐："我走了以后，老爷一定要把朝云留在身边，我就死可瞑目了！"

苏轼听了，说道："我一定不离开朝云，请夫人放心吧！"

如今，当王朝云提到了王润之临终前的嘱咐时，他只好答应让王朝云留下，不过，在安排春娘离家时，却发生了令苏轼遗憾终生的悲剧。

春娘只有二十三岁，那还是在杭州治理西湖时，王润之身子虚弱，需人在身边照料，便自作主张出钱赎出了春娘，作了苏家的歌妓。

春娘自脱了乐籍进了苏家之后，就像鸟儿放出了樊笼，整天乐呵呵的。她干活手脚麻利，细心侍候在王润之身边。她粗识文墨，还能谱曲，为了给王润之解闷，她将苏轼的诗词谱上曲调，唱给王润之听，很得王润之的喜欢。

春娘进了苏家不久，就跟随着苏轼开始了流离奔波的日子。王润之病重时，曾向苏轼交代过，春娘还年轻，自己走了以后，要放她出去，为她找个好的人家，别误了她的下半辈子。

苏轼记在心里了。

王润之去世后，春娘极为悲伤，她哭着说："让春娘随着夫人去吧！"直哭到昏倒在地，幸亏及时施救，才没发生意外。

当家中的歌妓、仆人都走了以后，春娘还是哭着不肯离家。苏轼想，孤儿出身的春娘本来就无亲可投，让她如何安身立命？

就在为难之时，友人蒋炎云听说他即将出京，便骑马来看望他。蒋炎云见他行李颇多，便指着自己的那匹白马说道："在下就将这匹马送给苏大人，以作路上驮运行李之用。"

苏轼连忙说道："不可、不可，那可是一匹好马啊，马市上能卖不少钱呢，下官不能收。"

蒋炎云说道："那就卖给大人吧！"

苏轼："也不可，下官如今已是身无分文了。"

这时，恰逢春娘出来送茶，蒋炎云顺手指了指春娘，笑着说道："就以她换我的马吧！"

他的一句话引起了苏轼的心事。这位蒋炎云虽说不是巨贾富商，更不是官宦人家，但家有薄产，又知情达礼、为人正直，若春娘随他去了，岂不遂了自己的心愿？便答应了。

蒋炎云听了，十分高兴，便即兴写了一首诗：

不惜霜毛雨雪蹄，等闲分付买娥眉。

虽无金勒嘶明月，却有佳人捧玉卮。

苏轼也作一首：

春娘此去太匆匆，不敢啼叹懊恨中。

只为山行多险阻，故将红粉换追风。

追风，就是奔驰如风的骏马。

春娘读了苏轼的诗以后，说道："孔子贵人贱马，如今老爷却要以妾换马，岂不是马贵人贱？"说完，她也写了一首七绝：

为人莫作女儿身，百般苦乐由他人。

今日才知人贱马，此生苟活怒难嗔。

写完了，她向苏轼深深一拜，转身向一棵老槐树跑去，竟一头撞在了树身上！

当苏轼将她抱起来时，她已含恨而死！

原来，这位春娘十分羡慕王朝云，也暗恋着苏轼，但她一直将这份感情藏在心里，只是苏轼没有察觉到罢了。

苏轼心痛如绞，他本想让春娘能有个好的归宿，谁知却偏偏害了性子刚烈的春娘，他追悔莫及……

安葬了春娘之后，苏轼便和王朝云、苏过一道，匆匆踏上了没有尽头的驿道。

2

翻过了大庾岭，天气便变得热了起来，路也难走多了，路面上坑坑洼洼，坐在车上，颠簸得浑身酸痛。一路上晓行夜宿，走了半个多月才到了惠州。

听说苏轼已抵达惠州，惠州太守占范连忙率领同僚们去驿道迎接，说道："苏大人前来惠州，是惠州之幸啊！"

苏轼连忙说道："在下系带罪之身来到贵地，唯恐连累大人和贵地，心中不安。

再者，请大人直呼苏某之名即可。"

占范不以为然，笑着说道："惠州百姓虽远离中原，但都知道苏东坡之名，却少有人知道大人的名号。下官敬仰东坡学士的学问人品，不知何罪之有。学士能来惠州，不光惠州能旺文脉，后学晚辈也有求学之师了，这是下官求之不得的啊！"

听说苏东坡来了，惠州的百姓们纷纷拥到街上，都争着来看这位早闻其名、未见其人的大诗人。还有些稚童们伸手去摸马车轮子，一些大胆的孩子还争着去摸东坡学士的衣袖！苏轼以为是孩子们在戏闹，并未在意。占范说道："当地百姓们已将苏轼当成了下凡的文曲星，学童们只要沾了文曲星的文气，长大了就能中进士、中状元！"说完，哈哈大笑起来。

不一会儿，府衙的掌书记来说："占大人，接风宴已经备好，请和苏大人入席！"

占范拉着苏轼的手，说道："下官已在官舍设宴为东坡学士接风，因为府衙的同僚们都想见见东坡学士，学士不见怪吧？"

苏轼："哪里、哪里，罪臣初来乍到，正想多交些朋友以适应惠州风土人情呢。"

这时，猛听见有人喊道："子瞻兄！"

苏轼转身一看，原来是道士吴复古。只见他身穿灰布道袍，斜背着一柄长剑，风尘仆仆地走了过来。

原来，吴复古是苏轼的旧友，他云游回京后，听说苏轼已经贬往惠州，他有些放心不下，便一路打听着来了，终于在惠州追上了苏轼。

苏轼连忙向占范作了介绍，占范说道："仙长既然是东坡学士的朋友，也就是下官的朋友，同去入席吧！"

三人说笑着，进了惠州衙门。

散席后，吴复古说他要去清风观看望一位道友，便先走了，占范亲自将苏轼一家送到了合江楼，这是占范特意为他准备的住处。

合江楼在惠州城的东北角上，东江和西支江在这里合流，站在合江楼上能看到渔船在江上撒网、鹭鸶在船旁边觅食。江畔荔枝成林，田野里稻秧翠绿。在山坡上放牛的儿童骑在牯牛背上吹着竹笛，牯牛只管低头啃着地上的青草，一派迷人的田园风光。苏轼笑着对王朝云说道："朝云啊，虽然惠州僻远穷荒，但不失为一处世外桃源。

王朝云正在缝补一件淡绿色的褙子，那还是在杭州时王润之在丝绸店里为她买的料子，她亲自剪裁缝制的，穿起来十分合身，她十分喜欢。但因已穿了多年，又在来惠州的路上磨破了衣袖，有些破旧不堪。苏轼劝她扔了算了，她舍不得，便找了一块颜色相似的绸布，一针一线地缝着。她抬头望了望窗外，说道："这里虽不及汴京和杭州，倒也民风淳朴、景色宜人，若能定居惠州，也就心满意足了。"

苏轼听了，一下子想起了王巩的爱妾柔奴。

柔奴本是洛阳一户大户人家的女儿，后来家道中落，沦为了歌女，被王巩纳为侍妾。

王巩因受乌台诗案的牵连，连降两级，又被贬往宾州。他家的几个家妓都离他而去了，只有柔奴愿意陪着他去宾州。他的一个儿子死于汴京家中，一个儿子病死在贬所，他虽有失子之痛，又贫困潦倒，但柔奴一直无怨无悔守在他的身边，时时安慰着他。四年后王巩遇到大赦，在回京的路上，特意去黄州看望苏轼。

苏轼发现，原来就十分英俊潇洒的王巩，归来时依旧面红如玉、双目有神、身体强壮。苏轼问柔奴："广南不是京城，更不是你的家乡，那里荒凉贫穷，你在那里过得惯吗？"

柔奴听了，微微一笑，说道："只要是心安处，就是妾的家。"

苏轼听了，大为激动。这句发人深思的话竟出自一位弱女子之口，虽然柔和，却极悲凉。他曾为柔奴填过一首《定风波》：

常羡人间琢玉郎，天应乞与点酥娘。尽道清歌传皓齿，风起，雪飞炎海变清凉。

万里归来颜愈少，微笑，笑时犹带岭梅香。试问岭南应不好。却道：此心安处是吾乡。

他对王朝云说道："朝云说的，和柔娘的'此心安处是吾乡'是同一道理，我们就把心安在惠州吧！"

王朝云："老爷的心安在哪里，妾的心就在哪里。"说着，又低头缝补起来。

虽然初来乍到，但到合江楼求见的客人却络绎不绝，学子们上门求教"策论"的写法，禅寺的方丈要求题写大殿的楹联，文士们拿来他们的诗作请苏轼评点、指正……

有一天午后，苏轼拿着一只刚制好的秧马去村外教乡亲们使用，正沿着东江江岸缓缓走着，见荔枝园里的荔枝树上结满了果子，将树枝都压弯了。他想，自己若能积攒些钱，一定要买上几亩山地，全都种上荔枝！

正走着，听见身后有人喊道："东坡居士！"

苏轼转头一看，见一位村姑提着一竹篮刚摘的荔枝走了过来，说道："这是方氏园中的荔枝，请学士和夫人尝尝。"

苏轼并不认识她，再说，这一竹篮荔枝要值不少钱呢！他执意不肯接受。

村姑笑着说着："惠州的荔枝产得多，不值钱，再说，学士肯吃方氏园的荔枝，也是方家的荣耀呀！"说完，将篮子塞在苏轼手里，又进园摘荔枝去了。

苏轼一回到合江楼就大声喊道："朝云，快来尝尝惠州的荔枝！"

王朝云正在楼旁的荒地上锄草，额头上沁着汗珠、手上沾着泥土。原来她想开出一片菜地，种些菠菜、白菜等青菜，以节省买菜的钱。她问道："是老爷买的吗？"

苏轼解释说，是方氏园的村姑送他的。他见王朝云双手沾着泥水，便剥了一颗荔枝，塞在了她的嘴里。

王朝云说道："惠州的荔枝又甜又新鲜，真好吃！"她连忙洗了洗手，选了一颗大的荔枝，剥出雪白的果肉，送到了苏轼的嘴里。

苏轼边吃边说："看来，我们比当年的杨玉环还有口福！她虽然也能吃到荔枝，但不知累死了多少马匹，而且也吃不到这么新鲜的荔枝！"

王朝云边剥荔枝边说："可惜润之姐姐尝不到惠州的新鲜荔枝了。"

一提到王润之，苏轼觉得心里被什么狠狠揪了一下。

元祐八年（1093 年）八月，就在宣仁太后病重时，刚过了四十六岁生日的王润之便卧病不起了。她昏迷了两天之后，终于驾鹤西归了。苏轼便将她的灵柩暂厝于汴京城西的济惠寺……

苏轼见王朝云一边流泪一边剥荔枝，又将剥好的荔枝盛在一只盘子里，放在朝北的窗下，喃喃说道："请润之姐姐尝尝惠州的荔枝。"说完，低声哭泣起来。

到了年底，参寥大师云游到了惠州。说是云游，也是为了看望苏轼，他住在嘉佑寺中。

第二天，苏轼和参寥、吴复古正在合江楼上小酌时，嘉佑寺住持希固来了。众人见他浑身湿透，便问是怎么回事。希固说，因过东江时船小人多，船翻了，幸亏离岸不远，只是虚惊一场。

苏轼透过窗子看到了东江的渡口，见待渡的人很多，有人挑着青菜瓜果，有的妇人抱着婴儿，还有人用竹床抬着待产的孕妇，更多的则是急着赶路的行商，而渡口却只有两只渡船。苏轼问道："为什么不在江上造座桥呢？"

希固："贫僧就是为这件事来的。"

原来，因东江渡口是惠州通往广州的要道，每天过江的行人少则数百、多则数千，若遇上风大水涨，往往会翻船人亡。惠州府衙早就有造桥的打算，但库银不足，无力造桥。希固想在民间募捐，请苏轼出面，领头造桥。

坐在一旁的王朝云听了，说道："修路造桥是办功德之事，老爷不会推辞的，是吧？"

苏轼点了点头。

"妾还剩下一镯一钗，就请希固大师代妾捐了吧！"

苏轼深感王朝云深明大义，便将宣仁太后赐给他的一条犀皮玉带和一只金盏交给了希固。希固捧在手中，十分激动，说道："惠州的百姓忘不了东坡居士！"

占范对造桥一事尤为支持：虽然无力拨钱，却招募了八十名匠人，又派了三百名营兵参加造桥，一些商户也都为造桥认了捐。

第二天就在大街上贴出了募捐造桥的告示。

听说东坡学士为了造桥捐出了皇太后赐给他的外国进贡的宝贝，他的夫人把自己的首饰也捐出来了，大家都奔走相告，也纷纷捐钱捐粮捐工，不到三个月，湍急的东江上就架起了一座石桥，过江的行人再也不为渡江发愁了。

3

造桥期间，占范在松风亭为苏轼腾出了几间房舍，供苏轼一家居住。每天刚刚天亮，苏轼就领着苏过去了造桥工地，他虽干不了力气活，为匠人搭凉棚、烧开水等轻活还是能帮上忙的，直到月亮东升，父子二人才回来。桥造好之后，他发现王朝云的身子比以往瘦弱多了，有时她觉得心慌胸闷、四肢发冷，曾请郎中诊过，也服了不少药物，但病情总是不见好转。她有时腰痛欲断，但还忙着为苏轼父子浆洗衣服，洗完了便大汗淋漓，半天直不起腰来！苏轼看在眼里，痛在心上。

惠州也有个西湖，虽不如杭州西湖，但湖面开阔、四周林竹茂密、风景秀丽。只是湖上无堤，行人都是蹚水过湖，十分不便。松风亭的新居就在湖岸边，苏轼常常领着王朝云在湖畔散步，听着树上众多鸟儿的啼叫，看着湖中捕鱼的小船，让王朝云开心，以缓解病痛的折磨。她看到野地里暴露着许多白骨，心中不忍，便收在一起，用土掩埋。苏轼便建议太守派人四处收集白骨，立墓下葬，还亲自写了一首《葬枯骨铭》，刻石哀悼。

有一次，王朝云指着西湖对面一座佛塔问道："老爷，那是什么塔？"

苏轼说道："是栖禅寺的佛塔。"

王朝云痴痴地望着那座佛座，脸上绽出了难得一见的笑容，说道："那里真好、那里真好，要是湖中修座大堤，该有多好……"

苏轼安慰她说："待你的病好了，我们乘船过湖，去栖禅寺烧香、拜佛，好吗？"

王朝云摇了摇头，低声说道："妾想住在那里。"

"朝云想学琴操啊！"苏轼逗她说道，"我怎么办？"

她好像忽然想起了什么，说道："诵经的时辰到了，妾要回去诵经了。琴操师父送妾的那部《金刚经》，妾每天都要诵三遍，我们回去吧！"

回到松风亭后，他便跪在神龛前边，虔诚地诵读起来。苏轼发现，她诵经时不断咳嗽，每咳一声，瘦弱的身子就颤抖一下，苏轼心中一惊，他心里有了一种不祥的预感。

又住了几天，王朝云在房后种菜时忽然晕倒了，自此便卧床不起。惠州城里最好的几位郎中都来松风亭诊过，也服了不少药，但都不见起色，苏辙、佛印、黄庭坚、王诜、马梦得都纷纷写信来问候她的病情。陈慥还派人送来人参、阿胶、灵芝、鱼翅等物让王朝云补养身子，但始终不见病情好转。

病中的王朝云为苏轼制作了一顶竹笠，竹笠中开一孔，四周缀着绸帛，既轻便，又透风，人们戏称这是"苏公笠"，这种"苏公笠"很快便在惠州流行起来了！

苏轼中断了一切应酬，日夜守在王朝云身边，为她熬药，又将熬好的药汤一匙一匙喂进她的嘴里。天热时，他用汗巾为她擦洗身子；见她昏睡过去，又用葵扇为她轻轻扇风。每当王朝云醒了，便会紧紧抓住苏轼的手，半天不肯松开。

王朝云时睡时醒，睡是昏睡，醒是半醒，苏轼一边以手指为她梳拢着凌乱的头发，一面说道："朝云啊，你进苏家时，刚到'开笄'年纪。二十二年来，跟随着我吃尽了人间苦楚，王弗和润之去世后，她们都得到了御封诰命，可你还连个名分都没有！润之走了之后，我总想把你扶正，可你就是不肯答应，加之匆匆离京，在途中又贬来贬去，这事都怪我，我对不住你啊！"

王朝云听了，连忙说道："老爷不必自责，这是妾心甘情愿的。"

苏轼又说："这多年来，你不但为我担惊受怕，还饱受饥寒之苦。在黄州，你帮我在东坡开荒种麦，到了惠州，还拖着病身开荒种菜，把心血都耗在为全家的一日三餐和缝补浆洗上了，没有你，我苏轼就活不到如今，真不知道该怎么感谢你才好！"

王朝云吃力地说道："老爷喜欢在夜里读书、作诗，可惜妾不能再为老爷奉茶、牵纸、研墨了……"说到这里，她显得十分疲劳，又渐渐昏睡过去了。

苏轼望了望窗外，见一片阴云从西北飘来，转眼之间已遮住了天空，远处传来了"隆隆"的雷声。苏轼心里有些焦急，因为苏过去城里抓药去了，至今还没回来。他走时未戴斗笠、蓑衣，苏轼怕他在半路上遇上大雨。

这时，王朝云突然抓住他的手，半天不肯松开，苏轼对她说道："朝云，过儿为你抓药去了，待服了药之后，你的病也就好了，你放心吧！"

王朝云睁开双眼，深情地看着他，嘴唇一扇一扇的，想要说什么。苏轼将脸贴在她的嘴边，说道："朝云，你是不是想说什么？"

王朝云点了点头，断断续续说道："妾知道……不能再……陪老爷了，请老爷将妾葬在……栖禅寺边……让妾能时时看到……老爷。请老爷记住……"

苏轼听了，泪水如注。他大声说道："我记住了，记住了！朝云不要离开我呀！"

半空中闪过一道耀眼的闪电，接着便是一声震耳欲聋的炸雷。苏轼连忙用身子护着王朝云。听见王朝云在念"一切有为法，如梦幻泡影，如露亦如电，应作如是观"。说完，声音渐渐弱了，也渐渐消失了……

这是《金刚经》中的四句偈语，也是王朝云最后在人间留下的话，说完之后便去了她想去的世界。

苏过冒雨回来了，他一进门就见苏轼昏倒在床前，便扑过去将他扶起来。松风亭外，狂风呼号、大雨如泼。

闻讯王朝云病故，占范、希固、参寥等人都赶来了，按当地风俗为她举行了隆重的葬礼。出殡那一天，惠州城里来了八千多人，送葬队伍长达数里，纸钱纷飞，哭声不绝……

安葬了王朝云之后，苏轼在坟前长跪不起，直到太阳西沉时，苏过才将他扶回了松风亭。

第二天一大早，苏过起床时没看到父亲，便直奔栖禅寺而去，他见父亲痴痴地站在王朝云的坟前，连续三天，天天如此。

半个月后，苏轼渐渐从失伴的阴影中走出来了，为了纪念王朝云，他在王朝云的坟前修了一座亭子，又亲自命名为"六如亭"，亭上有副对联：

不合时宜，唯有朝云能识我。

独弹古调，每逢暮雨倍思卿。

他又为她写了《朝云墓铭》，在放置墓志铭时，他面对土坟，吟哦了一首《悼王朝云》：

苗而不秀亦其天，不使童乌与我玄。

驻景恨无千岁药，赠行惟有小乘禅。

伤心一念偿前债，弹指三生断后缘。

归卧竹根无近远，夜灯勤礼塔中仙。

4

第二年，占范等人又帮苏轼在白鹤峰修建了新居。他和苏过搬进新居不久，长子苏迈携妻带子来看望他，同来的还有苏过的妻子，一家三代同聚一堂，让苏轼品尝到了天伦之乐的真谛。

有一天，他领着全家游罗浮山时，种荔枝的一位老果农认出了领头造桥的苏轼，连忙摘了一些荔枝送给他们，一家人便在草地上席地而坐，品尝荔枝。长孙苏箪说道："爷爷，你能作首诗吗？"

苏轼笑着说道："好吧，你听着！"

罗浮山下四时春，卢橘杨梅次第新。

日啖荔枝三百颗，不辞长作岭南人。

几个孙儿听了，都乐得拍起手来。

从罗浮山回来后，苏轼连续三天都去了惠州的西湖，他撑着一只小船，用竹竿不断测量着水的深度,脸上晒得黑黝黝的,孙儿们问他:"爷爷,你下湖干什么?"

苏轼:"测水深。"

"测水深干什么?"

"爷爷要在湖上修一道大堤。"

"修大堤干什么?"

"有了大堤,过湖就方便多了。"

孙儿们听了,便不再问了。

和儿孙们朝夕相处在一起,家里整天都洋溢着欢声笑语。三个月后,苏迈才领着全家人去了宜兴,家中顿时安静多了。

占范来看望他时,顺便说起府学的一个老师病了,学生们将要放学回家。苏轼听了,便让苏过前去暂时代课。白天,他常常站在湖边,遥望栖禅寺的佛塔;有时也乘船过湖,在王朝云的坟前逗留半日,轻轻拂去六如亭上的浮尘。晚上,便在灯下读书,以打发孤独的长夜。

有一天,他刚刚入睡,忽然听见有歌声从湖上传来,声调哀婉、断断续续。仔细听去,分明是王朝云的声音!他以为这是幻听,便没有在意。

又过了一会儿,听见了一串轻微的脚步声。他借着依稀的月光,看见一位身穿浅绿衣衫的女子走进房中,默默地站在他的床前。忽然,他看到了她衣袖上新补的补丁,这不是自己日思夜想的王朝云吗?他连忙爬起来,问道:"朝云,你是从哪里来的?"

王朝云幽幽说道:"妾从西湖对面来,老爷体弱多病还常去看妾,妾心中不忍。今后,妾会夜夜都来看望老爷,好吗?"

苏轼发现她的衣裙湿漉漉的,娇小瘦弱的身子不断地打着寒战,连忙问道:"为什么衣服是湿的?外边下过雨吗?"

王朝云:"没有下雨,妾是蹚水过湖的。"

苏轼听了,一下子想起了对她说过的修堤许诺,说道:"我要在湖中修一道长堤,已经测过水深了,你和乡亲们就不必再受蹚水之苦了。"

王朝云听了,高兴地笑了。

远处传来了一声鸡啼,王朝云柔声说道:"妾要回去了,请老爷保重。"说完,一转身就不见了。

苏轼醒来,原来是场梦!

第二天，他匆匆去了嘉佑寺，将在西湖修堤的打算告诉了希固方丈。希固很支持，又邀约了逍遥堂、海念院、罗浮院、栖禅寺等十几座寺庙，共同化缘、募捐。占范还从府衙拨来了治水钱粮，沿湖的百姓纷纷捐工。不久，便择日动工了。

由于西湖水浅、淤泥不多，加之两边都是荒土山墩，取土容易，不足三个月，西湖长堤便修成了！

一天晚上，风雨大作，苏轼刚刚睡下，王朝云又悄悄来了。苏轼见她的衣裙又是湿漉漉的，便问她原因。她说，湖中风大浪急，大堤被冲开了一个大口子，她只好蹚水过来。她还告诉苏轼说，罗浮山上有石盐树，叶稀干直、质地如铁。若在湖堤两边打下九百九十九根石盐树木桩，再铺上泥土、种上蔓草，长堤就不怕浪打水冲了。

第二天，苏轼把此事告诉希固方丈后，希固立即派人去罗浮山买来石盐树，削成木桩，打进了长堤两边。自此以后，大堤再也没有损毁过，那些去西湖对面砍柴的、种地的、走亲戚的、烧香礼佛的乡亲们听了苏轼做梦的传说以后，都感念感情专一、心地善良的王朝云。

苏轼离开惠州之后，栖禅寺改成了大悲寺，惠州人认定王朝云就是天上的"散花仙女"，将她供于寺中，历代香火不断。

天有不测风云，又一场文字狱已渐显端倪。

有一天，惠州的一些秀才们要去参加科考，行前去求教苏轼。因为求师心切，秀才们去得太早了，苏轼尚未起床，他们只好在窗外静候着。

因为修了西湖长堤，苏轼心里舒畅，睡得分外香甜。听到远处传来了一阵悠扬的钟声后，他连忙下床，边穿衣服边吟哦起来：

> 白发萧散满霜风，小阁藤床寄病容。
>
> 报道先生春睡美，道人轻打五更钟。

苏轼随意作的这首《纵笔》，很快便在惠州城里传开了。

就在苏轼打算在惠州定居、陪伴王朝云终老此生时，汴京突然发来诏书：责授苏轼琼州别驾，移昌化军安置！

而引起这场祸事的原因，竟是诗中的"春睡美"三个字！

第二十四章　情满桄榔庵

望江南·超然台居作

春未老，风细柳斜斜。试上超然台上望，半壕春水一城花。烟雨暗千家。

寒食后，酒醒却咨嗟。休对故人思故国，且将新火试新茶。诗酒趁年华。

1

浩瀚南海，无风三尺浪。一艘既载人又装货的大船好像一片树叶，在汹涌的波涛中起伏着。

苏轼望着水天相接处，想起离开惠州时，惠州的数千名百姓将他送到码头上，他们将香烛插在沙滩上，长跪不起，向苍天祈祷他们的东坡学士能再回惠州。

苏轼总觉得此行不是生离，而是死别。他对苏过说，他到了儋州的第一件事，就是为自己打造棺木；第二件事，是为自己造一座坟墓！

他行前已听说苏辙贬往雷州，便赶到了雷州与其住了五天。苏辙告诉他，他再次被贬的原因是他写的那首《纵笔》。

原来，那首《纵笔》先在惠州传唱，后又传到了广州，最终传到了汴京。

有一天，朝中的大臣们在朝房中候朝时，议论起了元祐大臣们的贬谪之事，翰林学士蒋之奇听说京城正在传唱苏轼的《纵笔》一诗，便抄录下来。他问章惇："章大人，你觉得这首《纵笔》好吗？"

章惇："本官不曾看过。"

蒋之奇便将《纵笔》呈给了他。

章惇看了之后，葫芦脸挂着笑容，问道："这诗写得颇有新意，也颇轻松，不知是谁人写的？"

蒋之奇："是苏轼写的。"

章惇听了，好像那首诗上有刺，刺得他脸上发辣，葫芦脸也一下子拉长了，他的手一抖，诗笺便掉在地上了。

蒋之奇看到这首诗触动了这位宰相的痛处，便又点了一把火，说道："没想到苏轼到了惠州后，还活得有滋有味呢！"

章惇冷笑着说道："那就将他贬得再远些！"

蒋之奇："再远，不就贬到海里了吗？"

章惇把手一甩，咬着牙根说道："苏轼责授琼州别驾，移昌化军安置！"

蒋之奇幸灾乐祸地说道："章大人想让他到孤岛上'春睡美'吧？恐怕他这辈子就别想再回来了！"

其实，触到章惇痛处的并不仅仅是苏轼的这首《纵笔》，在他心里，还有一个不允许人触及的禁区。

原来，苏轼曾听人说过，章惇的父亲章愈年轻时行为不端，他的岳母杨氏早寡，他竟与杨氏私通，生下了章惇。刚生下时，她本想将这个孽种溺死，但杨氏的母亲心中不忍，便将这个私生子留下了。于是，杨氏将婴儿放在一个大盒子里，送给了章愈。

章愈推算了婴儿的五行，断定他长大后能步入青云、光大门楣，便为他取名"章惇"，又雇了一个乳母，将章惇养大成人，后来果然登第为官。

苏轼曾作过一首《送章七出守湖州》，首联是："方丈仙人出渺茫，高情犹爱云水乡"，章惇认为是苏轼在嘲笑自己的出身，因而怀恨在心，但又不能言明，所以才对苏轼下此毒手的！

船在大海中艰难地航行着，苏轼转头望了望来路，来路和去路一样，都是水天相接、不见边际。他想，大约此生再也回不到中原了。他想起了一件事，在雷州城外的拱桥旁边，一个双目失明的老人拄着一根竹竿，一边乞讨一边唱着："当年亦曾扬飞帆，渡海胜似越雄关。道旁老梅垂泪道，古人十去九未还。"老人的歌声苍凉悲切，引起了苏轼的好奇。有人告诉他说，这位老人曾是一位战将，出征归来后穷困潦倒，又孤独一人，流落到了这里，以乞讨为生。

苏轼听了，连忙让苏过取出一百钱递给了老人。老人收下后，浑浊的眼里涌出了泪花。

听声音，老人应是黄河以北人氏。他唱的那句"古人十去九未还"，让苏轼心中一惊，这是一种劝告，还是一种兆示？这句歌词让苏轼想起了唐代诗人李德裕的遭遇。

李德裕是唐武宗的宰相，为相六年，内制宦官、外复幽燕，定回鹘、平泽潞，建树不俗，李商隐称他是"万古之良相"。但他在牛李党争中遭到政敌的陷害、打击，被贬到了海南岛，任崖州司户参军。他在海南写了一首《登崖州城作》：

314

> 独上高楼望帝京，鸟飞犹是半年程。
>
> 青山似欲留人住，百匝千遭绕郡城。

也就是说，从海南到京城，就是一只鸟儿也要飞上半年时间！可见海南的荒凉和遥远了。

想到这里，苏轼心中虽觉悲凉，但也觉得并不孤独，自己走的这条路，当年的贤达不也走过吗？他的心绪便渐渐平静下来了。

2

刚刚到达儋州，儋州太守张中已率领府衙的官员们在码头上等候多时了。

张中也是苏轼的忠实粉丝。他是开封人，曾当过象山县丞，他虽然敬仰苏轼，还听过他的不少逸闻韵事，但却一直无缘接触。今天，老天有眼，这位大名鼎鼎的诗人竟然来到了儋州！他将破旧官舍修葺一新，让苏轼父子居住。当晚，又在府衙举办了接风宴会。

苏轼担心自己的罪臣身份为张中带来麻烦，便想在民间租赁一间民房，只要能遮风避雨，一日三餐有着落就行了。他将自己的想法告诉了张中，张中听了，不以为然，说道："东坡学士能来儋州，是张中之幸，也是儋州百姓之幸。请学士放心，在儋州有我张中之床，学士就有安身之处；有我张中之食，学士就不会饿着肚子！"

苏轼十分感激这位豪放、率真的儋州太守。

苏氏父子住下之后，张中又命人按时送来米、酒、菜等物。为了不使苏氏父子感到寂寞，张中常到官舍看望苏轼，还与苏过一起下棋，切磋棋艺。有一天，他领着几个年轻人去见苏轼，对他说道："儋州属边陲蛮荒之地，当地黎胞居多，他们当中很少有人读书，听说东坡学士到了儋州，一些后辈都想向居士求教。"

接着，他指着身后的两个后生说道："这是黎子云和黎子明兄弟俩，住在城东，虽以种田为业，但十分好学，本官曾向他们粗讲过四书，再教本官就力不从心了。请东坡学士将他们收为学生吧！"

还没等苏轼答应，兄弟二人已跪下了，连声说道："请恩师受学生一拜！"

苏轼连忙扶起他们，见他们身穿葛布短衫，脸上和手臂上被晒成了黑褐色，脚上穿着木屐，显得十分精神。其实，黎胞平时皆打赤脚，只是在走亲戚或拜见长辈、宾客时才穿木屐，他们穿木屐前来拜师，可见虔诚之心了。

有一天，苏轼正在为黎氏兄弟讲解《论语》，忽然听见外边有人问道："东坡学士住在这里吗？"

苏轼听了，连忙过去开门。门开了，见有五人跪在门外要求拜师求学，一个叫符林，一个叫符确，一个叫吴翁，都是儋州黎人；另一个年纪稍大一些，叫姜唐作，是从百里之外的琼山来求学的；还有一个叫葛延之的江阴人，他是渡海前来拜师的。他们怕苏轼不肯收留，一齐跪在门前不肯起来！见苏轼终于点头答应了，都十分激动。苏轼开馆教学的消息传开后，学子们你传我、我传他，最后，房里坐不下了，有的学生就在窗外听课！

就在苏轼忙着为学子们授课时，张中匆匆来了。他将苏轼叫到一边，悄悄告诉他，听说章惇派董必前来海南察访，现已到了雷州。董必发现苏辙借住在吴氏的房子里，说他是"强占民房"，幸亏苏辙拿出了租赁契约，才算逃过了一劫。而太守张逢却被董必抓住了小辫子，指控他先后宴请过苏轼和苏辙，又帮苏辙租赁房屋，还按月接济酒肴等物。结果，苏辙被贬往循州安置，张逢则被免职、勒停！看来，董必很快就会到儋州察访！

苏轼听了，十分震惊。他怕因自己而连累了张中，便说道："我应尽快搬出官舍，租房居住。"

张中说道："现在租房为时已晚，请东坡居士放心好了，一切由我张中扛着！"

送走张中以后，苏轼继续授课。

"山高皇帝远"这句话，对别人来说也许适用，而对于苏轼就不适用了，因为他永远都在朝廷的视线之内。就在他向学生们讲学时，远在汴京的章惇又想起他来了。

按大宋祖训，虽然不许杀言官和大臣，但可以变通手法而达到目的。章惇为了将政敌置于死地而后快，他成立了一个诉理局——专门对政敌进行迫害的机构，朝野定罪的已有八百三十余人！受害人被捕后遭到严刑侦讯、残酷折磨，有的人甚至遭到钉足、剥皮、拔舌等酷刑！

因为苏轼没死，章惇总是念念不忘。绍圣五年二月，章惇、吕升卿、蔡京执掌朝廷实权，派董必到岭南察访，就是想对苏轼等人赶尽杀绝！

吕升卿是吕惠卿的弟弟，与苏轼有深仇大恨；蔡京又是追随章惇而受到重用的，这位董必原在湖南为官，以办案手段狠毒著称，在湖南办案时，曾连逼三名官员毙命！章惇派他到海南察访，目标是儋州的苏轼。他虽然无权诛杀苏轼，但可用李定在"乌台诗案"的那些伎俩整死苏轼，以向章惇邀功。

就在他准备渡海到儋州察访时，彭子民救了苏轼一命。

彭子民是董必的随行人员，泽州人氏，由于办事干练受到董必的信任。他知道董必到了儋州，苏轼必死无疑。他对董必说道："董大人，下官晚上做了一个噩梦，醒了以后还心惊胆战。"

董必问他："你梦见了什么？"

彭子民告诉他说，他梦见一个官员被处腰斩以后，他的五个孩子全都饿死了，死后全都圆睁着眼睛！

他见董必沉默不语，便哭着说道："董大人，人人都有子孙啊！"

董必听了，有些后怕。自己追随章惇，已夺了数人性命，更使许多人家破人亡，已经积怨不少。再说，天下百姓谁人不知苏轼之名？李定因"乌台诗案"已惹得天怒地怨、臭名昭著，自己若去儋州，不是步李定的后尘吗？但若不去儋州察访，又难以向章惇交代，于是，他以张中案子未结为借口，派彭子民渡海去了儋州。

彭子民到了儋州之后，察看了苏轼父子居住的官舍，又询问了张中等府衙的官员，当即下令：朝廷早有规定，不许流人（被贬官员）占据官舍，应立即将罪臣苏轼及其子逐出官舍！

不知他是同情苏轼，还是害怕背上陷害苏轼的罪名？他对苏轼在儋州的作品、书信和交往，不多问一字。

张中因向苏轼提供官舍并给予生活接济，受到了"冲替"处分。"冲替"也就是免职，另候任命。

张中笑着说道："冲替更好，下官正想回老家种庄稼呢！"

当天夜里，苏轼和苏过正在灯下读书，忽然听见一阵急促的拍门之声，有人大声喊道："赶快开门！"

苏轼不知道发生了什么，连忙命苏过开了大门。

一队士兵冲进官舍，一个军官模样的军人大声说道："我等奉命前来收回官舍，你们应立即搬出！"

苏过问道："天这么黑，明天再搬吧！"

军官说道："我等是奉命行事，今晚非搬不可！"

苏过："你让我们搬到哪里去呢？"

军官："搬到哪里不是我等的事，快搬吧！"

苏轼知道求情没有用，因为士兵们只是奉命行事，便对苏过说道："过儿，我们这就搬吧！"说完，抱着被子就离开了官舍。

这时，一名士兵将一些书籍抱到苏轼跟前，低声说道："这可是学士的宝贝啊！"说着，将书籍递给了苏轼。

士兵们见苏氏父子搬出了官舍，就算办完了公差。他们锁上了官舍大门，便回去复命去了。

已经是二更天了，天上没有星星，周围一片漆黑。老天也不作美，竟淅淅沥沥地下起了雨来，虽然雨不大，但不一会儿就将身上的衣服打湿了，需要找个避雨的地方才行。苏轼朝四周看了看，见不远处有一片茂密的桄榔林，他对苏过说道："过儿，我们去桄榔林里避避雨。"

二人进了桄榔林，他们将被子、书籍放在一座半坍的茅亭中，又折下几片宽大的叶子顶在头上，挡着雨水。苏轼笑着说道："我们没有淋雨，真要感谢这些桄榔树啊！"

雨，下了一夜，父子二人也在桄榔树下站了一夜。

3

听说苏轼父子被赶出了官舍，黎子云等人在桄榔林中找到了他们，不一会儿，姜唐作、葛延之等人也纷纷赶来了。符确看到苏轼的衣服已经打湿，连忙脱下自己的褂子，披在苏轼身上，黎子明脱下褂子递给苏过时，苏过不肯穿。黎子云说道："儋州不比中原，这里湿气重，容易引发疾病，还是穿上吧！"说着，帮着苏过换上了黎族的褂子。

黎子云指着桄榔林对大家说道："这片桄榔林是我家的公产，我等在林子里为恩师盖几间草房如何？"

他的提议得到了大家的拥护。于是，黎氏兄弟到河边砍来了毛竹，作茅屋的梁柱；符确、符林等人爬到高大的椰子树上，砍下椰叶当瓦；王介石等人送来了竹席、大砖、门窗等物；吴翁的母亲在茅屋旁边搭起了土灶，为大家做饭、烧水。人多力量大，只用了三天时间，便在桄榔林中盖起了三间茅屋。苏轼父子不但不愁无房可住了，还可将多余的房间让前来求学的学子们居住。

因祸得福。苏轼望着三大间崭新的茅屋，十分激动。他在新屋的门额上题写了"桄榔庵"三个楷字，还撰写了一篇《桄榔庵铭并序》，表示自己愿此生住在这里、死在这里、死后也葬在这里的愿望。还作了一首《新居》，黎子云等人看了之后，纷纷抄录下来，该诗很快便在儋州城里传唱开了。

桄榔庵盖好后，大家见庵内空无一物，有的人送来了竹床、竹椅，有的送来了锅碗瓢盆。砍柴的乔嫂送来了一大捆松明子，让他们作照明之用；城南的阿宝送来了一只胖乎乎的小狗，说是让它为桄榔庵守门。苏轼见它身子是白的，嘴是黑的，便给它取名"乌嘴"。"乌嘴"特别听话，苏轼走到哪里，它就跟到哪里；苏轼睡了，它就一动不动地守在床边上。

建起了桄榔庵以后，黎子云说，他家虽不算富裕，但有一些田产，还有一个空闲的院子，他建议在院子里筑一座学馆，不但可让恩师在这里边以文会友，又可讲述中原文化，以教化儋州。于是，大家纷纷捐钱捐物捐工，儋州城里的一些商铺和居家的百姓听说苏轼要设帐馆收徒，有人前来帮忙打井、栽树，还有人送来了一些桌椅。已经离职的张中仍然留在儋州，听到消息后，也挽起衣袖参加和泥、砌墙。众人搭柴火焰高，仅仅用了半个月，学馆便筑成了！苏轼取《汉书·杨雄传》中"载酒问字"的典故，将学馆命名为"载酒堂"。

苏轼在"载酒堂"设帐教学的消息传开后，儋州城的学子们纷纷前来拜师求学，"载酒堂"里整日都能听见琅琅的读书声。

4

张中被免职以后，苏氏父子的生活顿时陷入了困境。因海南常有强风，海上浪高涛险，船只被风浪掀翻沉没之事时有发生。因儋州所需的米粮和生活物品需由大陆运去，一旦遇上大风，海上船只便会停航。"北船不到，米贵如珠"，一旦停航，粮食便成了人们的大事。

参寥和尚曾想渡海去看望苏轼，苏轼连忙给他写了一封信，说"此间食无肉，病无药，居无室，出无友，冬无炭，夏无寒泉"，劝他不要来儋州。

如今虽然有了桃榔庵，筑了"载酒堂"，有地方遮风避雨、与友交往，但因缺少粮米，让他们吃尽了苦头。

初到儋州的秋末，海上连续刮了几场大风，大陆的船只停航数十日，苏氏父子的粮米已颗粒不剩了。最初几天，餐餐都以山芋充饥，开始是吃蒸山芋，几天后改吃煮山芋、烤山芋，最后做成山芋粥，苏轼还取了一个诱人开胃的雅名：玉糁羹！名字虽然好听，但却代替不了粮食！由于营养不足，苏轼的身体日见虚弱，感到走路十分吃力，便整日在桃榔庵里读书，或根据嵇康的《养生论》每天修炼"龟息法"，以转移自己的注意力，减轻饥饿的折磨。

有一天，苏轼正在练习道教的"辟谷功法"，忽然听见叩门之声，原来是符林来了。他端着一钵热汤，对苏轼说道："学生煮了一钵肉汤，请恩师和公子趁热喝了，以补养身子。"

这真是雪里送炭！苏轼接过汤碗，见碗中冒着热气，汤中的南瓜和瘦肉已经煮烂，便喝下去了。

符林问道："这汤的味道鲜吗？"

苏轼："鲜倒是挺鲜的，不知是用什么肉煮的？"

符林："是用老鼠肉煮的。"

苏轼听了，骤然觉得胃里翻江倒海一般，但他强忍住了，没有吐出来。

符林见他喝了肉汤，十分高兴，说道："住几天，学生再去抓几只蝙蝠，为恩师煮汤，蝙蝠汤比老鼠汤更鲜！"

原来，海南的黎胞认为鼠肉南瓜汤能补养身子，这是符林忙了一夜，特意捕到了几只肥壮的老鼠，煮成了这钵南瓜鼠肉汤！

符林走了以后，苏轼发现路边长满了苍耳。他知道苍耳有微毒，不过只要煮熟，毒性就没有了，苍耳性温，味甘苦，有散风去湿之效，可治湿痹等病。他想，若将苍耳做成菜肴、配着山芋，就不难吃了。于是，他和苏过摘了四大筐苍耳，煮熟后去皮，炒成了杏仁般的菜肴，味道果然不错，父子二人终于吃了一顿山芋配苍耳的饱饭。

第二天一大早，苏过要去摘苍耳，刚一开门，见门前的桃榔树上挂着一块新鲜鹿肉，连忙回去告诉了苏轼。苏轼想知道是谁送来的，以便感谢人家，但一直没打听出来。

原来，是黎寨的一位猎人在山上打猎时猎到了一只野鹿，他割下一块最好的鹿肉，连夜送到了桄榔庵。

在海上打鱼的阿金送来了半筐海蚝。蚝，就是附生在礁石上的牡蛎，敲开外壳后，里边的蚝肉又鲜又嫩，父子二人将海蚝煮熟后，吃了一顿丰盛的海鲜大餐！

苏轼见家中的山芋快吃光了，他打发苏过去摘苍耳，自己便去集市上购买山芋。他头戴方巾，身穿布衫，在熙熙攘攘的人群中走着，一位中年男子挑着一担木柴走到他的身边，朝他打量了一会儿便放下担子，一把拉住他，问道："请问先生，你就是东坡学士吗？"

苏轼点了点头，说道："在下就是，请问——"

汉子显得激动起来，说道："我叫黎子维，是个砍柴的。"说着，解开了一个小包袱，里边有一块色彩鲜艳的布料，要送给苏轼。苏轼听不懂他说的黎语，更不肯收他的布料。汉子急得快要哭起来了，周围赶集的人也都围拢过去，想知道是怎么回事。

这时，王介石扛着半袋米走过来，他本是去给苏轼送米的，见桄榔庵锁着大门，便到集市上来找，果然让他找到了。他连忙挤进人群，问过汉子后，才弄明白了。原来，黎子维早就听说过中原有个大诗人叫苏东坡，心中十分敬仰，后来听人说，苏东坡被奸臣贬到了儋州，还被奸臣赶出了官舍，衣食无着。他心中十分难过，他的妻子善织黎胞的吉贝布，她说："我织一块最结实最好看的吉贝布，你去集上卖柴时，一定找到苏东坡将吉贝布送给他，好让他过冬之用。"黎子维很幸运，一到集市上就遇到了苏东坡，他请王介石帮忙劝劝苏东坡，让他一定收下吉贝布。

苏轼听了王介石的解释之后，心潮起伏难平。自己以罪臣身份来到儋州，黎族父老兄弟姐妹对自己如此关爱，黎子维夫妇虽然不识文字，却时时记着自己，这才是人间的真情呢！他双手接过吉贝布，朝黎子维深深施了一礼。

黎予维有些腼腆，憨厚地笑了。

离开集市后，苏轼和王介石路过一家炸馓子的小店时，见小店偏僻，生意十分冷清。这时，忽见一位阿婆从店中走出来，伸开双手拦住了他们，说道："你就是东坡学士吧？求求学士帮帮小店。"

苏轼以为是要他买馓子，便笑着说道："在下身上并未带钱，待日后再来宝店买馓子吧！"

阿婆说道："不是买馓子，是请学士为小店写几个字，就算帮了小店的大忙！"说完，便将二人硬拉进了店里。进了店门，一位年轻女子已在案板上摆好了纸笔墨砚，那是她的女儿阿尼。

苏轼问道："老妹子，你想让我写什么呢？"

阿婆："只要是东坡学士写的，写什么都行！"

苏轼看了看刚刚炸出的油馓子，便挥笔写下：

纤手搓米玉色匀，碧油煎出嫩黄深。

夜来春睡知轻重，压扁佳人缠臂金。

这四句诗将油馓子的制法和色香味都写出来了。

苏轼临走时，阿婆拿了一大包油馓子送给苏轼，苏轼不收，还是王介石劝他收下的。

阿婆并不识字，她将苏轼的这首诗贴在了店门上。人们听说苏东坡为油馓子题了诗，都纷纷前去购买，阿婆的小店的生意立即红火起来了。

苏轼事后才知道，阿婆听一位中原的客商说，杭州一位秀才的折扇卖不出去，苏轼在上面写了几个字，不但全卖光了，而且价钱倍涨！于是，阿婆才将苏轼"劫持"进了她的小店。

这位阿婆颇有商业头脑，因为苏轼的这首诗就是绝妙的广告词！

5

儋州城里有一座宁济庙，庙中既不供奉佛祖也不供奉天师，只供奉着冼夫人。每年二月，黎汉各族百姓都在庙里举行盛大祭祀，以纪念这位巾帼英雄。

苏轼十分敬仰冼夫人的丰功伟绩和高风亮节，他一大早就去了宁济庙，虔诚地跪在冼夫人塑像之前顶礼膜拜，又应黎族族长之请，作了一首《和拟古》。刚走出济宁庙，见前来祭祀的人群从四面八方拥到了庙前，他们点燃香烛、放起鞭炮、敲锣击鼓，还身穿古装，演绎当年冼夫人英勇杀敌的场景。最后，还要抬着冼夫人的神像，去巡游各个村寨。

这时，苏轼忽然被王介石拉住了，他是来找他的儿子王小虎的。

王介石将王小虎送到"载酒堂"读书，他都逃学三次了！听说宁济庙有庙会，他又逃学了！

王小虎只有十三岁，既聪明，又顽皮，能下河摸鱼，会上树捉鸟、挖洞捉蛇，还敢偷吃人家的甜瓜！王介石拿他算是没有办法了。他派出好几个人到处寻找，好不容易才在人群中找到了他，逼着他回去读书。他害怕父亲揍他，便说道："只要东坡学士赢了我，我就跟他回去读书；若赢不了我，就由我在外边游玩。"

王介石气极了，举起巴掌就打，苏轼连忙将他拉住了，笑着对王小虎说道："好嘛，可不许反悔呀！"

王小虎看了看站在一旁的王介石，发誓说道："要是反悔，就打屁股！"

第二天，王介石牵着王小虎去了载酒堂。载酒堂的学子们听说王小虎又被逮回来了，都围过去看热闹。

不一会儿，苏轼戴着他那顶用椰子壳做的帽子、穿着木屐，来到了载酒堂。他坐在一张竹椅上，摇着葵扇，等王小虎来考他。

王小虎朝苏轼看了看，见他脸上并无愠色，胆子便大起来了。他向苏轼行过礼之后，说道："学生听说老师才高八斗，天下人没有不服的，对吧？"

苏轼望着这个虎头虎脑的调皮鬼，笑着说道："王小虎，你想问什么就直接问吧，不要拐弯抹角了。"

王小虎眨了眨眼，说道："老师若能按学生说的作出一首诗来，学生就不再逃学了；要是作不出来，就让学生出去玩耍，行吗？"

苏轼不知道聪明透顶的王小虎在玩什么花样，便说道："好啊，你就出题吧！"

王小虎指了指载酒堂前面的水塘，塘边有一只白鹤在觅食，说道："老师就吟这只白鹤吧！"

苏轼以为他会出多难的题呢，没想到是吟眼前的白鹤！他稍作思索，便信口吟道：

> 头戴红帽着白衣，立在塘边啄白米。

正待再吟下面两句时，王小虎突然说道："请老师等一等！"说着，打开了一个瓦盆的盖子，说道："请老师接着吟吧！"

苏轼朝瓦盆中一看，见瓦盆里有一只半死不活的乌鸦！他笑了笑，又吟出了后边的两句！

只因贪食归来迟，误入羲之瀚墨池。

王小虎本以为自己的恶作剧一定能难倒自己的老师，没想到老师吟的诗不但合情合理，而且顺口、好听！他连忙跪在地上，大声说道："王小虎再也不敢逃学了，请恩师收下王小虎作学生吧！"

王介石和周围看热闹的学子们都忍不住大笑起来。

自此以后，王小虎不但不再逃学，还能背诵《诗经》《礼记》等书。消息传开后，不少人家都争着将孩子送到载酒堂从学东坡学士。

6

第二天午后，苏轼正在桄榔庵里午睡，一群种田的汉子打着赤脚前来告状，他们说，在野马岭上有一群野马，常在夜间出来糟践庄稼！他们来求苏轼，帮他们惩罚野马，保护那里的庄稼。

野马？哪里来的野马？他觉得有些奇怪。

种田汉子们告诉他，儋州城东的野马岭上土质肥沃、田地平整，年年庄稼丰收，谁知自今年以来，那里的庄稼常常遭到践踏。他们最初以为是山兽所为，便邀集了一些人，躲在旁边的林子里准备捕捉。到了半夜，忽听一阵马匹的嘶鸣之声，不一会儿，见一群野马正在山坡上啃食庄稼！当他们跑出来捕捉时，野马们又呼啸而去，被践踏的庄稼地里留下了许多马蹄印子！

第二天、第三天又去捕捉，野马都闻声而逃了。

有人说，不捕获这群野马，庄稼就没有收成！

有人说，这是一群天上的龙马，因马厩未关好，它们才偷着跑出来啃食庄稼的。

也有人说，东坡学士是天上的文曲星下凡，只要他肯出面，那些野马便不敢再来糟蹋庄稼了！于是，他们才来求苏轼的。

苏轼答应了他们。太阳落山后，一行人悄悄躲进了林子里。

三更刚过，果真听见有马群的奔驰之声，借着天际的星光，看到野马岭上有一群野马的影子。于是，他们举着锄头，拿着麻索向野马岭上冲去，待冲到跟前时，却什么都没看见，只看见了留在地上的马蹄印！

苏轼沿着马蹄向前寻去，寻到山顶时，马蹄印不见了，只看到一些岩石横卧在草丛里。苏轼有些纳闷儿，难道这些石头就是祸害庄稼的野马？

他想起了一个传说。当年韩愈从京城贬到潮州任刺史时，潮州水多，鳄鱼泛滥成灾，常常吞食鸡鸭和牲畜，甚至伤害去水边洗衣的妇人。百姓们既恨又怕，却又拿它们没有办法。韩愈便写了一篇《祭鳄鱼文》，站在河边上诵读了一遍，从此之后，鳄鱼们都迁游到海里去了。于是，他让人取来麻索，将岭上的每块石头都紧紧拴住，又在岭上焚香祷告，诵读了他写的《祭野马文》：

> 石马无蹄出府州，神仙遗下几千秋。
> 狂风荡荡毛不动，细雨霏霏汗直流。
> 芳草满堆难下口，钢鞭硬打不回头。
> 牧童牵也牵不动，天地为栏夜不收。
> ……

不知是不是他的祭文惊动了天上管理龙马的官员，当天夜里，野马岭上电光耀眼、雷声震耳、大雨倾盆。第二天，人们到野马岭一看，见原先卧着的岩石一夜之间都立起来了，变成了一匹匹状若骏马的岩石！再细细看时，能依稀看到马身上有麻索的痕迹！

自此以后，野马岭上便太平了。

东坡学士写诗祭龙马的传说很快便在儋州传开了，不少人还特意爬上野马岭，去看那些被麻索拴住的石马！

7

到载酒堂求学的人越来越多了，除了少年稚子之外，还有不少想考取功名的年轻人。苏轼感到从大陆带来的书籍太少了，除了柳宗元、陶渊明的文集之外，经典书籍奇缺。再说，为了教学，他正在编写的《书传》《诗经说》《易传》等也需要阅读各种书籍。于是，他写信给惠州的朋友郑清叟，向他借书。

有一天，他和苏过正在桄榔庵里烧松枝收集烟尘，准备制作松墨，郑清叟忽然来了！原来，他在惠州筹集了一千多册图书，托惠州的货船运到了儋州，他还随船为苏轼带来了一罐酒。

苏轼大喜过望，他连忙命苏过和学子们去码头搬运书籍，又置办了几个小菜，招待这位远道而来的朋友。

郑清叟看到他戴的椰壳冠，告诉他说，现在惠州的女子们都非常喜爱"凉帽"，也就是当年王朝云设计的那种斗笠。尤其是去朝拜散花天女时，不论老幼，人人都戴这种"凉帽"。

苏轼离开惠州后，人们传说王朝云是下凡的散花天女，现在她已回到了天庭。于是，人们在她的墓旁修了一座散花天女庙，成千上万的惠州女子头戴她发明的"凉帽"，虔诚地前往拜祭。

苏轼听了，感慨万千。他想，若能回到惠州，第一件事就是去拜祭散花天女。

郑清叟还告诉他一个消息：惠州城里都在传说，哲宗皇帝病重，已经不能上朝理政了！

苏轼听了，半天无语。

这天晚上，他做了一个怪梦，梦见韩琦骑着一只白鹤到了合江楼，对他说："天帝命我管领天上重大曹事，故来相报，你不久即可回到中原。"

醒了之后，他反复琢磨，当过自己学生的宋哲宗春秋正盛，却又意气用事；而坚持"独元祐臣僚不赦"的章惇、蔡京等人依然把持着朝政，自己怎么可能重返中原呢？

转眼到了来年正月，吴复古再次渡海到了儋州。他见面的第一句话就是："东坡学士，汴京将有变故，你返回中原的日子快要到了！"

孔子的"有朋自远方来，不亦乐乎"这句话，让身在天涯海角的苏轼有了不同常人的感受。

自章惇等人掌权以来，不论文友、学生，凡与苏轼亲近的人都遭受到了祸殃，而苏门的前后八位学士不是被免职，就是被贬官。他们身系编管，难能见面。巢谷回到眉山后，时时惦念着苏轼。他虽已年越七旬，却不顾亲友们的劝告，决心徒步万里，到儋州看望苏轼！他先去循州看望了苏辙，苏辙见他年纪大了，不宜渡海，劝他不要去儋州。他笑着说道："不见到子瞻，我是不会死的！"

苏辙知道劝阻不了他，便设法为他凑了些路费，他便独自上路了。

当他到了新会时，一个叫江二福的窃贼偷走了他的行李和盘缠，他十分气恼。后来听说江二福被新州的捕快逮到了，他便匆匆赶去，想追回自己的行李和盘缠。由于赶路匆匆、劳累过度，竟病死在新州的客栈里了⋯⋯

当天晚上，他和吴复古彻夜长谈，吴复古将他在京城的所见所闻详细告诉了他——

宋哲宗元符三年（1100年）的正旦，是大宋开国以来最为凄凉的一次正旦。往年的这一天，皇帝要在御正殿接受文武百官和外国使节的贺礼，称为大朝；朝廷还要宴请百官，以示皇恩。

今年的正旦，当文武百官和外国使节在殿外等待时，二十五岁的哲宗皇帝已经昏迷不醒了。

皇太后向氏贴着他的脸问道："皇儿以为，谁可以继承大统？"

宋哲宗虽能听懂母后的问话，但已经无力开口了，泪水不断地从眼角淌下来。

向太后又问："能继承大统的，只剩下皇儿的九弟、十一弟、十二弟和十三弟了。皇儿若不能言语，可伸出指头表示。"

宋哲宗只是木然地望着向太后，也许连伸指头的力气都没有了，他又昏睡过去。

向太后知道，哲宗皇帝的日子已经屈指可数了，她立即召集章惇、曾布、蔡京、许将等重臣商议立储之事，谁知还没等到立储，宋哲宗已于正月初八驾崩了！

一国不可一日无君，向太后只好连夜召集辅政大臣商议立君事宜。她哭着说道："大行皇帝未遗子嗣，由谁继承大统关乎社稷大事，特召来诸位爱卿共议此事。"

开始时，大家都未开口，显得十分哀伤。

向太后又将立君的范围作了解释，她说："按照大宋宗法，长子立嫡，但我无子，诸子都是先帝神宗皇帝的庶子，所以，由谁继承大统，不分嫡庶，可在先帝诸皇子中择贤而选。"

第一个开口的是章惇，他说："太后圣明，为了大宋的社稷，臣以为，燕王率直稳重、有治国之才，应立燕王。"

曾布听了，连忙反对，他说："燕王平素迷恋击鼓、醉心游玩，难能担当治国大任。臣以为，应立端王！"

蔡京和许将也都同意立端王为帝。

章惇听了，又提出新的主张："臣以为，应当立申王，因为按照宗法，应择长而立，申王比其他几位皇子都要年长。自古以来，就有'兄终弟及'的继承之例，太祖就是立弟继承大统的。"

向太后听了，说道："申王虽然年长，但他失去一目，此是大憾，无法补救。君临天下，要接受群臣和外国使节晋见，故而君王容颜不可轻视。"

蔡京、曾布、许将都倾向太后的意见，一致同意立端王为帝。

一向有恃无恐、说一不二的章惇见大家都拥戴端王，也看出了向太后已有立端王的意图，心中十分不快。他又提出，应立简王为帝，他说："简王年仅十五岁，但他自幼聪慧过人，且天庭饱满、有贵人之相，胜过其他皇子，应立简王为帝！"

但蔡京等还是坚持要立端王为帝。

章惇有些恼火，说道："臣知道端王聪明、长相端正且有文采，但他行为不端，逗留市井、跑马踢球、寻欢作乐、寻花问柳。一国之君应心有社稷，才能安邦治国。臣斗胆坦言，端王难胜此任！"

他说得慷慨激昂，也颇有分量，大家听了，都没说话。

章惇在宦海中沉浮多年，他知道自己目前已处于劣势，但还是坚持反对端王即位。这倒不是他看清了端王的品行，怕给大宋王朝带来灾难，只是想在朝廷中维护自己的权威！

向太后最后说道："端王平日贪玩属实，他年纪尚轻，可以原谅，但他的文采、面貌、孝悌，皆胜过其他皇子。先帝曾说过，端王面相福泰、孝顺，就在大行皇帝弥留之际，我曾问过谁可继承大统，他伸出了二指，本意是十一皇子端王。"她顿了顿，口气变得强硬起来，继续说道："我以为，立端王为帝，既是先帝遗愿，又是大行皇帝的心愿，我不敢有违于先帝和大行皇帝。众位爱卿还有话想说吗？"

大家听了，连忙跪下，齐声说道："太后圣明，应立端王，即请颁诏天下。"

章惇虽然心中不满，但看到向太后下了口谕，知道已不可更改，也就再也不敢坚持了。他跪拜了向太后之后，便冒着刺骨的朔风回府了。

这位老太太的一句话不但决定了谁是大宋的"天子"，也决定了已有一百六十四年的北宋王朝就由这位端王也就是宋徽宗画上一个句号。

假若当年向太后不说话，假若章惇的意见占了上风，或许中国历史上就不会发生"靖康之耻"。

不过，历史毕竟不是假设。

宋徽宗即位后，先大赦天下。

接着，诸多变故连二连三地从汴京传出来。章惇被封为申国公，韩忠彦为尚书右仆射兼中书侍郎，还起用了一批被贬的元祐大臣。黄庭坚、晁补之、张耒等得到了重新任职，秦少游也奉命放还。紧接着，苏轼奉命徙廉州，苏辙徙岳州……

苏轼将要离开海南的消息传开以后，儋州的百姓一群接一群赶往桄榔庵，送去了家酿的米酒、椰干、鲜鱼和鸡鸭等物为他送行。载酒堂里，苏轼刚刚为学子们讲完《作文之法》，院子里已挤满了前来送行的士子文友们。在儋州城的大街小巷，许多人都在谈论东坡学士的故事，吟哦他的诗词。中原的一位墨商见了，感叹不已，他说，在悬于海外的儋州，妇孺们不知当下天子为谁，却都知道东坡学士！

第二十五章　巨星陨落

减字木兰花·己卯儋耳春词

春牛春杖，无恨春风来海上。便与春工，染得桃花似肉红。

春幡春胜，一阵春风吹酒醒。不似天涯，卷起杨花似雪花。

1

在宋徽宗即位之初即有传闻，苏轼将回中原。但到底是在京城还是在郡州？将任何职？却猜测不透。有的说，苏轼回京后仍任翰林学士兼侍读；有的说，可能会任礼部尚书；还有的猜测，他会拜为宰辅之职。

元符三年（1100年）六月，诏书终于送达儋州：苏轼以琼州别驾，廉州安置，不得签署公事！

这一结果，朝野都不曾料到。

其实，有不少官员曾经上书宋徽宗，建议重用苏轼、苏辙，但宋徽宗已受章惇、吕惠卿等人的影响，认为苏轼是元祐党争中的领袖之一，不宜重用，甚至认为多次推荐过苏轼的谏官张廷坚是受了别人的指使，竟将他贬到陈州任通判去了！

回到中原担任何职已引不起苏轼的多大兴趣了，眼下他最难割舍的就是儋州的百姓们。他将自己用了多年的一方古砚和熬制的松墨等值钱的物品，打发苏过到城里卖了，买回了酒菜，办了一大桌丰盛的菜肴，将友人和学子们请到桄榔庵里，由吴复古作陪，黎汉师生欢聚一堂，作辞别之宴。正当大家开怀畅饮时，姜唐作从琼山老家匆匆赶来，将一幅画送给了苏轼，说道："承蒙恩师教诲数年，学生无以为报，只作了一画，以表学生之心。"

众人展开画轴，见画上有位老者，头戴竹笠、脚穿木屐走在雨中，画上有款：

东坡笠屐图。

众人都说此画画得传神，把东坡学士画成黎人了！

姜唐作跪在地上，恳求苏轼在他的一柄折扇上题上一诗。苏轼展开折扇，在扇面上写了"沧海何曾断地脉，珠崖从此破天荒"两句便放下笔，对他说道："待你日后及第进士时，我再为你续写后边的诗吧！"

姜唐作说道："学生一定不忘恩师的谆谆教诲。"说完，拜了三拜，将折扇珍藏起来。

姜唐作不负苏轼的期望，后来他先在广州乡试时中举，成为海南的第一个举人，又赴京应试，成了海南的第一位进士，符确等十多位学子也先后考中了举人或进士。不过，那时苏轼已经谢世了，折扇上的续诗还是苏辙代作的。

第二天，人们从四面八方赶来，将苏氏父子送到了海滨。王小虎等年纪较小的学子们牵着苏轼的衣角，脸上带着笑、眼里含着泪，难分难舍。

苏轼的眼里也有了泪花，他忽有所悟，大声咏道：

> 我本儋耳人，寄生西蜀州。
>
> 忽然跨海去，譬如事远游。
>
> 平生生死梦，三者无劣优。
>
> 知君不再见，欲去且少留。

在人们的祝福声中，航船离开了码头，向大海渐渐驰去。

王小虎发现，那只"乌嘴"卧在沙滩上，不断地朝大海"汪汪"地叫着。他连忙抱起"乌嘴"，抹着眼泪，一步一回头地离开了海滩……

2

大宋的天下很大，但也很小。

宋徽宗即位后，大臣们先后上书，揭露章惇奸邪恶毒、久窃朝柄、迷国欺上、大施淫威、图谋以私的罪行，于是，被宋徽宗罢了他的宰相之职，贬为武昌军节度使，居泽州。言官们仍穷追猛打，一再弹劾，最后将他贬为了雷州司户参军。

当年他因"春睡美"三个字将苏轼贬到海外时，苏轼曾路过雷州。今天，苏轼返回中原，再次路过雷州，而章惇却被贬来雷州！这虽是巧合，也是天意！

雷州太守和秦观等人已早早地等候在码头上了。苏轼看到秦观身骨瘦弱，满头乌黑的头发已成了一团灰白的枯草，原本明亮有神的眸子已迟钝浑浊。当年英俊潇洒、人见人爱的诗人怎么变成了一个木讷苍老的小老头了？这都是受了自己的连累造的孽啊！他心里十分愧疚，拉着秦观的手进了雷州城。

雷州太守当晚设宴招待苏轼，席间，一位歌妓先唱了几首岭南小曲，接着，一位歌妓弹着焦尾琴，唱道：

天涯旧恨，独自凄凉人不问。欲见回肠，断尽金炉小篆香。

黛蛾长敛，任是东风吹不展。困倚危楼，过尽飞鸿字字愁。

苏轼一听，这不是秦观在郴州写的《减字木兰花》吗？

她刚唱完，又一位歌妓走到秦观跟前，施礼说道："小女子求秦公子填的词，不知填好了没有？"

秦观听了，从怀里取出一张诗笺递给了她，她略微看了一遍，便笑着收起了诗笺。

原来，秦观贬到雷州之后，穷困潦倒，不但衣食无着，还无安身之处。雷州的歌妓听说他是一位才子，尤善填词，所填之词词美韵雅、十分好听，便纷纷请他填词，以唱给客人们听，深受客人赞扬。作为回报，歌妓们凑钱为他租了房子，还供他吃饭，他病了又为他请来郎中诊治。他虽在长袖粉黛之中打发着日子，却时时怀念自己的恩师，有一肚子的话想说给恩师听。他见苏轼瘦骨嶙峋又双目几近失明，心中十分难受。他端起酒杯，说道："学生唯怕见不到恩师了，曾经为自己作了一首挽诗，如今见了，已心满意足了，学生敬恩师一杯！"

苏轼觉得他过于伤感了，心想，应好好劝一劝他，使他振作起来。

第二天，随船来的吴复古要去云游崂山，苏轼将他送出城门后，苏轼问秦观："你知道章惇住在哪里吗？"

一提章惇，便勾起了秦观心中的仇恨，他问道："恩师问他做什么？"

苏轼："我想去看望他。"

秦观："他是个没有人性的人！全雷州的人没有一人看得起他，恩师何必去看他呢？"

苏轼："他毕竟是我四十多年的老朋友嘛，再说，我也恰巧路过雷州，他对我不仁，我不能对他不义，理应前去看他。"

秦观："远的不说，他将恩师贬到惠州，是仁吗？因为恩师写了一句'春睡美'，又将恩师贬到了海外，这是仁吗？还有，他派人去了儋州，将恩师从官舍赶进了桃榔林里，这是仁吗？"说到这里，他指着一户人家说道："章惇刚到雷州时，雷州府衙不许他住官舍，他想租刘太婆的空闲房子，刘太婆坚决不肯出租，还说：'我租房给你住，雷州百姓的唾沫准能淹死我！'"说完，连忙关上了大门！

正说着时，一名中年男子匆匆走来，走到了苏轼跟前时，"扑通"一声跪下了，说道："学生章援拜见恩师，并代家父向恩师谢罪。"

章援？苏轼仔细一看，跪在自己面前的果然就是章援！与在杭州任通判的那个章援相比，简直判若两人！他一脸憔悴、双眉紧锁，身上的衣裳也是皱巴巴的，只是身躯依然壮实，个头也高，像他的父亲。苏轼连忙将他扶了起来，章援看到了身边的苏过，说道："恩师显得老多了，苏过弟弟跟着恩师受苦了！"说着，紧紧拉着苏过的手，说道："我和苏过弟弟已有多年没见了。"

苏过说道："已有十四年了。"

章援看了看秦观："这位是——"

苏轼说道："他是秦观。"

章援听了，连忙施礼，说道："久闻秦大人之名，也敬慕秦大人之才，今日得以相见，是章援之幸。"顿了顿又说："在下也替家父向秦大人谢罪。"说完，跪地而拜。

秦观没好气地说道："提起你父亲，我恨不能咬他几口！恩师和他的学生友人们，多少人被罢官贬职？多少人妻离子散？多少人含冤九泉？你能代得了吗？"

章援听了，低头不语。

大街上的行人不知道发生了什么，纷纷围过来看热闹。苏轼对章援说道："各人有罪各人担，你起来吧！章大人现在住在何处？"

章援朝城楼的戍楼指了指，低声说道："家父就住在那里。"

苏轼连忙说道："快在前面引路，我要去看他。"

章援迟疑了一会儿，便领着他们去了戍楼。

其实，章惇听说苏轼已被大赦，即将还朝，以为他还朝之后必任要职，甚至会拜为宰相。若他对自己以牙还牙，简直易如反掌！所以，听说苏轼将要路过雷州后，便让章援在大街上等候着，一是让他表达对老师的知遇之恩；二是向苏轼求情，请他手下留情。

这座戍楼已失修多年，门缺窗破、四面透风，只是可遮雨而已。苏轼一到门口，就大声喊起来了："子厚兄，你可好啊！"

城楼里没有人应声。

进去看时，见砖地上铺着一张竹席，旁边堆着衣物、被子。一些碗箸等用品放在窗台上，墙边有砖块垒成的炉灶，灶上有一只铁锅，墙上被烟熏得漆黑一片。

章惇到哪里去了？苏轼望着章援，章援也觉得奇怪。今天一大早，他还催着章援去拜见苏轼，为什么苏轼上楼来看他时，他却不见了呢？他一下子明白了，原来父亲心中有愧，已无脸面见到故人，才躲出去了！他对苏轼说道："家父旧疾复发，大约是下楼求医去了。"

苏轼："子厚患的是何症？"

章援："双腿麻木，不思饮食。"

苏轼安慰他说："我有一药方，可治此疾。"说着，接过章援递来的笔，将药方写在了纸上。

章援双手接过，呜咽着说道："恩师之德，学生永生不敢忘记！"

秦观本来就不想上楼，看到章氏父子的住处像个狗窝，感到一阵阵恶心，便说道："恩师，我们下楼吧！"

苏轼点了点头，对章援说道："我与子厚相交多年，虽然中间有过不快，但毕竟都已过去了。待明日我再来拜访吧！"说完，由秦观和苏过搀扶着下楼去了。

走到石梯转弯处，见地上晒着一堆谷草，三人路过时，苏轼无意踩了一脚，觉得脚下动了一下，他以为草下卧着一只狗，并未在意，便被二人扶到了楼下。

其实，章惇知道自己诬害苏轼之罪已冒天下之大不韪，被天下人所不齿！他看到章援领着苏轼等人向楼上走来时，想找个地方躲一躲，忽见梯旁晒着一堆谷草，便悄悄钻在里边，避免了一场尴尬。

第二天，苏轼再去戍楼看望他时，发现那里已经人去楼空了，没有看到那张葫芦脸，他自言自语地说道："敢杀人的章子厚，怎么不敢见见同游终南山的老朋友了呢？"

离开雷州北上，一路上不断接到诏令。刚到廉州，诏令已到：改任舒州（今安庆）团练副使，永州安置（湖南零陵），一家人又奔湖南而去。到达广州时，听说秦观也已被赦：恢复宣德郎，放还。谁知他到了滕州与友人同游光华亭时，说他梦中填了一词，说完，竟含笑而逝！

苏轼听了，极为悲痛。这位才华横溢的诗人好不容易熬出了头，却死在了北归的路上，老天不公啊！

当他乘船到了永州时，诰命又来了：恢复苏轼朝奉郎提举成都玉局观，可自由居住。

他想去常州宜兴定居，于是，掉头向东而去。到了虔州时，因江水枯竭，不能行船，逗留了两个多月。谁知当地发生疫情，随船而行的家人中有六人染上了瘟疫！苏轼虽未染病，但因忙着为当地百姓诊脉、开方、配药、熬药，整整忙了两个多月！由于操劳过度，又染上了痢疾，身体十分虚弱。

九死一生的苏轼到达常州时，常州百姓们奔走相告，纷纷赶到江边，想看看他们心目中的诗人。

坐在船舱中的苏轼听到岸上的欢呼声之后，让家人帮他梳了梳满头的白发，穿上绯色的朝奉郎的官服，让家人扶到船板上，微笑着向大家频频招着手。岸上的百姓看到骨瘦如柴的诗人时，高呼着他的名字，有人低声哭泣起来。

为了留住这位可敬可爱可泣的诗人，常州城最优秀的郎中带着最贵重的药物来了，书画博士米芾带着为他作的画来了，曾被逼着还俗的参廖大师来了，放弃仕途回家务农的李端叔来了，径山寺长老还送来了一棵硕大的千年紫灵芝……人们在他的病榻前看望他、安慰他，谈笑风生；离开时，却泪流满面、泣不成声。

苏轼的病情日见加重了，他每天腹泻数十次，已经卧床不起，但神态十分清醒。他将苏迈叫到榻前，说道："迈儿，我的墓志，请你叔叔撰写，与你们的母亲合葬……嵩山……小峨眉山上……"说完，感到太累了，又昏睡过去。

七月二十日，人们久盼的喜讯终于传到了常州，朝廷下诏：苏轼以本官致仕！也就是官复原职。

苏迈将诏书念给他听时，他对守在旁边的人淡淡一笑，吟哦道：

心似已灰之木，身如不系之舟。

问汝平生功业，黄州惠州儋州。

吟哦完了，便安详地睡着了……

后　记

少年时，我把苏东坡视为了神仙，因为他曾说过，我的家乡崂山，"多隐君子，可闻而不可见，可见而不可致"。苏东坡不但能听见神仙的声音，还能看见他们的身影，可见他就是位神仙。

25岁时，我调到鄂州的第二天，便乘船去了一江之隔的黄州苏东坡壁，为的是寻找他留下的遗迹。自此之后，便与那里结下了不解之缘，有一段时间黄州曾一度划归鄂州管理。50余年来，我独自或陪友人参观东坡赤壁的次数，不会少于百次！其间还结识了一些研究苏东坡的作家和学者，读他的作品，听他的传说、逸闻成了一种心灵的寄托。

黄州、惠州、儋州，是苏东坡的"平生功业"。我去过惠州西湖的长堤，在六如亭前徘徊过，也数次去过儋州，寻找过他当年栖身的桄榔庵，还在载酒亭里买到了他的《海外集》等文史资料，十分珍贵。

苏东坡有太多的粉丝，既有当年的君王将相、文人墨客，也有歌妓、农家、织娘、渔人、僧侣等芸芸众生，还有外国的使节。今天的粉丝就更多了，从大学教授到莘莘学子，从社会精英到草根阶层，涵盖之广和人数之多，难以计数，我就是其中之一。有一天，我看到一群老者从几辆旅游大巴上下了车，走进了赤壁公园的商店，纷纷抢购苏东坡的书籍和他的书法、丹青拓片，每人都买了一大包！他们还双手合十，虔诚地向苏东坡的雕像弯腰行礼。翻译说，他们是东瀛的苏东坡研究会成员，回国后将拓片赠送朋友，是最贵重的礼物！

苏东坡即是诗人、作家、书法家、画家、哲学家，也是医药家、美食家、水利家、旅行家、慈善家。他当年为保护女婴而修建的遗爱亭，如今已是占地数万亩、全国唯一的一座遗爱湖公园，每日的游人如织，歌声笑语如潮。

我曾怀着对他的崇敬之情，撰写过一部长篇小说《苏东坡别传》，书店如今已经脱销，虽然如此，我仍觉得作品尚有不足之处，在此书出版之前又补充了少许内容，并以此书献给我心目中的偶像、千年世界级杰出人物之一的苏东坡先生。

　　　　　　　　　　　　　　　　　　　　刘敬堂

　　　　　　　　　　　　　　2018 年 3 月 26 日黎明于鄂州